上海民政年鉴
2021

SHANGHAI CIVIL AFFAIRS ALMANAC

上海市民政局 编

上海人民出版社

《上海民政年鉴(2021)》编委会

《上海民政年鉴(2021)》编委会

凡　例

一、《上海民政年鉴 2021》是系统记述上海民政部门在社会救助、社会福利、社区治理、社会组织、社会服务等方面情况的年度资料性文献。

二、本年鉴存真求实，客观反映上海民政工作取得的成绩和实际情况，体现时代特征、地方特色和年度特色。

三、本年鉴记述时限为 2020 年 1 月 1 日至 12 月 31 日，部分内容、数据涉及时限外。

四、本年鉴设"特载""社会救助与慈善""社会福利""社区治理与社会建设""社会组织""社会服务""民政综合建设""市局属单位和局管社会组织""各区民政""附录"等版块。共列 39 个栏目、122 个分目、770 个条目。

五、本年鉴栏目之首一般设"概况"，反应各领域、各单位的总体情况，记述基本要素，保持各年度间相关资料的延续性。

六、本年鉴主要记述形式为条目，体裁有述、记、图、表、录等。

七、本年鉴资料和相关数据均由上海市民政局各机关处室及各局属单位、上海市各区民政局提供。

7 月 15 日，时任上海市民政局党组书记、局长朱勤皓（右二）前往市第二社会福利院看望慰问基层一线职工群众

上海市民政局党组书记、局长、时任上海市民政局副局长蒋蕊到指定境外隔离酒店慰问上海社工

上海市纪委监委驻局纪检监察组组长黎荣（居中）到海关民政抗疫物资捐赠绿色通道指导工作

1月15日，上海市民政局副局长梅哲（右二）到徐汇区番禺路953号调研“番禺路创业工坊”项目

2月24日，上海市民政局副局长、时任杨浦区副区长李雅平到五角场街道检查指导疫情防控工作

7 月 31 日，上海市民政局副局长李勇（左一）慰问市救助管理站工作人员，送上防暑用品

2 月 1 日，上海市民政局副局长曾群出席上海市新冠肺炎疫情防控新闻发布会

上海市民政局副局长沈敏（右二）调研指导社会组织工作

预约凭证领取处

请依次
排队
出示有效
证件

科学应对 群防群控

上海社区疫情防控

上海社工为归国小留学生家长服务

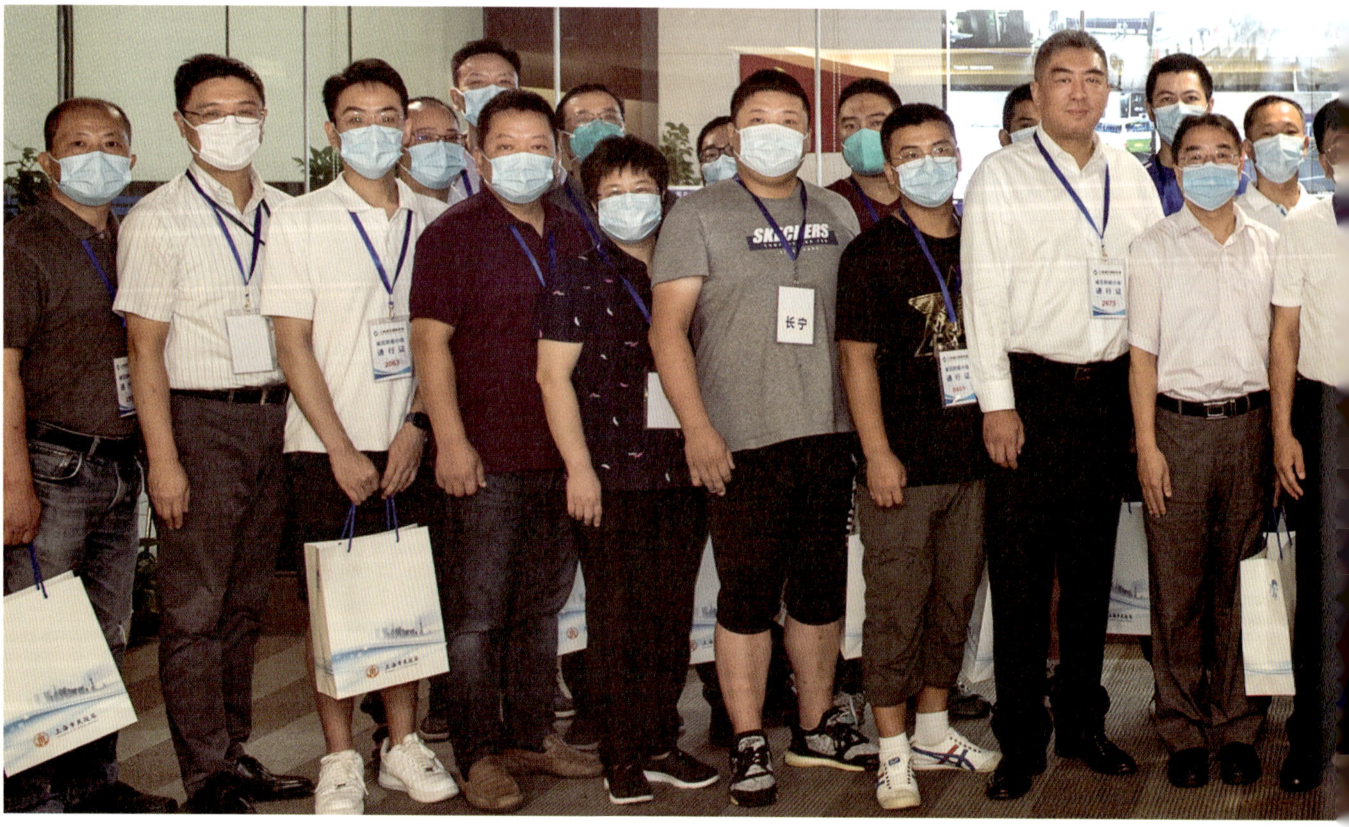

上海市民政局领导班子全体成员赴机场看望机场志愿者代表

时任上海市民政局党组书记、局长朱勤皓（居中）及部分领导班子成员慰问第一批机场防控志愿者凯旋

5 月 20 日，上海市民政局召开“四史”教育动员会

7 月 14 日，上海市民政局召开局党组理论学习中心组（扩大）学习会，重点学习《民法典》

10 月 30 日，2020 上海国际养老、辅具及康复医疗博览会（AID）在上海新国际博览中心举行

9 月 5 日，以“温暖这座城”为主题的 2020 年度上海“公益伙伴月”开幕——首届上善论坛举办

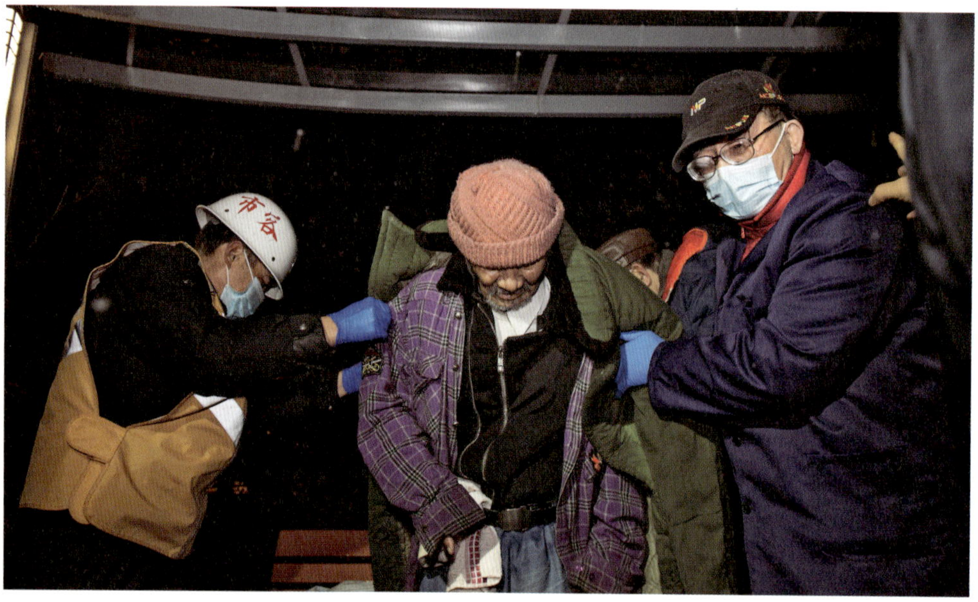

12 月 29 日，上海市市民政、公安、城管等部门联合组成的巡查督导队前往铁路上海南站、黄浦区部分路段进行巡查督导，开展“寒冬送温暖”专项救助工作

社区救助顾问指导困难对象申办救助业务

疫情期间，上海市救助管理站组织部分临时遇困人员踢足球

上海市救助管理站对受助人员区域分布进行分析

上海市救助管理二站向长期给予支持和帮助的镇江市救助管理站表示感谢

上海市救助管理二站寻亲甄别青年突击队护送受助人返乡安徽省蚌埠市

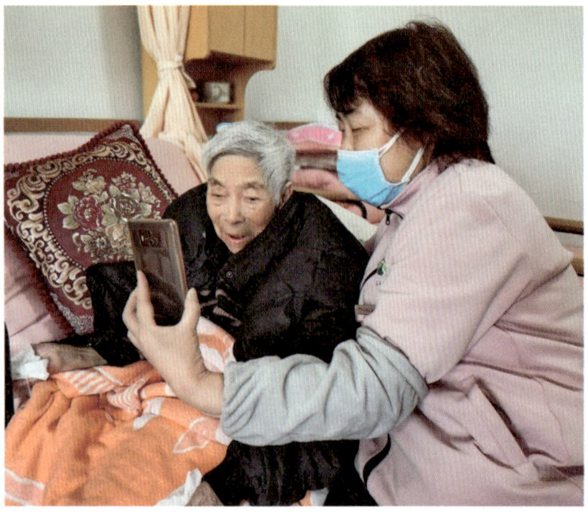

浦东新区养老机构“封院不封情”，帮助老人以电话、视频等方式架起与家人的沟通桥梁，给予老人心理上的安抚与关爱

闵行区北桥福利院认知障碍老人的娱乐生活

黄浦区爱以德养老院建成并投入使用

静安区天目西路街道中华新路社区长者食堂提供助餐服务

江川电机综合为老服务中心为日托老年人提供专业陪护

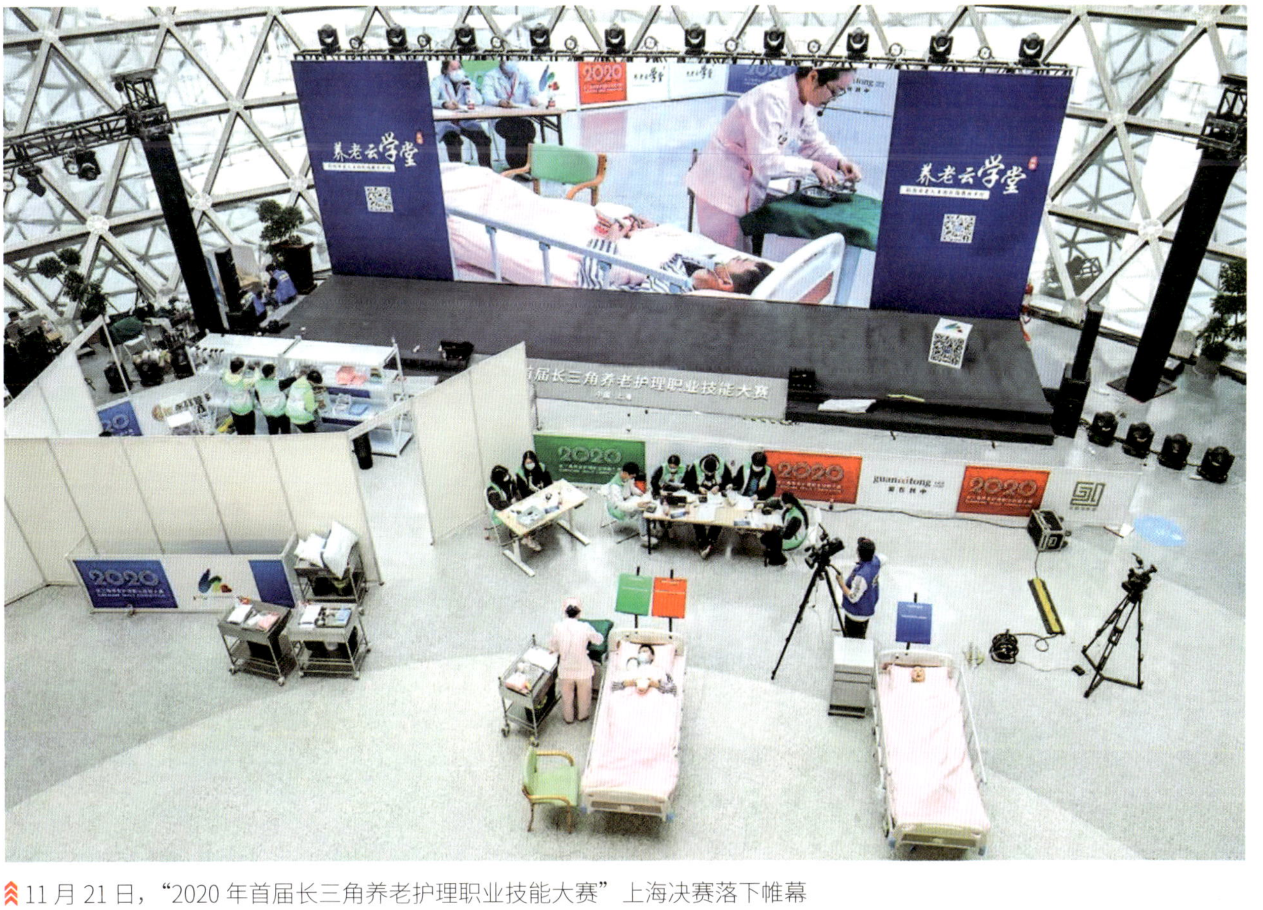

11 月 21 日，“2020 年首届长三角养老护理职业技能大赛”上海决赛落下帷幕

5月10日，三批共三百多名抵沪小留学生全部顺利完成集中隔离观察的日子，隔离观察点收到来自小留学生们的母亲节礼物

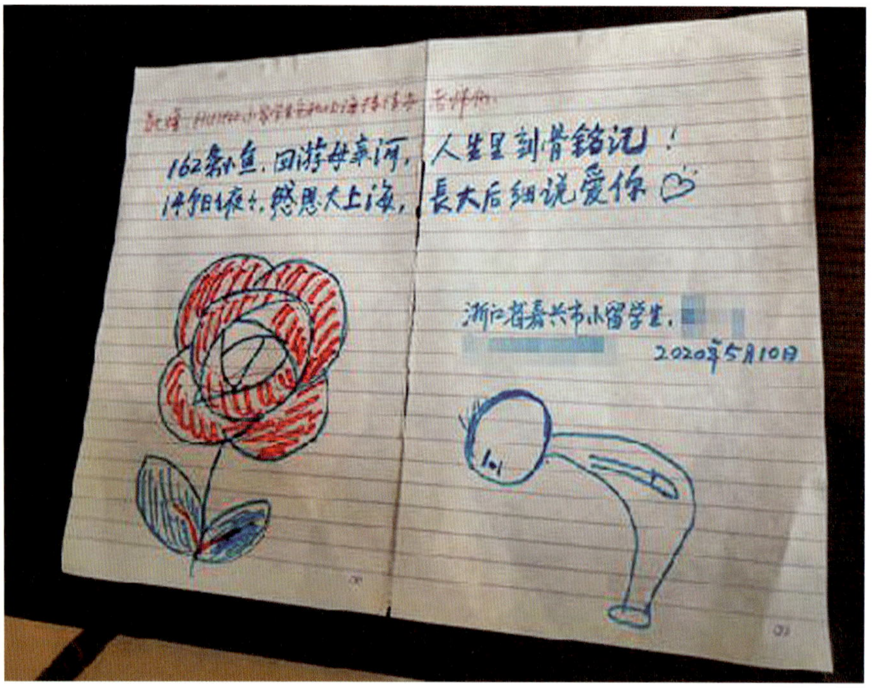

疫情期间上海市儿童临时看护中心医生每日查房

3月30日至4月26日，上海市儿童临时看护中心服务对象生活区实行封闭式管理

上海市儿童福利院慰问陪同小留学生隔离的社工

8 月 3 日，浦东新区女性人才促进会、上海乐群社工服务社、浦东图书馆联合举办“书海浅行舟，心荷渐留痕”困境青少年素质拓展活动，参观浦东图书馆

自 2017 年起，上海市启动社会工作沪滇计划，上海市民政局指导市社会工作者协会，带领上海的 20 家社会服务机构，一对一服务云南的 20 个贫困县。图为“儿科天使服务队”开展志愿者服务

2020 国际康复辅助器具产业创新论坛圆桌会议 2020 国际康复辅助器具产业创新论坛圆桌会议

上海康复辅具社区租赁试点扩至 150 个街镇，2021 年年底实现全覆盖

10 月 30 日，2020 上海市辅具租赁试点街道及服务商对接会成功召开

上海市民政第一精神卫生中心在新虹街道开展心肺复苏（CPR）急救演示

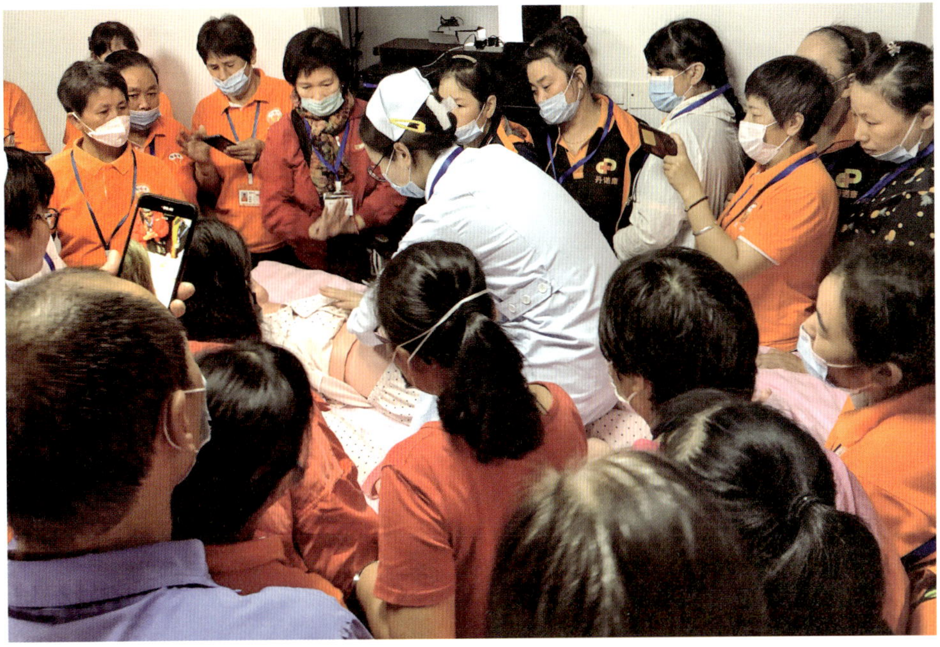

疫情期间上海市福彩中心开展网络直播培训

浦东金桥国际福彩夜市

7月31日，12名达人荣获首届宝山社区达人赛金奖

社区开展志愿服务

9月11日，上海社会建设专家讲坛在虹口区政府举办

6月4日，浦东新区民政局面向36个街镇的60名优秀居村书记开展“三会一代理”培训 »

4月24日，上海市民政局召开“社区云”平台建设试点工作推进会 »

« 12月17日至18日，上海市民政局联合江苏省民政厅在上海市崇明区组织召开“沪苏线2021年度平安边界联席会议”

上海中小企业技术人才引进服务中心研究抗疫期间扶贫工作

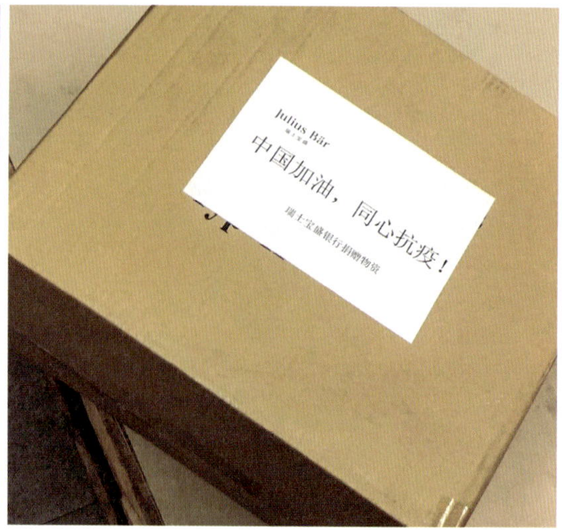

瑞士宝盛银行捐赠物资

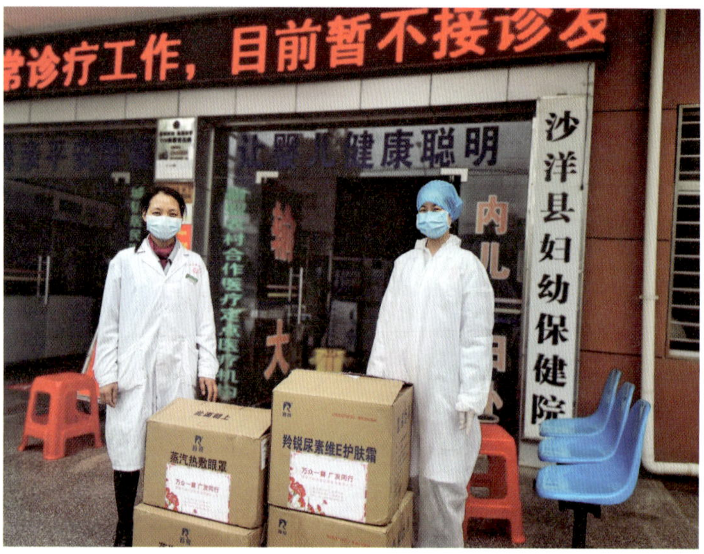

上海证券交易所公益基金会捐赠物资

7月22日，上海市民政局局管社会组织党委成立大会

上海市行业协会商会积极推动会员企业复工复产

上海市民政局、市残联组织志愿者为特殊人群进行远程手语翻译

12 月 15 日，异地商会登记管理工作会议召开

12 月 28 日，时任上海市民政局党组书记、局长朱勤皓，甘肃省民政厅党组书记、厅长张柯兵共同签署《深入推进沪甘两地社会工作发展战略合作备忘录》

11 月 20 日，19 名老年志愿者结束为期一个月的志愿服务顺利返沪，为第二批沪黔“银智红情”援助活动画上圆满的句号

黄浦区第一家开在商业街上的慈善超市——外滩街道慈善超市

3 月 6 日，含 9 种抗疫用品的社区防疫爱心应急箱项目，在徐汇区龙华街道邻里汇正式启动

上海市民政局政务服务事项标准化

上海市民政局与中国邮政集团有限公司上海市分公司合作研究设计一套 8 枚邮政纪念封，宣传新中国第一部以法典命名法律——《中华人民共和国民法典》实施

9 月 26 日，金山区举行以“爱满申城 · 醉美枫泾”为主题的第十六届“吴跟越角”枫泾水乡婚典暨结婚登记颁证仪式

清明祭扫平稳有序
风清气正

上海市殡葬服务机构设置完善疫情防控设施

5 月 21 日，上海开放大学 60 周年校庆日，首届老年行业老年服务与管理专业大专班 269 名春季毕业生迎来在线毕业仪式

10 月 13 日，上海市民政局组织开展 2020 年上海市民政局团干部培训班

9 月 25 日，上海市民政局召开 2020 年上海市民政系统创建文明行业工作会议暨第三届中国国际进口博览会民政系统窗口服务保障工作动员会

10 月 23 日，民政部政策研究中心、上海市政府发展研究中心、上海市民政局联合举行三方合作战略研究签约仪式

12 月 29 日，上海市民政局为“十四五”民政科研基地授牌

1 月 11 日，上海市民政局举办离退休干部迎春团拜会

9 月 29 日，“唱响新时代 共筑中国梦”歌咏比赛暨市社会福利中心第五届职工文化节闭幕式在市儿童福利院大礼堂举行

序

上海市民政局党组书记、局长　蒋　蕊

民生无小事，枝叶总关情。民政工作关系民生，连着民心，是社会建设的兜底性、基础性工作。当前我国正处于开启全面建设社会主义现代化国家新征程，向第二个百年奋斗目标进军的重要历史时期，上海肩负着继续当好改革开放排头兵、创新发展先行者的重任，民政部门必须认真践行党的宗旨，坚持人民至上，坚持在服务大局中保障和改善民生。

2020年是“十三五”收官之年。新冠肺炎疫情突发，全球蔓延。在党中央的坚强领导下，全国人民众志成城抗击疫情，充分彰显了中国共产党的领导和中国特色社会主义制度的显著优势。在市委市政府的坚强领导下，上海民政部门勇挑重担，积极承担市委疫情防控指挥部地区组的牵头责任，为全市疫情防控工作有力有序有效展开，发挥了重要作用。同时，社会救助、养老服务、儿童福利、残疾人福利、社区治理、社会组织管理服务、社会工作、志愿服务、公益慈善和婚姻殡葬服务管理等各领域工作持续推进，基本民生保障、基层社会治理、基本社会服务亮点纷呈，圆满完成了“十三五”规划各项目标任务，为全市经济社会发展的新成就作出了重要贡献。

《上海民政年鉴2021》全面记录了上海民政部门2020年主要工作，体现时代特征、地方特色和年度特点，是全面记录2020上海民政不平凡一年的重要史料，是展示上海民政人初心和使命的重要见证，也是广大民政干部加强业务学习的参考工具。存史资政，鉴往知来，年鉴编纂工作任重道远，衷心感谢关心支持民政事业、关心支持年鉴编纂工作的各界人士，衷心希望广大民政工作者通过学史用史，始终把握民政工作的政治性、群众性、时代性、协同性，继往开来，继续推进民政事业高质量发展，为上海建设社会主义现代化国际大都市作出更大贡献。

2021年11月

目录

第十五章　殡葬管理

第十六章　社会工作与志愿服务

第六篇　民政综合建设

第十七章　民政法治建设

第二十一章　局系统党建、群团与队伍建设

第七篇　市局属单位和局管社会组织

第二十二章　市局属单位

第二十三章　上海市民政局局管社会组织

第八篇　各区民政

第九篇　附录

Shanghai Civil Affairs Almanac(2021)
Contents

Preamble

Part I Social Relief and Philanthropy

Chapter I Social Relief

Part III Community Governance and Social Construction

Chapter VI Development of Grassroots Administration Bodies

Contents

Part V　Social Services

Part VI Comprehensive Development of Civil Affairs Programs

Chapter XVII Promoting the Legal Construction

Chapter XVIII Press and Publicity, and Research Work of Civil Affairs

Part VII Subordinate Units of Shanghai Civil Affairs Bureau and Social Organizations Managed by SCAB

Chapter XXII Subordinate Units of SCAB

Part VIII Civil Affairs Projects and Achievements in Districts

Part IX Appendixes

特　载

2020年上海民政工作要点

2020年，是"十三五"规划收官之年，更是全面建成小康社会之年。上海民政工作将以习近平新时代中国特色社会主义思想为指引，认真落实党的十九大及十九届二中、三中、四中全会精神和习近平总书记考察上海期间重要讲话要求，根据民政部和市委市政府年度重点工作安排，全面完成"十三五"规划所设定的目标和指标。对标党中央国务院关于打赢脱贫攻坚战整体部署中对民政的要求，全力推动工作落实。总体思路：聚焦脱贫攻坚，聚焦特殊群体，聚焦群众关切，更好履行民政在基本民生保障、基层社会治理、基本社会服务等方面的职责。坚持法治建设，制度优先。注重制度的积累和完善，努力形成"上海经验"和"上海方案"；坚持聚焦重点，带动全面。以关键环节、重点工作的突破带动面上工作的全面发展；坚持优化供给，落地见效。不断提升民政公共服务的质量和水平，托底保障困难群体，兼顾更多群众需求，通过场景式的服务，让群众更加有获得感和感受度；坚持多元参与，共建共享。通过"绣花式"的治理，打造共建共治共享的大城治理"上海模式"。为上海建设卓越的全球城市，为人民群众有更多、更直接、更实在的获得感、幸福感、安全感贡献力量。

一、全力做好新型冠状病毒感染的肺炎疫情防控工作

深入学习贯彻习近平总书记关于防控新型冠状病毒感染肺炎疫情的重要讲话和指示精神，根据民政部和市委、市政府有关加强新型冠状病毒感染的肺炎疫情防控工作总体要求，周密部署，稳防稳控，有序开展各项防控工作。一是开展社区疫情群防群控。根据市疫情防控工作领导小组统一安排，牵头开展有关疫情社区排摸、居民防病宣教、社区环境预防性消毒、隔离观察人员日常管理和生活服务保障等工作。二是加强民政系统服务机构疫情防控。下发并严格落实有关养老服务、儿童福利、殡葬管理、流浪乞讨救助、社区事务受理服务中心、婚姻登记及彩票站点等行业的疫情防控工作规范，进一步加强有关场所、设施及人员的疫情防控举措，确保各类服务对象健康安全。三是鼓励社会力量依法有序参与。加强规范管理，鼓励和引导社会捐赠，促使全社会爱心力量汇聚成合力。开展专业社会工作服务，引导和动员社会工作服务机构、社会工作者积极投身防疫工作，开展政策宣传、一线工作人员心理疏导及社区关系辅导等工作。

二、进一步推进社会救助

以贯彻《上海市社会救助条例》为统领，不断完善社会救助体系，聚焦打赢脱贫攻坚战，进一步夯实民政托底保障网。一是细化完善救助政策。梳理完善粮油帮困、重残无业、救助渐退等政策措施。有序做好低保等救助标准的调整工作，加强特困供养和临时救助工作，确保困难群体基本生活。关注经济新常态下特殊群体的生活状况，探索相对贫困救助机制。二是加强社会救助绩效评价。进一步完善社会救助绩效评价指标体系，不断优化评价方式和评价流程，强化评价结果的应用。三是试点开展困难群众救助需求综合评估。探索建立评估指标，综合考虑家庭人口状况、经济状况能力等因素，综合评估救助需求，确定救助模式。开展分类核对研究，提升经济状况核对效能。四是着力提升精准救助。全面推开民政资金内控系统，实现低保等资金的信息化发放全覆盖，切实加强全市救助资金的安全管理。五是加强社会力量参与。推广“社区救助顾问”等制度，解决群众对政策不熟悉，对社会救助资源不了解，难以找到合适的救助途径的问题。健全救助发现机制，重点关注困难群众中“不声不响”的人，让“沉默的少数”应保尽保。推广“桥计划”，整合政府、社会、社区等多方面资源，加强非物质救助，解决社会救助服务和资源分散的问题。六是做好生活无着流浪乞讨人员救助管理。继续开展“帮你找到家”行动，进一步发挥长三角救助管理联动机制，加大跨省甄别和寻亲力度。全面推进救助机构标准化建设。七是深入推进慈善事业。完成第十一届“中华慈善奖”推荐申报，做好“上海慈善奖”表彰相关工作。开展“中华慈善日”主题系列活动。加强慈善超市建设和经常性社会捐赠点工作。推动慈善信托备案管理。

三、进一步完善社会福利

着力推进养老服务。以贯彻落实《上海市深化养老服务实施方案(2019—2022年)》为统领，细化指标任务，明确时间节点和进度安排，有序推进养老服务“三增”。一是“增量”方面。推进居家机构社区协调发展，不断增加养老服务供给。确保完成市政府养老实事项目(新增50家综合为老服务中心、200个助餐场所、7 000张养老床位，改造建设2 000张认知障碍照护床位)。推进落实《上海市社区嵌入式养老服务工作指引》，加强社区养老服务综合体建设，打造“15分钟养老服务圈”，为老百姓提供更加便利的“家门口”养老服务。进一步推广农村互助式养老服务，新增示范“睦邻点”800家以上。加快护理型床位、家庭照护床位建设，继续开展老年认知障碍友好社区建设试点。持续做好“老吾老”“老伙伴”“银龄宝典”“银龄行动”等为老服务品牌项目。二是“增能”方面。完善养老服务质量，提升养老服务能级。开展养老服务机构等级评定及服务质量日常监测，推进养老服务社会信用体系建设，推出一批养老服务标准，进一步加强养老服务质量综合评价。继续完善医养结合，加大探索体养结合。完善社区养老服务全流程管理。完善养老护理员职业技能鉴定，建立养老护理员统一数据库和行业薪酬指导机制，不断推进养老护理员队伍建设。加强消防等养老服务领域重点环节监管，探索老年助餐服务的“可追溯”模式。建立养老机构轮候排队系统，加强全市养老床位统筹。三是“增效”方面。大力发展养老服务产业，鼓励社会力量参与养老服务。深入开展养老服务领域放管服改革，支持各类企业进入养老服务市场，提供更加丰富的失能老年人长期照护服务、养老金融服务等产品。推进老年用品和康复辅具进机构、进社区、进家庭，办好第十五届上海养老辅具康复医疗博览会、第八届中国老年福祉产品创意创新创业大赛。采取市场化运作和政府资助等方式，试点探索居家环境适老化改造，引导扩大养老服务消费。深入推动长三角区域养老一体化高质量发展，推动老年照护统一需求评估、养老服务机构及人员管理和评价标准互通互认，养老服务政策待遇异地结算等工作，为异地养老提供便利。

有序推进残疾人服务。一是推进康复辅助器具产业发展。举办第三届进博会康复辅具产业创新论坛。推进康复辅具产业园区和应用推广基地建设，建成本市“3＋3”产业园区及应用场景展示馆，与长三角产业园区联动发展。落实《上海市关于开展康复辅助器具社区租赁服务三年行动计划》第二年目标任务，2020年新增社区实体租赁网点80家，再覆盖40％街镇乡（累计总覆盖70％），推动建成供应主体多元、经营服务规范、消费群体满意的康复辅助器具社区租赁服务体系。研究出台福利机构康复辅具配置目录。实施300名康复辅具适配专技人员培训计划。二是完善残疾人福利保障。继续做好残疾人“两项补贴”工作，建立本市困难残疾人生活补贴标准动态调整机制。通过购买服务方式开展精神障碍社区康复服务试点工作。研究制定重度残疾人机构养护相关政策标准。三是服务残疾人集中就业企业。以“稳就业”为目标，优化本市残疾人集中就业助残督导工作机制，维护残疾职工合法权益。继续实施本市残疾人集中就业企业社会保险费补贴。进一步完善“残疾人集中就业信息平台”。

大力推进儿童福利。一是加大孤弃儿童保障力度。加强社会散居孤儿基本生活保障。做好成年孤儿回归社会安置工作。加强儿童福利机构规范管理。确保上海市第五福利院项目开工建设。二是完善困境儿童和农村留守儿童关爱保障。在基本生活和国家监护两个方面强化“兜底保障”，完善相关制度举措。加强儿童福利的设施载体建设，推动各区设立未成年人救助保护机构，促进儿童服务类社会组织规范发展、发挥作用。广泛动员社会力量参与，推动家庭依法尽责，共同呵护特殊儿童群体健康成长。

四、进一步创新社区治理

以贯彻落实《上海市居民委员会工作条例》《上海市实施〈中华人民共和国村民委员会组织法〉办法》为统领，进一步深化社区治理体系，让社区更加秩序、更加安全、更加和谐。一是推进社区自治共治。发挥社区代表会议、社区委员会与其他社区共治平台的协同协作作用，推进社区议事协商制度化开展。深化“三会一代理”“四议两公开”等居村自治机制，推广“住户守则”等新型居（村）规民约。推广“社区微治理”工作模式和方法，进一步推进“有困难、找居村”工作机制。二是加强基层队伍建设。进一步推进社区工作者队伍建设，加强专业能力、绩效考核和合同管理，明确退出机制。组织好居村委会主任骨干培训、社区工作者骨干培训、街道自治办（镇乡服务办）负责人能力培训。积极引导和支持社会力量参与，提升基层工作力量社会化水平。三是推进“社区云”建设。加快推进“社区云”市级工作协调机制建设，全面完成平台一期建设，加强居社互动平台的运营管理。四是深入开展分类治理。推动各区制定分类治理实施方案，形成“一特征三清单”（即不同类型居民区的特征、需求或问题清单、资源清单和服务清单）。继续举办新时代上海社区工作法研讨会。推广“生活驿站、睦邻家园、邻里汇、同心家园、客堂间”等经验成效。五是提升乡村治理能力。深入开展农村社区建设试点示范村创建活动。继续实施“阳光村务工程”，进一步规范村务监督的内容、权限和方式。六是开展社会治理创新研究。继续举办“上海社会建设专家讲坛”，打造社会建设理论研究平台。组织开展社区治理创新项目推选，推广本市社区治理的实践成果和新鲜经验。研究推进本市社区综合服务设施建设。七是加强行政区划管理。研究制定基本管理单元评估标准，完善基本管理单元管理机制，进一步发挥基本管理单元在社区治理中的作用。贯彻落实《行政区划管理条例》，研究省级行政区域界线信息化建设方案，做好区划调整审核和政区地名管理工作，深化政区地名文化保护和开发。

五、进一步发展社会组织

以加强社会组织党的建设为统领，进一步提高社会组织发展中党的活动、党的工作及党的影响力有效覆盖，推动本市社会组织健康有序发展，更好发挥上海社会组织在超大型城市社会治理中的作用。一是加强登记管理。进一步完善社会组织登记"一网通办"，优化登记流程、细化工作指南，不断释放社会组织活力。推进电子印章在登记、年检等环节的应用，推动社会组织登记电子档案实时生成和应用。二是加大培育扶持。鼓励和吸引国际性社会组织落户上海，加大科技类、公益慈善类、社区社会组织培育力度，大力推动与上海五大中心建设和卓越的全球城市建设相匹配的社会组织发展。鼓励和推动本市行业协会商会参与行业标准和团体标准的研究和制定，提升行业影响力。继续推进社会组织参与脱贫攻坚、参与垃圾分类。推动社区服务类社会组织健康发展，贴近百姓提供服务。办好第十届上海"公益伙伴日"及"伙伴月"系列活动。探索加强社会组织人才服务工作。继续完善政府购买社会组织服务，深化全市统一的社会组织服务供需对接平台建设。三是完善综合监管。采取有效措施，引导社会组织积极参加等级评估，以评促建。加强社会组织的日常检查和执法监察。深化社会组织信用体系建设，优化完善上海社会组织信用信息系统，做好社会组织活动异常名录和严重违法失信名单的管理、发布工作。深入推进社会组织信息公开。加强局属社会组织的规范化建设和管理。

六、进一步提升社会服务

以人民群众获得感为出发点，进一步推进上海社会服务的精细化和智能化。一是深化社区政务服务。持续加强标准化建设，深化社区事务受理"全市通办"、"一网通办"，推进社区事务受理线上线下深度整合，拓展移动端办理功能。扩大电子亮证、证件免交范围。全面推进社区政务服务"长三角一网通办"。二是开展婚姻登记管理。举办纪念《中华人民共和国婚姻法》颁布70周年系列活动。研究发布婚姻人口数据。研究"互联网＋婚姻服务"工作措施，提升婚姻登记信息化水平。优化营商环境，会同有关部门加强婚介行业规范化管理。加强婚姻登记机关标准化建设。推进孝亲文化展示馆建设。开展形式多样的婚姻家庭文化活动，弘扬社会主义核心价值观。三是加强殡葬领域改革。确保清明(冬至)祭扫活动安全有序。持续推动多种节地生态葬式，推进惠民殡葬。加快火化设施升级改造，推行"绿色殡葬"。因地制宜推进农村公益性安葬设施建设。加强殡葬信息化建设，进一步加大殡葬服务信息公开力度。推进"无烟墓区"建设，倡导无烟祭扫、鲜花祭扫新风尚，促进移风易俗。进一步加强行业监管。充分发挥殡葬行业协会作用，推进行业自律。四是推进社会工作和志愿服务。以《上海市志愿服务条例》的贯彻实施为统领，全面推进本市志愿服务工作。开展志愿服务调查统计，继续发布"公益数据"，全面推进上海"公益之城"建设。完善公益上海平台建设，实现公益慈善志愿服务的"三捐合一"记录，加强志愿服务组织管理。探索长三角区域志愿服务一体化工作。完善老年人、残疾人和儿童社会工作服务体系，拓展社会工作服务领域。继续做好社会工作者职业水平评价考试和专业社会工作高级人才培训。继续开展沪滇"牵手计划"，鼓励社工机构参与脱贫攻坚、服务乡村振兴。

七、加强民政自身建设

以党的建设为统领，聚焦法治化、信息化和标准化，不断提升民政工作能级。一是坚持党建引领。着力落实好新时代党的建设的总要求，深入开展好习近平新时代中国特色社会主义思想的学习活动。着力推进党建和业务工作深度融合，加强基层党组织和党员干部队伍建设，夯实党建工作的基层基础。强化正风肃纪，深入推进党风廉政建设。二是坚持法治保障。围绕民政中心工作，加强重点领域地方立法。注重立法研究和项目储备，组织实施《上海市慈善条例》(暂名)立法调研，深入开展基于居家、社区、机构的养老服务立法研究。加强规范性文件管理工作。加强民政综合执法，完善四级预警网络，构建集信息交互、联动执法和风险防控为一体的平台体系。三是坚持信息支撑。全力抓好"互联网+政务服务"工作，对民政各业务信息系统进行整合，按照"一网通办"的工作要求，完成全民政业务信息系统建设和升级。推进民政领域业务流程再造，推动政务服务更加便利高效。加强信息共享和数据分析，深入研究大数据、区块链等技术手段与民政工作的融合和应用场景。重点推进民政"数据海"二期建设，全面推广电子证照、电子印章的应用。四是坚持标准先行。坚持国际视野、对标最高水平，打造上海民政标准品牌，形成推动上海民政高质量发展的标准化体系。累计完成80个民政标准化示范点建设，重点推进救助管理、养老服务、志愿服务、经济状况核对、殡葬服务等领域标准研究和制定。五是坚持能力提升。牢固树立底线思维和红线意识，压实主体责任，构建安全风险分级管控和隐患排查治理预防工作机制，筑牢民政事业发展的安全防护网。大力弘扬民政行业"孺子牛"、劳动模范和"上海工匠"精神，组织开展全市民政行业职业技能竞赛，推动建立岗位练兵和技能比武的长效机制，构筑民政人才高地。加强民政科研和民政文化建设，加大民政工作宣传，强化民政专业权威。进一步完善财务内控管理，加强全市民政资金监管和基本建设资金管理。做好信访稳定工作。科学编制上海民政事业发展"十四五"规划。推进民政系统窗口文明建设，争取文明行业的"九连冠"。

第一篇　社会救助与慈善

第一章　社会救助

【概况】 2020年,上海市民政局落实救助保障措施,调整提高城乡低保及相关社会救助标准,城乡居民最低生活保障标准由每人每月1 160元,调整为每人每月1 240元;启动价格联动机制,全年总计发放资金1.44亿元;开展元旦春节帮困送温暖活动,覆盖各类困难对象96.5万人(次),支出资金6.4亿元。至2020年年底,全市社会救助对象17.79万人,累计支出救助资金24.09亿元。同时,实施因病支出型贫困救助0.71万人次,实施临时救助3.01万人次,累计支出救助资金0.27亿元。完善政策制度建设,印发《关于进一步做好本市粮油帮困工作的通知》(沪民规〔2020〕1号),从发放范围、实物供应量、资金渠道、帮困粮油指定供应点等方面进一步规范粮油帮困政策。制定《关于促进最低生活保障对象自助自立的实施意见》(沪民规〔2020〕13号),通过收入豁免、救助渐退、就业服务等措施,促进救助对象积极就业。研究出台《关于〈上海市社会救助条例〉实施中若干问题的意见》(沪民规〔2020〕16号),对家庭责任的履行、救助家庭的收入认定等有关问题进行规范,提升救助规范化水平。出台《上海市社会救助工作绩效评价办法》,通过自评报告、实地核查和问卷调查等方式,进行救助工作绩效评价。在全市开展生活无着的流浪乞讨人员救助管理服务质量提升专项行动维护和保障流浪乞讨人员合法权益。全市18个救助管理机构完成等级建设,达到国家三级以上机构等级标准。救助管理机构和托养机构坚持"全面覆盖、有效防控、杜绝密集、措施到位"疫情防控要求,实现全市救助管理机构和托养机构救助对象和工作人员无一人感染。 (王　希)

疫情防控期间困难群众兜底保障工作

【流浪乞讨人员社会救助工作】 2020年,上海市民政局制发《关于切实做好救助管理机构新型冠状病毒感染的肺炎防控工作的通知》《关于本市救助管理机构应对湖北籍人员求助的工作预案》《上海市救助管理机构和托养机构疫情防控工作规范》《本市疫情期间社会面流浪乞讨人员发现处置操作指引》《本市关于做好疫情防控期间外国籍"沪漂"人员处置救助工作的通知》等文件,确保救助对象得到及时、有效的救助。疫情期间,全市救助管理机构共送医院排查诊断143人次,送医院住院治疗394人次,救助重点区域人员(湖北籍人员)297人次、街面流浪乞讨317人次、外国籍遇困人员15人。 (林　超)

【困难群众基本生活兜底保障政策】 2020年,上海市疫情防控工作领导小组办公室印发《关于贯彻落实〈中央应对新型冠状病毒感染肺炎疫情工作领导小组关于进一步做好疫情防控期间困难群众兜底保障工作的通知〉的通知》。及时足额发放低保金、特困人员救助供养金、因病支出型贫困家庭生活救助金,切实保障困难群众基本生活。及时启动社会救助和保障标准与物价上涨挂钩联动机制,发放困难群众价格临时补贴,提高临时价格补贴标准。优化困难群众求助渠道和流程。简化社会救助审核确认等流程,对新申请社会救助的家庭,取消入户调查和民主评议;对已经享受低保等社会救助的困难家庭,暂不进行定期复审,救助时限自动延长至疫情结束。建立"社会救助条线疫情一日一报"制度,全面摸排、及时掌握困难群众受疫情影响的情况,加强社区探访和需求回应。 (于乐锋)

【"进一步完善疫情防控期间社区特殊群体关爱关怀机制"专题调研】 2020年4月中旬,由上海市民政局牵头,联合上海市总工会、上海市妇联、上海市残联等部门,就"进一步完善疫情防控期间社区特殊群体关爱关怀机制"开展专题调研。调研组通过集中实地调研、分组座谈、邀请专家讨论等形式总结经验做法,梳理需求问题,提出加快推进社区特殊群体公共服务事项不见面办理、探索人户分离困难群众社会救助责任转介机制、健全养老机构等相关特殊群体工作机构疫情期间管理、深化独居特殊群体服务管理、保障残疾人等特殊

群体信息交流无障碍、优化完善社会力量参与救助帮扶机制等多条政策与制度建议。（于乐锋）

社会救助制度建设

【《关于〈上海市社会救助条例〉实施中若干问题的意见》】 2020年8月14日，上海市民政局印发《关于〈上海市社会救助条例〉实施中若干问题的意见》。该《意见》规范家庭责任的履行、救助家庭的收入认定、救助家庭的财产认定、非本市户籍家庭成员的界定、拒绝配合核查情形的认定、最低生活保障对象违法违规行为查处、支出型贫困家庭生活救助等7个方面有关问题，提升救助规范化水平。《意见》规定对赡养、抚养、扶养义务的履行及不履行情形的处理及申请救助家庭人均可支配收入的核定，赡养、抚养、扶养费的认定与核算方式；对《上海市城乡居民最低生活保障申请家庭经济状况认定标准》《上海市低收入困难家庭申请专项救助经济状况认定标准》关于收入认定的规定进行补充，明确救助家庭收入认定的若干情形及非本市户籍家庭成员的若干特殊情形；在受理、复核、处理高消费行为等阶段，申请人或享受社会救助的家庭逾期不提供相应材料且无正当理由的，可以认定为拒绝配合对其家庭人口、收入、财产、支出等状况进行核查；规定最低生活保障对象违法违规行为处罚的程序。（于乐锋）

【《关于促进最低生活保障对象自助自立的实施意见》】 2020年6月24日，上海市民政局会同上海市人力资源和社会保障局、上海市财政局联合印发《关于促进最低生活保障对象自助自立的实施意见》。该《实施意见》主要包含收入豁免、救助渐退、就业服务及其他四个部分。文件还明确收入豁免标准的制定，规定收入豁免三种特殊情形的认定、救助渐退的实施条件、渐退金的计算、渐退的方式及享受救助渐退政策的人员因各种原因重新失业后的处理方式等。要求低保家庭中有劳动能力的成员均处于失业状态的，应当采取有针对性的措施，确保该家庭至少有一人就业。（于乐锋）

【《上海市民政局关于本市实施“社区救助顾问”工作的指导意见》】 2020年7月7日，上海市民政局下发《上海市民政局关于本市实施“社区救助顾问”工作的指导意见》(沪民救发〔2020〕15号)，要求建立健全“社区救助顾问”工作机制，以“政府＋专业机构＋顾问”为服务主体，以“整合＋链接＋陪伴”为核心，解决困难群众救助帮扶供需对接“最后一公里”问题。构建完善“社区救助顾问”服务模式，明确“社区救助顾问”工作服务内容。打造“线上”“线下”救助顾问团队，提供政策引导、资源链接、心理辅导、能力提升、社会融入等服务，实现对困难家庭的救助帮扶。强化“社区救助顾问”支持保障。同时，通过“家庭主动求助、邻里守望相助、社区重点关注”建立家庭服务和家庭风险预警网络。（王　希）

【《关于对生育三胞胎以上家庭给予生活补助的通知》】 2020年7月28日，上海市民政局会同上海市财政局联合印发《关于对生育三胞胎以上家庭给予生活补助的通知》主要包括申请条件、补助标准、办理程序、停止补助的情形、动态管理等内容。文件明确，上海市户籍家庭同时符合以下三个条件的，可以申请生活补助：一是生育三胞胎以上(包括三胞胎)子女，子女均系上海市户籍，且在上海市共同生活；二是子女年龄不满十六周岁或年满十六周岁但均在校接受全日制本科及以下学历教育。三是家庭年人均可支配收入低于上年度上海市居民人均可支配收入。对生育三胞胎的家庭，在三胞胎中确定一个补助对象，每月按标准给予一份生活补助，三胞胎以上按每增加一个子女，增加一个补助对象，每月增加一份生活补助，补助对象同时享受临时价格补贴、粮油帮困、帮困送温暖等政策措施。文件明确四种停止补助的情形：一是采取虚报、隐瞒、伪造等手段，骗取生活补助的；二是拒绝配合对其家庭人口、收入等情况进行核查的；三是因各种原因已不成三胞胎的；四是其他不再符合申请条件规定情形的。文件从完善救助管理闭环的角度，明确“对补助家庭的人口、收入等状况开展定期复核，原则上每年复核一次，并根据需要进行抽查。对不再符合条件经查证属实的，及时停止救助”。（于乐锋）

【《关于进一步完善本市帮困粮油工作的通知》修改】 2020年，上海市民政局修改《关于进一步完善本市帮困粮油工作的通知》(沪民救发〔2016〕20号)。并于1月14日，会同上海市财政局、上海市粮食和物资储备局联合印发《关于进一步完善本市帮困粮油工作的通知》(沪民规〔2020〕1号)。文件明确帮困粮油卡和帮困粮油券的发放范围。其中，帮困粮油卡的发放范围为：上海市分散供养的特困人员、享受定期定量生活补助的救济对象(包括重残无业人员)；上海市最低生活保障家庭中的以下人员：70周岁(含70周岁)以上老人，学龄前儿童及中小学生，大病重病患者。帮困粮油券的发放范围为：上海市最低生活保障家庭中60—69周岁(含60周岁、69周岁)的老人。文件明确帮困粮油卡和帮困粮油券的及实物供应量，规定帮困粮油指定供应范围为粮、油、糖等生活必需品。其中帮困粮油卡实物供应量为10公斤大米、900毫升食用油、0.5公斤食糖，折算价格为每月72元。帮困粮油券实物供应量为4公斤大米，折算价格为每月22元。文件还明确粮油帮困的资金渠道。粮油帮困所需资金，由市、区财政各承担 50%。同时，明确帮困粮油指定供应点的准入及确认标准。帮困粮油指定供应点由区民政、区粮食和物资储备部门、所在街道（乡镇）三方会商，按照《帮困粮油指定供应点基本标准》共同确认。（于乐锋）

【《关于调整本市生活无着的流浪乞讨人员基本生活标准的通知》】 2020 年 9 月 18 日，上海市民政局会同上海市财政局联合印发《关于调整本市生活无着的流浪乞讨人员基本生活标准的通知》（沪民规〔2020〕17 号）。该《通知》规定，2020 年 7 月 1 日起，参照上海市低保标准调整本市生活无着的流浪乞讨人员基本生活标准，市救助管理站和各区救助管理站，市救助管理二站和川东、上农安置所生活无着的流浪乞讨人员基本生活标准统一调整为每人每月 1 240 元。生活无着的流浪乞讨人员基本生活标准包括伙食费、被服费、文教费、杂支费，实行统筹使用。所需资金按原渠道列支。今后每年上海市城乡居民最低生活保障标准调整时，生活无着的流浪乞讨人员基本生活救助标准参照上海市城乡居民最低生活保障标准同步调整。（林　超）

社会救助机制

【社会救助工作联席会议】 上海市社会救助工作联席会议成员单位有 40 家，联席会议办公室设在上海市民政局。2020 年 12 月 24 日，上海市政府召开 2020 年上海市社会救助工作联席会议，会议通报 2020 年各成员单位的工作情况及 2021 年工作要点。（顾伟敏）

【居民经济状况核对机制】 2020 年，上海市民政局严格落实疫情防控措施，通过"减材料""压时限"助推"不见面"办理，确保困难群众及时得到救助。启动居民经济状况核对信息系统翻建工作，完成政府部门专线及 20 家银行专线转政务外网，建立与市大数据中心数据交换机制，调取 9 项电子证照，进一步实现"让数据多跑路，让群众少跑腿"。与人社、税务、工商、不动产、医保、证券、银行、保险等 16 个行业相关部门建立信息交换机制，陆续应用到最低生活保障、因病支出型贫困生活救助、临时救助、养老服务补贴、特困人员救助供养、教育救助、就业援助、法律援助、廉租住房、共有产权保障房、农村低收入户危旧房改造、困难残疾人生活补贴、职工帮扶、医疗救助、资助参保等 15 个项目，并在松江、宝山、金山区试点开展生活困难农户经济状况核对工作，项目涉及民政、教育、人社、司法、住建、残联、工会、医保、农委等多个领域，全年共完成各项目核对约 30.47 万户次。2020 年，组织召开长三角区域核对机制建设一体化发展座谈会，就核对机制建设一体化发展与苏浙皖三省达成合作共识。（王　希）

【价格联动机制】 2020 年，上海市民政局及时启动社会救助和保障标准与物价上涨挂钩联动机制，发放困难群众价格临时补贴。考虑到疫情期间群众的困难，2 月份市委市政府决定，疫情期间临时价格补贴在原有价格临时补贴标准基础上提高 50%，3 月份根据国家要求，临时价格补贴在 3—6 月期间进行翻倍发放。年内共 7 次启动社会救助和保障标准与物价上涨挂钩联动机制，发放对象 129 万人次，支出资金 1.44 亿元。（于乐锋）

【绩效评价机制】 2020 年 9 月，上海市民政局拟定出台《2020 年上海市社会救助工作绩效评价指标和评价标准》；10 月，委托上海社科院、邀请相关成员单位对全市 16 个区开展 2020 年度社会救助绩效评价工作，形成绩效评价总报告报上海市政府。对 2020 年困难群众基本生活救助工作进行自评，形成自评报告并上报民政部和财政部。评价结果表明：2020 年，在高质量完成年度重点任务的基础之上，全市社会救助基础工作更加扎实、专项工作更加规范、成效工作更加显著、创新工作更加多样，全市社会救助工作已经开始从系统完善逐步转向效能提升的新阶段。（顾伟敏）

基本生活保障

【最低生活保障】 根据《关于调整本市城乡低保及相关社会救助标准的通知》，2020 年 7 月 1 日起，上海市城乡居民最低生活保障标准由每人每月 1 160 元调整为每人每月 1 240 元。其中，对城乡低保家庭中的 16 周岁（含 16 周岁）以下未成年人，救助标准由每人每月 1 510 元调整为每人每月 1 615 元。享受定期定量生活补助的救济对象，补助标准在原各类标准的基础上，按照低保标准增幅，分别作适当调整。低收入困难家庭申请专项救助的收入标准调整为城乡居民家庭月人均可支配收入低于 2 480 元。至 2020 年年底，全市城乡居民最低生活保障对象 13.08 万户、17.39 万人，比上年 17.99 万人减少 3.34%。其中，城镇居民最低生活保障对象 10.44 万户、14.44 万人，比上年 14.85 万人减少 2.76%；农村居民最低生活保障对象 2.64 万户、2.95 万人，比上年 3.14 万人减少 6.05%。全年累计支出低保资金 23.17 亿元，比上年 22.48 亿元增加 3.07%，其中城镇低保资金 19.78 亿元，比上年 19.18 亿元增加 3.13%；农村低保资金 3.39 亿元，比上年 3.3 亿元增加 2.73%。（于乐锋）

【重残无业人员生活救助】 根据《关于调整本市城乡低保及相关社会救助标准的通知》，2020 年 7 月 1 日起上海市城乡重残无业人员生活补助标准统一调整为每人每月 1 615 元，比上年每人每月 1 510 元增加 6.95%。至年底，上海市重残无业人员 5.2 万人，比上年 5.16 万人增加 0.78%，其中城镇重残无业人员 3.47 万人、农村重残无业人员 1.73 万人；累计支出补助资金 8.83 亿元，比上年 8.35 亿元增加 5.75%，其中城镇重残无业人员补助资金 6.31 亿元、农村重残无业人员补助资金 2.52 亿元。（于乐锋）

【特困人员救助供养】 根据《关于调整本市城乡低保及相关社会救助标准的通知》，2020 年 7 月 1 日起，上海市特困人员日常生活供养标准由每人每月 1 510 元调整为每人每月 1 615 元，比上年增加 6.95%。至年底，上海市特困救助供养人员 3 973 人，比上年增加 11.04%，其中分散供养人员 2 909 人，集中供养人员 1 064 人；城镇特困供养人员 1 971 人、农村特困供养人员 2 002 人；累计支出供养资金 9 176.15 万元，比上年增长 5.26%，其中分散供养资金 6 112.85 万元，集中供养资金 3 063.3 万元；城镇特困人员供养资金 4 797.9 万元，农村特困人员供养资金 4 378.25 万元。

（王　希）

【低保专项治理】 上海市民政局深入推进低保专项治理工作，重点推进审核和动态管理两项工作。2020 年 1—12 月，全市新申请低保 1.31 万户、1.92 万人，经审核确认纳入 1.15 万户、1.64 万人。全年上海市民政局开展定期复核及不定期复核 20.59 万户次，共计 32.23 万人次，共复核退出 1.55 万户，共计 2.36 万人。

（于乐锋）

【因病支出型贫困家庭生活救助】 至 2020 年年底，上海市因病支出型贫困家庭生活救助对象为 4 865 户次、7 077 人次，比上年分别减少 5.97% 和 6.02%，其中城镇 4 053 户次、5 726 人次，农村 812 户次、1 351 人次；全年累计支出因病支出型贫困家庭生活救助资金 766.56 万元，比上年减少 4.14%，其中城镇 627.94 万元，农村 138.62 万元。（顾伟敏）

【临时救助】 临时救助是以发放救助金为主的救助措施，必要时也采取提供实物和基本生活条件等形式给予救助，一般不超过 3 个月。至 2020 年年底，上海市各区共实施临时救助约 3.01 万人次，其中，低保对象 1.77 万人次、低收入人员 0.09 万人次、其他对象 1.15 万人次；共支出临时救助资金 1 920.54 万元。（王　希）

【元旦春节期间帮困送温暖活动】 2020 年元旦春节期间，上海市民政局、上海市财政局等部门和单位，开展元旦春节帮困送温暖活动。上海市委市政府领导带队指导、检查落实情况，活动覆盖各类困难对象 96.5 万人次，支出资金 6.4 亿元。节日期间全市各级党政机关和群众团体组织走访慰问各类困难家庭 9.72 万户（次），参加走访干部 7.43 万人（次），其中处级以上干部参加走访慰问 1.08 万人（次）。（于乐锋）

【流浪乞讨人员救助】 2020 年，上海市民政局与北京缘梦公益、缘梦公益旗下其他省区市爱心警官及志愿者团队合作，对市救助二站的 580 名受助人员分批核实身份信息，至年底，共甄别成功 37 名受助人员，其中利用科技手段甄别成功 32 人。（林　超）

【社区市民综合帮扶】 2020 年，社区市民综合帮扶项目种类更加丰富，主要包括元旦春节帮困送温暖项目，资助困难家庭 11 199 户，公益支出 2 665 万元；综合帮扶项目，以“一户一策”“量体裁衣”的方式，个案帮扶 10 966 人次，公益支出 5 961 万元；“爱心传递”义务家教项目，组织大学生志愿者 222 人，为 231 位困难家庭的中小学生提供教学辅导；“爱心助老”实物帮扶项目，为全市 2 526 位低保、低收入家庭中 65 周岁以上的困难老人实现购物心愿，公益支出 252 万元；“医疗帮困一卡通”每张 500 元，共发放 21 626 张；下放安徽回沪定居困难人员帮扶项目，共计 2 005 人次，公益支出 523 万元；“帮侬一把”帮扶项目，通过专业社工为 25 000 人次提供评估类、干预类、照护类、社会融合类等多元化的服务，公益支出 690 余万元；开展“温暖小手”项目，帮扶 42 户在沪务工非本市户籍家庭，做好疫情期间维稳工作。至年底，社区市民综合帮扶项目共帮扶人数 51 390 人次，筹集资金 2.14 余亿元，其中，福利彩票公益金资助 4 135 万元，社会募捐及区域筹集资金 1.73 余亿元，公益支出 1.38 亿元。（市帮困互助基金会）

2007—2020 年社区市民综合帮扶统计表

（单位：万元）

年　度	综合帮扶合计		其　中			
			个案帮扶		项目帮扶	
	人次	资金	人次	资金	人次	资金
2007 年	5 325	514.94	5 325	514.94		
2008 年	30 655	3 375.21	11 215	2 108.21	19 441	1 267
2009 年	44 208	5 845.26	15 699	3 414.34	28 509	2 430.92

续表

年度	综合帮扶合计		其中			
			个案帮扶		项目帮扶	
	人次	资金	人次	资金	人次	资金
2010年	142 189	7 830.28	12 980	3 806.35	129 209	4 023.93
2011年	48 013	7 300.43	13 224	4 507.03	34 789	2 793.4
2012年	39 126	7 633.29	16 552	5 165.13	22 574	2 468.16
2013年	48 448	9 953.11	19 963	7 375.64	28 485	2 577.47
2014年	43 745	11 414.03	22 812	8 403.19	20 933	3 010.84
2015年	51 987	13 048.29	23 732	9 896.87	28 255	3 151.42
2016年	51 259	13 098.75	23 407	10 002.52	27 852	3 096.23
2017年	65 730	13 362.03	21 841	9 803.36	43 889	3 558.67
2018年	57 156	10 610.774 9	16 745	6 848.928 2	40 411	3 761.846 7
2019年	59 952	12 535.575 2	17 914	7 112.299 4	42 038	5 423.275 8
2020年	51 390	13 865.495 84	10 966	5 961.706	40 424	7 903.789 84
合计	739 183	130 387.465 9	232 375	84 920.513 6	506 809	45 466.952 34

第二章　慈善事业

【概况】 2020年，上海市民政局进一步贯彻落实《慈善法》，积极推进全市慈善事业健康发展，助力抗疫工作。疫情期间，快速备案成立4单抗疫专项慈善信托，近千万元的资产及收益全部用于上海援鄂一线医护人员补助和医疗物资补给。积极发挥慈善超市功能优势，助力社区抗疫防疫工作。开展《上海市慈善条例》立法调研工作。开展“中华慈善日”主题活动，以“疫情中的公益慈善力量”为主题，凸显公益慈善力量在抗击新冠疫情战斗中发挥的重要作用。组织“中华慈善奖”评选表彰工作。按照第十一届“中华慈善奖”评选表彰活动的统一安排，做好候选对象申报推荐和表彰工作，为第十一届“中华慈善奖”上海市提名奖和入围奖的对象颁发奖杯。推动“上海慈善奖”恢复设立。推进慈善超市全覆盖，全市214个街镇(乡)共建有慈善超市233家(包括部分区级慈善超市)，实现慈善超市街镇(乡)全覆盖。开展慈善超市第三方评估，通过以评促建、以评促改、评建结合的方式，积极推进慈善超市设施和服务规范的标准化规范化建设。开展经常性社会捐助工作，加强经常性社会捐助接收站点建设，方便居民就近就便捐赠。加强慈善信托备案工作，全年完成7单慈善信托(信托财产1 050万元)行政备案，做到信息公开透明，同时积极探索慈善信托财产多元化。 (肖文文)

上海慈善力量助力新冠肺炎疫情防控工作

【抗“疫”专项慈善信托】 新冠肺炎疫情期间，上海市民政局结合实际，应需快速备案成立4单抗“疫”专项慈善信托。2020年2月14日，上海市民政局备案成立全市第一单抗击疫情专项慈善信托——“上善”系列赴鄂救援抗击疫情慈善信托。2月21日，备案成立华宝善行·抗击新型冠状病毒肺炎疫情慈善信托。3月25日，备案成立爱建信托——爱心慈善系列·抗击新型冠状病毒肺炎疫情1号慈善信托。4月27日，备案成立爱建信托——爱心慈善系列·抗击新型冠状病毒肺炎疫情2号慈善信托。上述4单抗“疫”专项慈善信托，总计近千万元的资金与收益，全部用于上海援鄂一线医护人员补助和医疗物资补给。 (肖文文)

【慈善超市助力社区抗“疫”】 2020年疫情期间，上海市民政局发挥慈善超市街镇(乡)全覆盖服务群众的优势，以超市为平台和载体，畅通各方捐资渠道，整合统筹防疫资源，保障社区隔离、防疫物资发放、社区特殊人群和困难群众以及社区捐助等工作。浦东新区老港镇慈善超市主动承担该镇防控疫情专项采购小组物资采购工作，为全镇各单位、村居联系、采购、派发防护物资，为24小时轮流守卫在全镇各主要出入口的工作人员及志愿者提供送餐服务。松江区慈善超市发挥款物募集功能，在疫情期间，共收到爱心企业捐赠的价值9 639 500元的物资，以及社会爱心人士捐赠款31 445.5元，累计向武汉市武昌医院捐赠KN95口罩400只、皮肤消毒液3 680瓶、鞋套23 345双、84消毒液424瓶，并与上海市慈善基金会松江区代表机构合作捐赠CELA消毒剂10吨。向上海市一线疫情防控志愿者团队发放口罩30 000只、皮肤消毒液92 400瓶、一次性雨衣847件。善淘网运营的慈善超市自制“手语疫情个人防护系列”短视频，通过网络平台向残障人士宣传普及疫情防控工作相关知识，助力抗疫防疫工作。 (肖文文)

慈善组织与立法

【慈善组织认定】 根据《中华人民共和国慈善法》(以下简称《慈善法》)的有关规定，慈善组织可以采取基金会、社会团体、社会服务机构等组织形式。设立慈善组织，应当向县级以上人民政府民政部门申请登记。2020年，上海市民政局贯彻落实《慈善法》及民政部《慈善组织认定办法》等配套政策，开展市级部门登记的基金会、社会团体、社会服务机构的慈善组织认定工作，推动新成立的基金会同步登记为慈善组织，推动符合条件的社会团体、社会服务机构等按规定认定为慈善组织。对认定为慈善组织的基金会、社会团体、社会服务机构，上海市民政局向社会公告并在登记证书上标明慈善组织属性。（梁　露）

【慈善立法】 2020年3月，上海市民政局成立上海市慈善立法调研小组，启动慈善立法调研工作。起草专家版上海市慈善立法研究报告，参考兄弟省市地方性慈善法规，建立工作例会等机制，定期召开会议研究立法工作，编印《〈上海市慈善条例〉材料选编》。结合上海市已有的地方法规及其指导下开展的慈善募捐、慈善组织建设、慈善信托运作等诸多方面的慈善实践，起草形成《上海市慈善条例》建议稿。制定立法调研工作方案，明确立法调研工作进度和节点安排，先后组织十余次研讨会，听取各区民政局、社会组织、慈善超市、专家学者等的意见，形成1篇调研总报告和慈善组织、慈善信托、社区慈善、慈善文化等9篇调研分报告及草案。召开专家读稿会和市人大、司法局等相关处室负责人读稿会，吸纳建设性的建议，修改完善《上海市慈善条例》草案。申报2021年度市人大立法计划正式项目，并参加市人大2021年立法论证会。（肖文文）

慈善超市建设

【慈善超市全覆盖】 上海市民政局积极推动慈善超市的建设和发展，发挥慈善超市服务功能，实现慈善超市街镇（乡）全覆盖。2017年4月，上海市民政局印发《上海市慈善超市创新发展三年规划》，强调发挥市场和社会力量作用，鼓励慈善超市社会化运营，拓展多元化服务功能。2018年上海市民政局出台《慈善超市设施和服务规范指引》，进一步推进慈善超市标准化建设。至2020年年底，全市214个街镇（乡）共建有慈善超市233家（包括部分区级慈善超市），实现慈善超市街镇（乡）全覆盖。（肖文文）

【慈善超市第三方评估】 2019年，上海市民政局印发《关于开展本市慈善超市创新发展评估工作的通知》，委托第三方机构——上海交通大学中国公益发展研究院于2019年年底到2020年2月对全市233家慈善超市开展评估。2020年，评估团队从覆盖率、店名店标、运营状况等方面进行对照评估，给出评估等级，并指出存在问题及改进方向，经中期评估和终期评估两个阶段，形成1份评估总报告和16个区各区分报告。上海市民政局将评估报告分送各区，引导督促各区进行相应整改完善。以评促建、以评促改、评建结合，进一步推动慈善超市健康有序发展。（肖文文）

【经常性社会捐助工作】 上海市民政局发挥慈善超市作为经常性社会捐助网络枢纽的作用，推动慈善超市承担区域内的经常性社会捐助工作，指导各站点对捐赠物资进行登记造册，负责捐赠物资的集中、清理、消毒、运输等工作。至2020年12月底，全市经常性捐助站点共接收新旧物资82.5万余件，价值640余万元，其中就地帮困支出15.9万件，送往云南、西藏、甘肃及新疆等贫困地区物资1.7余万件新，价值126万元。（肖文文）

慈善信托备案

【慈善信托行政备案】 《慈善法》明确规定由民政部门负责慈善信托备案工作。2020年，上海市民政局完成4单抗“疫”专项慈善信托，以及中海信托——伴你成长慈善信托、“上善”系列携手奔小康村企帮扶慈善信托、“上善”系列国泰君安希望小学营养午餐慈善信托等共计7单慈善信托行政备案，信托资金规模合计1 050万元，全部资产及收益均用于信托合同约定的慈善目的。至2020年年底，上海市民政局备案的慈善信托累计共17单，资金规模超1.5亿元，涉及帮困、扶贫、恤孤、助残、优抚、医疗救助、救灾、促进教科、文化等领域。（肖文文）

【慈善信托信息公开】 2020年，上海市民政局对新备案的7单慈善信托分别在全国慈善信息公开平台“慈善中国”和“上海民政”官方网站，就慈善信托中受托人、资金规模、信托名称等相关信息按规定予以公示。根据相关法律法规，上海市民政局在“上海民政”官网“政务公开”中“慈善信托”栏目中，公开已备案的慈善信托2019年年度报告，将慈善信托事务处理情况和慈善信托财产状况等相关信息向社会进行公开，接受社会监督。（肖文文）

【慈善信托财产多元化探索】 设立慈善信托的财产包括现金财产和房产、股权、知识产权等非现金类财产。随着慈善信托业务深入开展，委托人产生以房产、股权、知识产权等非现金类财产设立慈善信托的需求，上海市民政局积极探索非现金类资产慈善信托备案工作，加强慈善信托备案事前引导。研究并鼓励慈善信托相关各方探索房产、股权、知识产权以及名家书画、艺术收藏品等非现金财产作为慈善信托财产，拓展慈善信托财产的来源和渠道，促进慈善信托运作模式的多元化，为非现金类财产作为慈善信托财产的制度建设提供实践参考。（肖文文）

弘扬慈善文化

【“中华慈善奖”评选】 上海市民政局于2019年10月22日下发《关于开展本市第十一届“中华慈善奖”申报推荐工作的通知》(沪民慈发〔2019〕1号),并于2020年4月22日下发《关于补充推荐第十一届“中华慈善奖”上海市申报对象的通知》(沪民慈发〔2020〕2号),动员社会各界推荐申报,动员各区申报推荐本区域候选对象。结合2020年新冠肺炎疫情防控工作,补充推荐在抗疫防疫中作出突出贡献的公益慈善力量的代表。通过两次初评会,初步评选出18个推荐候选对象和12个补充推荐候选对象。后经复评、函询、公示等环节,最终评选出上海市12个推荐对象和8个补充推荐对象,按照相关程序将申报推荐材料报送“中华慈善奖”评委会办公室。

(肖文文)

【“中华慈善日”主题活动】 2020年9月5日,以“疫情中的公益慈善力量”为主题的2020年“中华慈善日”主题活动在上海公益新天地举行,同步拉开2020年“上海公益伙伴月”系列活动的序幕。活动重点展现抗疫过程中的善行义举和感人事迹,并为20位荣获第十一届“中华慈善奖”上海市提名奖和10位荣获第十一届“中华慈善奖”上海市入围奖的获得者颁发奖杯。同期,各区通过慈善募捐、结对帮扶、文艺展演、社区沙龙、公益讲坛等各种形式,开展内容丰富的“中华慈善日”系列活动。

(肖文文)

【“上海慈善奖”恢复设立】 2009年上海市设立“上海慈善奖”,并在当年和2012年开展第一届和第二届“上海慈善奖”评选活动,表彰全市在慈善领域作出突出贡献的个人、企业和优秀慈善项目,对上海市慈善事业发展起到推动作用。2013年,因故取消“上海慈善奖”的评选。2020年,上海市民政局加强与市人力资源社会保障局评选表彰处沟通,报送恢复“上海慈善奖”评选表彰的相关材料,推进恢复“上海慈善奖”尽快落地。

(肖文文)

第二篇 社会福利

第三章　养老服务

【概况】 至2020年年底，上海市户籍60周岁及以上老年人口533.49万人，占户籍总人口的36.1%；65周岁及以上户籍老年人口382.44万人，占户籍总人口的25.9%；80周岁及以上户籍高龄老年人口82.53万人。百岁寿星3 080人，每10万人中拥有百岁老人数达20.8人（拥有7人即为长寿地区代表性指标）。2020年，上海市民政局全力做好养老服务领域疫情防控工作，确保机构“零疫情”和人员“零感染”。上海市政府养老类实事项目全部超额提前完成，全市共建成729家养老机构、16.1万张床位，320家社区综合为老服务中心，204家长者照护之家，758家老年人日间服务中心，1 232个社区老年人助餐场所。闵行区、徐汇区分别获全国第四、第五批居家和社区养老服务改革试点优秀和“优中优”专项资金奖励；闵行区、嘉定区、松江区农村养老案例被列入全国农村养老工作会议案例汇编推广。上海养老服务连续第四年受到国务院激励表扬。（葛　健）

养老服务领域新冠肺炎疫情防控工作

【养老服务机构疫情防控】 新冠肺炎疫情爆发以来，按照上海市委、市政府要求，上海市民政局将养老领域疫情防控工作纳入联防联控机制，分类施策精准防控，先后发布10个“养老疫控”通知。对养老机构实行封闭管理，出入管理实施“五个暂停”（即暂停家属探望；暂停家属送餐；暂停快递、外卖、送药以及不必要人员入院；暂停招录新的护理人员及工作人员；暂停接收新入院老人）。各部门、各区积极筹措防疫物资，坚持保障刚需，确保困难老年群体助餐、居家养老服务需求。做好精准防控、常态防控，在疫情零散发生时及进博会前后等重点时段及时下发防控通知。加强疫情防控明察暗访，指导各区做好常态化防控工作。根据上海市政府要求，推进养老机构工作人员常态化核酸检测工作，确保应检尽检。2020年度，全市防控确保养老服务领域机构“零疫情”和人员“零感染”。（葛　健）

【疫情防控地方标准】 上海市民政局参与申报和拟制《呼吸道传染病流行期间社会福利机构安全操作指南》地方标准，经市场监管局审查通过，于2020年6月3日正式发布。根据国务院《关于加强秋冬季新冠肺炎疫情防控工作的指导意见》和上海市疫情防控工作领导小组有关要求，上海市民政局于2020年8月21日下发《上海民政行业秋冬季新冠肺炎疫情防控工作要求》（沪民办发〔2020〕24号）。根据疫情零散发生情况，做好精准防控、常态防控，在疫情零散发生时及进博会前后等重点时段及时下发防控通知。加强疫情防控明察暗访，指导各区做好常态化防控工作。（葛　健）

社会养老服务体系建设

【上海市社会养老服务体系建设领导小组第16次会议】 2020年6月17日，上海市社会养老服务体系建设领导小组第16次会议召开，全市22个委办局、单位和16个区的负责同志参加。会上，上海市民政局通报养老服务领域疫情防控和养老服务重点工作，上海市发展和改革委员会通报《关于促进本市养老产业加快发展的若干意见》及分工，上海市人力资源社会保障局通过《关于加强养老护理员队伍建设提高养老护理水平的实施意见》及分工，上海市医保局通报上海市长期护理保险试点情况，杨浦区、浦东新区就养老服务设施存量资源改造利用做交流发言。会议要求全力抓好《上海市深化养老服务实施方案（2019—2022年）》的落实，紧扣“增量增能增效”目标，推进6个提升计划、26项主要任务的落地。特别是存量资源改造利用、家庭照护床位、养老产业发展、护理员队伍建设、长护险试点几个方面的工作，是养老服务体系建设中的突破口。（徐秋慧）

【上海市农村养老服务工作现场会】 2020年12月17

日，上海市农村养老服务工作现场会在奉贤区召开，全市22个委办局、单位和16个区的负责同志参加。会议指出，上海实现农村养老服务三级网络全面覆盖，农村养老服务能力稳步提升，农村养老服务发展环境日益完善，基层农村养老服务发展模式不断创新。会议强调加强养老服务设施合理布局，充分利用科技手段，增强服务的便捷度和可及性，加强医养结合和品牌机构参与度，提高农村老人的支付能力，加强针对农村养老服务的事中事后监管。要求围绕"增量、增能、增效"的工作目标，聚焦农村养老设施建设、服务能力、有效保障，深化农村养老服务分级网络建设，提升养老服务设施能级；鼓励推动发展农村互助性养老，提升家庭养老功能；健全农村养老服务支撑体系，提升专业照护水平；筑牢农村养老服务安全防线，提升养老行业管理质量。（徐秋慧）

【《上海市养老服务条例》表决通过】 2020年12月30日，上海市第十五届人大常委会第二十八次会议表决通过《上海市养老服务条例》。该《条例》自2021年3月20日起施行，共十五章一百一十条，对养老服务发展原则与体系，养老服务设施规划与建设，居家、社区、机构养老服务的内容和形式、服务协调发展和医养康养结合、长期照护保障、养老服务机构与从业人员规范、扶持与保障措施、养老产业促进、监督管理等方面都作规定。《条例》为规范养老服务工作，健全养老服务体系，满足老年人养老服务需求，促进养老服务发展，探索符合超大城市特点的"老有所养"提供重要法治保障。（徐秋慧）

养老服务设施供给

【市政府实事项目】 2020年度，上海市民政局主要牵头负责4项实事项目，分别为"新增7 000张养老床位、50家社区综合为老服务中心、200个社区老年助餐场所，改建2 000张认知障碍照护床位"。年初对16个区开展全市养老服务类实事项目的动员与排摸，印发《上海市民政局关于下达2020年市政府养老服务类实事项目任务指标的通知》（沪民养老发〔2020〕4号），将实事指标分解下发至各区。全年密切跟进建设进度，会同上海市政府办公厅、上海市重大办等相关部门赴各区对重点项目多次现场督查指导，对各区执行实事项目进度月报制度，委托第三方开展全面进度督查，实地掌握具体建设项目进度情况。至10月份，上述实事项目均提前超额完成。其中养老床位完成7 646张，占全年计划109.2%；认知障碍照护床位完成2 320张，占全年计划116%；社区综合为老服务中心完成52家，占全年计划104%；社区老年助餐场所完成212个，占全年计划106%。（葛　健）

【养老机构床位建设】 2020年，上海市民政局持续推进新增养老床位工作，根据《上海市养老设施布局专项规划（2013—2020年）》的要求，到2020年全市建成15.9万张养老机构床位。至2020年年底，全市有养老机构729家，床位达16.1万张，超额完成任务，"一床难求"矛盾基本缓解。床位建设作为政府办实事项目，全市对养老机构床位建设予以相应政策补贴，同时，床位建设被纳入政府工作绩效考核，受政府监督。（李苏晋）

【社区嵌入式养老服务】 2020年社区综合为老服务中心新增52家，累计建成320家，实现街镇全覆盖。至2020年年底，建成以短期住养照料为主的长者照护之家204家，实现中心城区及城镇化地区街镇全覆盖；建成提供白天照料的老年人日间服务中心758家，2020年新增38家，服务老年人1.5万名；建成社区老年人助餐场所1 232个，2020年新增212家社区长者食堂及老年助餐点，月均供餐12万客；建设社区标准化老年活动室6 223家，日均活动人数达24万，其中2020年新建改建437家，并委托第三方开展标准化老年活动室"以奖代补"评估工作，提升活动室建设质量；建设示范睦邻点2 544家，2020年新增800家。（薛文俊）

【农村地区养老服务】 至2020年年底，上海市已实现农村养老服务三级网络全面覆盖。乡镇敬老院建设持续推进，三年间涉农区新增床位19 296张，占全市新增总量的71%，青浦、嘉定、松江、闵行、金山、宝山等区建成床位数已超过户籍老年人口的4%；改造认知障碍照护床位3 492张，占全市改造总量的68%，闵行、宝山、浦东等区改造数量均超过500张。两年完成薄弱机构改造的三年工作目标，计133家，崇明、松江、嘉定、奉贤等区改造数量超过各自机构数的三分之一。同时，每年中心城区优质养老机构与郊区薄弱养老机构普遍开展结对，帮助提升管理服务能力。发展各类功能性养老服务设施场所，涉农区建成具有平台功能的综合为老服务中心224家，占全市70%，实现乡镇全覆盖。长者照护之家、社区日间服务中心、老年人助餐服务场所已建成1 419个，占全市六成以上，奉贤、青浦、嘉定等区设施人均面积位居前列。针对农村邻里交往频繁、人际关系密切的特点，以村民小组为单位，由邻近居住的农村老年人利用闲置房屋，发展具有生活照料、精神慰藉、互助服务功能的睦邻点。涉农区已建成1 988个示范睦邻点，占全市总量的80%，奉贤、浦东、青浦、崇明等区睦邻点建设有力。同时，建成标准化老年活动室3 158个，实现全覆盖。（薛文俊　李苏晋）

养老服务能力提升

【医养结合】 2020年,上海市设置护理站、医务室、门诊部、老年护理院等医疗机构的养老机构达317家,占全部养老机构数的43.48%;全市养老服务机构与医疗卫生机构签约率达到100%。同时,全市各类社区托养机构与全市的社区卫生服务中心合作,签约后安排医护人员定期提供相应的医疗服务,或在养老服务设施选址时提前规划整个附近医疗设施,持续推进社区综合未老服务中心同址内社区卫生或护理站的建设。 (刘慧娟)

【老年认知障碍照护服务体系建设】 2020年,上海市民政局继续加强老年认知障碍照护服务设施建设,至2020年年底,全市养老机构和长者照护之家中共建成197个照护专区、4 845张认知障碍照护床位。同时,继续开展老年认知障碍友好社区建设试点。2020年9月,启动第二批50个街镇试点工作。试点内容主要包括老年认知障碍健康教育、风险测评及早期干预等。 (李苏晋 薛文俊)

【养老护理员队伍建设】 2020年5月25日,上海市民政局会同上海市人力资源社会保障局等九部门,联合出台《关于加强养老护理员队伍建设提高养老护理水平的实施意见》(沪人社职〔2020〕205号),建立健全养老护理员培养体系、评价标准、晋升通道、薪酬体系、激励机制、管理系统。2020年,根据《民政部关于进一步扩大养老服务供给促进养老服务消费的实施意见》(民发〔2019〕88号),年内全市1.93万人参加养老护理员职业技能培训,2.33万人参加考核评价,共发放技能证书1.72万本。与上海开放大学合作举办"老年服务与管理"大专班,开办四届,学员总数1 209名,2020年第一届学员已顺利毕业。先后举办线上、线下护理经验交流会,组织养老护理员参观2020年上海国际养老、辅具及康复医疗博览会设计系列活动,邀请养老护理员担任福祉大赛创新产品"体验官"等活动。围绕"实景、实训、实操"的养老服务队伍培训需求,上海市民政局建设成规模的养老服务能力建设基地(1.5万平方米),立足上海,面向长三角提供服务。 (葛 琦)

【智慧养老】 2020年,上海市民政局持续加大智慧养老发展力度,发挥科技力量助力养老服务体系建设。会同上海市经信委,梳理形成首批12个智慧养老应用场景需求,并于2020年4月27日以新闻通气会形式向社会公布。首批发布的智慧养老应用场景需求主要有四类:一是安全防护类,共6个,包括老年人防跌倒场景、老年人紧急救援场景、认知障碍老人防走失场景、机构出入管控场景、机构智能查房场景、机构智能视频监控场景等;二是照护服务类,共2个,包括老年人卧床护理场景、家庭照护床位远程支持场景等;三是健康服务类,共2个,包括老年慢性病用药场景、机构无接触式智能消毒场景;四是情感关爱类,共2个,包括老年人智能语音交流互动场景、老年人智能相伴场景。2020年6月3日,上海市民政局下发《关于在本市实施经济困难的高龄独居老年人应急呼叫项目全覆盖的通知》(沪民养老发〔2020〕13号),实现全市16个区应急呼叫服务全覆盖,要求各区通过购买第三方专业服务的方式,建立呼叫中心,让老年人通过一键呼叫、拨打电话的方式,获取紧急救援服务和家政、保洁、洗衣、助餐、助浴、理发、交通等各类生活服务。(龚 平)

社区非正式照料体系

【"老伙伴"计划】 "老伙伴"计划通过招募70岁以下低龄老年志愿者,为80岁以上高龄独居老年人提供互助关爱服务,自2012年启动以来,上海市民政局稳步推进该项目。2020年度,全市4万名低龄老年志愿者为20万名高龄独居老人提供互助服务,基本实现高龄独居老年人全覆盖。 (费弼弢)

【"老吾老"计划】 2020年,上海市民政局依托社区养老服务设施和机构,稳步推进"老吾老计划——家庭照护能力提升项目",通过专业社会组织为长期照料失能老年人的家庭照料者提供护理知识和技能的培训,为失能老年人家庭照护提供支持性服务,至2020年年底,试点区已覆盖12个区、83个街道,受益人数达到2万人以上。 (刘慧娟)

【居家环境适老化改造】 2019年年底,上海市民政局印发《关于本市开展老年人居家环境适老化改造试点的通知》(沪民养老发〔2019〕31号),在上海市5个区6个试点街镇(黄浦区南京东路街道,徐汇区凌云路街道,长宁区华阳路街道,杨浦区江浦路街道、控江路街道,闵行区江川路街道)开展面向老年人家庭的居室环境适老化改造试点。2020年试点期间,建立完善适老化改造标准、适老化改造流程、适老化改造信息系统、适老化改造菜单和具体补贴方案,试点街道共有700多户老人提交申请,138户完成改造。2020年12月,市民政局印发《关于本市居家环境适老化改造扩大试点工作的通知》(沪民养老发〔2020〕31号),试点区域已覆盖全市16个区51个街镇。 (任 薇)

【"银龄宝典"】 2020年"银龄宝典"共制作播出260

集，栏目每周一至周五每天播放一集，一天播放三次，片长 8 分钟，每周末黄金时间播出一周集锦，全年播出达 1 300 集次。2020 年特别推出《社区助餐及居家老人食品安全与营养特别节目》、《防控新冠疫情特别节目》，以及《家门口的康复科》系列、《家门口的老年科》系列、《家门口的疼痛科》系列、《提高免疫力》系列、《肿瘤的康复护理》系列、《中医新养生》系列等。节目受众覆盖全上海及长三角地区，节目聚焦老年人居家健康护理和康复指导，传播和教会家庭成员、护理人员，以及健康和患病的老年人家庭护理和康复的正确理念，科普常识和实用技能，节目重在健康知识普及和实际操作。（费弼弢）

【"时间银行"】 上海市于 2019 年在虹口、长宁两区开展养老服务"时间银行"项目试点。"时间银行"项目是整个养老服务体系中的辅助性组成部分，试点期间的服务内容以非专业性、非家政类（如保洁、做饭、洗衣等）且风险可控的服务内容为主，包括上门提供服务和在养老服务机构提供服务，前者主要包括情感慰藉、协助服务、出行陪伴等，后者主要包括文体活动、健康科普、法律援助、培训讲座、指导防范金融和网络风险等。2020 年 7 月，试点范围扩大至徐汇、长宁、普陀、虹口、杨浦五区。至 2020 年年底，"上海养老时间银行"平台上共计注册用户约 2 万人，服务受益 1.6 万人次。（任 薇）

养老服务行业管理

【养老机构消防安全】 上海市连续三年将养老院安全改造纳入市政府实事项目全力推进，为全市 300 家有需求的机构安装自动喷水灭火系统；对有电气线路安全隐患的 65 家机构实施改造，在全市养老机构中推广安装故障电弧探测器，消除各类安全隐患。部分区和街镇还运用物联网技术，加强水压、烟雾等安全监测报警，提高物防技防水平。同时，通过日常抽检、飞行检查、专项整治等方式，加强消防安全检查；开展全市养老机构负责人和消防管理员全员培训，普遍开展消防演练，提高养老机构消防安全意识和防范能力。2020 年，上海市按照民政部、财政部等四部门联合下发通知要求，制定下发上海市民办养老机构消防安全达标提升工程实施方案，计划于 2021 年年底前，使全市存量民办养老机构消防设施设备配备符合国家工程建设消防技术标准，消防安全管理达到安全服务要求。落实《上海市养老机构消防安全标准化管理评分细则（试行）》，从消防安全责任、消防建筑、消防设施管理、用电用火管理、防火检查和巡查、灭火和应急疏散预案制定演练及应急处理、消防宣传教育培训、火灾事故处理、单位奖惩措施等细化相关管理措施，并在养老机构行业实施。此外，通过培训、宣教、组织演练、巡查、督促等措施，增强养老机构消防安全防护能力。（葛 健）

【养老机构等级评定】 2015 年，上海开始探索开养老机构等级评定工作。2020 年，根据《民政部关于加快建立全国统一养老机构等级评定体系的指导意见》和《养老机构等级划分与评定》国家标准的要求，结合上海市养老服务实际，上海市民政局于 2020 年 7 月 16 日发布《上海市养老机构等级评定实施方案》《上海市养老机构等级评定管理办法》和《上海市养老机构等级评定标准细则》，并委托市养老服务行业协会具体开展养老机构等级评定工作。根据《评定管理办法》要求，上海市养老服务行业协会组织相关专家，对全市自愿申报的 274 家养老机构进行评定。（龚 平）

【养老机构日常服务质量监测】 2020 年，上海市民政局共监测 500 家正常执业的养老机构（不包括 2019 年优秀机构、执业未满一年、装修改造以及动迁停业等机构）。根据监测，全市 500 家养老机构中，"优秀"122 家，"良好"264 家，"一般"107 家，"较差"7 家；全市养老机构服务质量总体处于"良好"，比 2019 年试点监测平均分提高 5.1 分；市属机构平均分排名第一，处于"优秀"；从各区平均得分看，高于平均分的有 7 个区，徐汇区第一，静安区、嘉定区并列第二，浦东新区、松江区、奉贤区并列第三。对养老机构监测中发现的问题，由上海市民政局下发《问题清单》督促整改。（龚 平）

【养老服务标准化】 2020 年度，为应对疫情防控需要，上海市民政局提出并组织实施《呼吸道传染病流行期间养老机构安全操作指南》。为适应养老机构需求，对 2013 版《养老机构服务合同示范文本》进行修订。立项开展《养老机构等级划分与评定》《社区嵌入式养老工作规范》《养老机构服务质量监测评价指标》《养老机构信用评价指南》《养老机构分级照护服务要求》等地方标准。组织第三方，对落实上海市养老机构贯彻落实国家强制性标准《养老机构服务安全基本规范》情况进行现场查看，对不符合规范要求的进行指导。继续深入开展养老机构标准化试点示范活动，至 2020 年年底，上海市养老机构共验收通过 34 个标准化试点建设项目，其中 2 个通过国家级服务业标准化试点验收；11 个通过市级社会管理和公共服务标准化试点验收；21 个通过上海民政系统标准化试点验收（局级）。2020 年，上海市第四社会福利院获得"上海品牌"认证。（龚 平）

养老服务扶持发展

【养老产业发展】 2020 年 5 月 13 日，上海市政府办公厅印发《关于促进本市养老产业加快发展的若干意见》,聚焦增加养老产品和服务供给、加快释放产业动能、积极培育消费市场、夯实产业发展基础四个方面,围绕政策引导、要素供给、消费培育、环境营造等方面,提出增加多层次养老照护服务、拓展用地空间、积极发展长期护理保险、促进长三角养老产业协同等20条政策举措。 (徐秋慧)

【养老服务机构公用事业费优惠政策】 为贯彻《国务院办公厅关于推进养老服务发展的意见》(国办发〔2019〕5号)、《上海市深化养老服务实施方案(2019—2022年)》(沪府规〔2019〕26号)要求,依据《上海市老年人权益保障条例》《上海市养老机构条例》等有关规定,市发展改革委、市民政局专门出台《关于本市养老服务机构执行水、电、管道燃气、有线电视等价格标准的通知》(沪发改价管〔2020〕2号),扩大公用事业费优惠政策的受益面。其中养老服务机构用水、用电、用气应与周边工业、商业或其他单位设施实行分表计量,实际使用量分别按照水、电、燃气居民生活类价格标准计费,暂不实行阶梯式价格,具体价格水平按照相关价格文件的规定执行。养老服务机构有线电视维护费按现行每月每端6.5元收取。鼓励有关电信经营企业对养老服务机构使用的宽带、固定电话按照居民价格标准给予优惠。养老服务机构供电配套工程收费,按规定标准的90%执行。养老服务机构有线电视配套工程收费,最高标准不得超过建筑面积每平方米18元,数字化整改改造项目(老用户)免收工程改造费。养老服务机构供水、供气、宽带、固定电话配套工程收费,鼓励有关经营企业在现行收费标准的基础上给予优惠。并明确,实际从事养老服务但因产权不清、租赁关系复杂等情况享受不到政策的机构,经民政部门认定,即可享受优惠政策。按照《促进和规范利用存量资源加大养老服务设施供给的工作指引》要求,各区已落实30多个地块,推动项目落地。 (葛 健)

【上海国际养老、辅具及康复医疗博览会(CHINAAID)】 2020年10月28—30日,上海市民政局在上海新国际博览中心举办2020上海国际养老、辅具及康复医疗博览会。展会的展品范围涵盖养老服务、辅助器具、生活护理、康复医疗、健康管理、宜居建筑六大领域。此届展会共汇集301家展商,展商范围覆盖德国、法国、美国、英国、冰岛、荷兰、丹麦、以色列、比利时、日本、中国等12个国家和地区,展示面积30 000 m²,吸引了34 000多名海内外观众共聚一堂。此次博览会是全球唯一正常举办的国际性养老品牌展会,同期还举办了"2020上海国际养老服务产业高峰论"及"2020中国养老机构发展高峰论坛"。 (任 薇)

【中国老年福祉产品设计与创新创业大赛】 由上海市民政局、上海市科委、上海市经信委、上海市商务委、上海市教委主办第八届中国老年福祉产品设计与创新创业大赛于2020年10月26日揭晓结果,来自海内外的57件作品分获"创意设计、创新产品、创业孵化"三大赛组的金银铜奖,相关的获奖作品在28日起举办的上海老博会现场专区展示。此届中国老年福祉产品创意创新创业大赛的参赛者覆盖国内27个省、市、地区(含台湾)和8个海外国家,包含业界知名的国内外企业,来自清华、中国美院、复旦等全国141所高校的学生,以及来自上海第一福利院、第三福利院、中福会等机构的一线养老护理员。参赛作品量较第七届同比增加98.8%,创该项赛事创办以来新高。 (任 薇)

长三角区域养老一体化

【异地养老】 上海市民政局、江苏省民政厅、浙江省民政厅、安徽省民政厅自2018年5月11日举办首届长三角民政论坛以来,积极推进区域养老合作联动。2020年10月,发布首批长三角异地养老机构名单,丰富长三角老年人异地养老选择。浙江嘉兴、江苏张家港、安徽池州等20个城市共57家养老机构被列入推荐名单,核定床位共计25 698张。长三角异地养老机构名单和具体地址、价格、服务内容等信息同步在上海市养老服务平台(www.shweilao.cn)长三角频道上发布,供长三角地区老年人及市民查询。 (任 薇)

【合作交流】 江苏省、浙江省、安徽省和上海市三省一市民政部门积极推动地区合作机制,地市间合作全面开展。至2020年年底,上海已有13个区和江浙皖三省24个城市(县/区)签署双边和多边养老服务合作协议,合作方式和合作内容丰富多样,如上海市浦东新区和江苏南京市、浙江杭州市、宁波市、安徽合肥市等多个城市签约,部分城市在合作协议明确提出开放养老床位供长三角老人异地养老选择。此外,上海市民政局在2020上海国际养老、辅具及康复医疗博览会上,继续推出长三角养老一体化联合展区,展区包括试点合作、人才培养、智慧养老、服务运营四大板块,系统展示上海10个区、苏浙皖三省16个地市(县),共26个区市的试点合作内容。 (任 薇)

【人才队伍建设】 2020年度,江苏省、浙江省、安徽省和上海市三省一市民政部门共同举办首届长三角养老护理职业技能大赛,11月,在上海举办首届长三角养老护理职业技能大赛决赛。大赛由上海市养老服务协会及三省相关养老行业协会承办,面向长三角地区近8 000家养老机构的15万养老护理员发起预选,共选拔出80位优秀选手，参加半决赛和决赛。三省一市12名养老护理员分获一、二、三等奖。此次大赛致力于通过“以赛促学、以赛促练、以赛促改”，促进长三角区域养老护理员队伍建设，也为2021年中国技能大赛——第十届全国民政行业职业技能竞赛养老护理员职业竞赛储备人才。（任　薇）

【研究报告】　根据民政部总体工作部署，2020年由上海市民政局牵头，会同江苏省、浙江省、安徽省三省民政部门，按期完成长三角区域一体化养老服务发展专题研究报告的拟制任务。在前期多次调研交流、数据收集的基础上，上海市民政局牵头组织相关单位研究编制专题研究报告，梳理分析长三角区域养老服务发展总体情况，对长三角区域一体化养老服务发展的探索进行总结。研究报告提出长三角区域养老一体化主要工作目标，既包括定性的总体战略目标，也提出定量的近期规划和远期展望。报告就下一步工作，提出五个方面的具体推进任务和措施建议和十一项重点项目。（任　薇）

老年福利

【老年综合津贴】　2020年，依据《上海市老年人权益保障条例》，上海市民政局继续组织实施老年综合津贴制度，对上海市户籍65周岁以上户籍老年人发放津贴。其中，65—69岁，每人每月75元；70—79岁，每人每月150元；80—89岁，每人每月180元；90—99岁，每人每月350元；100岁及以上，每人每月600元。2020年全年发放人数为388.31万人，共计发放金额60.23亿元。自2016年5月制度实施起至2020年年底，累计发放人数426.62万人，累计发放金额257.05亿元。（贾胜男）

【养老服务补贴】　上海市养老服务补贴制度实施17年来，上海市民政局通过政府购买服务方式，对经济困难且有照护需求的老年人提供基本生活照护服务保障。2020年度财政支出约4.5亿元，覆盖约7.5万名老年人。（葛　琦）

第四章 儿童福利

【概况】 2020年，上海儿童福利和收养登记工作坚持"儿童利益最大化"原则，聚焦孤残儿童、困境儿童和农村留守儿童等特殊困难儿童群体的生存权、发展权，健全儿童福利制度政策体系，强化兜底保障，构建关爱保护体系，加强儿童福利工作载体建设，提升全市儿童福利事业发展和收养登记服务工作水平。至2020年年底，上海市孤儿共1 296人，其中市儿童福利院机构养育孤儿1 199人，社会散居孤儿97人。全市困境儿童共9 107人，其中家庭贫困陷入困境儿童6 065人，自身残疾陷入困境1 888人，监护缺失、监护不当陷入困境1 154人。全市农村留守儿童共807人。全市各收养登记机关共办理各类收养登记42例，其中，内地公民收养登记40例，涉港澳台华侨外国人收养登记2例；解除收养登记17例，均为内地公民收养登记解除。（方四青）

儿童福利领域新冠肺炎疫情防控工作

【院内防控措施强化】 在疫情防控期间严格落实封闭式管理的各项措施，上海市民政局全面排查，加强日常督查和随机检查，落实监测和报告制度，严格执行防护流程，强化应急保障。随着疫情防控进入常态化，2020年9月，发布《上海儿童福利领域秋冬季新冠肺炎疫情防控工作要求》，并根据全市防疫形势及时强化防疫措施，落实儿童福利机构员工常态化核酸检测和疫苗接种工作，加强对院内人员的管理和服务对象的保障。至2020年年底，全市近1 300名孤儿和1 000余名工作人员实现"零感染"。年中，对收住、照料儿童的各类机构进行全面排查，把所有提供住养和照料儿童的服务机构纳入监管范围，并对外省市跨省就医、康复寄养在上海市民办机构17名孤残儿童，通过发函协调联系外省市相关单位及时接回。（方四青）

【工作规范出台】 2020年2月5日，上海市民政局印发《上海市儿童福利领域疫情防控工作规范》，明确对儿童福利机构应急预案、防控宣传、封闭管理、分区域管理、防护流程、儿童护理、舒缓情绪、物资供应、应急保障、监测报告等十个方面的规范要求。明确社区特殊儿童每日关爱机制、纳入社区防控体系、基本生活保障、实际生活照料、防控宣传等六个方面的规范要求，为各区、各单位做好疫情防控工作提供基本的规范指引。在此基础上，市民政局积极参与地方标准制定工作。（方四青）

【社区特殊儿童疫情防控】 2020年疫情防控期间，上海市民政局将社区特殊儿童优先纳入社区疫情防控体系，建立每日联系和长效关爱制度，指导各区落实专门联系人，对儿童实行一人一档、一日一问、一日一报管理制度，确保任何时候孩子都有人照顾。对基本生活存在困难的社区特殊儿童，根据儿童及其家庭的具体情况，分别及时纳入上海市最低生活保障、孤儿保障、困境儿童基本生活保障以及临时救助范围。对疫情防控期间出现的因监护缺失或监护不当而陷入困境的儿童无法落实照料人的，及时送至本辖区未成年人救助保护中心（困境儿童临时照料场所），并由民政部门落实专人，提供临时生活照料。（方四青）

【归国未成年人在沪集中隔离期间临时监护】 2020年4月，根据国家外交部的统一安排，先后五批从美国、英国、加拿大回国的300多名小留学生包机航班抵达上海。为妥善做好归国未成年人在沪期间集中隔离观察的临时监护工作，上海市民政局先后从局机关和局属儿童福利机构中抽调专业儿童社工69人，分批次进入隔离点提供为期14天对小留学生的兜底监护和关爱照料服务。至2020年6月上旬，五批归国小留学生全部完成隔离观察，65名无监护人陪同小留学生结束隔离安全回到父母身边。（方四青）

孤弃儿童养育和安置

【孤儿保障和关爱服务工作制度】 上海市出台《上海

市人民政府办公厅关于加强本市孤儿保障和关爱服务工作的意见》(沪府办规〔2020〕10号),强调“亲属等抚养”的法律义务;在“亲属等抚养、机构养育、家庭寄养、依法收养”四个方面渠道的基础上,增加“孤儿成年后回归社会安置”等相关内容;在孤儿基本生活保障制度中,按照新的政策规定,增加“补差发放”的内容。同时,新增“对年满18周岁的孤儿,在学制规定年限内,仍在全日制高中阶段和全日制大学阶段就读的,可继续享受基本生活费”等规定内容;强调医疗保障工作本市相关制度的“衔接”,实施全面综合保障;完善对各个学段孤儿的资助政策;提出大力发展孤儿慈善事业,汇聚更多的公益慈善资源,推进全市儿童福利事业发展。

(方四青)

【孤儿养育工作】 上海市民政局抓好市级儿童福利机构落实孤弃儿童收、养、治、康、教、寄养、送养、安置等工作。完善市级儿童福利院抚养的未成年人送养和收养工作操作规程,2020年5月18日,上海市民政局联合上海市高级人民法院、上海市人民检察院、上海市公安局印发《上海市儿童福利院抚养的未成年人送养和收养工作操作规程》(沪民规〔2020〕9号),对送养对象、送养要求以及送养流程等进行规范。加强儿童康复教育工作,组织护士及护理人员参加护理示范带教操作培训,提高护理人员康复水平。指导各区民政部门落实社会散居孤儿各项保障政策,确保孤儿基本生活等各项权益保障不受疫情影响,基本生活保障每月足额发放到位。

(方四青)

【发放阶段性临时价格补贴】 根据《关于进一步做好阶段性价格临时补贴工作的通知》(发改电〔2020〕876号),上海市民政局将上海社会救助保障标准与居民消费价格指数上涨挂钩,实行阶段性价格临时补贴。每月下发临时补贴经费指标,编制临时补贴经费预算,指导各区每月足额发放临时补贴。2020年3月至6月,共有360人次孤儿和1 913人次困境儿童保障对象享受阶段性价格临时补贴,累计发放补贴资金87.6万元。

(方四青)

【孤儿助学】 根据《“福彩圆梦·孤儿助学”工程项目实施暂行办法》(民办发〔2020〕24号)的要求,2020年上海市民政局通过走访调查、大数据筛查等形式,摸清孤儿就学底数,落实孤儿助学预算经费上报和助学资金发放工作,对被认定为孤儿身份、年满18周岁后在普通全日制本科学校、普通全日制专科学校、高等职业学校等高等院校及中等职业学校就读的中专、大专、本科学生和硕博士研究生发放助学金,资助标准为每人每学年1万元,确保在学在读孤儿获得受教育权利。至2020年年底,全市共有65名在学在读孤儿享受“孤儿助学”补助资金。

(方四青)

【成年孤儿回归社会安置】 根据上海市政府《上海市人民政府办公厅转发市民政局关于上海市儿童福利院集中养育成年孤儿回归社会安置工作实施意见的通知》(沪府办〔2017〕7号)的要求,上海市民政局对市儿童福利院集中供养、具有市儿童福利院集体户口,年满18周岁且已完成学业,经综合评估具备回归社会生活能力的孤儿实行回归社会安置。经市儿童福利院梳理和组织专家综合评估,市民政局确定并下达年度安置任务。通过分解任务指标,各安置区在规定的时间内,完成安置对象户口迁移,落实住房、工作,完成2020年度18名孤儿回归社会安置任务。同时,通过正常的评估程序,完成对2021年度孤儿成年后回归社会安置工作的摸底和安置对象综合能力评估工作,下达2021年度孤儿成年后回归社会各区安置任务。至2020年12月底,全市累计共完成孤儿成年后回归社会安置324人。

(方四青)

困境儿童和农村留守儿童关爱保护

【完善保障政策、拓展保障对象和保障内容】 2020年4月,上海市民政局联合上海市高级人民法院、检察院、教育、卫健等14个部门出台《关于进一步加强本市困境儿童保障和农村留守儿童关爱服务工作的通知》(沪民规〔2020〕8号),文件明确困境儿童基本生活保障对象参照低保家庭成员享受医疗救助,参照孤儿享受教育资助。困境儿童关爱保障所涉及的审批及管理事项包括困境儿童基本生活保障对象身份确认、医疗救助对象身份确认和教育资助对象身份确认,获得审批后,被保障对象可享受每月的困境儿童基本生活费发放、参加城乡居民医保的个人缴费和门急诊起付线费用、参加少儿住院医疗互助基金费用、住院自负医疗费用等减免,以及免费教育和给予助学金等教育资助。文件规定困境儿童基本生活保障对象参照本市低保家庭成员给予医疗救助,不再核定其监护人家庭实际经济收入。至2020年年底,累计纳入困境儿童基本生活保障对象共1 206人。

(方四青)

【困境儿童关爱保障“一件事”】 按照“一次告知、一表申请、一口受理、一网办理、统一发证、一体管理”的要求和“办成一件事”的目标,2020年年中,上海市民政局牵头将“困境儿童基本生活费发放”以及上海市教委的“教育资助和救助”、上海市医保局的“医疗救助”等事项集合形成“困境儿童关爱保障一件事”,对各部门的审批流程进行梳理重构和优化整合,加强数据的交换和信息共享,减少材料提交和信息的重复填写。市民政局与市教委、市医保局建立数据交换通道,采取以FTP数据交换的方式,强化跨部门、跨层级、跨区域协同,与市教委、市医保局完成数据交换,方便困境儿童保障对象。（方四青）

【政策宣讲进村(居)】 2020年6月9日,上海市民政局采用现场活动和网络直播相结合的方式,举办政策宣讲进村(居)启动仪式,组织示范宣讲,并印发《关于在本市开展困境儿童和农村留守儿童关爱保护"政策宣讲进村(居)"活动的通知》(沪民儿福发〔2020〕5号)。加强与新闻媒体合作,抓住六一儿童节、中华慈善日、公益伙伴日等重要节点,扩大儿童福利和保护工作的影响。针对困境儿童关爱保护,与新闻综合频道联合推出5期《我想守护你》专题节目,从法律实践、福利制度、机构建设、基层力量和社会工作等角度,探讨上海市困境儿童关爱保护体系建设。（方四青）

【"爱伴童行"困难儿童关爱服务项目】 2020年6月1日,上海市困境儿童关爱帮扶项目"爱伴童行"正式启动。"爱伴童行"项目按照"政府主导、社会参与、专业支撑、长效关爱"的原则,以社会资金为支持,以社会组织为枢纽,以儿童福利社工为服务主体,为全市273名因家庭监护缺失、监护不当陷入困境的义务教育阶段儿童,提供家庭监护指导、教育帮扶、日常照料、心理疏导、行为矫治和社会融入等个性化、专业化、精细化、精准化的支持服务。培育一批特殊儿童服务类社会组织,打造一支儿童福利社工专业人才队伍,汇聚一批儿童福利服务资源,形成上海市困境儿童关爱保护工作品牌项目。根据每名困境儿童及其家庭的实际困难和具体需求,通过入户走访等方式,制定"一人一方案"的关爱帮扶计划,建立儿童福利社工与困境儿童线上"一对一"互动反馈长效机制。项目启动以来,全市15家社会组织为16个区的273名困境儿童共计开展关爱帮扶服务2 903次,总服务时长达4 455.14小时,服务资源共计投入2 788人次。其中,约80%的困境儿童显现出亲子关系改善、信心增强、资源链接成功等积极转变。（方四青）

儿童收养登记管理

【儿童收养登记】 上海市民政局指导全市17个收养登记机关贯彻落实《中华人民共和国收养法》《中国公民收养子女登记办法》《外国人在中华人民共和国收养子女登记办法》《华侨以及居住在香港、澳门、台湾地区的中国公民办理收养登记的管辖以及所需要出具的证件和证明材料的规定》等收养登记工作法律法规及政策。2020年,全市各收养登记机关共办理各类收养登记42例,其中,内地公民收养登记40例,涉港澳台华侨外国人收养登记2例;解除收养登记17例,均为内地公民收养登记解除。对符合沪民婚发〔2009〕5号文件精神的事实收养历史遗留问题,本着"应审尽审、应退尽退、应送尽送"的原则,采取"一案一分析、一案一指导、一案一对策"的方法,严格做到事实收养材料在市民政部门不滞留,不拖延。2020年,办理流转儿福院集体户事实收养18例。针对面临中考的弃婴儿,与市教委联手进行统一认证,协助市教委对2020年度事实抚养弃婴参加本市中考等情况进行核实。（方四青）

【《关于由上海市儿童福利院抚养的未成年人送养和收养工作操作规程》】 2020年,上海市民政局开展评估机制课题研究,形成《收养家庭收养能力评估机制研究》报告,并将课题研究成果付诸实践。2020年5月18日,上海市民政局与上海市高级人民法院、上海市人民检察院、上海市公安局联合印发《关于由上海市儿童福利院抚养的未成年人送养和收养工作操作规程》(沪民规〔2020〕9号),明确送养对象范围和要求以及送养和收养的工作流程。在上海市儿童福院原有孤弃儿童送养工作的基础上,完善政策和工作机制,为经人民法院指定由民政部门监护、市儿福院收留抚养或者人民法院指定市儿福院代表民政部门担任监护人的未成年人的送养提供依据。（方四青）

【涉外收养专项调研】 根据民政部《关于深入开展涉外收养调研和排查工作的通知》的要求,上海市民政局召开专题会议进行研究部署,明确调研排查工作的重点任务和时间节点,成立调研排查工作组。2020年6月19日至7月3日,上海市婚姻和收养登记中心、上海市儿童福利院对涉外送养和收养工作开展全面深入自查,分析薄弱环节和制度短板,梳理1993年以来的涉外送养儿童档案信息。2004年至2020年,上海市共办理涉外收养登记(外国人收养本市社会福利机构弃婴孤儿)1 062例。（方四青）

机构设施和工作载体

【上海市第五社会福利院项目新建工程】 2020年,上海市第五社会福利院项目建设进度不断加快。2月,上海市五福院项目选址地块的控规调整工作完成。2月25日,上海市委编办批复同意建立上海市第五社会福利院(筹)。4月22日,上海市五福院(筹)取得事业单位法人证书和统一社会信用代码。6月11日,上海市发改委正式批复五福院项目建议书,10月15日批复项目可研报告。11月27日,取得市五福院项目的施工许可证。11 月 30 日，上海市五福院工程项目在崇明区东平镇举行开工仪式，正式开工建设。项目占地面积 58 亩，总投资概算约 3.15 亿元，总建筑面积 4.5 万平方米，新建床位共 1 000 张，全部工程计划于 2022 年年底前竣工。该院兼具孤残儿童和成年孤残人员的养护功能，定位于建设一个与上海市经济社会发展相适应的、能够满足各类孤残人员长期养护需求的市属综合性福利机构。（方四青）

【未成年人救助保护机构(临时照料场所)建设】 根据《关于进一步健全农村留守儿童和困境儿童关爱服务体系的意见》(民发〔2019〕34 号)的要求，上海市民政局加强未成年人救助保护和关爱服务工作，推动区级层面的儿童福利和未成年人救助保护工作落到实处。推动各区在综合性社会福利院设置儿童部，设立区级未成年人救助保护机构(临时照料场所)，因地制宜、优化设置，建立专门的工作团队，确保临时照料场所独立设置、专业管理，确保有场所、有机构、有队伍。加强区级儿童福利机构规范化管理和运营，指导虹口区儿童福利院优质转型发展。积极参与儿童友好社区建设，配合市妇儿工委办完成儿童友好社区创建的评估验收工作，巩固儿童福利工作的社区载体。（方四青）

【推动成立上海市儿童福利基金会】 上海市儿童福利基金会由上海市儿童福利院、上海慧佳慈善基金会、上海海昌极地海洋世界有限公司、上海敏众投资管理有限公司等单位，以及张玲等爱心人士共同发起成立，发起资金 590 万元。2020 年“六一”前夕，上海市儿童福利基金会揭牌成立。基金会业务范围将包含：资助儿童福利项目，为孤残儿童、困境儿童、农村留守儿童等特殊困难的儿童提供救助养育、康复治疗、助学帮困、临时照料、安全保护、社区融合、社会参与以及其他满足该类儿童群体需求的儿童福利服务或儿童福利项目。基金会成立后，紧密围绕上海市儿童福利的年度重点任务，将“爱伴童行”——上海市困境儿童关爱帮扶项目作为资助的第一个项目。（方四青）

【指导上海市社会工作者协会组建儿童福利专委会】 2020 年 5 月，儿童福利社会工作专业委员会成立。专委会委员来自上海市民政局、上海市教委、上海市高级人民法院、上海市人民检察院、上海市团市委等 5 个部门和 11 家儿童福利领域相关社会组织。儿童福利专业专委会主要负责指导儿童福利领域各项社工活动的开展，参与相关政策、规范和标准的研究制定，促进儿童福利社会工作的专业化发展，成为上海市儿童福利工作的重要载体与平台。年中，市社会工作者协会儿童福利专委会针对困境儿童个案、政策评估和项目督导召开 10 余次研讨会，对完善困境儿童保护机制、解决复杂疑难个案提供政策建议和专业支持。（方四青）

第五章 残疾人福利

【概况】 2020年，上海市民政局依托社区事务受理服务中心和全市统一的信息管理系统，实现“残疾人两项补贴”申请全市通办和公共数据互联共享。全年共为9.02万困难残疾人、22.11万重度残疾人发放补贴8.21亿元，其中困难残疾人生活补贴2.95亿元，重度残疾人护理补贴5.26亿元。强化残疾人集中就业企业服务管理。至年底，全市共有残疾人集中就业企业594家。安置残疾职工12 104名，其中肢体残疾5 190人，智力残疾2 844人，听力残疾1 787人，视力残疾1 553人，言语残疾351人，精神残疾281人，多重残疾98人。对585家残疾人集中就业企业进行社保缴费的补贴，涉及沪籍残疾职工平均人数11 834人，补贴资金3 421万元。全年累计对全市16个区的601家企业开展助残服务，累计回访2 300余次，累计访谈残疾职工13 000余名，累计编写84篇案例。依托上海市民政局直属的3家民政精神卫生中心，在满足城乡特困、低保、低收入等特殊困难群体中的慢性精神障碍患者服务需求的基础上，面向社会提供精神卫生服务。至年底，共收治精神障碍患者1 536人，其中特殊困难精神障碍患者626人、复退军人患者37人、医保患者787人、自费患者86人。从年龄层次划分，18岁以下69人，19—59岁877人，60—79岁538人，80—89岁48人，90—99岁4人。推进康复辅具产业持续发展，发布《上海市康复辅具产业蓝皮书》，持续推进康复辅具社区租赁服务试点，加快长三角康复辅助器具产业合作发展。 （孙洁怡　陆润生　黄烨洁　史晓红）

疫情防控

【残疾人集中就业企业共同战“疫”】 2020年新冠肺炎疫情期间，上海市残疾人集中就业企业协会发动会员单位，在支援一线、保障供应、联防联控、捐款捐物、房租减免、稳就业、保就业等方面迅速行动。美丽华化妆品（上海）有限公司提前复工，11条生产线转产消毒水、除菌剂、洗衣液等产品；浦东新区部分会员企业合力集资18万元为区内140家养老院、民政部门捐助35 000个医用口罩、10把红外线测温枪；上海洋杰汽车配件有限公司向社会捐助100万元；上海萨莎化妆品有限公司为武汉和上海的医务人员捐赠价值50万元的护肤产品；上海普锐赛司实业有限公司捐款捐赠各类物资12万元；上海云洲古玩艺术市场经营管理有限公司主动减免600余家经营承租户的租金299.79万元。市残疾人集中就业企业协会共有80余家企业主动向村、镇、区等部门捐款或捐赠防疫物资，累计价值约500万元。 （陆润生）

【民政精神卫生中心疫情防控措施】 根据《民政精神卫生福利机构疫情防控工作指南》要求，2020年，上海市3家民政精神卫生中心对机构建立防控工作机制，疫情期间严格落实严格实施封闭管理、专门设置隔离区域、执行每日报告制度、加强日常疫情监测、严格执行防护流程、做好院内感染防控、加强预防培训宣传、做好防护物资保障和强化应急保障等各项防控措施。自5月下旬起，结合全市疫情防控工作最新形势，本着有利于复工复产复市、恢复经济社会发展和生产生活秩序的出发点，3家民政精神卫生中心继续保持常态化疫情防控状态，在做好疫情防控的基础上，对住院精神障碍患者的家属采取预约、分时分流方式，有序开放探视服务。 （孙洁怡）

【康复辅助器具社区租赁服务点疫情防控】 2020年2月2日，根据疫情防控需要，上海市民政局通过“上海民政”微信公众号发布通知，要求暂停全市第一期试点的70个街道康复辅助器具社区租赁服务点辅具租赁及相关服务，保持各运营服务商联系电话有人接听，记录市民需求，及时对接需求。上海市康复辅助器具创新产品体验馆、上海市康复辅助器具应用场景展示馆也同步暂停运营。5月疫情进入常态化管理后，各租赁服务点逐步恢复租赁服务。 （黄烨洁）

残疾人两项补贴

【补贴标准动态调整机制建立】 根据民政部、财政部、中国残联《关于建立困难残疾人生活补贴和重度残疾人护理补贴标准动态调整机制的指导意见》(民发〔2019〕67号)要求,上海市民政局会同上海市财政局、上海市残联,启动建立上海市残疾人两项补贴标准动态调整机制的研究,确定补贴标准的调整依据、调整范围和调整周期。印发《上海市人民政府关于完善困难残疾人生活补贴和重度残疾人护理补贴制度的实施意见》(沪府规〔2020〕28号),明确建立上海市残疾人两项补贴标准动态调整机制。 (史晓红)

【两项补贴调标扩面政策确定】 12月21日,上海市民政局会同上海市财政局、上海市残联制定下发《本市困难残疾人生活补贴和重度残疾人护理补贴发放管理办法》(沪民规〔2020〕21号),明确自2021年1月起,上海市残疾人两项补贴既提标又扩面:明显提升困难残疾人生活补贴标准,重残无业人员、低保家庭中的残疾人,生活补贴标准统一上调至每人每月410元,低收入家庭中的残疾人,生活补贴标准上调至每人每月290元;同时,扩增重度残疾人护理补贴对象范围,将三级精神残疾人纳入补贴范围,护理补贴标准分别为一级残疾人每人每月300元,二级残疾人和三级智力、精神残疾人每人每月150元。 (史晓红)

【"助残一件事"业务流程再造】 为方便残疾人申请残疾人两项补贴,按照"一网通办"改革要求,上海市民政局配合市残联开展残疾人两项补贴事项纳入"助残一件事"的业务流程再造工作。至2020年年底已实现残疾人两项补贴申请与残疾人证办理事项"分段联办",即残疾人新办残疾人证后,可直接通过"助残一件事"平台网上申请残疾人两项补贴,实现全程网办,做到"零材料""零跑动"。 (史晓红)

残疾人集中就业企业服务管理

【残疾人集中就业企业复工复产】 2020年,上海市残疾人集中就业协会积极帮助残疾人集中就业企业复工复产,通过电话调查、在线访谈、督导走访等多种形式及时跟踪了解企业受疫情影响情况,重点关注企业复工复产所涉及防疫物资供应、残疾人安置、税收优惠政策、房租减免等问题,及时向相关主管部门反馈意见建议。利用信息化平台,在残疾人集中就业企业之间牵线搭桥,形成资源共享,促进复工复产。发挥协会助残服务平台作用,实现残疾职工的稳定就业。至6月30日,全市582家残疾人集中就业企业全部实现复工,复工率达100%。 (陆润生)

【助残服务员培训】 2020年1月10日,上海市残疾人集中就业企业协会在奉贤区召开2019年度助残督导工作总结暨2020年助残督导服务工作培训,重点讲解国家及本市关于残疾人集中就业企业管理的相关政策、法规、标准,分析残疾人集中就业企业服务管理问题及案例、助残服务工作要求和技巧;关注提升助残服务员与企业沟通的能力、团队协作能力、服务管理能力。要求助残服务员能灵活运用专业知识和服务技能解决和处理在助残服务工作中的新问题或遇到的突然事件,提供更多专业化、个性化、多样化的服务。此外,每月定时召开助残服务员工作例会,对当月工作进行小结和点评,保证全年助残服务工作顺利有序完成。 (陆润生)

【企业残疾人职工培训】 上海市残疾人集中就业企业协会为新办残疾人集中就业企业提供残疾职工岗前培训,加强新办企业及残疾职工了解法律法规、就业保障政策,提升残疾人就业能力。组织助残讲师团,聘请高校心理学老师,运用专业知识和服务技能,帮助企业加深对助残服务的了解。通过现场互动,答疑解惑,积极引导残疾人集中就业企业规范用工行为,改善助残服务功能;增强残疾人"造血机能",提升残疾人职业技能,提高残疾职工劳动收入,维护残疾职工的合法权益。2020年全年共组织8场培训讲座,覆盖松江、闵行、嘉定、崇明等区的14家新办残疾人集中就业企业,共计243名残疾职工参与培训。 (陆润生)

精神障碍社区康复和慢性精障患者服务管理

【民政精卫中心管理服务】 2020年,上海市民政直属三家民政精神卫生中心对院内慢性精神病障碍患者提供救治、诊疗、长期护理、康复等服务。为提高服务对象的生活自理能力、社会交往能力及职业劳动能力,拓展形式丰富的康复项目。上海市民政第一精神卫生中心的"休养员同行服务队",重点围绕丰富病区康复服务,打造富有特色的病区绿化角、流动书屋、兴趣社团等,进一步培养患者自主自决的意识,化被动接受服务为主动参与。上海市民政第二精神卫生中心开展"心灵关爱"系列行动,通过开展过生日、点亮微心愿、组织文体活动等,改善疫情期间患者情绪,树立康复目标。开设互联网"远程探视",通过每周与家人视频互动,缓解病员思家情绪。推出健康使者"云播课堂"志愿服务,利用社会志愿者资源,开展健康运动、风土人情、人物故事分享会,以视频录播方式,增进患者与社会沟通。第三精神卫生中心开展比心烟纸店——住院患者社会功能康复服务项目,以患者自主管理委员会的方式,让病员充分参与到项目的规划和运维中,帮助病员

培养基本的职业理念、素养和技能。（孙洁怡）

【民政精神卫生中心拓展社区精神卫生志愿服务】 在承担特殊困难精神障碍患者照护服务的同时，推动精神卫生福利服务从“院内”向社区延伸，为精神障碍群体的社区康复提供专业支持。2020年，上海市民政第一精神卫生中心与新虹街道签署“认知障碍友好社区”协议，针对新虹街道辖区内老年认知障碍类疾病潜在群体，开展前期筛查、健康宣教、义诊、社工辅导等服务；为社区内相关机构工作人员提供认知障碍知识培训，帮助社区居民正确识别认知障碍症状。上海市民政第二精神卫生中心利用专科优势，院内医务人员针对慢性精神障碍、睡眠焦虑障碍、老年期心理问题、疫情期间心理困扰等热点问题开展线上知识科普；针对周边社区日托老人，开展“心灵暖阳”关爱行动，举办讲座、生命故事朗读、园艺治疗等活动。（孙洁怡）

【精神障碍社区康复试点服务部署开展】 2017年，民政部、财政部、卫计委和中残联等四部门联合制订出台《关于加快精神障碍社区康复服务发展的意见》（民发〔2017〕167号），要求民政部门牵头推动建立以家庭为基础、机构为支撑、“社会化、综合性、开放式”的精神障碍社区康复服务体系。为在全市推行政府购买精神障碍社区康复服务工作，在对全市已经开展的精神障碍社区康复服务情况进行排摸和调研走访的基础上，2020年年底，上海市民政局制定下发《关于开展精神障碍社区康复试点服务的通知》（沪民残福发〔2020〕10号），明确试点目标、任务，要求2021年由各区选取1—2个社区，通过政府购买服务的方式，招募具有专业资质的服务单位开展精神障碍社区康复服务试点工作。（孙洁怡）

康复辅助器具产业发展

【2020加快发展康复辅助器具产业部门联席会议】 2020年12月31日，上海市召开2020年加快发展康复辅助器具产业部门联席会议。会议通报上海市民政局会同各联席会议成员单位在增强自主创新能力、促进产业优化升级、扩大市场有效供给、营造良好市场环境、加强宣传推广等方面所做的工作，并就“十四五”期间在建立多元化的康复辅具支付体系、加快科技创新和成果转化、加大知识产权保护力度、完善康复辅具标准体系和目录制度、建立康复辅助技术咨询师队伍、推动三省一市共同建设“长三角康复辅具产业园”等六方面工作进行了谋划。（黄烨洁）

【2020国际康复辅助器具产业创新论坛】 2020年11月9日，作为第三届中国国际进口博览会的配套论坛之一的2020国际康复辅助器具产业创新论坛在国家会展中心举办，此次活动由上海市民政局、青浦区人民政府、东浩兰生（集团）有限公司联合主办，政府部门、业内专家、相关高校、企业家、投资人等近百名嘉宾到场，万余名观众观看直播。此次论坛重点回顾“十三五”期间，上海市建立由22个部门和单位组成的联席会议制度，制定《上海市人民政府关于加快发展康复辅助器具产业的实施意见》，形成“2+2+长三角”的产业空间布局规划，并在推进知识产权等生产性服务、发挥标准导向作用、培育市场主体、加强人才队伍建设等方面，积极推动康复辅具产业发展。（黄烨洁）

【国家级康复辅助器具社区租赁试点】 2020年8月10日，上海市民政局下发《关于确定第二期康复辅助器具社区租赁点的通知》（沪民残福发〔2020〕7号），全市新增80个康复辅具社区租赁服务点，总数达到150个，租赁服务点场所主要依托社区综合为老服务中心、养老机构等，已覆盖全市70%的街镇。通过公开招标的方式，经专家评审产生产品供应商42家和租赁服务供应商22家，共同参与康复辅具社区租赁试点。继续延用2019版上海市康复辅具社区租赁服务试点产品目录（含租赁指导价），共有5个一级类别（包含矫形器、家具及其配件、个人移动辅助器具、个人生活自理和防护辅助器具、个人医疗辅助器具等五大类）、13个二级类别、19个三级类别总计45种产品。至2020年年底，全市累计发生康复辅具社区租赁订单970笔，服务近千名老年人，金额总计200余万元，其中补贴金额100余万元。（黄烨洁）

【康复辅具企业复工复产】 至2020年3月底，上海市康复器具协会所属的118家会员企业，已复工114家，复工率达96.6%。青浦区西虹桥的上海市康复辅助器具产业园区内的康复辅具企业实现逆增长。疫情期间有5家企业入驻园区，企业总数从年前的45家增至50家，企业复工率达100%。产业园运营方发挥上下游产业链完整、资源在线快速整合的优势，在国内外企业间牵线搭桥，自1月底国内新冠肺炎疫情爆发以来，促成各类防疫物资交易额达1亿元；2月底国内疫情趋于稳定，国外疫情陆续爆发，运营方接到海外各类防疫物资订单约1.2亿元。（黄烨洁）

【《上海市康复辅具产业蓝皮书（2020版）》】 为贯彻落实《国务院关于加快发展康复辅助器具产业的若干意见》（国发〔2016〕60号）和《上海市人民政府关于加快发展康复辅助器具产业的实施意见》（沪府发〔2017〕64号），健全行业统计制度，2020年6月28日，上海市康复器具协会发布《上海市康复辅具产业蓝皮书（2020

版)》。蓝皮书以2019年上海市康复辅具产业的产品数量、生产企业、服务机构等信息为主要指标进行统计和分析。共有345家企业信息纳入本次统计范围，其中包括299家康复辅具供应商和46家康复辅具服务企业。蓝皮书汇集康复辅具行业供应商和服务机构的人员、经营、研发等重要信息及主要辅具产品的供应信息，为健全本市康复辅具产业统计监测分析体系和完善产业信息服务平台提供重要数据支撑。（黄烨洁）

【《住宅无障碍改造技术指南》地方标准制定】 2017年6月，《住宅无障碍改造技术指南》地方标准立项，上海市康复器具协会组织开展标准的起草工作。2020年11月4日，《住宅无障碍改造技术指南》通过上海市市场监督管理局组织的标准审定会，形成的标准报批稿报送上海市市场监督管理局批准发布，将于2021年上半年正式发布。《住宅无障碍改造技术指南》主要适用于民用住宅独立成套房屋室内的无障碍改造。依据使用者的身体功能、身体结构、活动参与能力、使用环境等因素，提出住宅无障碍改造的原则、评估和改造要素，便于使用者使用康复辅助器具和其他日常生活类设施设备，提高其居家生活的自理能力、安全性和便利性。（黄烨洁）

【康复辅具产业宣传】 在上海人民广播电台《直通990》空中养老顾问、上海教育电视台《银龄宝典》等新闻媒体推出康复辅助器具社区租赁专题。由上海电视台新闻综合频道和国际站联合拍摄《全球康复辅具调查》专题纪录片，于春节、国庆等时间段在新闻综合频道播出，内容包括：国外和国内辅具租赁方式、洗消过程；高科技、人工智能、黑科技在康复辅具方面的应用等。同时，在中国国际养老、辅具及康复医疗博览会上设立独立、专业的康复辅具展示馆，聚焦康复辅具"进家庭""进社区""进机构"，内容包括创新科技、儿童康复、生活辅具、清洗消毒等，汇聚80余件康复辅具产品，吸引来自机构、企业和社会的多方关注。（黄烨洁）

第三篇　社区治理与社会建设

第六章　基层政权建设

【概况】　2020年，上海市民政局牵头承担市新型冠状病毒肺炎疫情防控工作指挥部地区组工作任务，会同组内卫健委、公安、应急、文旅、合作交流办等成员单位，指导推进全市社区疫情防控工作，组织全市20余万名基层社区工作者冲在一线，推动1.3万个住宅小区、2.47万个村组强化疫情管理措施，妥善做好居家隔离和集中隔离保障，高效做好境外输入性疫情防控，有序组织预约登记购买口罩1.46亿只，累计转运入境人员约50.4万人，切实将上海超大城市基层治理优势转为社区疫情防控效能，筑牢基层疫情防控的第一道防线。上海市民政局围绕“人民城市”理念、认真贯彻“五个人人”目标，打造共建共治共享的基层社会治理共同体，推动出台社区治理规范化精细化文件，启动新一轮居村减负工作，积极做好2021年居村“两委”换届准备工作，开展社区工作者应届生专项招聘，夯实农村社区治理基础。深化推进社区治理创新，创新构建社区治理智能化支撑平台“社区云”，创新推进参与式社区规划和社区“新基建”项目，创新探索社区高频事项“不见面办理”，创新开展“最美城乡社区工作者”宣传推选活动。　（丛　上）

社区疫情防控

【社区群防群控机制健全】　2020年疫情期间，上海市民政局完善疫情防控组织网络，形成以基层党组织为核心，居村委会、社区民警、社区医务人员紧密联动，物业企业、业委会全力配合，社区党员、志愿者以及各类人士共同参与的网络体系，建立家庭、楼组、片区、小区上下贯通的组织体系，强化社区网格化管理，实现防控任务分片包块、责任到楼、联系到户、落实到人。推动多方力量支持社区疫情防控，推动市级机关党员干部下沉社区，共选派5批、4 895名市级机关党员干部下沉社区一线顶岗工作。各区、街镇支持社区人数达57 355人。　（金丽慧）

【社区口罩供应优化】　2020年，上海市民政局开展口罩预约登记购买工作，确保“公平公正、均衡投放、广泛覆盖”。通过“居村委会登记预约、药店购买”的办法，以户为单位、每户一次预约购买5只、“先到先得”的规则，优化口罩供应。形成部门协同、四级联动的工作机制，市级层面明确工作流程、任务分工，确定物资配比划拨机制、资金结算机制等政策口径；区级层面确定区口罩配比额度、指定药店居村对接名单；全市215个街镇，6 000余个居村委会确定预约登记场所、编制居住地址名册、制作预约凭证等。具备条件的区、街镇，采取系统平台、微信小程序线上预约，以及电话、短信等预约形式，方便居民群众，有的社区还为行动不便的人员提供上门预约登记服务。共组织6轮口罩预约，共登记购买口罩1.46亿只。　（秦　静）

【坚持“内防反弹”】　上海市民政局始终坚持“内防反弹”，精准实施社区重点人群分类管理，根据公安部门大数据推送的人员信息，及时排查来自国内疫情中高风险地区来沪返沪人员情况，力争24小时之内排查完毕，做到“全覆盖、不漏一人、不留死角”。对排查到的相关人员，全部实施核酸检测，落实相应的管理措施，累计排查来自或途经国内中高风险地区约16.6万人。强化居家隔离标准，严格落实社区“三人小组”职责，通过加强人防技防措施，确保居家隔离管控到位。

（崔巍峥、沈晓菁）

【抓好“外防输入”】　上海市民政局坚持做好“外防输入”工作，跨前一步做好口岸防疫，严格落实境外疫情输入的闭环管理。派驻志愿者24小时值守浦东机场，协调指导机场和16个区闭环转运工作。16个区在浦东机场和虹桥机场安排驻点人员数千人，投入保障车辆近200辆。入境人员抵达后，全程由专人专车转运，统一落实隔离措施。上海市民政局加强集中隔离点房源储备，自3月28日零时起，市对所有入境人员一律实施为期14天的集中隔离。各区第一时间统筹调配隔离点资源，优化转运和隔离观察流程，严格集中隔离点规范管理，做好相关物资保障、人员调度和需求对接等工作。（沈晓菁、崔巍峥）

“社区云”和“一网通办”

【“社区云”建设】 上海市民政局在“社区云”社区治理平台上，通过完善房屋、居民、党员和社区志愿者信息，形成日常工作留痕，方便基层人、房、组织多向查找与管理。探索完善“社区云”居社互动平台各项功能，开通居务公开、社区公告、在线服务、自治议事、邻里互动等功能。同时，配合市大数据中心，研究制定数据采集标准；会同市经信委、市大数据中心形成《关于进一步加强本市居村信息系统和数据采集共享规范化管理的实施方案（征求意见稿）》，细化明确信息平台统一入口准入机制、台账和数据采集下沉社区准入机制。2020年市民政局基本完成“社区云”数据初始化工作，全市16个区215个街镇6 000余个居村，共采集房屋信息1 000余万条、比对录入社区居民（含村民）信息2 000余万条。（金　赟）

【社区事务受理“一网通办”】 2020年，上海市民政局落实把关机制，做好事项管理，全市共有287个社区事务受理中心（含分中心），共受理190个事项，其中189个“全市通办”，187个“一网通办”；受理中心业务总量约1 619万件，其中“全市通办”260万件，占比16%。配合推进社区50个高频事项实现“不见面办理”，截至年底业务总量约12万件。配合推进业务流程再造“一件事”，截至年底申请总量约为2.4万件。配合推进长三角政务服务“一网通办”，全市共开设66个“长三角通办”专窗，首批开通21项个人政务服务事项。加强标准化建设，拓展“随申码”应用场景，实现扫描“随申码”即可进入办事流程、实现证照免交。完成社区事务受理中心“好差评”对接与部署。加强综合类自助终端建设，共布设258台自助终端，有条件的受理中心开辟24小时自助服务区域，累计查询、办理量共约48万件。（秦　静）

社区自治共治

【社区治理规范化精细化水平提升】 2020年10月21日，上海市民政局召开全市社区治理与社区规划融合推进工作会议，印发《关于落实“人民城市”理念加强参与式社区规划的指导意见》，在全市范围推广建立参与式社区规划制度，通过融合社区规划师专业力量和自治共治社区力量，建设更多居民家园“民心工程”，打造共建共治共享的社区生活共同体。在城市社区，指导黄浦区加强《住户守则》在全区的试点推广，加强与法律法规条文的衔接，探索破解社区物业治理难题的有效路径。在农村，将“规范完善村规民约”列入2020年市乡村振兴重点任务，会同各涉农区，指导村委会围绕村级治理中的重点难点问题和村委会重点工作内容，以“一事一约”的形式做好村规民约制定修订工作。会同上海市发改委、上海市经信委等20余个部门，研究起草《社区新型基础设施建设行动计划》，加强信息技术在社区治理中的运用，构建更安全、便捷、宜居的智慧社区。实施社区健康教育三年行动计划，会同上海市卫生健康委、上海市教委、上海市体育局等部门，起草《关于深入推进社区健康教育的三年行动计划（2020—2022）》。（全丽慧）

【新一轮居村减负工作】 2020年，上海市民政局重点排摸清理下沉居村委会的协助行政事务和挂牌事项，先后三轮向93家市级有关部门、团体发函征求意见，对市级部门下沉居村委会的54项总计158条协助事项和92个挂牌，提出进一步清理和精简的意见，切实为基层减负减压。推动建立健全4项减负机制：准入把关机制，开展合法性、合理性和必要性审查；工作责任承担机制，职能部门不得以任何形式将居村委会的协助责任变为主体责任；工作保障机制，职能部门要明确具体；违规问题举报和处置机制等。形成新版居村委会协助行政事务清单和居村挂牌清单；取消下沉事项5项总计24条，减少15%；取消挂牌70块，减少76%。（顾建龙）

【农村社区建设】 2020年，上海市民政局深化“阳光村务工程”，将其列入乡村振兴市级重点任务清单，完善信息化平台功能，优化调整村委会财务公开页面，方便村民直接了解村委会财务收支情况。开展农村社区建设示范创建工作，通过专家验收评审，评定53个村为市级农村社区建设试点示范村。对全市乡镇政府服务能力建设工作开展综合评估，积极申报浦东、闵行、松江三个区的经验为民政部第二批全国乡镇政府服务能力建设典型经验。申报青浦、奉贤、嘉定、金山四个区的各1个村为2020年度全国村级议事协商创新实验单位。（崔巍峥）

【2021年居村委会换届选举前期准备】 2020年，上海市民政局在上海市委组织部牵头下，作为市居村“两委”换届工作专班成员单位，启动换届选举前期准备工作。开展换届选举前期调研，先后召开5场专题座谈会，听取基层意见和建议。全面排摸2021年居、村“两委”换届基本情况，梳理重难点居村情况，指导相关区做好换届准备工作，参与起草《关于做好2021年居、村“两委”换届工作的意见》，参与起草换届部分政策口径，参与筹备换届工作领导小组会议和换届工作动员部署会，制定相关工作方案。（丛　上、崔巍峥）

社区工作者队伍建设

【社区工作者招募】 2020年,上海市民政局与上海市人社局、上海市教委联合印发《关于做好2020年面向本市应届高校毕业生专项招聘工作的通知》,首次在市层面明确社区工作者面向应届高校毕业生招录的相关要求,指导各区做好招录工作,总计招录701名应届毕业生,在解决就业的同时,充实社区工作队伍。同时上海市民政局配合出台《关于进一步完善本市社区工作者薪酬管理的通知》,加强薪酬激励导向,继续调整队伍薪酬待遇,全市社区工作者平均薪酬相比去年增幅进一步扩大。 (丛 上、李玲玲)

【社区工作者培育培养】 上海市民政局起草并印发《关于全面落实疫情防控一线城乡社区工作者关心关爱措施的通知》,从职业伤害保障、职业发展激励、切实减负减压、优化力量配置、先进典型宣传等多方面加强关心关爱。首次创新采用网上直播授课的方式,对居村委会主任、社区工作者、街镇自治部门负责人共计400余人进行集中示范培训。配合民政部开展第三届全国社区治理大讲堂培训工作。向民政部推荐20名候选人参评全国抗击新冠肺炎疫情优秀城乡社区工作者评选。组织"发现最美社区工作者"线索征集和网络投票,累积投票30余万张。(顾建龙、李玲玲、沈晓菁)

第七章　区划地名

【概况】 2020年,上海区划地名工作围绕中心服务大局,持续推进行政区划管理工作。上海市民政局指导长宁区开展江苏路街道驻地迁移的前期工作和嘉定区设立街道的可行性论证;指导杨浦区、奉贤区提交行政区划完成变更情况报告。编印新版上海市行政区划与地名图。理顺行政区划赋码工作流程,探索研究完善行政区划调整、专家论证等多项行政区划管理制度。开展"空壳村"专项调研,掌握全市"空壳村"的基本现状,分析制约村、组撤制工作的问题和原因。深化省级界线平安边界创建,组织召开"沪苏线"平安边界联席会议,深化沪苏两地毗邻地区界线管理工作的沟通协作;指导青浦区民政局实施"沪苏线"15A、15B界桩移位工作,保障市级重大项目外青松路(白石公路—江苏界线)拓宽工程顺利推进;开展实地踏勘和前期论证,推动沪苏浙三交点人文地理标志建设。至2020年年底,上海共设有16个市辖区,107个街道,106个镇,2个乡。全市共有4 563个居委会,比2019年增加56个;村委会1 562个,比2019年减少8个。

（张　锋）

行政区划管理

【新版上海市行政区划地图】 2020年7月,新版上海市行政区划地图编印出版,此次编印是继2016年版上海市行政区划地图之后的再次编印,集中体现6年来上海市历次行政区划变更和第二次全国地名普查的最新成果,全面反映至2020年6月,上海市的16个市辖区、107个街道、106个镇、2个乡的行政区划和地名现状,详细标注上海各级行政区域的界线、党政机关驻地、各类地理实体、公共设施、建筑物、构建物和村(居)委的名称。此次编印在主图之外,附加上海市1959年、1963年、1982年、1995年行政区划的微缩图,展现60多年来上海市行政区划的历史变迁轨迹。

（张　锋）

【上海市行政区划专库启动】 2020年12月,在上海市大数据中心的牵头指导下,上海市民政局正式启动上海市行政区划专库建设。作为上海市"空间地理综合库"的专库之一,行政区划专库由市、区、街镇三级行政区划和居(村)委、功能区及基本管理单元等四级管理信息构成,包括标准名称、空间位置(范围、界线)、时间轴(建制沿革)、识别码(区划代码、居村编码、法人代码)等基础信息,从点、线、面三个维度构建起全覆盖、综合性、立体化的上海市行政区划信息数据专库。专库基本建成后将为上海城市运行"一网统管"和政务服务"一网通办"提供行政区划和基层社区管理单元数据服务支撑,有效提升城市治理特别是基层社会治理的精细化水平,并将与"社区云"有效衔接,满足民政工作日常管理需求。

（张　锋）

界线管理

【沪苏平安边界联席会议】 2020年12月17日至18日,为深化"沪苏线"平安边界建设,根据《行政区域界线管理条例》的要求,上海市民政局联合江苏省民政厅在上海市崇明区组织召开"沪苏线2021年度平安边界联席会议",两省市民政厅(局)区划地名处及"沪苏线"沿线市(区、县)负责界线管理工作的同志参加会议。与会人员对"沪苏线"崇明—南通段开展联合巡检,研讨交流如何加强"沪苏线"沿线地区界线管理工作的沟通协作。会上,上海市崇明区民政局与江苏省南通市民政局签订《江苏省南通市民政局　上海市崇明区民政局"平安边界"协议书》。

（张　锋）

【沪苏浙三交点人文地理标志建设】 沪苏浙"三交点"位于上海市青浦区、江苏省苏州市吴江区、浙江省嘉兴市嘉善县三地交界处,地处"长三角生态绿色一体化发展示范区"腹地。为深入挖掘"三交点"的界线文化内涵,打造界线文化人文地理标志,助推一体化融合发展,上海市民政局强化与江苏省和浙江省民政厅以及本市市、区两级有关部门沟通协调，深入沪苏浙三交点实地踏勘，调查梳理有关区域土地权属，研讨“沪苏浙三交点展示项目”项目开展所必要的资质条件和工作程序，推动“三交点”人文地理标志纳入“江南水乡客厅”地区的功能定位和空间设计方案，推动界线文化与地名文化、旅游文化结合，提升水乡客厅地区的文化特质、文化内涵和文化价值。（张　锋）

第八章　社会建设

【概况】 2020年，上海市民政局开展全市社区服务综合设施实地调研工作，在此基础上，编印《上海社区综合服务设施调研资料汇编》，起草《上海社区综合服务设施（体系）建设指引（草案）》，并报送市委相关部门。委托专业团队，进一步完善"上海民政指数"框架和指标，开展"社区服务机制中的多元主体参与研究"课题等。结合此次新冠肺炎疫情防控工作，研究探讨上海在多元主体参与社区疫情防控机制方面探索的诸多有益的做法和经验，及时归纳总结，进行分析研究。指导市社会建设研究会举办"抗击疫情的上海经验——大考下的社会治理""推广'三会'制度经验，提升社区治理规范化精细化水平""'全岗通'社区工作机制，助力基层治理升级""学习贯彻党的十九届五中全会精神，加强基层民主协商机制建设"四场专家讲坛。改版《上海社会建设研究》专刊，围绕社区疫情防控、党的十九届四中、五中全会精神、社区治理规范化精细化、首届社会建设与社区治理创新等热点主题，发布6期专刊，刊登80多篇专家学者和基层干部的文章。成立局管社会组织党委和纪委，召开党委成立大会，开展局管社会组织党建工作培训，积极探索开展社会组织行业党建。充分发挥市民政局登记管理机关和业务（行业）主管单位"登管合一"优势，完善"四位一体"管理体制机制。开展首次市民政局支持局管社会组织参与民政领域社会治理创新项目，有11家局管社会组织通过政府购买服务项目，参与基层社会治理、民政服务、社区服务等民政领域的社会治理创新工作。（蔡　旻）

社会建设经验推广

【首届上海社会建设和基层社会治理创新项目征集与推广活动】 2020年，上海市民政局指导，上海公益新媒体中心和上海市社会建设研究会共同举办首届上海社会建设和基层社会治理创新项目征集与推广活动。活动得到16个区民政局、10个地区办（地工委）及基层街镇居村、社会组织、企事业单位的积极响应。全市16个区152个街镇226家单位共申报271个项目，经过专家初选、复选和社会公众网上投票，最终选出十大创新展示项目和二十个入围创新展示项目，并在第十届公益伙伴日"公益之申——公益盛典"上举行颁奖仪式。此次活动项目涉及疫情防控、基层党建、社会工作、居民自治、社区管理、救助帮扶等多个社会领域，具有创新性、实践性、示范性、高效性和广泛性。

（蔡　旻）

【"五大新城"民政服务设施建设项目】 根据上海市《关于"十四五"加快推进新城规划建设的方案》，上海市民政局积极推动民政领域公共服务设施进入新城。2020年12月16日，上海市民政局召开专题会议部署工作，研究新城民政服务设施的规划、种类、标准和要求。上海市民政局向上海市发改委、浦东、嘉定、青浦、松江、奉贤区民政局等部门了解五大新城四至范围及所含街镇村居有关情况，绘制新城边界地图。厘清新城范围内民政服务设施现有及新城拟配置的层面、标准和规划目标、政策依据等。在此工作基础上，参考上海市政府、上海市规资局、上海市发改委等相关文件和标准，研究起草《指导意见》，并征求浦东、嘉定、青浦、松江、奉贤区民政局意见。《指导意见》以上海新城总体规划为依据，根据"统筹考虑，提前谋划，超前配置"的要求，推进五大新城民政服务设施建设。《指导意见》要求新城所在区民政部门会同市民政局、区相关部门和社区基层单位，共谋规划、加强协调、共同推进新城民政服务设施建设。（蔡　旻）

社会建设研究工作

【上海社会建设专家讲坛】 2020年3月13日，受新冠肺炎疫情影响，上海市社会建设研究会首次以网络视频会议形式举办"抗击疫情的上海经验——大考下的社会治理"专家讲坛，邀请专家学者，从社会治理角度及时总结和固化上海抗击疫情的好做法和好经验；7

月，上海社会建设专家讲坛进基层，在黄浦区五里桥街道举行，推广“三会”制度经验，提升社区治理规范化精细化水平；9月，上海社会建设专家讲坛进政府，在虹口区人民政府举行，介绍虹口区“全岗通”社区工作机制，助力基层治理升级；11月，上海社会建设专家讲坛进社区，在长宁区华阳社区文化活动中心举行，主题是“学习贯彻党的十九届五中全会精神，加强基层民主协商机制建设”，介绍华阳街道加强基层民主协商机制建设和坚持党建引领完善民主协商方式的经验做法，16个区民政局、10个区地区办(地工委)的社会建设领域领导干部和社区干部积极参加讲坛参与交流。(蔡　旻)

【《上海社会建设研究》期刊】 2020年，《上海社会建设研究》专刊改版，版面和内容进行升级。围绕社区疫情防控、党的十九届四中、五中全会精神、社区治理规范化精细化、首届社会建设与社区治理创新等热点主题，发布6期专刊，刊登80多篇专家学者和基层干部的文章，有理论研究、实践经验、数据分析及案例解析。《上海社会建设研究》寄发民政部、市政府相关部门、各区民政局、地区办(地工委)、上海市社会建设研究会会员单位及部分基层社区，成为上海社会建设和基层社会治理工作展示推广的宣传阵地。(蔡　旻)

【《上海社区服务综合设施(体系)建设指引(草案)》】 为贯彻落实上海市委《关于进一步提升社区治理规范化精细化水平的若干意见》要求，上海市民政局会同上海市社区服务中心、上海政和社会事务服务中心组成调研组，赴虹口区、浦东新区、徐汇区、普陀区、长宁区、闵行区、松江区、奉贤区等实地调研社区综合服务设施情况，并在前期调研基础上，研究起草《上海社区综合服务设施(体系)建设指引(草案)》。该《指引》明确社区综合服务设施的功能定位为“综合服务空间、社区治理平台”，是提供社区基本公共服务、志愿服务、专业社会工作服务、便民利民服务和紧缺性民生服务的基础平台。《指引》内容涉及：目的依据、内涵外延、设施配建、功能配置、运营机制、保障措施等，回答社区综合服务设施建设和运营过程中遇到的问题，起到“工作指南”的作用，《指引》已报送市委相关部门。(蔡　旻)

第四篇　社会组织

第九章　社会组织登记

【概况】 上海社会组织登记实行双重管理为主、直接登记为辅的登记体制，市区分级登记管理。2020年，上海社会组织登记管理制度改革持续深化，修订《上海市社会服务机构（民办非企业单位）登记实施办法》《关于办理社会服务机构（民办非企业单位）迁出迁入变更登记有关问题的通知》，完善社会组织登记审批政策口径。对部分现有直接登记社会组织进行梳理，与相关业务主管部门沟通推动转为双重管理，已有297家社会组织完成调整，另有400余家社会组织正在推进过程中。积极贯彻长三角一体化发展战略，登记成立5家长三角社会服务机构，试点登记长三角县级异地商会，助推长三角经济交流和产业合作。此外，稳妥推进宗教活动场所法人登记工作，研究试点登记相关文件，为登记专项工作作准备。至2020年年底，全市共有社会组织17 151家，其中社会服务机构12 315家，社会团体4 303家，基金会533家。慈善组织493家，志愿服务组织361家。全市在社区备案的群众活动团队共2.83万个，参加人数约63.9万人。市、区两级全年共办理社会组织登记及相关事项8 619项。受新冠肺炎疫情影响，部分社会组织注销进程加快，市、区两级全年净增社会组织140家，增速有所放缓。同时，持续开展打击整治非法社会组织专项行动，清理处置一批名存实亡社会组织。2020年，鼓励引导社会组织积极参与新冠肺炎疫情防控工作，推动复工复产复市、吸纳大学生就业，动员社会力量捐赠达到18.77亿元。

（梁　露）

市级社会组织登记管理

【市级社会组织日常登记】 上海市民政局负责对市级社会组织的成立、变更、注销登记，涉及基金会、社会团体、社会服务机构三大类共18项审批事项。推动“线上登记”和“线下服务”统筹协调，申请人可通过一网通办提交网上预审，仅需跑一次当面递交书面材料。开设热线电话，经办人员通过电话、短信、微信等多种形式一对一为申请人提供指导。2020年全年，上海市民政局登记成立市级社会组织113家，其中，社会团体35家，民办非企业单位49家，基金会29家。完成社会组织变更登记、注销登记436项，有效期延续652项。

（梁　露）

【长三角社会组织登记】 2019年11月，上海市民政局向上海市政府提交《关于贯彻长三角区域一体化国家战略探索推进长三角社会组织登记的报告》，提出探索推进长三角社会组织登记的工作设想，聚焦在长三角区域一体化发展主要领域和重点行业试点登记带有“长三角”字样的民办非企业单位。按照“严格实行双重管理、成熟一家登记一家”的原则，推进长三角社会组织登记工作。至2020年年底，已有上海长三角商业创新研究院、上海长三角乡村振兴人才发展中心、上海长三角区域养老服务促进中心、上海长三角能源研究院、上海长三角品牌创意设计促进中心等5家带有“长三角”字样的民办非企业单位成立。2020年8月，上海市民政局与上海市合作交流办共同出台《关于开展长三角地区县级异地商会试点登记工作的通知》，试点开展长三角地区县级异地商会登记；2020年9月，上海市张家港商会登记成立；2020年11月起，为贯彻落实《上海市人民政府、江苏省人民政府、浙江省人民政府印发〈关于支持长三角生态绿色一体化发展示范区高质量发展的若干政策措施〉的通知》（沪府规〔2020〕12号），上海市民政局配合长三角一体化示范区执委会，研究制定长三角生态绿色一体化发展示范区内科技类社会组织直接登记有关操作细则。

（梁　露）

【直接登记社会组织转双重管理】 2014年4月1日，《上海市社会组织直接登记管理若干规定》正式施行，规定行业协会商会类、科技类、公益慈善类、城乡社区服务类社会组织适用直接登记。2016年，中共中央办公厅、国务院办公厅印发《关于改革社会组织管理制度促进社会组织健康有序发展的意见》（以下简称“中办46号文”）进一步界定直接登记四类社会组织的范围。

2019年以来，上海市民政局根据“中办46号文”，严格控制新增直接登记社会组织，规范存量社会组织的登记类型，将全市市级层面部分不符合“中办46号文”的直接登记社会组织转成双重管理。至2019年10月底，市级直接登记的存量社会组织共计1 811家，涉及56个行业主管部门，其中不符合“中办46号文”关于直接登记精神的市级社会组织有777家(社团186家，民非408家，基金会183家)，约占直接登记社会组织总数的43%，共涉及45个行业主管部门。2020年全市完成第一批调整工作，上海市教委、上海市体育局、上海市科协、上海市民政局同意转为双重管理的社会组织共297家。 (梁 露)

社会组织协调

【社会组织建设与管理工作联席会议】 上海市民政局承担全市社会组织建设和管理工作联席会议办公室日常工作。2020年6月24日，上海市社会组织建设与管理工作联席会议召开第四次全体会议。会议强调，要深入贯彻人民城市重要理念，把人民城市的理念体现到推动社会组织健康发展的具体举措和实际成效上。会议指出，要找准社会组织在建设人民城市中的发力点，始终坚持正确的政治方向，着力推动社会组织高质量发展。会上，市政府合作交流办、市体育局、浦东新区、徐汇区作交流发言。联席会议成员单位约60人参会。 (梁 露)

【社会组织年检(年报)】 2019年12月，上海市民政局发布《关于开展本市社会团体、基金会、民办非企业单位2019年度检查的公告》，启动2019年度社会组织年检(年报)工作，要求在2019年6月30日以前经上海市各级登记管理机关批准登记的社会服务机构(民办非企业单位)，在2019年12月31日以前经本市各级登记管理机关批准登记的社会团体、基金会，均须参加年度检查，慈善组织参加年度工作报告。2020年3月1日，全市各社会组织开始网上填报，受疫情影响，网上审查延长至8月30日结束。据年检数据统计，全市应参检的社会组织为15 945家，实际填报参检的社会组织有14 816家，参检率为92.92%，较上年提高1.32%。另有410家慈善组织参加年报。年检合格的有13 154家，年检基本合格的有1 333家，年检不合格的有1 458家。年检合格率(含基本合格)为90.85%。 (梁 露)

【《关于办理社会服务机构(民办非企业单位)迁出迁入变更登记有关问题的通知》】 2006年上海出台《上海市民政局、上海市社会团体管理局〈关于办理民办非企业单位迁出迁入变更登记有关问题的通知〉》(沪民社登〔2006〕240号)，该文件自2006年7月1日实施，有效期至2020年4月30日。2020年4月27日，上海市民政局修订完善并发布《关于办理社会服务机构(民办非企业单位)迁出迁入变更登记有关问题的通知》(沪民规〔2020〕5号)。此次修订，基本保留原规范性文件中的主要内容，仅对实施主体名称调整、所需提交材料和办理时间等做了微调。根据修订后的文件，办理时限由20日调整为15个工作日；在迁出和迁入变更登记环节，“业务主管单位变更的，需提交原业务主管单位出具的不再担任业务主管单位的文件”；在迁入变更登记时，需要取得执业许可的，需提交执业许可证书复印件。 (梁 露)

【《上海市社会服务机构(民办非企业单位)登记实施办法》】 根据国务院《民办非企业单位登记管理暂行条例》的规定，结合上海社会服务机构(民办非企业单位)的实际情况，上海市民政局于2000年4月1日发布《上海市民办非企业单位登记实施意见》。该《意见》主要对全市社会服务机构(民办非企业单位)的登记程序、条件与事项等内容作出规定。2018年11月，民政部《关于进一步加强和改进社会服务机构登记管理工作的实施意见》提出，“稳妥探索社会服务机构直接登记改革。在《社会组织登记管理条例》出台以及民政部关于直接登记社会组织分类标准和具体办法下发之前，各地要从严从紧把握社会服务机构直接登记申请，稳妥审慎探索”。2020年，上海市民政局对《上海市社会服务机构(民办非企业单位)登记实施办法》进行修订。此次修订删除与鼓励直接登记有关的部分表述，并将变更登记和注销登记的办理时限分别调整为5个工作日和10个工作日。 (梁 露)

【《关于开展长三角地区县级异地商会试点登记的通知》】 2020年8月24日，上海市民政局、上海市政府合作交流办公室发布《关于开展长三角地区县级异地商会试点登记的通知》，有条件地试点登记长三角县级异地商会。此次试点登记的范围为原籍地在长三角地区同一县的法人或自然人在上海注册设立的企业发起成立的，以原籍地地域名命名的县级异地商会。该《通知》明确，上海市民政局是长三角地区县级异地商会的登记管理机关；上海市政府合作交流办公室是长三角地区县级异地商会的行业管理部门，原籍地所在区域驻沪联络处(办事处)共同承担异地商会管理工作。《通知》规定，由发起单位原籍地省驻沪办，根据分级管理的原则，从县级异地商会申请成立的实际出发，按照“试点条件”的要求，向上海市民政局、上海市政府合作交流办提出列入试点登记的名单。 (梁 露)

【社会组织参与脱贫攻坚】 2018—2020 年，初步统计上海共有 322 家社会组织参与脱贫攻坚，投入资金总额（含资金以及物资、服务折算；下同）18.31 亿元。其中，72 家社会团体投入 2.50 亿元；112 家民办非企业单位投入 1.87 亿元；138 家基金会投入 13.94 亿元。202 家市级社会组织、120 家区级社会组织参与脱贫攻坚工作，其中市级社会组织累计投入资金总额 16.55 亿元；区级社会组织累计投入资金总额 1.76 亿元。全市社会组织实施脱贫攻坚项目 3 400 余个，受益人群 2 480 万余人次。2020 年抗击新冠肺炎疫情期间，实施项目达到 1 860 余个，投资资金总额 5.87 亿元，为近三年来最多。 （梁　露）

【社会组织信息化工作】 2019 年上海市民政局升级改造“上海社会组织信用信息系统”，开发社会组织活动异常名录和严重违法失信名单管理系统。2020 年，上海市民政局完善优化“两个名单”网上审核报送系统，通过数据接口及时向全国社会组织信用信息共享平台传送有关信息。根据国家民政部社管局的要求，做好与全国社会组织法人库系统对接，完成第三次接口开发和数据同步。按照上海市大数据中心相关要求，优化社会组织登记“一网通办”系统，完成行政审批事项办件编码调整及历史数据推送，开发并升级公共服务查询事项接口，其中部分查询事项已成功对接微信、支付宝等客户端。 （梁　露）

社会组织参加抗击疫情

【上海社会组织抗击新冠肺炎疫情图片展】 2020 年 9 月 5 日，上海市民政局（上海市社会组织管理局）主办的“公益力量大城大爱——上海社会组织抗击新冠肺炎疫情图片展”在上海社会组织展示馆举行。此次图片展共分三个板块：板块一聚焦“传递温暖，汇聚爱心力量”，展现上海市民政局第一时间开展募捐引导善款透明有效使用；板块二“疫线冲锋，形成战斗合力”展现不同领域、不同类型社会组织发挥各自优势共同参与疫情防控；板块三“整合优势，助力复工复产”展现社会组织积极推动会员企业复工复产，落实各项就业扶持政策。 （梁　露）

【登记管理机关疫情防控工作】 2020 年 1 月 30 日，上海市民政局转发《民政部社会组织管理局关于印发〈社会组织登记管理机关疫情防控工作实施方案〉的通知》（民社管函〔2020〕5 号），要求各区登记管理机关在党委政府领导下，明确职责分工，积极开展疫情防控工作。根据疫情防控形势，上海市民政局向各区登记管理机关和全市社会组织发出公告，对社会组织登记等窗口服务事项进行调整，建议社会组织或服务对象采取“线上”申请申报登记业务，保护申请人和窗口一线职工身体健康和生命安全。上海各区登记管理机关制订相应的疫情防控的工作方案、规定、工作提示等，落实各项措施，做好疫情防控工作。 （梁　露）

第十章　社会团体管理

【概况】 2020年，上海市民政局推动全市行业协会商会参与共同抗“疫”，积极反映行业协会商会在复工复产期间遇到的问题，会同上海市委统战部、上海市工商联共同支持本市民营中小企业复工复产复市，搭建“政会银企”四方合作机制，解决中小企业融资难问题。按照“应脱尽脱”原则，完成322家（市级117家，区级205家）行业协会商会与行政机关脱钩改革，做到“五分离、五规范”。严格开展市级社会团体2019年度检查，以“评估、访谈、审计、查处”为抓手推进日常监督管理。2020年9月27日，会同上海市发改委、上海市财政局、上海市市场局出台《关于开展清理规范行业协会商会收费工作的通知》（沪发改价调〔2020〕15号）。联合上海市政府合作交流办公室召开异地商会登记管理工作会议，推动本市异地商会规范发展。做好《上海市实施〈团体标准管理规定〉办法》（沪市监规范〔2019〕8号）的宣传落实，积极引导社会团体参与标准制定，助力本市打响“四大品牌”。修改发布《关于进一步开展本市社区群众活动团队备案工作的意见》，优化社区群众活动团队备案机制。举办市级社会团体负责人能力建设培训，做好换届指导、咨询等日常服务工作。会同上海市财政局继续推进符合条件的公益性社会团体申领公益事业捐赠票据，全年共有7家市级公益性社会团体成功申领。开展《社会团体监事（会）制度设计和作用发挥研究》课题研究，完善监事（会）制度设计。牵头编纂完成《上海市志·社会团体分志（1978—2010）》。全年上海市共登记社会团体82家。至2020年年底，全市共有社会团体4 303家，其中市级1 380家，区级2 923家。社会团体约占全市社会组织的25.1%，市级社会团体约占市级社会组织的51.9%。全市社会团体中，专业性社团1 804家，约占41.9%；联合性社团1 555家，约占36.1%；学术性社团689家，约占16.0%；行业性社团255家，约占6.0%。（张军言）

市级社会团体监督管理

【社会团体年检】 2020年3—6月，上海市民政局进行2019年度市级社会团体年度检查，修改完善年检报告书样本，新增团体标准、举办实体机构，细化兼职取酬等填报内容，进一步完善管理手段。在疫情防控时期，编制网上年检培训攻略，并开展线上培训辅导。会同业务主管单位（行业管理部门）进行年检审查，加强社会团体规范民主办会、涉企收费、评比达标表彰、领导干部兼职审批等事项的重点审查，提高年检数据准确性。2019年度，市级社会团体应参加年检1 351家，完成网上填报1 305家，占应参加年检社会团体总数的96.6%。2019年度应检市级社会团体中，年检结论合格1 180家，占应检社会团体的87%；基本合格93家，占应检社会团体的7%；不合格78家，占应检社会团体的6%。对年检不合格、基本合格的社会团体发放整改通知书111份。（张军言）

【社会团体财务抽查】 根据民政部《社会组织抽查暂行办法》要求，上海市民政局每年抽取一定数量的市级社会团体委托第三方会计师事务所开展财务抽查，并将财务抽查的结果与社会团体年检结论挂钩，作为确定年检结论的重要依据。2020年，上海市民政局会同业务主管单位（行业管理部门）抽取70家市级社会团体，委托第三方会计师事务所（上海沪港金茂会计师事务所）实施财务抽查。70家被抽查社会团体中，57家年检合格，10家年检基本合格，3家年检不合格。对年检不合格、基本合格的社会团体全部发出《整改通知书》。（张军言）

【规范行业协会商会收费】 2020年，上海市民政局贯彻落实《国务院办公厅关于进一步规范行业协会商会收费的通知》和《民政部关于贯彻落实国务院部署进一步规范行业协会商会收费工作的通知》，将规范行业协会商会收费工作作为更大规模减税降费、优化营商环境的重要举措。9月，会同上海市发改委、上海市财政局、上海市市场监管局出台《关于开展清理规范行业协会商会收费工作的通知》（沪发改价调〔2020〕15号），明确清理规范行业协会商会收费的工作目标、清理规范的范围、各级各部门工作职责和时间进度安排。明确各区民政部门工作要求和时间节点，研究相关工作的具体实施路径和监督抽查工作，强化业务主管单位（行业管理部门）对业务活动的指导和监管职责，开展两个通知的宣传和释疑，统计全市行业协会商会收费自查和整改情况，统一公示行业协会商会收费情况。

（张军言）

社会团体培育发展

【行业协会商会脱钩改革】 2019年11月，根据国家行业协会商会与行政机关脱钩联合工作组办公室《关于做好全面推开行业协会商会与行政机关脱钩改革工作通知》要求，上海市民政局在民政部的统一指导下，全面推开行业协会商会与行政机关脱钩改革工作。在前两批脱钩试点的基础上，全市按照“应脱尽脱”原则，确定322家（市级117家，区级205家）行业协会商会开展脱钩工作。至2020年9月底，上述322家行业协会商会全部完成脱钩改革任务。此次脱钩工作实行先审计后填报，确保改革事项不遗漏；开发模块，实现网上填报和审核，对已脱钩、拟脱钩、暂不脱钩以及不脱钩的四类行业协会商会进行系统身份标识。此外，上海市民政局积极会同相关部门完善制度规范、加强行业监管、加大扶持力度，确保“脱钩不脱党的领导”“脱钩不脱监管”“脱钩不脱指导”“脱钩不脱扶持”“脱钩不脱服务”，促进脱钩后行业协会商会更好更健康发展。至2020年年底，全市列入脱钩改革的933家行业协会商会（市级349家、区级584家），全部顺利完成了脱钩改革任务。

（张军言）

【异地商会发展】 2020年12月15日，上海市民政局、上海市政府合作交流办公室首次联合召开异地商会登记管理工作会议。会议针对异地商会发展过程中存在的不平衡、不充分问题以及部分商会在依法办会、民主办会、规范办会方面存在的问题，提出切实有效的措施。会议要求全市异地商会发挥平台优势，打造上海异地商会的品牌。上海市民政局、上海市人民政府合作交流办公室、各省驻沪办事处、地级市驻沪联络处以及省、地级市、长三角县级试点商会的负责同志约450名参加会议。至2020年年底，在上海市登记成立的异地商会共计171家，其中省级商会26家，跨地域商会1家，地级市商会143家，县级商会1家。

（张军言）

【社区群众活动团队备案】 社区群众活动团队是指以社区群众为主体，以社区地域为活动范围，以满足社区居民多元化需求为目的，由社区成员自主成立、自愿参与，尚不具备法定登记条件，但成员人数、活动内容、活动地点等方面符合一定特征的团队。2008年，上海市民政局发布《关于开展本市社区群众活动团队备案工作的意见》（沪民社团〔2008〕1号），规范社区群众活动团队备案工作。2020年，上海市民政局修订《关于进一步开展本市社区群众活动团队备案工作的意见》提出推动符合条件的社会群众活动团体“应备尽备”，进一步规范备案程序，加强备案管理。至2020年12月底，全市共有各类社区群众活动团队28 319个，参加人数638 857人，其中党员128 698人。按照活动内容划分，体育健身类7 918个；文化艺术类11 271个；公益服务类4 242个；休闲爱好类3 836个；其他类1 052个。

（张军言）

【社会团体参与标准制定】 2019年12月，上海市制定出台《上海市实施〈团体标准管理规定〉办法》。2020年，上海市民政局会同上海市市场监督管理局共同开展《办法》宣传贯彻、团体标准自我声明随机抽查、行业协会团体标准制定培训等工作，引导社会团体参与和规范标准制定。2020年，全市共有56家社会团体制订的160项团体标准在上海市市场监督管理局网站上自我声明公开；至2020年年底，全市共有109家社会团体制定的540项团体标准在上海市市场监督管理局网站上自我声明公开。

（张军言）

社会团体抗击新冠肺炎疫情

【社会团体参与疫情防控】 2020年，上海市市级社会团体在市民政局倡导下带领会员单位积极应对、支援一线、供应物资、群防群治、捐款捐物。上海市质量协会支持会员单位中建八局驰援雷神山医院建设，上海市信息网络安全管理协会支持会员单位捐助火神山医院、搭建信息化基础设施，上海通用航空行业协会组织向黄冈等地区免费提供医疗物资空运服务。上海医药行业协会协助会员单位加强抗疫药品生产储备，上海塑料行业协会引导会员单位优先安排医用和无纺布用聚丙烯树脂生产，上海日用化学品行业协会号召会员单位保证消毒液等防疫物资的生产。上海市家庭服务业行业协会、上海市出租汽车暨汽车租赁行业协会督促会员企业严格落实人员管理、车辆消毒等防疫要求。至3月27日，共有171家市级社会团体向湖北省捐赠资金近4 000万元、捐赠物资价值近2 000万元；引导会员单位向湖北省捐赠资金逾27亿元、捐赠物资逾18亿元。

（张军言）

【行业协会商会助推复工复产复市】 2020年，上海市民政局积极推动全市行业协会商会共同抗疫，助推复工复产。形成《关于复工复产期间本市行业协会商会有关反映和建议的汇报》，为市政府提供行业参考。3月13日，会同上海市委统战部、上海市工商联联合发布《关于积极发挥行业协会商会作用支持本市民营中小企业复工复产复市的通知》，支持全市民营中小企业复工复产复市。上海市委统战部、上海市民政局、上海市工商联、上海市中小微企业政策性融资担保基金管理中心以及行业协会商会、银行和民营企业共同建立“政会银企”四方合作机制，为解决中小企业融资难搭建平台，并向各区推广覆盖。至2020年年底，合作机制已覆盖16个区，381家商协会、18家金融机构，共服务市区两级企业10 043家，贷款金额439.1亿元。此外，通过“上海民政”微信公众号、行业协会商会平台，宣传行业协会商会在推动复工复产典型事例及“沪28条”等纾困政策。　　（张军言）

第十一章　社会服务机构管理

【概况】　2020年，社会服务机构登记管理自查自纠工作进入第二阶段，新增排查问题110个，两个阶段合计查找问题466个，其中完成自纠459个，自纠率达到98.5%，完成为期两年多的自查自纠专项工作。配合市教委等牵头部门，推进上海市民办教育、托育服务机构规范整治和监督工作。1月8日，上海市民政局召开十六区民政业务培训会，加强托育服务机构依法规范工作，提出初步处置指导意见。2020年上半年，社会服务机构的规范化评估完成评估目标数的87%，至11月底，提前完成15家的全年评估目标。对632家应检市级社会服务机构开展2019年度检查。委托第三方审计机构上海沪港金茂会计师事务所，对50家市级社会服务机构实施财务抽查审计。至2020年年底，上海市共有社会服务机构12 315家，约占全市社会组织的71.8%，其中市级社会服务机构748家，占市级社会组织的28.2%。2020年，社会服务机构净增135家，占社会组织净增总数的96.4%。2016—2020年，社会服务机构年平均增长5.77%，超过4.87%的全市社会组织的年平均增长率。（景白雪）

疫情防控

【社会服务机构组织协调】　2020年新冠肺炎疫情期间，上海市民政局组织协调全市1.2万余家社会服务机构参与疫情防控。民办非营利性医疗机构进入上海援鄂抗病专家组，支援武汉危重症病人区。科技类社会服务机构开发“新冠肺炎物资公益平台”系统，查询全国各地防疫防控物资需求，构建高效便捷的海内外捐赠供需平台。文化类社会服务机构创作原创公益歌曲。社工类社会服务机构通过社交软件为武汉方舱医院内患者提供一对一心理辅导，宣传防疫知识。社会服务机构参加志愿服务，驻守机场道口、参与测量体温、排查登记、分发口罩。推动对口支援地区与上海及长三角地区的劳务协作对接，第一批征集就业岗位2 350个。（李　鑫）

【监管服务优化】　2020年，上海市民政局引导社会服务机构有序参与疫情防控，优化疫情期间监管服务。督促社会服务机构做好自身疫情防控检查。宣传权威、专业、及时的疫情防控信息，传达民政部各项部署要求到位。帮助解决人员返沪复工、延期换证、延长银行账户期限等问题，降低疫情对社服机构影响。编发四期《守望相助抗疫情——上海社会服务机构在行动》系列报道，发布于网站和“上海民政”官方微信公众号，宣传社会服务机构防疫抗疫优秀事例。（李　鑫）

市级社会服务机构监督管理

【社会服务机构年检】　2020年3—7月，上海市民政局开展市级社会服务机构2019年度检查，应参检市级社会服务机构（不含涉外）632家，实际参检612家，参检率为96.8%；年检完成632家，完成率为100%。其中，年检合格500家，合格率为79.1%，比2019年提高4.8个百分点；年检基本合格78家，占12.4%；年检不合格（含未参检单位）54家，占8.5%，年检合格率（含基本合格）为91.5%。8月19日，上海市民政局召开市级社会服务机构2019年度年检整改工作会，对全部基本合格单位和不合格单位发放《整改通知书》，明确具体整改要求，限期三个月完成整改工作。91%以上的机构提交了整改报告。对未整改或未达到整改工作要求的社会服务机构，发出《年检整改评定意见通知书》，出具年检整改评定意见。按照《社会服务机构日常监管与行政处罚工作衔接相关规定》，将2019年度检查不合格且未完成年检整改，以及涉嫌存在其他移送情形的14家市级社会服务机构，移送市民政局执法总队作进一步查处。受疫情影响，首次采用“云培训”，编制年检填报指南，配套录制两个“视频版”年检指南并对外发布。（李　鑫）

【社会服务机构抽查审计】　2020年4—6月，上海市民政局开展市级社会服务机构抽查审计。扩大财务抽审比例，共选取50家市级社会服务机构进行财务审计，委托第三方机构上海沪港金茂会计师事务所开展具体抽查审计工作。6月上旬，第三方审计机构上海沪港金茂会计师事务所出具50家被审单位独立审计报告和汇总管理建议书。抽查审计中，发现部分市级社会服务机构在遵守财务法律法规，资金管理，财务收支内控、往来款管理，会计核算规范性等方面存在问题。个别单位涉嫌抽回举办资金或侵占社会服务机构资金，涉及与关联方关联交易，这些情况给予年检不合格，其中涉嫌违法违规的，及时移交执法总队继续查处。对库存现金过高、往来账长期不清理、会计科目核算错误、财务数据链不完整等其他财务管理欠规范问题，均要求相关社会服务机构进行整改。　（李　鑫）

社会服务机构规范化发展

【自查自纠第二阶段完成】　2020年，社会服务机构登记管理自查自纠工作进入第二阶段。在第一阶段工作的基础上，新增排查问题110个。2020年3月，上海市民政局印发《本市社会服务机构登记管理自查自纠第二阶段工作方案》（沪民社管发〔2020〕1号），明确第二阶段目标为加强基层基础工作、改进登记管理理念与方法、促进"民办非企业单位"顺利向"社会服务机构"转型，工作重点为"全面自纠"，力求"应纠必纠、各个击破、不留死角"。9月，对自查自纠工作要点再次培训，各区完成第二阶段中期报告。12月初，组成自查自纠工作联合督查小组，抽取四个区登记管理机关开展督查。对被抽查区局的自查自纠电子台账、登记档案、年检资料、执法卷宗、执行"两随机一公开"制度情况等方面进行全面检查。两个阶段合计查找问题466个，完成自纠459个，自纠率达到98.5%，完成为期两年多的自查自纠专项工作。　（费　葮）

【教育类机构规范化】　上海市民政局注重将教育行业督导与社会组织登记管理工作有机结合，建立有效监督管理工作机制。贯彻落实《上海市人民政府关于加强本市培训机构管理促进培训市场健康发展的意见》等文件要求，协同教育部门联合研究制定《上海市民办培训机构基本设置标准》。对年检不合格、群众举报、信访投诉的教育类社会服务机构，督促整改、协同执法。2019年12月17日，上海市下发《关于依法规范本市托育服务市场的通知》。2020年1月8日，上海市民政局组织召开十六区民政相关部门加强托育服务机构依法规范工作业务培训会。下发《关于依法规范民政登记的本市托育服务机构的指导意见》及《相关情况分析与规范工作流程建议》，以"一机构一意见"的模式，对相关区民政局依法规范工作提出初步处置指导意见。各区积极行动，约谈法人、告知政策，完成依法规范相关工作。　（郝　翔）

第十二章　基金会管理

【概况】 2004年3月,国务院颁布《基金会管理条例》,将基金会从社会团体中分离,单独作为一类非营利性法人,明确省、自治区、直辖市人民政府民政部门是基金会的登记管理机关。上海的基金会已从传统的安老、扶幼、助学、济困、助医、助残、救灾等慈善领域,逐步拓展到科技、教育、文化、环境保护、拥军优属、法律援助、心理辅导、司法矫治、城市遗产保护、政策研究、行业支持等公益领域。上游有支持型和研究型的基金会,中游有募集型的基金会,下游有运作型的基金会,已初步形成较为完整的公益生态链。在社会保障体系中,上海的基金会通过吸纳社会资源,扩大公共服务,尤其是对边缘困难群众的帮扶,发挥拾遗补缺的重要作用。2020年,上海市基金会按照培育发展和监督管理并重的原则,围绕党建、换届、重大公益收支和活动、涉外活动等重点内容,完善制度,规范行为,服务民生,并不断加强自身建设。全市基金会积极参与对口支援地区脱贫攻坚工作。社区基金会建设有了新发展,补充完善了社区治理新体系,成为社区公益的生力军。至2020年年底,全市登记注册基金会已有533家,其中:市级529家,浦东新区4家;全年净增26家(注销3家),募捐收入、总收入、公益支出、负债率等指标均在全国靠前,有27家基金会中基透明指数满分。已经认定为慈善组织的450家,认定率为85%。有公募资格的28家。新冠肺炎疫情发生以来,上海各类慈善组织和爱心企业、热心市民等踊跃捐款捐物,支援抗疫一线。上海市民政局积极组织动员全市慈善组织为疫情防控工作贡献爱心力量,同时,依法依规严格规范捐赠和受赠行为。据统计,全市慈善组织接受疫情防控社会捐赠收入达18.77亿元(不含社会各界直接汇入湖北和武汉红十字会或慈善总会5亿余元),其中资金收入11.62亿元,物资收入7.15亿元。捐赠支出已达18.29亿元,其中资金支出11.15亿元,物资支出7.14亿元。总执行率97.44%,其中资金执行率95.96%,物资执行率99.86%。累计结余0.48亿元,其中定向资金结余0.43亿元,非定向结余0.05亿元。全市包含市慈善基金会和市红十字会在内的138家慈善组织接受和开展捐赠。捐赠支出18.29亿元中,用于湖北省5.29亿元、用于上海市10.97亿元、用于其他地区2.03亿元。

(蒋奇磊)

基金会监督管理

【基金会年检年报】 2020年,上海市民政局会同相关部门,组织年检年报工作培训,完善网上年检与年报系统,指导服务全市基金会完成年检年报工作。全市基金会共533家参加年检年报,做到参检率、审计率100%。在年检年报工作中,认真审查把关,慎重作出年检合格、基本合格和不合格的意见和年报比对内部结论,对于年检年报中发现问题的基金会,及时约谈,并发出整改通知书,对于不符合要求的“僵尸型”基金会将集中加以处理。基金会年度检查工作从2020年3月1日开始网上填报,至6月30日网上审查结束;同时,按照统一要求将年度工作报告、公募基金会组织募捐活动的信息、基金会开展公益资助项目信息等,在上海社会组织网上披露。

(蒋奇磊)

【基金会日常监管】 2020年,上海市民政局基金会管理处认真对300余家基金会申请提交的公益捐赠税前扣除资格资料,从严审查,及时作出初审意见并上报。会同上海市财政局、上海市税务局先后两批发布《关于上海市2020年度—2022年度公益性社会团体捐赠税前扣除资格名单的公告》,共有278家基金会获得资格。落实重大事项报告制度,重视换届离任、法人更换审计,规范理事、监事及负责人变更的备案审查。落实慈善组织公开募捐办法,及时对基金会的公开募捐方案进行备案,并在民政部指定网站上发布,2020年备案191个,对不符合要求的公开募捐方案,要求退回或者补正,做到及时发现及时处置。通过积极动员、广泛宣传、督促参评、上门指导、组织培训、增加投入等实际举措,加大评估力度,做到应评尽评。2019年以来本市已有260余个基金会参评并获得3A含以上资质,本市基金会的规范化建设得到全面加强。以政府购买服务方式，委托第三方会计师事务所有限公司对 65 家基金会进行专项审计等抽检工作，并视情予以依法处置。

（蒋奇磊）

慈善组织（基金会）抗疫捐赠

【规范募捐行为】　2020 年除夕夜，上海市民政局即为市慈善基金会开通公开募捐通道，募捐方案通过慈善中国平台报备、联劝网公示。2020 年 1 月至 3 月，为支援武汉抗疫工作，上海市民政局共为全市 7 家具有公开募捐资质的慈善组织办理公开募捐备案，均不收管理费。1 月 27 日，上海市民政局制定并发布《上海市新型冠状病毒肺炎疫情防控捐赠工作指南》，通过微信工作群提示等方式提示慈善组织尊重捐赠者意愿，规范理事会和监事会内部决策制度，规范捐赠款物使用管理，接受国家审计署上海特派办专项审计监督。加强捐赠监督执法，开通执法举报电话，约谈制止非法开展公开募捐活动，有效规范社会捐赠秩序。1 月 30 日，上海市民政局制定下发《上海市慈善组织疫情防控募捐情况统计表》，自 2 月 4 日起，统计上报上海市领导、上海市纪检部门和审计署驻上海特派办专报共 102 期，通过上海市民政局微信公众号向社会公示募捐情况 52 期，通过新浪网公示 1 期。3 月 11 日下午，在上海市政府新闻发布会上专题通报本市社会力量捐赠工作相关情况。

（蒋奇磊）

【海外物资捐赠管理服务】　2020 年 1 月 29 日，上海市民政局主动约商上海海关，解决海外捐赠物资通关难题，共同商定流程事宜，配合其制定《上海抗击疫情慈善捐赠物资免税手续临时操作指引》，向社会公布上海市具有慈善捐赠物资免征进口税收资质的 20 家基金会名单。2 月 4 日，与市商务委、上海海关等部门一起开发上线中国（上海）国际贸易单一窗口——“海外物资捐赠系统”，为海外捐赠物资开辟网上办理通道。同日，上海市民政局派出工作人员在上海浦东国际机场海关开设两个咨询服务窗口，现场协助办理海外物资捐赠免税手续。2 月 12 日，为解决海外捐赠物资航空运输难题，上海市民政局致函绿地集团协助办理，由市民政局联系有关基金会作为受赠方，确保海外捐赠物资顺利抵沪。

（蒋奇磊）

【兄弟省市和海外物资捐赠】　根据民政部领导指示和黑龙江省民政厅求援函，上海市民政局迅即组织开展社会爱心捐赠动员，以上海复星公益基金会为代表的多家慈善组织积极响应，2020 年 4 月，组织捐赠 10.22 万件绥芬河市急需的抗疫物资，总价值近 160 万元。应新疆克拉玛依市抗疫所需，动员社会爱心力量筹集捐赠 2.25 万件总价值近 30 万元的抗疫物资。8 月，应新疆喀什地区抗疫所需，上海市民政局组织捐赠 6 000 件总价值近 8 万元的抗疫物资（喀什收到的对口支援地区唯一一笔抗疫物资）。应市外办相关外事工作需要，上海市民政局统筹支持上海市慈善基金会、上海复星公益基金会、上海市华侨事业发展基金会等为意大利等疫情严重的友好国家和结对城市实施抗疫物资援助项目。

（蒋奇磊）

【慈善捐赠款物监督管理】　为加强捐赠款物的使用管理和监督，2020 年 2 月 24 日，上海市民政局、上海市审计局联合制订《本市新冠肺炎疫情防控慈善捐赠管理办法》，建立慈善捐赠统筹机制，根据上海市疫情防控实际情况，及时排摸防控需求，设计发布项目方案，动员慈善组织认领，统筹使用超过 1 亿元，促进捐赠款物的集中精准使用。上海市民政局接受纪检、审计和新闻媒体、捐赠人等社会各方监督，全程配合审计署驻上海特派办开展疫情捐赠收支专项审计，协调配合市纪检部门开展专项调研和个案查询，及时向审计和纪检部门通报反馈相关情况，合力加强慈善捐赠款物监督管理，确保全市疫情捐赠活动整体规范、有序、高效。

（蒋奇磊）

社区基金会开拓创新发展

【社区基金会发展】　至 2020 年年底，上海已成立 85 家社区基金会，虹口、徐汇、杨浦、普陀、长宁等区实现街镇成立社区基金会全覆盖，浦东新区实现街道成立社区基金会全覆盖。全市社区基金会，净资产总计 2.55 亿元，积极开展社区帮扶、睦邻友好等公益活动，每年开展公益项目 600 余个，公益支出 4 800 余万元，服务社区群众 100 万人次以上。社区基金会成为上海公益生力军，新冠肺炎疫情发生以来，全市社区基金会创新基金会运作手段，广泛链接社会社区力量投入到疫情防控阻击战中，畅通募捐通道，促进精准捐赠，确保善款善物及时有效投入抗疫一线。至 2020 年 5 月 31 日，全市社区基金会疫情防控社会捐赠收入支出总计约 1 700 万元。此外，疫情期间，社区基金会党员及入党申请人主动申请加入街道防疫突击队，参与测温、门岗执勤、返沪人员信息排查、疫苗服务等工作。

【“暖心”救急难专项基金试点】　2020 年 3 月 30 日，上海市民政局印发《关于在社区基金会开展设立“暖心”专项基金试点的通知》（沪民社基发〔2020〕2 号）。4 月 15 日，上海市召开社区基金会设立“暖心”（救急难）专项基金试点动员部署会议，在浦东、徐汇、长宁、普陀、虹口、杨浦、闵行、奉贤8个区10个社区基金会开展试点。9月5日，上海市帮困互助基金会捐赠了暖心专项基金50万元原始基金，并进行集中签约。12月，普陀区在10个街镇社区基金会全覆盖设立“暖心”专项基金。上海市华侨事业发展基金会与普陀区社区基金会开展线上筹款募捐合作，并资助普陀区社区基金会50万元。至年底，“暖心”专项基金共汇聚社会资源250余万元。上海市浦东新区陆家嘴社区公益基金会“暖心”专项基金项目已覆盖20个居民区（主要是老旧小区），预计每年寒假和暑假发放助学款各83 000元，每批次资助50人左右，主要针对高中、大学阶段成绩优异但家庭困难的社区内学生。试点单位上海市杨浦区延吉社区公益基金会、上海江川社区发展基金会、上海洋泾社区公益基金会、上海浦东新区金杨社区公益基金会、上海浦区新区陆家嘴社区公益基金会、上海市虹口区凉城社区基金会，已进入“暖心”专项基金个案帮扶探索阶段。上海洋泾社区公益基金会分别设“医暖心”“急暖心”“学暖心”补助金，对重大病、重大变故、自然灾害导致困难的家庭一次性给予5 000元以内补助。上海江川社区发展基金会向10位抗美援朝志愿军老兵给予“暖心”专项基金。上海浦东新区金杨社区公益基金会和上海市徐汇凌云社区基金会分别向罹患的社区居民发放相应救助资金。（蒋奇磊）

第十三章　社会组织综合管理与服务

【概况】 2020年，上海市民政局积极推进社会组织培育发展，全市累计建成各类社会组织服务中心240家，其中5A等级18家，4A等级31家，3A等级126家，实现市、区、街镇三级全覆盖。累计建成具有一定规模的社会组织孵化基地35家。全市339家3A以上等级的社会组织及377个项目纳入《上海市承接政府购买服务社会组织推荐目录》(2020版)。加强涉外社会组织管理，登记在册的涉外社会组织有45家。其中，教育领域35家、交通领域5家、文化领域1家、体育领域1家、卫生领域1家、环保领域1家、其他领域1家。开展社会组织评估工作，全市总计评估社会组织5 356家(次)，在评估有效期内具有评估等级的社会组织2 770家。其中按照评估等级分类，5A等级303家，4A等级554家，3A等级1 500家，2A等级230家，1A等级183家。按照社会组织类型分类，社会团体613家，社会服务机构1 929家，基金会228家。按照登记管理权限分类，市级社会组织573家，区级社会组织2 197家。全年确认评估等级的社会组织1 016家。其中，按照评估等级分类，5A等级105家，4A等级219家，3A等级575家，2A等级67家，1A等级50家。按照社会组织类型分类，社会团体209家，社会服务机构613家，基金会194家。按照登记管理权限分类，市级社会组织311家，区级社会组织705家。根据上海市民政局《上海市社会组织涉(境)外活动问答》，积极为社会组织开展涉(境)外活动及拟申请登记等事项提供咨询服务，全年受理涉外服务咨询4例。 (王　怡)

社会组织培育发展

【政策扶持】 2020年12月8日，上海市民政局研究出台《关于推进本市社会组织参与社区治理的指导意见》(沪民规〔2020〕18号)。该《指导意见》的前身是《关于鼓励本市公益性社会组织参与社区民生服务的指导意见》(沪府办发〔2015〕44号)，该文件2009年由市政府办公厅发布，由市民政局负责牵头实施，于2020年9月到期。市民政局按规范性文件清理要求进行评估论证并反复征求各方意见后，建议市政府对文件予以保留，并结合新的形势和任务要求，调整文件名称和内容，将鼓励社会组织参与"社区民生服务"拓展为深入参与"社区治理"。文件提出社会组织参与社区治理的重点领域，要求各级政府加大对重点社会组织的培育扶持力度，在登记成立、平台建设、购买服务、专业力量和支持保障等方面提供支持和保障。文件经市政府同意，发给市政府相关委办局和各区，抄送上海市社会组织建设与管理联席会议其他成员单位，以期在全市更好地得以贯彻执行。 (王　怡)

【政府购买服务】 2020年7月6日，上海市民政局(上海市社会组织建设与管理工作联席会议办公室)制订印发《上海市政府购买社会组织服务供需对接平台管理和使用办法(试行)》，规范平台的建设和使用。该《办法》明确购买主体和承接主体的发布责任，明确市区两级民政部门的牵头管理职能。持续优化完善供需对接平台功能，着力改进平台使用的便捷度和运行的稳定度。完成与"浦东新区公益服务项目供需对接一站式服务平台"的系统对接，减少重复录入并推进了数据的实时共享；首次依托"供需对接平台"，开展《上海市承接政府购买服务社会组织推荐目录(2020版)》的线上申报工作，吸引大量优质社会组织在平台上发布优质项目。2020年5月，启动目录编制工作，最终确定全市339家3A以上等级的社会组织及他们提供的377个各类项目纳入2020版推荐目录，供各购买主体在购买服务时择优合作；加大"上海市社会组织服务供需对接平台"的使用和推广力度。年初，将平台使用和项目发布情况纳入市民政局对各区民政工作的年度综合评估。年中，通过视频讲解、现场培训以及日常答疑等方式，加强对各区工作的服务和指导。加强与相关委办的沟通联系，协调发布相关购买信息。至12月31日，购买主体在平台上发布的项目需求数量达2 256个，733家社会组织在平台上发布1 519个可供政府购买的服务项目。 (王　怡)

【社会组织人才培育】 2020年5月21日，上海市民政局印发《关于鼓励社会组织吸纳大学生就业的通知》，从见习、就业、创业三方面促进大学生就业，组织在全市社会组织服务中心试点开辟综合类的青年就业见习基地。5月15日，启动了第二届上海社会组织公益创业大赛，吸引24所高校的团队参加大赛。开展“上海市社会组织助力大学生就业招聘周”活动。招聘周采取线上方式，通过东方网视频频道进行直播。社会组织服务处、上海学生事务中心、上海市就业促进中心的4位嘉宾，以访谈形式介绍社会组织助力大学生就业的系列举措和政策。毕业生还可通过“上海公益新天地”官方微信公众号，了解招聘机构的基本情况、福利待遇、招聘岗位和相关要求，向社会组织投送简历。招聘周举办期间，40多家社会组织提供超过300个岗位。高校毕业生在线观看超过5 000人次，共收到大学生提交的简历1 800余份。至11月底，100多名大学生在社会组织找到工作。 （王小屿）

【“公益伙伴日”】 2020年9月5日，第十届“上海公益伙伴日”活动在上海公益新天地园开幕，主题为“温暖这座城”，其间共举办10场市级大型公益活动，在16个区开展800多场活动。222名志愿者参与志愿服务，公益伙伴基金筹款近10万元。20多家主流媒体进行报道，近百家媒体平台发布相关活动信息。此届活动有几大亮点：结合2020年“中华慈善日”主题活动举办首届“上善论坛”；首次举办基金会品牌项目展。举办第二届“上海社会组织公益创业大赛”；创新推出两个大型公众参与活动：在思南公馆举办的“太阳公益市集”和携手上海20余家知名餐饮商家200余家门店开展的“一平方米的温暖”公益项目；举办年度“公益盛典”。（王小屿）

【首届“上善论坛”】 2020年9月6日，首届“上善论坛”在上海复星艺术中心举行，论坛由上海市民政局（上海市社会组织管理局）指导，上海复星公益基金会会同上海市慈善基金会、上海联劝公益基金会、上海市华侨事业发展基金会等十三家基金会联合主办，以“人民城市建设中的社会力量参与”为主题，汇聚政界、学界、商界、社会组织和媒体代表，围绕城市温度、疫情防控、脱贫攻坚、社区治理、公益慈善事业发展等相关主题进行深入研讨，多方位展现社会力量参与上海城市建设的动人故事，总结上海经验、凝聚各方共识、传递上海声音。论坛首度发布“上善共识”，表达公益慈善界“向上向善、共享共建”的共同理念，提炼“大城有爱、公益之城”的共同目标，表达“公谨自律、诚实守信”的共同责任，倡导“至善至美，追求卓越”的共同追求，推动上海公益慈善事业健康发展。 （王小屿）

【第二届“上海社会组织公益创业大赛”】 2020年9月5日，历时五个月的第二届上海社会组织公益创业大赛落幕。此届大赛以“解决社会问题”为导向，围绕“疫后发展、幸福民生、科技振兴、美好城乡以及人文精神”五个焦点开展，力求通过大赛引导初创期社会组织服务创新，促进孵化期公益团队健康发展。共有106个公益团队，98家社会组织报名参加，其中包括全国24所高校大学生的公益创业团队。大学生参与到公益创业后，不仅能缓解疫情下大学生就业压力，也为公益事业注入了新的血液。此届大赛分“社会组织”与“公益团队”两个参赛类别，共有9支公益团队和9家社会组织从204支团队和组织中脱颖而出进入总决赛，评选出金奖各1名，银奖各3名，铜奖各5名。

（王小屿）

【“一平方米的温暖”项目】 “一平方米的温暖”公益活动是由上海市民政局指导，上海市信息服务业行业协会、上海联劝公益基金会共同主办，上海麦客网络科技有限公司承办的公益筹款项目，旨在弘扬社会主义核心价值观，关爱和援助困境儿童。该项目携手上海30家知名餐饮商家200余家门店横跨12个商圈，在14个区开展。2020年9月14—27日，商家提供公益爱心套餐，每售出一份公益爱心套餐，商家会捐出5元以资助上海的困境儿童。活动将人民群众日常的生活场景和公益爱心活动结合，在日常的餐饮消费中不知不觉完成爱心捐献的善举，同时部分门店还设置相应的1平方米主题展区和公益组织携手开展公益产品的推广和售卖。 （王小屿）

【2020年度公益盛典】 2020年9月26日，由上海市民政局（上海市社会组织管理局）、上海广播电视台指导，上海公益新媒体中心、上海广播电视台融媒体中心与东方广播中心等共同主办的“2020年度公益盛典”在东视剧场举行。盛典上发布了“2020年度上海公益数据”，揭晓了上海年度“十佳公益机构”“十佳公益项目”“十佳公益故事”“十佳公益伙伴企业”“十佳校园公益”“十佳公益基地”等年度“公益之申”榜单。此次盛典首次发布“产业园区公益热度榜”，用榜单的形式记录10个充满公益热度的园区。此外，“公益数据”中增设特殊板块“战疫公益”，以数据向所有为抗击疫情献出爱心的个人、企业、慈善组织致敬。 （王小屿）

【太阳公益市集】 太阳公益市集由上海市民政局、上海市商务委指导，由上海市社会组织服务中心、上海沪联扶贫公益中心主办，由上海市凤巢科技创新合作中心统筹引入40多家社会组织及企业公益项目结合夜市经济开展，致力于弘扬公益理念，推广公益产品，通过爱心企业义卖等募捐公益款项，最大限度调动公众了解公益、参与公益的积极性。此次市集于2020年9月4～6日于思南公馆举行，用丰富多彩的公众体验活动倡导“公益是一种生活方式”，用爱温暖这座城市，包括装置艺术制作、艺术品捐赠义卖、扶贫美食、艺术科技体验、公益义演等，打造社会公众广泛参与的盛会。此次公益市集收入定向捐赠上海公益伙伴基金。

（王小岣）

【社会组织服务中心】　2020年，上海市民政局推进将“街镇社会组织服务中心获评3A以上评估等级情况”纳入市民政局对各区民政工作的综合评估，近70%的社会组织服务中心达到3A以上评估等级。建立社会组织服务中心主任例会制度，召开例会，通报、交流服务中心建设情况，汇总编辑全市社会组织服务中心开展社会组织培育扶持和引导社会组织参与社会治理的典型案例；加强社会组织服务中心人才建设力度，联合上海就业促进中心，推出社会组织服务中心主任助理培育计划，定向招募高校社会工作专业和社会学专业的应届大学生和硕士研究生担任街镇社会组织服务中心主任助理。推动5家上海社会组织服务中心纳入上海市青年就业见习基地，首批招募大学应届毕业生见习学员15名；组织实施公益组织精英后备人才培养培训班，会同上海交通大学教育发展基金会和上海交通大学中国公益研究院，申请“中央财政支持社会组织参与社会服务示范项目”，14名应届大学毕业生和15位来自社会组织服务中心的后备人才参加培训。总计设计课程43门，邀请47位授课老师，实地参观考察8家公益机构，开展各种形式讨论20余场(次)。（王小岣）

【上海公益新天地园建设】　至2020年年底，共有30家社会组织入驻上海公益新天地园(另有12家公益团队和社会组织入孵公益创业基地)，园区入驻率为72%。2020年，市民政局扶持培育并资助17个“公益新天地品牌项目”，合计金额92万元，园区运管方提供配套服务支持。园区运管方代表园区申报黄浦区创业示范基地认定并通过。园区举办第十届“上海公益伙伴日”、系列沙龙、展示展览、公众体验等三十多场相关活动，共计35 000余人次参加。疫情期间减免入驻机构2月和3月的运管费，总额超过94万元。对27家入驻机构进行入驻考核，推进园区奖励、退出机制以及各项管理制度的实施，完善运管费收缴、创业基地备案管理等制度。成立园区共建委员会，携力推进园区建设。

（王小岣）

涉外社会组织管理

【涉外社会组织年检与抽查】　2020年，上海市应参加2019年年检的涉外社会组织45家，实际参检45家，参检率为100%。其中，年检合格的41家、基本合格的4家，年检合格率(含基本合格)为100%。年检数据显示，45家涉外社会组织净资产约26.82亿元，年度总收入55.34亿元，年度总支出53.28亿元；现有工作人员5 537名，其中专职工作人员5 210名，占总人数的94.1%。4—5月，委托第三方审计机构上海沪港金茂会计师事务所有限公司对上海美国外籍人员子女学校、上海英国外籍人员子女学校、上海震旦博物馆3家涉外社会组织进行年度财务抽查审计。根据年检和抽查情况约谈相关负责人，出具整改通知书4份、管理建议书2份。各相关涉外社会组织均按照要求在规定时间内提交了整改报告。10月14日，召开涉外社会组织工作会议，开展《民法典》普法宣传，对涉外社会组织理事会、监事会、财务管理以及信息披露等工作提出进一步要求，引导涉外社会组织加强内部治理。（全欢妹）

【涉外社会组织登记变更】　2020年，上海市民政局共办理30起涉外社会组织登记变更事项。其中，上海法语培训中心、上海骏台日本人补习中心、上海美国外籍人员子女学校等23家涉外社会组织办理证书延期。上海杨浦德国外籍人员子女学校办理名称变更。上海杨浦德国外籍人员子女学校、上海市闵行区维多利亚幼儿园、上海哈罗外籍人员子女学校3家涉外社会组织办理住所变更。上海日本商工俱乐部、亚太地区教育质量保障组织(APQN)上海总部2家涉外社会组织办理法定代表人变更。上海杨浦德国外籍人员子女学校办理业务范围变更。上海世界海事大学中心、上海温哥华电影学院(专修)、上海杨浦德国外籍人员子女学校等11家涉外社会组织办理章程核准。上海七宝德怀特高级中学、上海世界海事大学中心、上海哈罗外籍人员子女学校等17家涉外社会组织办理人员备案。上海不列颠英国外籍人员子女学校、上海七宝德怀特高级中学2家涉外社会组织办理银行账号备案。上海七宝德怀特高级中学、上海不列颠英国外籍人员子女学校、上海杨浦法国外籍人员子女学校3家涉外社会组织办理印章信息备案。（全欢妹）

社会组织评估

【社会组织评估工作开展】　2020年，上海市社会组织评估委员会办公室先后组织召开3次市社会组织评估委员会会议，评审通过389家社会组织的评估等级。实地评估督导拟评为5A、4A的社会组织，掌握评估情况，确保评估工作的权威性和评估质量。组织召开全市各区评估工作联络员会议，通报各区评估工作现状，分析点评工作中的不足和薄弱点，告知注意事项和工作节点,听取各区意见和建议。2020 年,市区两级民政部门共确认 1 016 家社会组织的评估等级,是历年来评估数量之最。其中,5A 等级 105 家,4A 等级 219 家,3A 等级 575 家,2A 等级 67 家,1A 等级 50 家。按照登记管理权限分类,市级社会组织 311 家,区级社会组织 705 家。 (和浚嘉)

【《社会组织评估管理办法》修订】 为推进社会组织健康发展,民政部启动《社会组织评估管理办法》修订工作。上海市民政局积极参与《办法》修订工作,全面总结《办法》颁布以来上海社会组织评估的实施情况、工作效果和存在问题。从上海情况看,《办法》实施推动了登记管理机关的监督管理工作,助力了上海社会组织健康有序发展,挖掘出一批优秀的社会组织和品牌项目。针对《办法》中需要进一步完善和说明的内容,尚未明确及存在歧义的内容,市民政局组织召开专家座谈会,广泛听取意见建议,并整理提交《上海社会组织评估工作情况报告》和《社会组织评估管理办法修改意见的报告》。 (和浚嘉)

【社会组织评估专家库建立】 2020 年 4 月,上海市民政局发布《关于建立全市统一的社会组织评估专家库的通知》,规定评估专家的入库条件、权利和义务、职责和工作内容,从入库流程、培训交流、接受监督、加强考核等方面规范评估专家库的管理,明确第三方评估机构派出的实地评估专家必须从专家库中选取,设定评估专家不予聘任和退出的情形机制。上海市民政局在上海民政、上海社会组织公共服务平台官网上公布 133 名社会组织评估专家名单,接受社会公众的监督。评估专家均是来自政府部门、研究机构、社会组织、会计师事务所、律师事务所的专业人员。 (和浚嘉)

抗击新冠肺炎疫情工作

【"沪 28 条"政策】 因新冠肺炎疫情影响,2020 年 3 月 2 日,上海市民政局发布《关于社会组织参照企业享受"沪 28 条"有关政策的操作口径》,就社会组织在房租减免、涉税、稳岗,以及社会保险费缴纳等方面,明确参照企业同等享受有关政策的操作口径。4 月 8 日,上海市民政局会同上海市人社局和上海市财政局联合发文,明确社会组织可同等享受企业职工线上职业培训补贴相关政策。研究落实社会组织的房租减免。梳理因房租负担影响正常运营且租赁场地属于市属国企的企业,由国资委协调国有企业,按照"一企一策""一事一议"的方式予支持减免房租。共梳理提交 100 余家社会组织减免房租的申请,共减免 35 家市区两级社会组织、36 处办公场所的 2 个月房租,总计金额 506.45 万元。 (和浚嘉)

【大学生就业】 2020 年,因新冠肺炎疫情影响大学生就业,上海市民政局开展一系列助力大学生就业工作。3 月 18 日,向全市社会组织发出"履行社会责任助力大学生就业"的倡议,全市社会组织及关联单位共推荐 3 700 多个意向岗位。经信用审核后,于 4 月 28 日在上海市学生事务中心微信公众号("上海学生事务")上发布 50 家社会组织(社会团体 12 家、社会服务机构 36 家、基金会 2 家)的 264 个就业岗位及 51 家行业协会商会会员企业的 472 个就业岗位,促进大学生就业。 (王小岣)

第五篇　社会服务

第十四章 婚姻管理

【概况】 2020年,上海市民政局婚姻管理工作坚持疫情防控和婚姻登记两不误、两促进。全市17家婚姻登记机构采取以预约为主的方式,确保服务对象无一人感染,场所安全有序。全市举办纪念新中国第一部法律《中华人民共和国婚姻法》颁布实施70周年系列活动。贯彻落实新中国第一部以法典命名的法律《中华人民共和国民法典》,制作邮资纪念封宣传新婚姻登记制度,强化婚姻登记规范化、信息化、法治化。实现婚姻登记应用电子证照,推进“互联网+婚姻服务”深度融合。建设传承家谱家训服务平台,弘扬中华优秀婚姻家庭文化。2020年,上海市办理婚姻登记152 390对,其中境内居民婚姻登记151 436对,涉外国人、涉港澳台居民、华侨婚姻登记954对。境内居民婚姻登记中结婚登记91 460对、离婚登记59 976对;涉外国人、涉港澳台居民、华侨婚姻登记中结婚登记721对、离婚登记233对,共涉及55个国家和地区。全年办理补发婚姻证书31 587例,其中补发境内居民婚姻证书31 496例、补发涉外国人、涉港澳台居民、华侨婚姻证书91例。全年共计为304 780人次提供婚姻登记基本公共服务。依法登记合格率和群众满意率均达到100%。

婚姻管理与服务疫情防控

【《关于进一步做好本市婚姻登记机关新型冠状病毒感染的肺炎疫情防控工作的通知》】 2020年1月27日,上海市民政局按照《关于做好民政服务机构新型冠状病毒感染肺炎疫情防控工作的通知》《关于切实做好社会事务领域新型冠状病毒感染肺炎疫情防控工作的指导意见》等相关要求,研究制定《关于进一步做好本市婚姻登记机关新型冠状病毒感染的肺炎疫情防控工作的通知》,要求全市各婚姻登记机关扎实做好婚姻登记场所疫情防控工作;加强联防联控,积极协调卫生部门和疾控机构,配备体温监测设备,对前来登记的当事人进行体温测试,强化场所预防性消毒和定时通风;做好精准施策,全市婚姻登记以预约为主,暂停结婚登记颁证仪式,关闭上海婚姻文化展示馆,引导人民群众错开疫情突发期进行婚姻登记。各单位于2月2日前制定出台疫情防控工作预案。 (祝沁磊)

【《上海市婚姻登记场所疫情防控工作规范》】 2020年2月5日,上海市民政局制定出台《上海市婚姻登记场所疫情防控工作规范(第一版)》,从优化业务流程、人员防控措施、场所防控措施、疫情防控工作机制四个方面,推出15项工作措施。措施主要包括:推行婚姻登记预约制、登记前预审、引导错峰登记、研判登记高峰日、暂停选择性服务等。2020年4月23日,上海市民政局制定出台《上海市婚姻登记场所疫情防控工作规范(第二版)》。从持续做好婚姻登记、做好场所防控、恢复选择性服务三个方面对第一版工作规范进行调整。对当事人进行体温检测和“随申码”核验,提倡佩戴口罩。工作人员在岗期间做好个人防护,定期对场所进行预防性消毒和通风,保持环境整洁。恢复结婚登记颁证服务,采取预约方式,分批次简易颁证。恢复婚姻家庭辅导,提倡在线婚姻家庭辅导。引导群众分批有序参观上海婚姻文化展示馆。 (祝沁磊)

【2020年2月2日结婚登记办理取消】 2020年2月2日恰逢农历庚子年正月初九(星期日),为不少新人中意,希望在这一天登记结婚。新冠肺炎疫情爆发前,上海市民政局决定2月2日,市、区两级17个婚姻登记机构全天加班办理结婚登记,相关网上预约通道也从1月15日起开通。至2020年1月24日,预约量已超过日常登记量的数倍,2020年1月25日,上海市民政局发布公告,鉴于上海已启动重大突发公共卫生事件一级响应机制,为严格防控新型冠状病毒肺炎疫情,避免人群聚集,防止交叉传染,有效保护人民群众的生命和健康安全,取消全市17个市、区两级婚姻登记机构原定于2020年2月2日(星期日)为新人加班办理结婚登记的计划。公告提醒广大新人,不要在近期,尤其是2月14日等日子,扎堆进行结婚登记。 (祝沁磊)

【婚姻登记场所疫情防控检查】 2020年2月11日起，上海市民政局根据《上海市婚姻登记场所疫情防控工作规范(第一版)》等政策要求，分3组，采取不发通知、不打招呼、不听汇报方式，对全市17个婚姻登记机关、18个婚姻登记点开展疫情实地检查。实地检查分优化业务流程、人员防控措施、场所防控措施、疫情防控工作机制四方面，共15项内容。经检查，婚姻登记机关均推行婚姻登记预约制、登记前预审、引导错峰登记、研判登记高峰日并暂停选择性服务。工作人员在场所入口处，对进入场所的所有人员进行体温检测。

(祝沁磊)

【《关于本市婚姻登记机关严防聚集性疫情做好秋冬季防控的工作预案》】 2020年8月7日，疫情防控进入常态化阶段，上海市民政局制定《关于本市婚姻登记机关严防聚集性疫情做好秋冬季防控的工作预案》，从实施预约为主办理婚姻登记、推行婚姻登记预审服务、调控聚集性延伸服务、强化现场防控管理、加强制度保障等5大方面，严防全市秋冬季婚姻登记机关聚集性疫情。

(祝沁磊)

婚姻登记管理

【《民法典》婚姻登记制度贯彻落实】 2020年5月28日，新中国第一部以法典命名的法律《中华人民共和国民法典》全文公布，上海市民政局贯彻落实《中华人民共和国民法典》。完成《婚姻登记条例草案(征求意见稿)》《民政部关于调整婚姻登记程序若干规定的通知(征求意见稿)》意见征求工作，研究起草意见建议复函报送民政部。做好市、区两级婚姻登记机关婚姻登记证的换证衔接工作。将《上海市婚姻登记工作规范》《上海市婚姻登记管理工作指引》与《中华人民共和国民法典》婚姻家庭篇逐条进行比对，经比对，对12项条款作实质性修改、增加1项条款、6项附件有变化。研究制定上海市落实婚姻登记制度的操作口径、修订办事指南、统一离婚业务接待时间。起草市民政局《民法典》新闻通气会统发稿婚姻登记部分。2020年12月31日，召开全市落实新婚姻登记制度培训会，贯彻民法典新婚姻登记制度，市、区两级民政部门分管领导和婚姻登记机构负责人参加会议。

(祝沁磊)

【纪念新中国第一部法律《中华人民共和国婚姻法》颁布实施70周年系列活动】 2020年3月至5月，上海市民政局举办"传承婚姻文化、守护家庭幸福"主题征文活动，在全国范围内累计收到214篇征文，其中20篇征文获奖，获奖征文和部分代表性文章编印成征文集，2020年12月18日，在普陀区婚姻收养登记中心举行颁奖仪式。2020年4月29日至5月1日，上海市民政局会同上海市精神文明建设办公室，利用全市主要商圈大屏幕、各类学校和社区电子屏进行公益宣传，推进《中华人民共和国婚姻法》进社区、进学校、进家庭。2020年4月至12月，上海市民政局会同市司法局、市妇联、市法宣办研究制定《婚姻法》法治宣传活动，并于6月2日联合印发《关于开展纪念〈婚姻法〉颁布70周年法治宣传活动的通知》(沪法宣办〔2020〕5号)，在全市范围内开展"传承婚姻法治文化，增强家庭责任意识"主题宣传教育活动。2020年4月29日，上海市民政局和上海社会科学院首次联合向社会发布1950～2019年上海市婚姻登记大数据报告。报告分2019年上海市婚姻数据、1950年《婚姻法》颁布以来历年婚姻数据、注释及名词解释3大部分。2020年5月1日，上海市民政局领导班子分9路，分赴静安、黄浦、浦东、徐汇、长宁、杨浦、虹口、崇明和松江区为新人颁发结婚证。

(祝沁磊)

【《关于做好机构改革转制过渡期上海市公安边防人员和上海市公安特勤人员婚姻登记工作的通知》】 2020年1月13日，为服务国家机构改革大局，上海市民政局会同市公安边防总队、市公安局特勤局联合印发《关于做好机构改革转制过渡期上海市公安边防人员和上海市公安特勤人员婚姻登记工作的通知》，明确转制期间公安边防和特勤人员办理婚姻登记需要提交的证件、证明等，解决公安边防和特勤人员转制期间婚姻登记问题。

(祝沁磊)

婚姻服务信息化建设

【《关于推进"互联网＋婚姻服务"的实施方案》】 2020年10月16日，上海市民政局根据民政部《关于推进"互联网＋婚姻服务"的行动方案》，研究制定上海市《关于推进"互联网＋婚姻服务"实施方案》，明确三年实施计划总体要求、8方面重点任务、4项保障措施，推进全市婚姻管理服务与互联网深度融合。其中重点任务包括：提升婚姻登记业务系统智能化水平、婚姻登记线上预约和线下服务相结合、优化共享部门间信息数据交换方式、建设网上婚姻家庭文化知识库、鼓励应用高科技产品服务特殊群体、推动婚姻登记电子证照应用、规范婚姻登记电子档案管理和完善婚姻登记历史数据质量。

(张　勇)

【上海市2020版婚姻登记信息管理系统升级改造】 2020年5月起，上海市民政局按照民政部《关于部署推广全国婚姻登记管理信息系统(2.0版)》(民办函

〔2020〕52号)工作要求,开展升级改造上海市2020版婚姻登记信息管理系统。研发应用高拍仪、人证识别、一体机等新技术、新设备,全面提升婚姻登记信息管理系统智能化科技水平,提高人民群众办事便捷度。

(张　勇)

【婚姻登记预约实现长三角一网通办】 2020年5月,上海市民政局进一步优化升级新版婚姻登记预约系统,并与“一网通办”总门户对接。依托“一网通办”政务服务平台,实现结婚登记和离婚登记预约在长三角一网通办门户网站、随身办市民云App、上海发布微信公众号、支付宝城市服务多渠道受理,方便人民群众办理婚姻登记。

(张　勇)

【婚姻登记电子证照】 2020年8月,上海市民政局为方便群众办理婚姻登记,研究制定《关于推进本市婚姻登记应用电子证照工作的通知》《婚姻登记系统电子证照相关操作手册》。2020年9月1日起,全市婚姻登记实现电子证照应用,市民通过随申办App的电子亮证功能,即可在上海17个婚姻登记机关办理婚姻登记。

(张　勇)

婚俗改革和婚姻文化建设

【《关于开展婚俗改革试点工作的实施方案》】 2020年6月8日,上海市民政局根据《民政部关于开展婚俗改革试点工作的指导意见》,研究制定《关于开展婚俗改革试点工作的实施方案》,明确全市开展婚俗改革试点的总体要求、试点内容、实施步骤和保障措施。试点内容主要包括:开展婚姻家庭辅导服务、倡导简约适度的婚俗礼仪、培育文明向上的婚俗文化和传承良好家风家训家教。试点时间2年。实施方案制定印发后,奉贤、浦东、松江区申报全国婚俗改革试点区。经局长办公会审议后,确定奉贤区为全国婚俗改革试点区。

(祝沁磊)

【上海传承家谱家训服务平台】 2020年5月18日,上海市民政局与上海图书馆合作建设“上海市传承家谱家训服务平台”意向。10月,双方签订战略合作框架协议;11月传承家谱家训服务平台建成。平台覆盖623个姓氏对应的70 431种家谱目录和8 000余种电子家谱以及从117个姓氏的家谱中筛选出的248条家规家训。集查询家谱家训、婚姻登记电子贺卡、普及婚姻家庭文化知识等功能于一体,呈现开放式、全人口、个性化、广覆盖、可持续五大特点。248条家规家训内容涵盖敦孝行、和邻里、谨嫁娶、崇勤俭、重修身、务职业、勤读书、守廉洁、慎交友等九大方面,充分体现中华民族文化中以德治家、勤学敬业、尊老爱幼、互帮互助、睦邻友好的优秀传统家庭美德。

(祝沁磊)

婚姻家庭辅导教育

【《民法典》邮政纪念封】 2020年5—12月,为宣传新中国第一部以法典命名法律《中华人民共和国民法典》实施,上海市民政局与中国邮政集团有限公司上海市分公司合作研究设计一套8枚邮政纪念封。纪念封共印制5 000套,计40 000张。自2021年1月1日起,由本市各婚姻登记机关免费向群众发放。纪念封以《中华人民共和国民法典》婚姻登记制度为主要内容,配以相遇、相思、相许、相守、相恋、相依、相爱、相伴的图案,让《中华人民共和国民法典》的新婚姻登记制度走到群众身边、走进群众心里。

(祝沁磊)

【新时代婚姻家庭辅导教育】 2020年5—12月,上海市民政局会同市妇联,研究制定《关于加强新时代婚姻家庭辅导教育工作的实施意见》,开展婚姻家庭辅导进社区、进家庭、进军营、进乡村等活动。疫情期间,普陀、松江、青浦、静安等区扩大线上婚姻家庭辅导,进一步增强人民群众家庭责任意识,促进新时代婚姻家庭建设。

(祝沁磊)

【婚姻登记服务业务培训】 2020年11月19—20日以及11月23—24日,上海市民政局举办二期全市婚姻登记业务培训班。婚姻管理人员、民法学教授、信息技术工程师等专家,围绕学习贯彻《民法典》、2020版婚姻登记信息管理系统升级改造等内容,为全市200余名婚姻登记员作系统讲解和辅导,进一步增强婚姻登记员法制意识、业务能力和综合素质。

(张　勇)

婚姻介绍服务行业管理

【《关于本市婚姻介绍企业登记管理的实施意见》】 2020年10月20日,上海市民政局会同上海市市场监管局研究制定《关于本市婚姻介绍企业登记管理的实施意见》,深化全市“放管服”改革,激发市场主体活力。《实施意见》经上海市人民政府专题会议研究,起草《情况专报》报市政府两位分管市长圈阅同意。《实施意见》明确开放婚姻介绍企业在市场监管部门登记公共事项,理顺全市婚介服务行业管理体制。

(祝沁磊)

【《上海市婚姻介绍服务合同示范文本》】 2020年12月31日,上海市民政局会同市婚姻介绍机构管理协会,研究修订上海市婚介服务合同示范文本。合同示范文本主要是为预防和减少因婚姻介绍服务合同不规范、不全面而引发的民事纠纷。新修订的合同示范文本分为专用条款、通用条款和附件三大部分。文本细化婚姻介绍机构提供的服务项目、服务内容；新增接受服务方接受服务的确认形式、确认时间；明确婚姻介绍机构退费的标准等。文本由市婚姻介绍机构管理协会向市市场监督管理局备案，作为选择性使用的文本，自 2021 年 1 月 1 日起，向全市婚姻介绍机构推广使用。　（祝沁磊）

【婚介机构督导服务和投诉处理】　为进一步加强上海市婚介机构管理，2020 年 1—12 月，上海市民政局会同市婚姻介绍机构管理协会，开展全市婚介机构督导，调查掌握行业动态。全年处理 200 余件投诉，主要集中在婚姻介绍服务合同的签订与履行、婚姻介绍服务形式、服务对象满意度等方面。自 2017 年起，上海市民政局与市婚姻介绍机构管理协会已连续四年对全市婚介机构开展督导，督导内容主要包括机构办公场所、从业人员、服务开展、服务对象等情况。　（祝沁磊）

第十五章　殡葬管理

【概况】 2020年，上海市全市火化遗体133 529具，比上年度同比增加839具、增加0.63%；中心城区益善殡仪馆火化遗体47 654具，同比增加2 082具、增加4.19%；郊区殡仪馆火化遗体85 875具，同比增加2 921具、增加3.52%。全市54家经营性公墓（骨灰堂）共销售各类葬式104 670穴（格），其中墓葬67 868穴（格），寄存格位36 802格。节地生态葬式（含小型墓、壁葬、草坪葬、树葬、花坛葬、深埋等）共销售62 699穴（格），占墓葬总数的92.4%，较2019年增加2.6%，上述节地生态葬式共节约土地约33亩。全市遗体运出上海市88具，比上年度减少233具。遗体运回上海市12具，比上年度减少38具。办理国际间遗体运输28具，比上年度减少60具。 （梁　扬）

殡葬领域疫情防控工作

【疫情防控工作规范】 2020年，上海市民政局落实疫情防控责任，成立工作小组，制定处置预案。分重点、分阶段制定下发《上海市新型冠状病毒肺炎感染的患者遗体处置规范》《上海市民政局关于切实做好全市殡葬领域新型冠状病毒感染肺炎疫情防控工作的通知》《上海市殡葬服务机构疫情防控工作规范》《本市殡葬服务机构秋冬季疫情防控工作要求》，对全市殡葬服务机构做好疫情防控工作提出具体指导意见和工作要求。 （梁　扬）

【遗体接运和火化工作规范化】 上海市民政局指定下属益善殡仪馆负责全市新型冠状病毒肺炎患者（含疑似）遗体处置工作，指导益善殡仪馆制定新型冠状病毒死亡遗体处理规范，严格规定殡仪馆与医疗卫生机构对接、消毒、接运、隔离、火化等程序，加强遗体跨境、跨省市运输管理，确保涉疫患者（含疑似）遗体依法依规尽速火化。2020年共妥善处置7例患者遗体。 （梁　扬）

【殡葬服务单位疫情防控】 上海市民政局指导殡仪馆、公墓、骨灰堂等殡葬服务单位落实国家和上海市防疫工作的要求部署，细化防控预案，加强员工健康监测，配齐口罩、消毒液等防护物资，完善体温监测等设备实施，在殡葬活动中，采取预约登记等方式，严格控制遗体告别仪式和祭扫落葬活动参加人员规模，防止人群聚集，降低传染风险，确保员工和服务对象健康安全。2020年全市殡葬服务单位未发生疫情感染和传播事件。 （梁　扬）

殡葬活动管理

【清明、冬至工作】 2020年清明期间，上海市民政局实行预约落葬，对个别确需现场祭扫的市民，实行分时、定量预约祭扫；冬至期间，实行“延长周期、错峰引导、高峰预约”的工作措施。清明、冬至期间，全市54家经营性公墓（骨灰堂）推出集体祭扫、网络祭扫和代客祭扫三项便民服务措施；完成全市祭扫统计监控系统建设，对各区经营性公墓、骨灰堂祭扫人流、网上祭扫、代客祭扫等情况实现实时统计、监控。清明、冬至期间，全市54家经营性公墓（骨灰堂）共现场接待预约祭扫市民250.2万人（同比去年减少69.5%），车辆47.1万辆（同比去年减少58.9%），落葬30 425穴（同比去年减少3.9%）。市民通过网络祭扫119.4万次，各经营性公墓、骨灰堂提供代客祭扫服务4.85万次。全市经营性公墓（骨灰堂）共举办集体祭扫仪式84场。 （梁　扬）

【殡葬管理专项工作】 根据民政部等10部门《关于印发〈违建墓地专项整治成果巩固提升行动方案〉的通知》（民发〔2020〕94号）和民政部《关于开展安葬（放）设施违规建设经营专项摸排工作的通知》统一部署，上海市民政局制定全市摸排方案，组织参加专项摸排信息采集填报线上培训，于2020年11月完成对全市公墓、骨灰堂、公益性墓地等各类安葬（放）设施全面摸排和信息上报工作。2020年10月，上海市民政局会同上海市发改委等9部门联合制订下发《上海市违建墓地专项整治成果巩固提升行动实施方案》，于 2020 年 9 月至 2021 年 12 月，对 2018 年、2019 年开展的违建墓地专项摸排整治情况进行核查。（梁　扬）

殡葬服务单位和中介机构管理

【殡葬服务单位事中事后监管】 2020 年 4 月 26 日，上海市民政局修订出台《上海市殡葬服务单位年度验审办法》（沪民规〔2020〕3 号）。组织开展 2019 年度殡葬服务单位年度验审工作，共检查殡葬服务单位 68 家（15 家殡仪馆、45 家经营性公墓、8 家经营性骨灰堂），重点检查各单位殡葬法规执行、业务操作、殡葬改革、物价收费、文明行业创建、惠民殡葬政策实施、殡葬信息化建设、安全工作、档案管理等情况，责令存在问题的相关单位及时进行整改。10 月，在《上海老年报》公告年度验审结果。积极推进殡葬领域“双随机、一公开”监管工作。对照殡葬条例规章有关规定和殡葬监管事项清单，梳理研究殡葬随机监管事项清单，会同执法总队和法规处，制定完善经营性公墓（骨灰堂）随机抽查工作实施细则，建立“检查对象名录库”和“执法检查人员名录库”。12 月，配合执法总队对全市部分经营性公墓进行随机检查。（梁　扬）

【殡葬中介机构管理机制完善】 2020 年，上海市民政局指导上海市殡葬行业协会制定发布《上海市殡葬代理服务行业公约》。《公约》规定，信用良好的殡葬代理服务会员单位将会受到奖励；严重违反《公约》的殡葬代理服务会员单位，将被采取责令整改、发布公告、取消相关资质等行业自律措施。7 月，共有 184 家殡葬代理服务单位法人代表签约承诺诚实守信经营。8 月 12 日，上海市民政局制定下发《关于进一步规范本市殡葬代理服务的通知》（沪民殡发〔2020〕1 号），从四个方面提出 12 条举措，要求各级民政部门、行业协会、各殡仪馆、各殡葬代理服务单位各司其职，共同整顿殡葬代理服务市场乱象。结合扫黑除恶工作，对利用互联网假冒殡葬服务单位发布虚假信息等情况进行“回头看”，责令 36 家违规网站完成整改，会同上海市网信办关闭 14 家假冒正规殡葬服务单位的网站。协调公安、卫健部门，在新版居民死亡证明材料背面印制殡葬便民服务信息和二维码，方便市民第一时间获取正规殡葬服务信息。（梁　扬）

殡葬改革

【节地生态安葬改革】 上海市民政局发展多种节地生态葬式，指导殡葬服务单位优化葬式结构，降低传统墓葬比例，提高立体葬式、生态葬式的比例，增加低价位节地生态葬式、家庭成员合葬墓穴供给，严格控制经营性公墓墓位占地面积和墓碑高度，提高可降解材料使用比例，逐步向绿色生态可持续发展转型。2020 年全市经营性公墓节地生态葬式销售比例达到 92.4%，较 2019 年增加 2.6%。加大海葬补贴、节地生态安葬补贴等惠民殡葬政策的宣传力度，优化节地生态安葬补贴发放流程，节约土地，减轻居民殡葬负担。2020 年，上海市共办理节地生态葬补贴 3 646 例，发放补贴 364.6 万元。（梁　扬）

【殡葬信息化建设】 2020 年，上海市民政局推动殡葬政务服务事项“一网通办”。将殡仪馆、经营性公墓（骨灰堂）设立，遗体运出本市审批事项和节地生态葬补贴、海葬补贴申领服务事项全部纳入“一网通办”，审批时间、审批材料“双减半”，政府核发材料免于提交，落实上网审批事项“好差评”制度，让数据多跑路，群众少跑腿。推进身故“一件事”便民服务。加强与公安、卫健部门的协作，根据《上海市公民身故“一件事”业务流程再造工作方案》，建设完善殡葬管理信息系统，开发“逝者信息模块”，实现死亡人口信息数据共享，方便市民凭《死亡证明》直接办理亲属身后事。（梁　扬）

殡葬人才队伍建设

【殡葬职工学历教育】 2020 年，上海市民政局协调上海开放大学联合举办社会工作专升本专业，聚焦生命教育模块，培养具有现代殡葬服务理念和文化服务意识，拥有现代殡葬服务能力和创新精神的殡葬专业人才，推动全市殡葬事业高素质人才队伍建设。首届社会工作专业班于 2020 年 3 月底开学，共招收学员 85 名。（梁　扬）

【殡葬职业技能竞赛】 2020 年 11 月 1 日至 3 日，上海市民政局组织开展 2020 年上海市民政行业（公墓管理员）职业技能竞赛。选拔出 4 名选手参加 12 月在广西南宁举行的第十届全国民政行业职业技能竞赛。上海代表队荣获团体一等奖，上海滨海古园的郑滔、上海嘉定区松鹤墓园的杜明莲、上海南院实业发展有限公司的吴海峰获得个人一等奖，上海福寿园实业集团有限公司的满莉荣获得个人二等奖。（梁　扬）

第十六章　社会工作与志愿服务

【概况】 2020年,上海市民政局不断加大人才培养和机构发展力度,全市持有社会工作职业水平证书人员达35 531人,注册登记的专业社会工作服务机构达653家;持续推进社工和志愿服务制度建设,修订完成《上海市公益基地创建与管理办法》(沪民规〔2020〕20号),起草并与上海市人社局联合发布《上海市高级社会工作师评审试行办法》(沪人社专〔2020〕380号)等基础性政策文件;扎实推进公益基地和社区志愿服务团队建设,命名公益基地10 088家,注册社区志愿服务团队7 000个,发放"公益护照"37万张,累计公益时长300万小时,社区志愿服务时长200万小时。

社会工作人才队伍建设

【上海市专业社会工作高级人才培养计划】 2020年9月,上海市民政局继续实施"上海市专业社会工作高级人才培养计划"第三期,并启动第四期的培训工作。第三期的培训主题为"上海市专业社会工作督导培训",旨在培养上海市本土社会工作督导人才队伍,培训开展认知行为疗法工作坊、职业倦怠与支持性督导等10次集中授课,加强社会工作督导领域的专业人才能力建设。第四期的培训主题为"上海市社会工作管理人才培训",旨在培养兼具专业素质和管理能力的社会工作管理人才队伍,培训开展社会工作服务项目设计、社会工作服务项目管理与评估等10次集中授课,提高社工机构负责人和项目负责人的综合管理能力。上海市民政局指导上海市社会工作者协会,择优遴选110名社会工作者参加。参加培训的社工包括来自复旦大学附属儿科医院、上海交通大学附属第九人民医院等医疗机构的医务社工,新航社区服务总站、自强社区服务总站的司法社工,徐汇区梅陇三村居委会、闵行区虹桥镇龙柏六村居委会等的社区社工及其他相关社工机构的专业社工,惠及各行业领域的社会工作专业人才。

(顾巍巍　徐　芳)

【社工职业水平考试】 受新冠肺炎疫情影响,2020年度社会工作者职业水平考试推迟至2020年11月初举办。上海市民政局发布《上海市民政局关于协助做好2020年度社会工作者职业水平考试报名工作的通知》,指导各区做好考试宣传动,鼓励各领域社会工作从业人员报名参加。2020年,全市共25 884人报名参加各级社会工作者职业水平考试,其中助理社会工作师参考人数15 970人,社会工作师参考人数9 519人,高级社会工作师参考人数395人。至年底,全市通过考试、评审并持有社会工作职业水平证书人员达35 531人,其中,助理社会工作师25 577人,社会工作师9 944人,高级社会工作师10人。(顾巍巍　徐　芳)

【高级社工师评审】 2020年9月25日,上海市民政局与上海市人社局联合发布《上海市高级社会工作师评审试行办法》(沪人社专〔2020〕380号)。《办法》明确上海市高级社会工作师评审的基本原则、评审组织、申报范围、评审条件、评审程序和评审纪律等要求。上海市民政局按照《办法》要求,遴选30名具有正高级职称,且具有10年以上社会工作教学、科研或实务经历的专家组成高评委专家库。首批专家主要来自上海各高校的社会工作系,研究方向涵盖上海社会工作发展的各个领域,并根据长三角区域一体化的发展要求,遴选江苏、浙江、安徽的专家各1名。11月16日,上海市民政局印发《关于2020年度上海市高级社会工作师评审工作的通知》(沪民社工发〔2020〕3号),正式启动2020年度高级社会工作师评审工作。(顾巍巍　徐　芳)

【上海市优秀社会工作者评选】 2020年12月,上海市民政局指导上海市社会工作者协会举办2020年上海市优秀社会工作者、优秀社会工作项目和优秀社会工作案例评选活动。经单位推荐、材料审核、专家初评、现场评审等环节,评选出2020年上海市优秀社会工作者10名,来自上海市精神卫生中心、上海东方社会工作事务所、上海益心社会工作发展中心、上海市自强社会服务总社、上海市金山区乐心公益发展中心等各级、各类机构的代表获评2020年度上海市优秀社会工作者；评选出上海市优秀社会工作项目10个，上海市帮困基金会申报的“帮侬一把综合帮扶项目”，复旦大学附属儿科医院社工部申报的“儿童无伤害倡导行动项目”，上海延泽社会工作发展中心申报的“社会工作介入临时救助的服务模式与路径探索”等项目获评2020年度上海市优秀社会工作项目；评选出上海市优秀社会工作案例10个，上海东方社会工作事务所申报的“重述生命故事，续写人生篇章——戒毒康复人员社区融入案例”，上海市阳光社区青少年事务中心申报的“‘爱的直通车’单亲家庭平行小组在驻校社会工作中的探析”案例，上海市第一社会福利院申报的“‘夏与莲’老年园艺治疗小组”等案例获评2020年度上海市优秀社会工作案例；另评出上海市优秀社会工作者入围奖10名、上海市优秀社会工作项目入围奖10个、上海市优秀社会工作案例入围奖10个。

（顾巍巍　徐　芳）

社会工作专业机构

【专业社会工作机构发展】 2020年，上海市专业社会工作机构服务涵盖多个群体，从业人员总量、专业化水平不断上升。至年底，全市注册登记的专业社会工作服务机构共有653家，各社会工作服务机构在职人员共51 409人，其中专职人员40 081人，兼职人员11 328人；持证社工6 395名，其中社会工作师2 036人，助理社会工作师4 359人；拥有大专及本科学历的3 334人，社会工作专业硕士(MSW)190人，社会工作学硕毕业的22人，社会工作博士毕业的26人。

（顾巍巍　徐　芳）

【社会工作(者)协会建设】 2020年，上海市民政局与区级社会工作(者)协会建设工作共同推进社会工作者管理及社会工作机构统计等工作。至年底，浦东新区、静安、黄浦、虹口、长宁、普陀、徐汇、杨浦、宝山、闵行、金山、松江、青浦和嘉定等14个区已建立区级社会工作(者)协会，另有奉贤区正在筹备建设区社会工作协会。

（顾巍巍　徐　芳）

社会工作专业服务

【社会工作服务脱贫攻坚】 2020年，上海市民政局与云南省民政厅继续实施沪滇社会工作服务机构“牵手计划”。上海市20家社会工作服务机构一对一牵手帮扶云南省欠发达地区，培育发展20家当地社会服务机构。至2020年12月，20家援派机构累计在地服务为3 613天，援派专业社工243人，募集资金1 593.345万元，培养当地524名社会工作专业人才，开展社会工作培训共173期，培训人数为2 278人，直接受益40 255人，间接受益73 528人。

（顾巍巍　徐　芳）

【专业社会工作服务】 2020年，上海市民政局稳步推进社区治理单元参与社区治理、睦邻中心治理行动机制和社区“公益＋治理2.0”等社会工作参与社区治理项目。针对社区治理的现实问题，尝试通过社会工作促进社区楼组自治，社会工作参与邻里中心的建设和服务，完成楼组、团队、治理空间、公益社区的治理能力建设，让治理单元参与到社区治理之中，发挥治理功能，实现各治理单元与社区治理的有效衔接，形成社会工作者参与社区治理的模式、机制和方法，形成“三社联动”的实务示范，为破解社区治理的“行政化困境”提供新方法。

（顾巍巍　徐　芳）

【社工行业指数报告】 2020年12月，上海市民政局指导上海市社会工作者协会起草《上海市社会工作发展指数研究报告(2020)》。该《指数报告》对2020年上海市社会工作教育领域发展情况、上海市社会工作实务领域发展情况和社会工作社会影响情况进行全面分析，提出上海市社会工作发展指数和发展建议。《指数报告》将社会工作参与重大公共卫生事件、社会工作介入脱贫攻坚、社会工作参与乡村振兴、社会工作助力社会治理、社会工作推进儿童福利等重大年度事件融合进报告中，通过数字化和案例化的方式进行解释，根据上海市社会工作发展年度情况，从巩固社会工作实务发展已有成果、提升社会工作职业化和专业化水平、积极推进社会工作参与国家治理三个方面给出相应的政策建议。

（顾巍巍　徐　芳）

志愿服务行政管理

【《上海市志愿服务条例》实施】 2020年1月1日，《上海市志愿服务条例》正式实施。4月，上海市民政局发布《2019年上海市志愿服务信息统计报告》，是民政部门作为志愿服务行政管理部门首次向社会发布上海市志愿服务信息。《报告》涵盖2019年度全市组织志愿服务活动的单位性质和活动情况、各业务主管条线志愿服务活动情况、各区社区志愿服务情况等信息；5月，与上海市经信委联合印发《关于开展志愿服务促进中小企业发展的指导意见》，为中小企业依法依规开展志愿服务提供指引；6月，制定印发《上海市民政局关于推进社区志愿服务团队建设的指导意见》，并在全市16个区分别举办《指导意见》推进介绍会；9月，制定印发《上海市民政局关于在全市民政系统推广使用公益上

海的通知》；12月，修订完成《上海市公益基地创建与管理办法》。（顾巍巍）

【志愿服务信息化建设】 2020年3月，将“公益护照”作为政府核发证照正式纳入“随申办”App电子证照库；6月，《上海市民政局关于推进社区志愿服务团队建设的指导意见》发布后，上海市民政局完成对“上海社区志愿服务网”的升级改造并将其接入上海市志愿服务政务信息平台“公益上海”。继续指导各区民政局推进“公益基地”建设，通过“公益上海”平台发布志愿服务岗位和任务、招募和管理志愿者、记录公益时长和出具证明等工作。至2020年年底，“公益上海”平台为全市志愿者发放“公益护照”37万本，设置志愿服务岗位1.7万个。（顾巍巍）

【社区志愿服务团队建设】 2020年，上海市民政局根据《2020年市委、市政府重点工作责任分工表》的重点工作任务“加快培训社区志愿服务组织。推动社区志愿服务常态化、规范化、标准化，保障社区居民依法有序参与基层治理”要求，上海市民政局牵头推进社区志愿服务团队建设工作。至年底，全市民政系统干部职工按照《上海市民政局关于在全市民政系统推广使用公益上海的通知》的要求，主动进社区参与志愿服务，发挥示范作用。全市共注册社区志愿服务团队7 000个，累计社区志愿服务时长200万小时。（顾巍巍）

【公益基地】 2020年，上海市民政局修订完成《上海市公益基地创建与管理办法》，进一步完善公益基地创建流程、引入星级公益基地评定机制，为公益基地可持续发展提供制度保障；4月，在“上海公益基地命名”作为行政权力事项（行政确认）接入“一网通办”的基础上，对该事项的办事指南进一步编制和完善；5月，制定印发《在全市养老服务机构中推进公益基地建设的通知》；11月，优化“公益上海”信息系统功能，完成“公益上海”接入本市信用信息平台，编制完成志愿服务领域涉及的信用数据清单、行为清单和应用清单“三清单”，将“取消公益基地命名”“撤销公益护照”等纳入信用监管范围。至年底，全市共命名“上海公益基地”13 517家，累计公益时长300万小时。（顾巍巍）

社工和志愿者参与新冠肺炎疫情防控

【专业社工提供服务】 2020年，新冠肺炎疫情防控工作中，上海市民政局带领全市社工发挥专业优势，开展心理疏导、危机干预、情绪支持、保障支持等服务。1月，上海市民政局启动社工应急服务团，指导市社会工作者协会发出“战疫情社工应急服务团”招募令，开设“安馨计划”社会心理热线，指导各区社工协会、100多家专业社工机构和300多名医务社工、6 000多名社区社工、1 500多名司法社工、500多名工会社工等在相关机构、社区、单位从事社区排查、专业医护、防疫宣传、秩序维护、环境治理、便民服务、交通运输、慈善捐赠、心理疏导、关爱帮扶等志愿服务，累计服务时长2 932小时；4月，组织相关社会工作行业组织、社会工作服务机构为四批共471位归国小留学生家长提供专业社工服务。（顾巍巍）

【社工和志愿者参与防控机制建设】 2020年2月，上海市民政局制定发布《防控新冠肺炎疫情上海社工专业服务行动方案》《关于本市依法有序开展疫情防控应急志愿服务的通告》《上海市新冠肺炎疫情防控志愿者服务手册》等疫情防控相关政策性文件。3月，上海市民政局指导市社会工作者协会编写发布《以志愿者为对象的社会工作服务指南》《关于社会工作机构和社会工作者“新型肺炎”心理危机干预的工作指引》《新型肺炎疫情防控社会工作服务手册》《新型肺炎疫情防控分群体社会工作服务指南》等系列工作指引和规范，为社工和志愿者依法安全有序参与疫情防控工作提供制度保障。（顾巍巍）

第六篇　民政综合建设

第十七章　民政法治建设

【概况】　2020年,上海市民政局全面贯彻落实民政部和本市加强法治建设各项工作要求。稳步开展地方立法工作,组织调研起草《上海市养老服务条例》,持续推进《上海市慈善条例》立法调研和项目储备。不断加强规范性文件审核和清理工作,共出台行政规范性文件26件,完成31件集中到期行政规范性文件清理工作,组织开展《民法典》等专项清理和公平竞争审查工作。依法开展养老领域、殡葬领域专项执法活动;加强社会组织日常监管与行政处罚的衔接工作。加强依法行政、规范执法行为,推动落实执法"三项制度",实施"双随机、一公开"监管;严格执法监督,组织开展案卷评查工作,做好行政复议和应诉工作,加强法律服务保障。协调推进民政领域"放管服"改革举措,制定《2020年上海市民政局深化"放管服"改革工作要点》。新增"救助查询"等民政公共服务事项42个,"对殡仪馆设立的许可""对骨灰堂设立的许可""对公墓设立的许可"包含的14个行政许可事项办理情形实现"零跑动","享受民政社会救助项目证明出具(上海市城乡居民最低生活保障家庭证明出具)"等13项民政高频个人事项实现"不见面"办理,婚姻登记等民政重点领域全面实现"两个免交"。加强政务服务事项标准化建设和"互联网+监管"体系建设。　(张艺雯)

地方立法与规范性文件

【地方立法推进】　2020年,上海市民政局调研起草《上海市养老服务条例》,经上海市第十五届人大常委会三次审议,于12月30日表决通过,于2021年3月20日正式实施。完成上海市政府规章《上海市社会福利企业管理办法》的废止工作,通过上海市司法局提请市政府审议通过,于6月16日作出废止决定。《上海市慈善条例》及《上海市公墓管理办法》的修订均已申报成为2021年度正式立法项目。　(张艺雯)

【规范性文件管理】　2020年,上海市民政局共出台规范性文件23件,均完成向市政府的备案工作;起草市政府(含办公厅)出台规范性文件3件。其中,社会组织领域5件,包括社会组织参与社区治理、社会服务机构(民办非企业单位)登记、现职国家工作人员不得兼任基金会负责人有关问题通知、社区群众活动团队备案、社会服务机构(民办非企业单位)迁出迁入变更登记;社会救助领域6件,包括生活无着流浪乞讨人员基本生活标准调整、《上海市社会救助条例》实施中若干问题的意见、对生育三胞胎以上家庭给予生活补助、促进最低生活保障对象自助自立、最低生活保障标准及相关社会救助标准、粮油帮困工作等;社会服务领域2件,包括婚姻介绍服务企业登记管理、殡葬服务单位年度验审等;社会福利领域7件,包括农村留守儿童关爱保护、孤儿保障和关爱服务、困难残疾人生活补贴和重度残疾人护理补贴、养老机构等级评定管理、儿童福利院抚养的未成年人送养和收养工作操作规程、困境儿童保障和农村留守儿童关爱服务、本市弃婴(儿)寻亲公告统一规范;社区治理领域2件,包括公益基地创建与管理、社区志愿服务团队规范建设;新冠肺炎疫情防控类2件,包括社会组织补贴、慈善捐赠管理;延长类文件1件,该文件延长4件规范性文件。做好31件集中到期规范性文件的清理,及《民法典》相关规范性文件、"证照分离"改革专项清理工作。全面清理并严格审查规范性文件和其他政策措施共120份。(刘　静)

行政执法

【养老领域专项执法行动】　2020年9—11月,上海市民政局组织开展全市养老机构专项执法行动,此次行动是上海民政执法总队成立后首次牵头开展的市区两级联合执法专项行动。专项行动期间,市区两级民政部门组建了由130余名行政执法人员组成的9个联合专项行动小组,对全市16个区在日常监测中群众反映较多、矛盾突出、风险隐患较大的54家养老机构开展了联合实地执法检查,共发现存在问题的养老机构49

家，发现包括法人内部治理、机构运营、服务管理等方面在内的各类问题133个。市区两级民政部门按照《上海市养老机构条例》等相关法律依据，依法开展分类处置。当场批评教育、即知即改的问题12个，制发《责令整改通知书》、责令整改的问题115个，启动立案调查程序、视情行政处罚的问题2个，对于检查中发现的不符合消防要求和相关标准的、移交相关部门进一步查处的问题4个。同时按照信息公开的要求，对检查处置结果在官网上予以及时公示。　（蔡英玉）

【殡葬领域专项执法行动】 2020年12月，上海市民政局组织开展全市经营性公墓(骨灰堂)专项执法行动，此次行动是全市首个涉殡葬领域的专项执法行动。专项行动期间，市区两级民政部门组建由70余名行政执法人员组成的6个联合专项行动小组，对全市9个区14个街(镇)的15家经营性公墓(骨灰堂)的联合实地检查工作。共发现存在问题的经营性公墓(骨灰堂)13家，发现包括业务档案管理问题、场所设施设备维护管理问题和墓园内存在燃烧痕迹等问题22项次。市区两级民政部门按照《上海市殡葬管理条例》《上海市公墓管理办法》《殡葬服务单位业务档案管理办法》和《上海市殡葬服务单位档案管理办法》等相关法规规章的规定处置，对5家单位制发《责令整改通知书》。同时按照信息公开的要求，对检查处置结果在官网上予以及时公示。　（蔡英玉）

【民政综合执法体制机制健全】 为贯彻落实《国务院关于加强和规范事中事后监管的指导意见》(国发〔2019〕18号)，上海市民政局制定《社会组织日常监管与行政处罚衔接规定(试行)》，《衔接规定》立足分类监管，梳理和完善业务处室与综合执法机构间的工作流程，明确执法分工，厘清职责边界，推进将日常监管和行政执法权从分散到相对集中行使转变，规范日常管理与行政处罚无缝对接；把握民政领域行政执法特点，激活行政监管职权。建立健全内部重点疑难案件会商及信用监管机制，规范与业务主管单位(行业主管部门)间的信息共享机制，确保行政执法“三项制度”在民政系统落地生根。2020年9月，民政部社会组织管理局对上海民政执法监管工作进行专题调研；2020年10月，民政部办公厅刊发简报(第96期)推广“上海模式”。　（蔡英玉）

行政执法规范与监督

【行政执法“三项制度”】 上海市民政局制定关于全面推行行政执法“三项制度”的实施方案和行政执法公示办法、行政执法全过程记录办法和重大行政执法决定法制审核办法。规范市民政局重大行政执法决定法制审核目录和本市民政系统执法装备配备。2020年年底，市民政局采购配备警用执法记录仪、录音笔和数据存储硬盘各8台，开展操作培训，提升市民政局执法装备的现代化水平。　（杨建华　赵　辉）

【“双随机、一公开”监管】 2020年8月下旬，上海市民政局印发“双随机、一公开”监管工作实施方案和工作指引。实施方案主要明确目标要求、任务分工、支撑保障等，重在分工、落实。工作指引主要是明确概念定义、流程方法、监督考评等，重在指引、规范。推行“双随机、一公开”监管机制，规范民政行政检查等执法行为。研究制定养老、殡葬等领域的随机监管实施细则，组织开展随机监管，按时完成民政部殡葬领域“证照分离”改革和上海市规范和加强事中事后监管相关任务要求。　（满　林）

【执法监督工作】 2020年，上海市民政局共有6件行政复议案件，被申请行政复议案件2件，行政诉讼应诉案件4件。全年对市民政局执法总队16件行政处罚案件，市民政局1件行政许可案件进行法制审核，出具法律意见。涉及民非养老机构、地方驻上海商会、上海市行业类协会、社会公益性组织、文化体育类团体，基金会、民非办学机构等。9月至11月，市民政局组织公职律师4人，邀请专家，对43卷市、区民政部门的行政处罚、行政许可执法案卷开展抽查评查，重点对执法全过程记录、重大执法决定法制审核以及裁量基准适用进行评查。　（杨建华　赵　辉）

【执法队伍能力建设】 2020年9月21日至22日，上海市民政局举办2020年度民政系统法治培训班，邀请法律专家作“行政复议与应诉”“双随机、一公开”监管专题辅导，针对性解读“民法典与民政工作”。对民政领域推行行政执法“三项制度”、提升民政执法监管工作规范化水平作了工作提示。上海市民政局业务处室、上海市民政局执法总队以及各区民政局等80余人参加。10月20日至22日，市民政局组织10名在编人员参加“行政执法人员基础法律知识培训班”，经培训并考试合格后，申领“上海市行政执法证”。培训内容包括《行政强制法》《行政许可法》《行政处罚法》《行政诉讼证据规则》《行政复议法》《行政诉讼法》《国家赔偿法(行政赔偿部分)》《政府信息公开条例》《行政执法人员执法行为规范》，共9门。　（杨建华）

【法律服务保障】 2020年，上海市民政局完成法制服务工作50多件。参与疑难问题研究，对各类文件草案出具法律意见。为市第四福利院监护变更、婚姻介绍服务合同示范文本、婚介机构跨区活动、疫情期间涉外离婚登记政策、台湾及美国婚姻关系互认、与上海图书馆（上海科学技术情报研究所）家谱家训传承合作、与中国银行养老金融合作、与银联商务公司关于敬老卡及老年助餐服务合作、规范殡葬中介代理行为、政府购买服务等民政业务，提出合法有效的解决方案。强化抗击疫情法治服务。在护送低龄留学生及侨胞回国法律文书、社区疫情防控法治保障、捐赠抗疫物资等疫情防控任务中，做好法律咨询及文书起草服务，有效化解公共管理政策和民事权利之间的冲突。

（赵　辉　杨建华）

法治政府建设与法治宣传教育

【法治政府建设责任落实】 2020年1月23日，上海市民政局印发《上海市民政局关于成立上海市民政局法治政府建设（依法行政）工作领导小组的通知》（沪民法发〔2020〕2号），明确领导小组主要职责是：研究制订市民政局加强法治政府建设，推进依法行政总体规划和实施计划，部署各项法治工作任务；协调、指导、考评、督促、总结市民政局推进依法行政、综合执法、法治政府建设等工作；领导、推进市民政局“放管服”改革、标准化建设、社会信用体系建设等各项工作。此外，首次全面部署实施市民政局机关各处室、市民政局各直管单位法治政府建设情况报告制度。起草年度法治政府建设工作情况报告，并按照规定向上海市委、市政府和民政部报告，向社会公开有关内容。（杨建华　满　林）

【法治宣传教育】 2020年，上海市民政局推进民政系统的法治宣传和依法行政工作。组织民政公务员宪法宣誓及“宪法进社区”主题日活动。加强反腐倡廉法治宣传教育，结合“不忘初心、牢记使命”“四史”主题教育，学习宣传党纪条规。2月14日，上海市民政局推动出台《本市居民区（村）疫情防控管理操作导则》，做好社区的普法宣传、疫情防控工作。12月1日，上海市民政局召开民政贯彻实施民法典新闻发布会，介绍《民法典》对民政部门依法履职提出的新要求和上海民政部门贯彻实施《民法典》的相关准备情况。重点加强《中华人民共和国老年人权益保障法》《中华人民共和国婚姻法》《上海市志愿服务条例》等宣传活动。依托全国首家省级婚姻文化展示馆——上海婚姻文化展示馆，打造民政法治教育宣传基地，开展纪念《婚姻法》颁布70周年主题展活动。（郑燕华）

行政审批制度与“放管服”改革

【业务流程优化再造】 2020年，上海市民政局实行“凡是本市政府部门核发的材料，原则上律免于提交；凡是能够提供电子证照的，原则上一律免于提交实体证照”，即“两个免于提交”。对照民政部2019年11月27日发布的《在自由贸易试验区优化殡葬领域涉企审批服务实施方案》（民发〔2019〕118号），持续优化经营性公墓（骨灰堂）设立审批服务，加强事中事后监管。修订、发布标准化办事指南，落实政府核发材料“免于提交”。4月26日，上海市民政局制定发布《上海市殡葬服务单位年度验审办法》（沪民规〔2020〕3号），完成对全市45家经营性公墓、9家经营性骨灰堂的年度验审，对全市9个区15家经营性公墓（骨灰堂）开展专项执法，实现监管全覆盖。在全国范围内率先实现省级层面婚姻登记全面应用电子证照，实现实体证照“免于提交”。市民政局34个市级行政许可事项（含业务情形）中，14个实现零跑动，20个只需跑动1次，平均跑动次数从年初的1.03次下降至0.59次。新增6个个人服务事项全程网办或不见面办理。梳理新增42项市级公共服务事项。推进“困境儿童关爱保障一件事”等事项落地。围绕困境儿童有关行政给付和公共服务等，牵头将“困境儿童基本生活费发放”“教育资助和救助”“医疗救助”等事项集合形成“困境儿童关爱保障一件事”。配合开展“公民身故”“助残扶残”等6个“一件事”工作。（应晶晶）

【政务服务事项标准化】 2020年，上海市民政局依法对局权力清单进行动态调整，审核确定行政权力259项，涵盖行政审批、行政处罚、行政强制、行政确认、行政检查、行政备案、行政给付、行政奖励、行政指导、行政规划、行政决策、行政复议、行政权力等十三个方面。新增、调整、取消“一网通办”权力事项15项，其中，新增市级权力事项1项（慈善表彰），区级权力事项3项（发放社会散居孤儿基本生活费、发放困境儿童基本生活费、残疾人集中就业企业社会保险费补贴）；取消区级权力事项5项；调整市级事项2项（调整名称），调整区级事项4项（调整名称、类别）。开展办事指南集中修订工作，完成上海市民政局基金会登记、慈善组织认定等21个权力事项（共计55项业务情形）及公益基金、公益护照、社会救助查询等40个公共服务事项（共计45项业务情形）标准化办事指南修订，指导各区完成发放老年综合津贴、临时救助、婚姻登记等24个区级权力事项（共43项业务情形）以及1个区级公共服务事项办事指南修订，实现办事指南标准化。全面清理民政领域各类证明事项，梳理保留涉及遗体运出及收养登记方面的证明材料16项，按规定进行报备并向社会公开。总结长宁、浦东两区2019年开展的“监护人为艾滋病感染儿童申请基本生活费时提交的国家医疗卫生机构开具的医学证明”“申请散居孤儿基本生活费时提交的孤儿父母死亡证明，或人民法院宣告孤儿父母死亡或失踪的法律文书”2项证明事项的告知承诺制试点经验，推动试点成果在全市范围推广。

（应晶晶）

【“互联网＋监管”】 2020年，上海市民政局制定《上海市民政局推进“互联网＋监管”工作方案》，成立推进“互联网＋监管”工作专班，建立完善推进民政“互联网＋监管”工作机制。梳理调整市、区两级民政监管事项，更新《上海市民政局监管事项目录清单汇总表》《上海市民政局监管事项检查实施清单汇总表》。汇聚市区两级民政部门监管数据一万余条，着力提升监管事项数据覆盖率。维护更新国家和上海市“互联网＋监管”系统录入员账户，按照“谁采集、谁负责”“谁监管、谁负责”原则落实数据质量要求。拓展系统应用，在社会组织信用监管、非营利性民办教育机构联合监管以及救助、残福、养老风险预警等方面进行探索。

（满　林）

【民政社会信用体系】 上海市民政局梳理2020年度信用“三清单”，民政信用数据目录增加至159项。系统梳理养老、社会组织、志愿服务三大信用体系和殡葬、婚姻、社会救助、儿童福利、假肢矫形器生产装配企业以及民政政务诚信等信用工作。推动养老机构、殡葬服务、社会组织、志愿服务等领域制订信用监管实施计划，贯彻信用修复有关要求。协调解决婚姻登记数据、社会组织法人登记数据等与上海市信用平台的互通共享，推动落实有关信用联合奖惩备忘录。

（满　林）

民政标准化

【标准化工作体制机制】 2020年，上海市民政局加强课题研究和设计，开展《民政标准化框架体系研究》课题研究，形成“上海市民政标准体系标准明细表”，10月开始进入征求意见阶段。与上海市民政局科研基地，上海市质量和标准化研究院的研究合作，形成标准化工作年度观察报告。

（应晶晶）

【各级各类标准研究及制定】 2020年，上海市民政局申报4个地方标准编制项目并获准立项，制定发布《DB31/T 1230—2020 呼吸道传染病流行期间社会福利机构安全操作指南》《DB31/T 1251—2020 社区公益服务项目招投标指南》2项地方标准，完成《住宅无障碍改造技术指南》地方标准的审定工作并准备报批。“十三五”期间，上海市民政领域制定发布地方标准8项（共16项），另有9项地方标准制修订项目。（应晶晶）

【标准化试点示范工作】 2020年，上海市民政局完成上海市杨浦区救助管理站等27家单位的试点验收和认可工作，完成市第四社会福利院、第一社会福利院、长宁区养老服务中心3家机构市级标准化试点验收。“十三五”期间，市民政系统开展4批标准化试点建设，完成各级各类标准化试点示范项目112个（标准化试点示范参与单位93家），其中国家级试点8个，民政部试点3个，市级试点29个，局级试点72个，超额完成“十三五”期间的目标任务。

（应晶晶）

第十八章　新闻宣传与研究

【概况】 2020年，新闻宣传和研究工作围绕中心、服务大局，一手抓抗疫主题宣传，一手抓“十四五”规划编制，各方面工作取得新进展。在新闻宣传工作方面，深入开展“同心抗疫”主题宣传，“传媒”和“官宣”相结合持续发出民政之声。“上海发布”采用民政信息41条，阅读点击量达到“十万+”的29条。《中国社会报》刊载上海民政系统稿件176篇，疫情防控方面的70余篇，社区防控及抗疫主题专版3个。上海民政微信公众号共推送微信300多次，发布信息1 000多篇，是2019年同期的三倍多，第一时间反映上海民政的新政策和新动态。在研究工作方面，扎实推进上海市民政事业发展“十四五”规划编制，科学拟定框架结构、充分研究论证、广泛征求意见，不断修改完善，形成《上海市民政事业发展“十四五”规划（衔接稿）》。积极参加民政部2020民政政策理论研究论文评选活动，上海地区共有19篇研究论文获得奖项，获奖数为历年之最，《社区治理智能化的上海模式——上海市“社区云”研究》等4项研究获得一等奖，居全国首位。与民政部政策研究中心、上海市政府发展研究中心签约三方合作战略研究。积极推动年度上海民政系统科研工作，制定《“十四五”上海民政科研基地管理办法》，充分发挥市民政局科研基地作为智库的作用。持续推进开放大学民政学院办学工作，首届养老服务班毕业，首届殡葬本科班招生。完成21世纪首部《上海民政年鉴（2020）》编纂工作，发挥存史鉴政的作用。继续推进《上海市志・民政民生分志・民政卷（1978—2010）》编纂工作，通过市方志办组织的专家审定。（张玉枝）

民政新闻宣传

【“同心抗疫”主题宣传工作】 2020年围绕“同心抗疫”，上海市民政局充分运用地方媒体、民政部媒体和市委市政府平台，组织开展多种形式相结合的宣传报导。“传媒”和“官宣”相结合，在《文汇报》《新民晚报》及“上海发布”等平台刊发民政政策及抗疫举措；借助“民生访谈”“政风行风热线”，介绍社区防控、养老服务、特殊群体关爱以及“一网通办”“社区云”建设等方面的内容；通过“我们众志成城”抗疫主题展览和市政府新闻发布会，反应抗疫各环节的主要工作和成效。2020年“上海发布”采用民政信息41条，阅读点击量达到“十万+”的29条。主题报道与专版宣传相结合，2020年，《中国社会报》刊载上海民政系统稿件176篇，疫情防控方面的70余篇，社区防控及抗疫主题专版3个。其中，6月10日“众志成城，共克时艰”主题专版，以一篇综述从社区联防联控、特殊群体关爱、婚姻殡葬服务等五个方面，反映上海民政疫情防控工作的整体情况和具体工作。2020年1—11月，上海民政微信公众号共推送微信296次，发布信息1 063篇，其中抗疫相关信息380余篇，约占2020年信息发布总量的三分之一，第一时间反映上海民政的新政策和新动态。此外，积极参与由中国社会报社、中国民政杂志社联合举办的“争当新时代人民群众心中‘最可爱的人’”主题征文，获组织奖，同时，获一等奖1篇、二等奖1篇、三等奖1篇。（曾仕林）

【上海民政政务网站集约化建设】 2020年，推进上海市民政局网站集约化平台建设，落实市政府网站集约化建设部署要求，开展网站重点栏目和内容自查自纠，组织相关处室及时更新栏目内容，确保内容完整、准确；开展子网站自查自纠，组织相关单位整合栏目设计，及时更新栏目信息；开展局门户网站数据迁移、网站安全、域名指向变更等，依托市集约化平台实施部署、建设及应用。6月底前，完成上海民政政务网站向市集约化平台迁移整合，组织新版网站上线运行。完成市民政局政务网站测评整改工作，针对网站在2019年上海市政府网站第三方绩效评估中反映出的问题，召开网站测评整改工作专题会，下发整改任务通知单，督促指导各相关处室、局属单位完成整改工作，及时向第三方测评中心反馈整改落实情况。（于　蜀）

民政研究

【上海民政“十四五”规划编制】 在2019年工作基础上，2020年，上海市民政局开展规划主要指标和重大项目测算，起草规划初稿。8月24日，彭沉雷副市长、赵祝平副秘书长召开专题会议，听取规划编制情况，提出深化规划编制指示。年内，市民政局先后召开7次专家座谈会，当面听取49位专家、一线干部的意见，邀请5位专家提出书面意见；通过“上海民政”官网、“上海民政”微信公众号、《上海老年报》等多种媒体，发布《关于公开征集上海市民政事业发展“十四五”规划意见建议的公告》，共征集民政领域直接相关的意见和建议269条；发函市人大社会建设委、市政协社会和法制委、市发展改革委、市财政局等部门，调研各区民政局，征求关于规划意见。同时，认真学习贯彻中央、市委关于“十四五”规划和2035年远景目标的建议，及时做好与全国民政和其他市级专项规划对表，形成《上海市民政事业发展“十四五”规划》衔接稿。（肖春平）

【《上海民政年鉴》编纂】 2020年12月，上海人民出版社出版《上海民政年鉴（2020）》，是上海市民政局编撰的全面系统性记述上海民政部门年度工作主要进展的重要资料。《年鉴》依据民政部门法定职责，设置篇章条目，设置“特载”“社会救助与慈善”“社会福利”“社区治理与社会建设”“社会组织”“社会服务”“民政综合建设”“市局属单位和局管社会组织”“各区民政”“附录”10个篇目，共列39个栏目、109个分目、708个条目，主要记述形式为条目，题材有述、记、图、表、录等，记述时限为2019年1月1日至12月31日，均为上海市民政局各机关处室及31家局属单位、16个区民政局提供的一手资料，体现时代特征、地方特色和年度特点。作为21世纪首部年鉴，汇集2019年出台、实施的上海民政法规与规范性文件及上海市行政区划统计表以及民政服务机构名录。（张玉枝）

【《上海市志·民政民生分志·民政卷（1978—2010）》编纂】 2020年，上海市民政局认真组织修改，形成《上海市志·民政民生分志·民政卷（1978—2010）》审定稿，共109万字，设置12篇和6个专记，卷首有各个时期的图照150幅和55幅串文照。7月23日，市地方志办公室在市民政局召开审定会，通过《上海市志·民政民生分志·民政卷（1978—2010）》，就进一步补充完善部分具有重要时代特征和上海特点的民政改革创新重要工作和体例规范提出具体指导意见。8月7日，市方志办正式出具《上海市志·民政民生分志·民政卷（1978—2010）审定意见》（沪志办2020〔137〕号），同意通过审定，并要求按照专家意见完成修改、移交验收和出版工作。（张玉枝）

【民政科研基地建设】 在“十三五”收官、“十四五”开启之际，上海市民政局对“十三五”上海民政科研基地工作进行总结评估，肯定“十三五”时期上海民政科研基地建设取得的显著成绩；制定《“十四五”上海民政科研基地管理办法》，进一步扩大科研基地范围，调整科研基地职责和权利，增加管理新内容；发布《“十四五”上海民政科研基地名单》，命名华东师范大学数据科学与工程学院、上海市质量和标准化研究院、华东政法大学政治学与公共管理学院等19家高校、科研院所为“十四五”上海民政科研基地。12月29日，市民政局召开上海民政科研基地建设暨科研工作会议，通报“十三五”科研基地工作和科研工作，部署下一阶段基地建设和科研工作，并为“十四五”上海民政科研基地授牌和2020年民政论坛上海地区获奖单位颁奖。（肖春平）

【上海开放大学民政学院】 上海市民政局与上海开放大学继续深化校政合作，民政学院在推进养老服务专业人才培养、提升殡葬服务人才队伍方面取得新进展、新突破。老年服务与管理专业立足行业需求，以留住从业主力提升养老服务理念为目标，2020年招生293名，连续四年招生并形成千人培养规模。5月21日上海开放大学60周年校庆日，首届269名春季毕业生迎来在线毕业式，按期毕业率达到90%。为满足殡葬行业新业态对人才培养赋能提质的需求，民政学院通过定制社会工作专业（生命教育）模块，2020春季首次在上海开放大学总校（杨浦）和徐汇、青浦两所分校招收85名新生，并于4月4日清明节举行首届殡葬行业学历教育本科班开课仪式，是全国民政系统首次合作培养殡葬行业本科专业人才，《光明日报》《中国社会报》《文汇报》等十多家媒体报道。（芦　琦）

第十九章　民政信息化建设

【概况】 上海民政信息化建设坚持整体规划、分步实施的原则，创新机制，整合资源。2020年，上海市民政局推动现代信息技术与民政工作深度融合发展。推进“两张网”建设，落实“一件事”“两个免于提交”任务要求，组织政务信息系统、政务服务移动端和业务专网“三整合”，持续开展民政业务数据海建设和数据治理，归集整合2 057万个自然人和2.51万个法人组织对象数据，数据量达5.7亿条；强化信息化建设管理，精心组织重点信息化项目建设，全年共计申报并批复建设类项目18个；加大政务公开力度，推进民政政务决策、执行、管理、服务、结果公开，及时制订、修订2020年政务公开工作要点、依申请公开工作制度等，健全有关制度规范，市民政局被评为2020年度上海市政务公开工作优秀单位。 （费文东）

信息化建设

【“两张网”建设】 2020年，上海市民政局深入开展政务服务“一网通办”改革。推进“困境儿童关爱保障一件事”，强化跨部门、跨层级、跨区域协同。落实“两个免于提交”，组织相关信息系统改造，实现62份市级事项材料、48份区级事项材料可通过数据共享或电子证照调取方式免交。按照“应接必接”的要求，梳理新增42项公共服务事项，接入上海市“一网通办”总门户。加强电子证照归集和应用，完成“上海市殡葬服务证”“公益护照”等8类新增电子证照全量归集，至2020年12月底，市民政局电子证照数量已达到15类520万张，累计调取24类证照29.8万次。完成“好差评”三对应动态精准评价工作，实现局行政受理室、全市各婚姻（收养）中心等政务服务窗口全面实行动态精准评价。推进城市运行“一网统管”建设。推进“社区云”平台建设，开发完成治理平台、居社互动平台等功能模块和“政务微信”App，在全市各居村推广使用，提升社区治理规范化精细化水平。 （费文东）

【“三整合”】 2020年，上海市民政局研究制定局政务信息系统、政务服务移动端和业务专网“三整合”工作方案。在全市率先完成557条民政专线撤网并入市政务外网，将“上海民政”“上海养老顾问”“上海社区公共服务”等微信公众号提供的服务事项梳理整合融入“随申办”，打造移动政务服务统一入口；按照“六个统一”要求，组织上海民政业务信息管理平台建设，分步骤开展局政务系统接入和整合，至年底，“收入核对系统”“婚姻收养系统”“数据海”等8个系统通过“联通模式”实现系统整合。 （费文东）

【民政业务数据海】 2020年，上海市民政局实现数据海与社会工作者和志愿者服务系统、社区云、区级平台等单位和系统的数据对接共享，完成二期新增资源对外数据共享编目；扩容殡葬数据、社区养老服务机构相关数据、养老服务补贴等数据入海；增加数据推送服务，设计“65周岁以上本市户籍享受其他补贴但未申请老年综合津贴对象”等数据推送主题；按照“数据月月讲”工作要求，研究确定民政数据展示大屏的内容，在市大数据中心、市城运中心完成大屏调试，并在机关4个楼层安装“数据海”展示屏，直观展现民政工作。 （费文东）

【数据治理】 上海市民政局重新对所有信息系统梳理、编目，开展公共数据治理、归集。至2020年年底，通过“数据海”集中清理修正14个民政内部业务系统和3个外部委办业务系统数据13.7万条，向市大数据中心发布资源目录559个，汇聚入湖（大数据中心数据湖）数据表244张，申请获得72个数据共享接口，累计调用149万次。 （费文东）

【信息化建设管理】 2020年，上海市民政局调整网络安全和信息化领导小组，明确网络安全领导机构和网络安全责任主体。发挥主管部门监督和指导作用，组织网络和信息系统安全检查工作，开展2次应急演练，进行网络安全宣传及教育培训，全年无网络安全事件，确保全局信息网络安全平稳运行。组织 2021 年度信息化项目支出预算集中申报工作，共计申报信息化项目 63 个，其中批复建设类项目 13 个，运维类项目 37 个；完成 2020 年度 5 个信息化项目支出预算日常申报工作。组织 18 个信息化项目验收。 （费文东）

政务公开

【政府信息工作】 按照“公开为常态，不公开为例外”的要求，至 2020 年 10 月底，上海市民政局通过“上海民政”网站公开政府信息共发布信息 1 153 条，其中信息公开栏目 520 条，主动公开公文 112 条，“上海民政”政务微信共发布 978 篇，微博 457 条，依申请办理 52 件。2020 年，局门户网站发布政策解读共计 19 份，其中视频解读 3 份，图形解读 3 份，表格解读 2 份，多元化解读形式比例达到 57%。通过新闻发布会、网站在线访谈、“962200”社区服务热线等多种形式，宣讲政策、咨询问答、接受投诉，回应市民关注热点问题。 （费文东）

【政务公开标准目录试点】 2020 年，上海市民政局认真贯彻落实上海市政府办公厅关于推进政务公开标准化试点的要求，结合民政部门职能、重点工作、权责清单和公共服务事项清单等，全面梳理细化政务公开事项，编制完成政务公开事项标准目录，指导静安、嘉定两区民政部门完成民政领域政务公开事项梳理和标准目录编制工作，做到分类科学、内容完整，充分体现业务工作内容，便于公众检索、查阅。 （费文东）

【政府网站政务公开专栏建设】 2020 年，上海市民政局把“上海民政”网站作为政府信息公开的第一平台，改版升级门户网站“政务公开”栏目，整合原有养老、社会救助、儿童、残疾人重点民生公益领域的 4 个子栏目为“社会公益事业领域”，新增“政策文件”“历史文件转化公开”“新冠疫情防控信息公开”“政务公开标准化工作”“重大行政决策”等专栏，更加符合“五公开”要求。组织开展局政府信息公开业务培训。 （费文东）

第二十章　民政资金管理

【概况】 2020年，上海市民政局按照“统筹兼顾、勤俭节约、量力而行、讲求绩效、收支平衡”的原则，全面有序开展民政资金管理工作。统筹协调内外部资源，在基本保障全年主要目标前提下，完成预算资金压减、多批次预算调整，加大项目绩效管理力度。推进“上海市民政资金内控监管平台”建设，提升民政统计工作质量。完善福彩公益金管理制度体系，规范福彩公益金管理，推进社区公益服务招投标工作，福利彩票销售管理工作。做好疫情防控工作，有序开展各项基本建设工作。完善资产管理内部控制体系，推进单位资产管理信息化工作，完善集团公司法人治理结构、企业改革，妥善推动解决历史遗留问题。完善内部审计工作机制建设，开展内部审计人才队伍培训。推进收费管理工作、节能管理工作。（邵清芳）

预算及财务管理

【民政经费保障】 2020年，上海市民政局实行全口径预算管理，保障民政事业发展经费需要。在基本保障各单位全年主要目标前提下，完成预算资金压减、多批次预算调整工作，全年共完成8批次预算项目二级及三级调整，涉及金额4亿多元。同时，按要求完成部门预决算公开、绩效情况公开，完成预决算公开自查自纠工作。（季晓婕）

【项目管理】 2020年，上海市民政局完成182个项目绩效自评价，30个重点项目绩效后评价，对283个项目进行至少一次绩效跟踪，完成36个重点项目绩效跟踪，完成1家单位的整体绩效评价及社会救助工作专项绩效评价，完成上海市民政局行业绩效指标和标准体系建设，加强绩效评价结果运用，推进项目信息公开。

（季晓婕）

【资金内控监管平台】 2020年，上海市民政遵循资金内控监管平台“不相容岗位相分离”的制衡原则，将政策制定、对象审核和资金发放三个环节分别设置在市级、街镇和区级三个层级，将原“区级指导”转变为“区级发放”，使三个层级之间相互制约。确保精准发放，准确预算，业务、财务和统计的三账一致以及基层减负。至2020年年底，已在上海市16个区222个街(乡)镇、5个农场试点。试点以来，根据街镇的实际发放记录，平台补录、修正业务审批系统中的59万条数据；完成与10家银行对接工作，并通过银行系统对61.24万张银行卡进行开户信息核对，通过平台安全发放试点的六类资金累计超过19亿元。减少民政资金发放工作失误和避免人工篡改，保证发放数据真实性；在区级层面实现点对点将资金支付到最终收款人，减少基层工作人员的发放流程，减轻基层工作人员的负担；落实直达资金使用要求，实时监控资金支出进度和流向，提高财政资金的使用效率和安全性。（季晓婕）

【民政统计】 2020年，上海市民政局加大数据核对力度、提高业务处室对统计数据的责任意识。对标民政部考核要求，利用统计治理校验工具，进行数据上报前的校验工作，批量筛查不合格数据，保质保量完成月报、季报、年报上报工作，完成日常统计工作。同时，以对接养老服务平台为试点，初步探索统计系统与业务系统对接的机制。（季晓婕）

福利彩票公益金筹集和使用管理

【公益金筹集使用】 2020年度上海市福利彩票销售额46.5亿元，筹集福利彩票公益金14.9亿元。其中：上缴中央7.3亿元，各区留存2.5亿元，市本级留存5.1亿元。实际安排福彩公益金支出预算5.1亿元，受疫情、福利彩票游戏品种调整和技术更迭等因素的综合影响，2020年彩票销售销量锐减，经争取沟通，压减福彩金预算5 500万元，动用历年结余保障2 550万元。

（季晓婕）

【公益金制度建设】 自2017年以来，上海市民政局先后起草7部上海市福利彩票公益金相关管理办法，不断健全上海市福利彩票公益金管理体系。在2019年印发4个过程性管理办法的基础上，2020年，上海市民政局联合市财政局印发《上海市福利彩票公益金使用管理办法》《上海市市级福利彩票公益金使用管理办法》和《上海市市级彩票公益金支持社会福利事业专项转移支付资金使用管理办法》，确定上海市福利彩票公益金和专项转移支付资金使用管理的总体原则和要求、规范管理流程、厘清各方权责，并于2020年12月正式实施。同时，按照制度规定实施管理，编写《关于〈上海市福利彩票公益金使用管理办法〉、〈上海市市级彩票公益金支持社会福利事业专项转移支付资金使用管理办法〉起草情况的说明》，编印《上海市福利彩票公益金管理制度汇编》，供各部门、单位和区民政局参考使用，并通过开展培训等方式，为各区民政局进行政策解读。（季晓婕）

【公益金规范化管理】 2020年，上海市民政局积极做好2021年福彩公益金及彩票业务费预算编制工作。分别开展福彩专项转移支付预算和福彩金部门预算编制，开展转移支付项目清算，完成预算审核、汇总、绩效目标编报、政府性基金收支规划编报等工作。加强专项转移支付绩效目标管理，完成福彩转移支付2021年项目绩效目标编报和2020年项目绩效跟踪工作，完成2019年项目绩效自评价工作。探索建立转移支付项目清算机制，梳理项目结余资金，提高资金使用效益。开展2019年福彩公益金使用、结转和结余情况统计，梳理2019年全市福彩公益金资助项目，在全市范围内评选出13个公益金优秀项目。（季晓婕）

【公益金宣传】 2020年，上海市民政局公开2019年度中央及市级福彩公益金使用情况，细化公开内容，提高公开质量，及时发布相关公告。开展2020年福彩公益金资助项目标识设立管理，在全市范围内摸排统计，共新增标识2 098块，通过公开招标委托第三方制作。完成2018年标识制作与安装项目的验收结算。开展优秀项目宣传与福彩“快乐8”上市准备工作。通过《上海市福利彩票社会责任报告》《社会报》、公益新天地福彩展示馆和电视媒体，宣传报道2019年度公益金使用情况及优秀项目。配合福彩“快乐8”上市准备及福彩公益金资助项目标识授牌仪式。申报5个有代表性的福彩金基础设施形象展示项目。（季晓婕）

【社区公益服务招投标管理】 2020年，上海市民政局进一步完善社区公益服务招投标管理。完成2020年社区公益服务招投标项目需求细化、项目初审工作；配合各区完成135个项目的政府采购工作；联合市社区服务中心对2019年187个项目实施事中监管，对重点项目的大型活动实施现场督导；加大项目监管力度，全年共委托会计师事务所对2018年191个项目实施审计和绩效评价，共清算结余资金约204万元；启动2019年187个项目的审计和绩效评价工作。落实上海市财政局2021年政府性基金预算编报要求，下发《上海市民政局关于编制2021年上海社区公益服务招投标项目预算的通知》，组织开展2021年项目申报工作。加强公益招投标工作规范化建设。制订《社区公益服务项目招投标指南》地方标准，上海市质监局已批准该地方标准作为上海市公益项目第一个地方标准正式出台。推进社区公益招投标信息平台上线应用，通过市、区、街镇三级联动的全市统一综合管理平台，优化业务管理，完成数据累积及互动展示，使各类用户能够便捷获取相关信息，提高工作效率。（季晓婕）

【福利彩票销售管理】 2020年，上海市民政局坚持“防控疫情”和“复工复产”并行，推进彩票销售网点复市。3月11日前，销售网点有序恢复电脑票和即开票游戏的销售工作，开机率超过90%。应对彩票游戏品种调整，稳定市场销售。推进视频型彩票中福在线退市、逐步落实快开游戏退市，优化销售网点管理。准备“快乐8”新游戏上市，推进福彩花博会主题彩票项目。推进技术项目建设，完善监督管理机制，做好舆情处置。（邵清芳）

基本建设项目管理

【重点建设项目管理】 2020年，上海市民政局着重推进重点基建项目开竣工等重点环节，加强分类指导各项目筹建班子。上海市第四社会福利院新建项目，完成民防、排污许可、节能、绿化、交通、交警、卫生、消防等分项验收和综合工程竣工验收备案工作；上海市救助管理二站室外道路旧改新及给排水管网改造工程通过竣工验收；救助二站川东安置所男护区居室、厕所及水电配套改造工程年内基本完工；上海假肢厂六、七号楼局部房屋修缮工程完成区安质监站现场竣工验收工作；上海市救助管理站综合修缮工程，完成施工前各项工作；上海市儿童福利院综合楼修缮项目启动拆除工作；市民政局公益新天地修缮项目—4号楼外立面项目完成区质监站竣工验收备案及审计工作；市民政局公益新天地修缮项目—3号楼及附楼优秀历史建筑修缮项目报历保中心评审；上海市第一社会福利院南楼修缮项目，完成施工前各项工作；上海市第五社会福利院新建工程项目举行开工典礼。（姜文荃）

【修缮专项项目】 2020年，上海市民政局完成局属各单位专项修缮工程2021年项目申报的第三方专家评审工作，共计11家局属单位申报17个专项项目，申报预算总资金为3 244.27万元，其中二类费用为403.15万元，经委托的第三方评审机构组织专家现场踏勘和评审后，预算总资金调整为2 950.15万元，其中二类费用为438.18万元。（姜文荃）

国有资产管理

【局属企事业单位年报】 至2020年12月31日，上海市民政局行政事业单位资产总额(账面净值，下同)232 427.36万元，较上年增长7.19%。负债总额71 261.4万元，较上年增长0.45%。净资产161 165.96万元，较上年增长10.47%。其中，流动资产128 427.58万元，较上年增长4.08%，占资产总额55.25%；固定资产93 456.55万元，较上年增长6.67%，占资产总额40.21%；在建工程7 158.23万元，较上年增长59.49%，占资产总额3.08%；长期投资1 781万元，占资产总额0.77%；无形资产1 603.96万元，较上年增长31.35%，占资产总额0.69%。（林　婕）

【局属国有企业财务决算报表及国资经营报告】 至2020年年末，上海市民政局局属国有企业资产合计466 076.55万元、负债合计127 296.30万元、所有者权益合计338 780.25万元、归属于母公司所有者权益合计313 347.02万元；营业总收入136 127.02万元、利润总额45 427.82万元、净利润36 758.47万元，归属于母公司所有者的净利润25 488.78万元。2020年年初国有资本权益总额293 544.29万元，2020年国有资本权益增加25 962.13万元(主要是经营积累25 865.41万元)，减少6 159.41万元(主要是企业按规定已上缴利润4 966.43万元及经营减值1 182.26万元)，年末国有资本权益总额313 347.02万元。国资保值增值率为106.75%。（林　婕）

【房屋土地管理系统】 根据房屋、土地类固定资产管理相关制度及《上海市民政局系统经营性国资房地产出租(借)和承租(借)监督管理办法》(沪民计发〔2020〕60号)，结合上海市民政局实际情况，上海市民政局打造"申请、审批、监管"三位一体的管理系统，建成投入运行"上海市民政局房屋土地管理系统"。按照"全面、准确、细化、动态"的管理原则，对上海市民政局所属企事业单位房屋土地基础信息进行统一收集。按照事业单位和企业分类管理，规范局属企事业单位房屋出租出借、承租承借的审批流程，动态掌握房屋土地实时情况，实现全面监管。（林　婕）

【集团公司法人治理结构完善】 上海市民政局指导上海社会福利发展公司和上海民政(集团)有限公司规范决策、管理流程，提高决策水平、效率，理顺管理关系、责任，根据相关法律法规，全面修订公司章程，明确公司决策机构、执行机构、监督机构的职责范围，完善党总支、董事会、监事会和经理层之间的分工、协调机制和议事规则，以及党组织的法定地位和职工参与公司决策、治理、监督的民主权利，公司法人治理结构与现代企业制度进一步接轨。2020年，根据公司章程选举产生1名职工董事、2名职工监事，健全集团公司董事会、监事会人员结构。（林　婕）

【企业改革】 为贯彻落实《关于从事生产经营活动事业单位改革的实施意见》(沪委办〔2018〕5号)，着力解决事业单位从事生产经营活动存在的政事不分、事企不分以及体制不顺、机制不活、效益不高等突出问题，推进经营类事业单位转企改制，2020年，上海市民政局指导集团公司对改革中涉及的各项各类问题进行深入排摸、认真研究，制订完善提交《上海假肢厂事业单位改革方案(草案)》。2020年11月12日，上海市委机构编制委员会印发《关于同意上海市民政局所属事业单位机构编制资源统筹方案的批复》(沪委编委〔2020〕210号)，同意上海假肢厂事业单位改革方案。（林　婕）

【历史遗留问题处置】 2020年，上海市民政局积极沟通协调市国资委各部门，指导上海社会福利发展有限公司梳理"空转土地"等历史遗留问题，经由上海市国资委综合处和改革处牵头与上海市规资局沟通联系，由上海市市规资局下属登记局帮助查询所有涉及空转土地的现有登记情况，对4幅事业单位的空转土地退出空转提出具体处置建议。已着手发函上海市国资委，申请退出涉及事业单位的4块空转土地。（林　婕）

审　计

【内部审计工作】 2020年，上海市民政局草拟《上海市民政局内部审计工作暂行办法》，规范内部审计印章使用。按照各审计阶段，形成较为完整的内部审计工作体系，结合民政局实际业务需要，制定相应内部审计模板，设计审计工作底稿格式，并增加审计承诺书等重要环节书面记录，确保内部审计规范、有序开展。（李晓婕）

【内部审计人才队伍培训】 为提升市民政局内部审计工作，打造一支业务水平精湛的人员队伍，2020年，上海市民政局组织各局属单位内审人员培训，学习审计、财会及相关专业知识，提升监管水平。通过系统的理论学习，提升内审人员良好的政治素质与职业道德，增强使命感，严格审计执法，规范审计行为，深化审计内容，提高审计质量与效率工作。（季晓婕）

综合管理

【收费管理】　2020年，上海市民政局重启市级保基本养老机构收费标准调整工作，完成1999年以来的收费调整。1月，召开协调会确定工作计划，5月正式执行；6月，上海市物价局确定由市成本调查队对上海市第一社会福利院院、上海市第三社会福利院和上海市第四社会福利院的成本调查，并于8月出具正式报告；9月至10月初，上海市发改委总经济师调研上海市第一社会福利院院、上海市第三社会福利院和上海市第四社会福利院，于10月正式发函至上海市发改委物价局（《上海市民政局关于核定调整市属一福院、三福院和四福院养老服务收费标准的函》）；12月3日，上海市发改委主任办公会通过调价方案；12月10日，正式发布《关于市属第一社会福利院、第三社会福利院和第四社会福利院养老服务收费标准的复函》（沪发改价调〔2020〕20号），并于12月16日开会部署落实。

（仇程新）

【节能管理】　2020年，上海市民政局继续推进示范单位创建工作，开展节约型公共机构示范单位建设。上海市第一社会福利院获得市级"节约型公共机构示范单位"，通过第四批全国"节约型公共机构示范单位"验收；上海市儿童福利院、上海市民政第三精神卫生中心双双获评第一届"上海市公共机构水效领跑者"；上海市民政第三精神卫生中心通过水平衡测试5年复评，再次获得"上海市节水示范单位"称号；上海市社会福利中心、上海市第一社会福利院和上海市民政第二精神卫生中心创建"上海市节水先进单位"。按季（年）度上报各类数据和相关资料，确保能耗统计工作开展，为公共机构节能工作提供重要基础。按《公共机构能源审计管理暂行办法》，在"十三五"期间完成规模以上公共机构能源审计工作。结合上海市"节水宣传周"活动，积极开展节能节水宣传活动。开展局属单位节能节水减排年度工作培训，提升各单位人员的节能节水意识和工作能力。（仇程新）

新冠肺炎疫情防控

【基本建设项目疫情防控】　2020年2月9日，上海市民政局下发《关于加强上海市民政局基本建设项目防控新型冠状病毒感染肺炎疫情工作的通知》。2020年2月25日，召开专题会议，研究上海市民政局基本建设项目复工复产疫情防控措施相关工作。会议要求落实上海市住建委和上海市肺炎防控办等发布的疫情防控措施文件，加强疫情期间上海市民政局基本建设项目（含在建工程和计划内修缮项目）的疫情防控相关工作。在严格执行2月9日下发的《通知》基础上，贯彻《国务院应对新型冠状病毒感染肺炎疫情联防联控机制关于印发企事业单位复工复产疫情防控措施指南的通知》（国发明电〔2020〕4号）等相关文件要求，推动局基本建设项目稳步有序复工复产。依托"随申办"打造的"随申码"服务，了解工地复工人员的个人健康防控状态信息，利用技术手段，通过绿、黄、红三色动态进行管理。梳理局基本建设在建工程项目现阶段具体情况并列出清单，根据项目施工现场特殊性分类提出要求。明确建设单位是疫情防控工作的首要责任主体，内部须召开三重一大会议决议复工的必要性与具体防控措施，做好复工前疫情防控准备工作，符合开工要求才可提请复工。对于现阶段暂未发生，将来可能发生的一些由于疫情防控造成的疫情防护费、人、材、机费用调整等有关工程造价的惠企措施将按照上海市住建委发布的具体政策执行。（姜文荃）

【"六保六稳"】　疫情发生后，上海市民政局指导民政集团公司成立疫情防控领导工作小组，结合实际情况制定6套防疫制度，积极落实各项防控措施。坚持群防群控、联防联控，确保下属单位各项工作平稳、有序开展。民政集团公司开展疫情期间民营企业和个体工商户承租物业的租金减免工作，减免直接、间接承租企业和个体工商户2020年2—4月3个月租金，减免租金共计458.88万元。2020年度民政集团公司招聘2020年应届本科毕业生1名，并参与市民政局浦东机场防疫志愿者工作。（林　婕）

第二十一章　局系统党建、群团与队伍建设

【概况】　2020年，上海民政局党建系统积极参加抗疫工作，加强直属机关党委建设，成立局管社会组织党委纪委，开展“四史”教育，强化廉政建设，推动“四责协同”机制落实。根据沪委编委〔2020〕54号文件和市委编办事业编制统筹工作要求，市民政局完成所属事业单位调整，由31家调整为28家。同时，做好局系统人员招录和人才管理工作。组织青年团员参加抗疫工作，开展“学四史”、第一届“奋斗杯”、第二届“中华诵读”等活动。局工会组织2015—2019年度上海市劳动模范（先进工作者）和上海市模范集体以及2020年上海工匠的评选工作，继续推进帮困送温暖和实事项目，发挥职工群众助力防疫。上海市民政局文明行业创建工作围绕全市民政系统文明行业“九连冠”的创建工作目标和文明创建“九个抓”的主要措施，积极开展全市民政系统“十佳文化品牌”和“双十佳好人好事”评选；年内2家成功申创“全国文明单位”；组织职工广泛参与爱国卫生运动和“光盘行动”，推广使用“公筷公勺”。

（刘　晓　胡文敏　丁　烨　张奕婷　王　佳）

党建工作

【党组织和党员干部参与抗疫工作】　2020年疫情发生后，上海市民政局党组第一时间印发《关于迅速贯彻落实习近平总书记重要指示精神做好疫情防控工作的通知》。疫情期间，广大党员带头坚守岗位，投入疫情防控一线工作。自发捐款、交纳特殊党费共计35.8万元，成立党员突击队20支，14名党员干部和职工群众自愿无偿献血。成立浦东机场联络点临时党支部。市民政局2个集体被评为“上海市抗击新冠肺炎疫情先进集体”，3名个人被评为“上海市抗击新冠肺炎疫情先进个人”，其中1名同志还被评为“上海市优秀共产党员”。另有1个集体和1名个人被评为全国民政系统抗击新冠肺炎疫情先进集体和先进个人。（邢月潭）

【“加强直属机关纪委建设”试点】　2020年8月至11月，在上海市纪委监委和上海市级机关纪检监察工委的统一部署下，上海市民政局党组承担“加强直属机关纪委建设”试点工作任务，全面总结近年来局直属机关纪委建设工作情况、经验做法及存在的问题。明确以“围绕中心工作、推动中心工作”为目标，形成“直属机关纪委牵头，全组织、全配备”的工作格局，实现监督工作全覆盖，全面提升直属机关纪委工作水平。成立试点工作领导小组，为试点工作的顺利开展提供组织保障。召开“加强直属机关纪委建设”试点工作动员会，要求局系统各级党组织落实全面从严治党的主体责任。制定试点工作方案，聚焦“监督、队伍、制度、关系”4个方面，明确14项试点工作任务。11月26日，在总结梳理试点成果的基础上，形成《中共上海市民政局党组关于“加强直属机关纪委建设”试点工作情况的总结报告》。（刘　晓）

【“四史”知识竞赛】　2020年，根据上海市委的统一部署和要求，上海市民政局开展党史、新中国史、改革开放史、社会主义发展史学习教育活动，5月至9月，组织“学‘四史’明初心　担使命”系列知识竞赛。6月上旬开展线上个人竞赛初赛，共有969名党员干部参加线上知识竞赛初赛；7月上旬开展的线上个人竞赛决赛中共有454名党员干部参加。9月24日下午，举办市民政局“学四史，明初心，担使命”知识竞赛团体决赛，产生一等奖一名，二等奖两名，三等奖三名。（张奕婷）

【党组理论学习中心组学习】　2020年，上海市民政局开展党组理论中心组学习6次，其中，集体学习4次、自学1次、电影党课1次。围绕“四史”学习教育、党的十九届五中全会精神、民法典和习近平总书记重要讲话精神，邀请中国浦东干部学院郑金洲、于洪生、王友明，华东政法大学金可可等专家学者作专题辅导，自学习近平总书记全面依法治国新理念新思想新战略和中央全面依法治国委员会第三次会议精神，观看电影《我和我的家乡》。（孙丽婷）

【党风廉政建设】 2020年4月，上海市民政局签订《党风廉政责任书》，推动“四责协同”机制落实。结合年度重点工作安排确定10项责任项目，内容涉及社会救助资金管理、内部控制、社会团体管理、培训项目、康复辅具社区租赁试点、福利彩票代销站点管理及销售补贴、媒体广告管理、综合修缮工程项目、殡葬服务单位年度验审、民政综合执法工作等。共报送党风廉政建设重点责任项目43项，形成年度的党风廉政建设《重点责任项目清单》。共收到信访举报件13件，均已办结。有4名党员干部受到党纪处分。 （刘　晓）

【巡察调研】 根据《建立巡察调研制度方案（试行）》和《2020年巡察调研工作方案》，2020年，上海市民政局完成对上海市民政干部学校（市社会工作培训中心）、上海社会福利发展有限公司、局信息研究中心、市居民经济状况核对中心等4家局属单位的巡察调研工作。巡察调研期间，工作组听取相关单位的工作汇报，开展个别访谈（2020年巡察调研共计访谈105人，其中市民政干校29人，社发公司25人，局信息研究中心21人，核对中心30人），查阅党建工作、干部人事、财务管理等方面的台账资料（2020年巡察调研查阅台账共计509册，其中市民政干校174册，社发公司88册，局信息研究中心105册，核对中心142册），在此基础上形成巡察调研报告。市民政局党听取汇报并阅看。整改方案和整改报告推动整改。2020年的巡察调研中向4家局属单位反馈问题共计42项，均已整改落实。

（刘　晓）

【民政信访】 2020年，全年共处理各类来信来访近两千余件/人次，受理办理信访复查复核案件9件。签订2020年信访工作目标责任书，明确目标责任。举办2020年信访工作培训班，提升民政信访工作人员的能力。贯彻信访工作疫情防控规定，处理各类疫情信访问题，做好常态化疫情防控接访工作。重视做好信访秩序稳定工作。认真开展国家信访局集中治理重复信访化解信访积案专项工作。广泛收集人民意见建议，以“民政十四五规划”为主题在市信访办“人民建议征集”平台上征集人民建议，做好研究分析，推动成果转化。完成上海市《推进国家治理体系和治理能力现代化框架下的信访制度的定位和作用研究》课题项目的申报和研究结题工作，该项目被评为市信访优秀课题。严格落实信访工作分类处理。积极抓好信访目标责任考核工作，群众满意度、初次信访事项联系率和网信公开率等都有新的提升。 （张晓耘）

组织人事工作

【“四史”学习教育】 2020年5月12日，上海市民政局召开动员部署会，制定下发市民政局《关于开展党史、新中国史、改革开放史、社会主义发展史学习教育的实施推进方案》，成立“四史”学习教育领导小组。明确学习目标，以党史、新中国史、改革开放史、社会主义发展史为学习核心，通过多种形式进行学习。组织“四史”党课285次，党支部书记讲专题党课88次，拓展移动App、“两微一端”等信息技术学习载体。将“四史”学习教育开展情况，作为年度基层党建工作考核的重要内容，确保学习效果，累计收到各单位报送信息270则，印发简报25期，刊发信息167则、经验分享5则、心得体会23篇。 （尹立骏）

【干部选拔任用】 2020年，上海市民政局干部选拔任用情况如下：市管干部：10月30日，曾群同志正式任市民政局副局长。处级干部：1月至12月30日，共提拔处级干部15人，其中提任正处级干部3人，副处级干部12人；机关岗位6人，基层岗位9人；45岁以下中青年干部12人；调整交流局系统处级干部33人次，安排局属单位科级干部主持工作3人，按规定对2019年提拔的17名处级领导干部进行试用期考核。科级干部：调整机关科级干部7人次；开展第七轮机关和局属单位优秀年轻干部双向挂职工作，选派机关科级干部到基层单位挂职4人，基层单位到局机关挂职8人。职级晋升：机关26名干部完成职级晋升，其中晋升四级调研员及以上职级14人，晋升一级主任科员及以下职级12人。4月23日，印发《关于进一步规范局属单位“三重一大”事项议事决策工作的通知》，制定《局属事业单位党政领导交叉任职暂行规定》，明确在党组织书记和行政主要领导分开任职的单位，党组织书记可根据工作需要兼任行政副职，党员行政主要领导可根据工作需要兼任党组织副书记；党员行政副职领导原则上应进入党委或支委。5月12日，审议通过《中共上海市民政局党组关于贯彻落实全国党政领导班子建设规划纲要和本市实施意见的具体措施》，对局机关处室和局属单位党政领导班子建设指导思想、目标要求、工作措施、工作要求等作出规定。9月，推荐产生30名正处级和89名副处级领导后备干部。 （胡文敏）

【干部教育培训】 2020年，上海市民政局根据疫情防控需要，统筹做好线上线下干部教育培训工作。全年共组织线下调训49人次。其中，市管干部调训5人次；市管干部其他各类专题班3人次；局系统处级干部调训6人次；举办第二期局系统中青年干部培训班，遴选局系统35名优秀中青年干部参训。充分用好线上培训资源，全年组织选调1 052人次参加各类在线教育培训。其中，处级以上领导干部线上轮训157人次；组织机关处室领导干部88人次、区民政局领导干部70人次参与2020年全国民政局长线上培训；双休日辅导讲座10期87人次;干部在线学习城367人次;"学习弘扬伟大抗疫精神,决胜全面建成小康社会"线上培训283人次。举办局属单位党政负责人培训班、局系统组织人事干部培训班。统筹推进局系统各类培训项目,局机关共审核立项培训项目60项,全年实际完成50项(其中,立项项目47项,非立项项目2项,对口支援培训项目1项),开展培训94期,共10367人次。

(孙丽婷)

【年度绩效考核】 上海市民政局完成局党政领导班子年度绩效考核和领导干部2020年度考核,班子考核结果为优秀。完成局机关处室和公务员个人年度绩效考核。基层政权和社区建设处、殡葬管理处、养老服务处、办公室、新闻宣传处(研究室)、基金会管理处等6个处室被评为2020年度先进处室。结合市民政局在2020年疫情防控工作中的作用及表现,市绩效考核办适当提高市民政局年度公务员考核优秀等次比例。87名个人(机关57人、总队10人、救助站20人)被评为优秀等次个人,其中82人获嘉奖,5人记三等功(沈晓菁、曾仕林、李理、朱健君、都寅)。根据《上海市民政局关于局属单位领导班子年度绩效考核实施办法》,推进落实20家局直管单位(行政执法机构1家、参公单位1家、事业单位16家、企业2家)年度绩效考核工作和局直管单位领导人员年收入考核分配工作。2020年度局直管单位绩效考核中:市殡葬服务中心、市救助管理站、市福利彩票发行中心、市民政传媒中心4家为优秀单位,15名单位领导人为优秀个人。

(胡文敏 邱 辰)

【人员招录和人事管理】 2020年,上海市民政局严格落实公务员招考和军转安置政策,规范有序做好公务员招录和军转干部接收安置工作,全年共录用公务员和参照《公务员法》管理工作人员20人(局机关录用11人,局属参公事业单位9人),接收安置军转干部2人(安排在局属参公事业单位)。2020年,加大选调生招考力度,共招录选调生5名。完成2019年度11名试用期公务员和参照《公务员法》管理工作人员的试用期满考核定级工作。落实信访锻炼制度,完成5批次9名新进公务员信访锻炼。落实新进公务员轮转制度,完成20名新录用公务员的轮转锻炼。全年局属事业单位招聘事业单位工作人员105名。落实《公务员法》等法律法规,按规定落实公务员职级晋升、奖惩、辞职、退休、交流等工作。

(温连杰)

【事业机构编制资源统筹】 根据沪委编委〔2020〕54号文件和市委编办事业编制统筹工作要求,研究拟订《市民政局机构编制资源统筹方案》,经市委编委《关于同意上海市民政局所属事业单位机构编制资源统筹方案的批复》(沪委编委〔2020〕210号)同意,市民政局所属事业单位由31家(含筹建中的市第五社会福利院)调整为28家。其中:新建单位1家,市社会组织服务中心;6家相关单位整合为3家单位,市居民经济状况核对中心、市社会救助事务中心整合为市居民经济状况核对中心(市社会救助事务中心),市民政干部学校(市社会工作培训中心)、市民政局老干部活动室整合为市民政干部学校(市社会工作培训中心、市民政局老干部活动室),市社区服务中心、市婚姻(收养)登记中心整合为市社区服务中心(市民政局行政服务中心、市婚姻和收养登记中心);市儿童福利院、市第一社会福利院机构规格由副处级调整为正处级;市黄山干部疗养院(市黄山老年疗养院)更名为市黄山老年颐养中心;市社会福利中心新增困境儿童保障和留守妇女关爱等职责,增加事业编制12名;撤销上海假肢厂事业单位建制,上海假肢厂原有经营职能和资产均由上海假肢厂有限公司承接。市民政局所属事业单位编制数由3741名调整为3051名(2929+122机动数)。社会化用工额度的使用范围由2家(市第三社会福利院、市居民经济状况核对中心)扩展至8家(新增市社区服务中心,市儿童福利院,市第一、二、四社会福利院,市众仁慈善服务中心6家);额度由230名增加至1359名。创新编制管理方式,明确市属福利事业单位的用工配置标准。

(朱 翊)

【人才专项工作】 2020年3月中旬,上海市民政局启动"上海市民政局系统专技人才培养专项调研"。根据任务目标和时间节点,完成局属事业单位2019年岗位设置和聘用情况统计,召开局属事业单位高级专技人员、新进专技人员和技能人才等3场座谈会,走访调研局属福利中心、殡葬中心等13家事业单位专技和技能人员情况,梳理分析专技人才队伍现状和人才使用、人才培养、人才流动、人才激励等方面存在的主要问题,与上海市发展改革研究所合作完成《上海市民政局系统专技人才培养专项调研》报告。选派4名选手参加2020年全国行业职业技能竞赛——第十届全国民政行业职业技能竞赛公墓管理员竞赛,上海参赛队荣获团体一等奖,3名同志获总决赛个人一等奖,1人获总决赛个人二等奖,展现了上海殡葬行业良好的精神风貌和行业风采。加强高技能人才选树培养,第一社会福利院施晴燕获市技能大师工作室资助;市宝兴殡仪馆陈钰获首席技师项目资助。2020年8月,组织高级专业技术人员和技能人才研修班,完成局属4家事业单位岗位设置调整、绩效增资倾斜、社会化用工等工作。

(金丽军)

【"三重一大"制度完善】 2020年,上海市民政局党组依据《中国共产党章程》《中国共产党支部工作条例》

《中国共产党国有企业基层组织工作条例》《中共中央关于深化党和国家机构改革的决定》《中共中央办公厅关于在推进事业单位改革中加强和改进党的建设工作的意见》，结合实际，下发《关于进一步规范局属单位“三重一大”事项议事决策工作的通知》，指导局属各单位对本单位“三重一大”事项议事决策制度进行修订。此次修订明确党组织的职责要求，细化“三重一大”事项的范围和内容，规范“三重一大”事项的议事决策程序。（轧　铸）

【全国民政系统和上海市抗疫先进集体、个人评选】 根据《民政部关于评选全国民政系统抗击新冠肺炎疫情先进集体、先进个人和优秀城乡社区工作者的通知》（民电〔2020〕135 号），上海市民政局开展全国民政系统抗击新冠肺炎疫情先进集体、先进个人评选推荐工作。推荐评选出“全国民政系统抗击新冠肺炎疫情先进集体”7 个：市救助管理站、长宁区民政局、静安区婚姻（收养）登记中心、虹口区民政局、闵行区民政局、嘉定区殡仪馆、青浦区民政局；“全国民政系统抗击新冠肺炎疫情先进个人”7 名：崔巍峥、淳钰、任正国、俞峰、贾梦宇、陆欣慰、宋杰。市民政局基层政权和社区建设处荣获上海市抗击新冠肺炎疫情先进集体；市民政局基金会管理处马国平荣获上海市抗击新冠肺炎疫情先进个人。（朱　翊　邱　辰）

【志愿者机场疫情防控】 2020 年，上海市民政局发挥市疫情防控领导小组地区组牵头单位作用，动员局系统党员干部在抗击疫情任务中发挥作用。至 2021 年 3 月底，先后调派 17 批共计 116 名年轻干部担任志愿者，驻守浦东机场，参与一线疫情防控。

【局老干部工作】 至 2020 年年底，上海市民政局系统有离休干部和局机关退休干部共 204 人（其中局系统离休干部 17 人、局机关退休干部 187 人），其中离退休党员 184 人。有离退休干部党支部共 7 个，其中局机关 5 个。2020 年年初印发《上海市民政局 2020 年老干部工作要点》，组织老同志参加线上形势报告会、微党课、支部微信群学习交流，及时传达上级文件精神和倡议活动，线上线下结合开展“四史”教育活动。局机关第一党支部被评为市老干部先进集体和市示范离退休干部党支部。及时分批做好离退休老同志防疫用品发放保障。开展冬送温暖、夏送清凉走访慰问活动。落实离休干部各项生活待遇工作，做好退休干部体检工作。走访慰问纪念抗战胜利 75 周年和新中国成立 71 周年离休老同志。走访慰问抗美援朝出国作战离退休老同志。落实年度民政工作通报会。（朱　翊）

工会工作

【先进典型选树】 2020 年，上海市民政局组织 2015—2019 年度上海市劳动模范（先进工作者）和上海市模范集体以及 2020 年上海工匠的评选工作，2 月 5 日，制定下发《上海市民政局关于开展 2015—2019 年度上海市劳动模范（先进工作者）和上海市模范集体评选工作的通知》，对劳模的评选条件和方法提出具体要求；建立完善“上海工匠”民政人才资料库，重点培养在全国职业技能大赛获得前三名成绩的 29 名职工。12 月，市儿童福利院院长蔡璇璇同志荣获“上海市先进工作者”称号；市救助管理二站寻亲甄别青年突击队荣获“上海市模范集体”称号；市益善殡仪馆化妆师查庆国同志被命名为 2020 年度“上海工匠”。3 月，市儿童福利院教育科、市宝兴殡仪馆礼厅服务“梦天使团队”荣获“上海市巾帼文明岗”称号；9 月，局机关沈晓箐家庭、市第二社会福利院黄爱华家庭荣获 2020 年“海上最美家庭”称号。（丁　烨　张晓明）

【帮困送温暖】 2020 年，上海市民政局筹措 100 万元帮困资助金，修订资助金使用办法；组织基层工会梳理排摸，对 25 家单位的 266 名困难职工和大病职工实施精准帮扶，共发放资助金 86.85 万元。根据上海市民政局党组和上海市总工会要求，全力做好元旦春节送温暖活动。各级工会在元旦春节期间，深入困难劳模、残疾人职工、下岗职工和大病职工家庭，广泛开展走访慰问活动。向全局 133 位 90 岁以上退休干部职工发放每人 500 元春节慰问金。走访慰问基层劳模、下岗残疾人职工和困难职工家庭。（丁　烨　张晓明）

【职工实事项目】 2020 年，上海市民政局继续办好职工实事项目，实施普惠服务，为全局 46 家单位、3 595 名会员出资 33.45 万元参保升级版 B＋专享基本保障，94 人次获得住院和大病补贴 17.23 万元。“五一”劳动节期间，向全局各类劳模发放慰问金，通过市总工会为低收入劳模发放补助金，为困难全国劳模和市劳模发放特殊困难帮扶金，组织局劳模参加市总工会安排的疗休养活动和健康体检；奖励 6 名提出的合理化建议和先进操作法的员工；做好职工住院、退休职工住院、女职工特种重病等保障工作。上海市民政局工会和局女职工委员会以“众志成城·巾帼担当”为主题，开展纪念“三八”国际劳动妇女节系列活动。制定上海市民政局领导高温走访基层单位慰问方案，陪同走访慰问 10 家基层单位，向基层一线职工发放 30 万元慰问金。11 月，上海市第二精神卫生中心职工书屋获评全国总工会“职工书屋”。（丁　烨　张晓明）

【群众性劳动竞赛】 2020年，上海市民政局组织基层工会以"当好发展主力军、建功民政十三五"为主题，开展形式多样的劳动和技能竞赛活动。上海市社会福利中心工会组织开展"强技能、促创新、聚合力、建新功"竞赛活动，表彰25名"优胜个人"、15个"优胜班组"和21名"技术能手"。上海市殡葬服务中心工会组织开展"提升服务质量、提升公众对殡葬服务满意度"清明劳动竞赛，组织职工参加"2020年上海市民政行业（公墓管理员）职业技能竞赛"，荣获一等奖1名、二等奖1名、三等奖5名。深入开展"安康杯"竞赛活动。贯彻落实《关于组织开展2020—2021年度"安康杯"竞赛活动的通知》，组织局属26家基层单位的265个班组、3 793名职工参加市级"安康杯"竞赛。各基层单位围绕"强意识、查隐患、促发展、保安康"竞赛主题，结合疫情防控实际，开展加强安全宣传、安全教育培训、签订职工安全责任书、"安全建设大讨论"、征集安全合理化建议、加强安全隐患排查等竞赛活动。

（丁　烨　张晓明）

【职工群众助力防疫】 2020年2月26日，上海市民政局发出《上海市民政局工会致全局广大职工持续坚决打赢疫情防控阻击战的倡议书》，组织局属各级工会积极配合党政参与疫情防控工作。及时调整年度经费预算，编列防控专项资金，上、下半年两次为全局6 000余名职工每人发放100余只医用口罩；为上海市民政局系统参与机场一线防控的88名志愿者发放慰问品。同时，运用《劳动报》等媒体，宣传上海市民政局基层广大职工抗击疫情的先进事迹，共发表13篇报道，扩大民政职工战疫影响力。（丁　烨　张晓明）

共青团工作

【局系统团员青年参与抗疫】 2020年1月29日，上海市民政局团委向全体团员青年发出倡议书。上海市民政局担任地区工作组组长单位后，主动配合地区组要求，参与短信编写工作，提醒市民减少出门，网上办事；根据地区工作组要求，发动各级团组织查找搜寻社区管控不规范的小区，9天内共收集信息557条，为疫情期间有效加强社区管理提供帮助。上海市民政局系统各级团组织积极响应号召，团员青年自发向慈善基金会捐款累计34 913元。（张奕婷）

【"学'四史'　走上海　担使命"系列主题活动】 2020年7月，上海市民政局团委组织开展"学'四史'　走上海　担使命"系列主题活动。全局31家共青团组织、青年联络点共242名团员青年参与，对应全市16个区分为16个小组，学习上海各区的历史资料，制定走访方案，以"行走＋学习"的方式，重温革命岁月，体验中国共产党的历史进程和历史成就，共睹上海改革开放的成就。8月31日下午，局团委召开"学'四史'，走上海，担使命"上海民政青年"四史"学习微团课分享会，局系统团员青年近100人参加会议。会上，青年团队代表分享行走中的微团课，讲述老上海人救助犹太难民的历史，回顾华漕人民抗日的英勇事迹，分享上海电信发展背后科技兴国、科技强国的战略，学习了解民政干部在松江区兴达村驻村指导乡村脱贫工作的情况。

（张奕婷）

【第一届"奋斗杯"、第二届"中华诵读"活动】 2020年，上海市团市委联合10家部门共同举办"奋斗杯"上海市青年技能大赛。市局团委组织5家单位共6名选调青年组成公益调研队，以观察员志愿者的身份全程参与和观察第十届上海市"公益伙伴月"活动，形成《上海打造"公益之城"过程中的品牌建设成效——基于第十届上海"公益伙伴月"的调研》的微调研报告，并于12月在机关单位赛区"上海市青年微调研大赛"的决赛中荣获一等奖。8月，局团委参加上海市语言文字工作委员会、上海市教育委员会举办的第二届中华经典诵写讲大赛（上海赛区）比赛，市民政局获得第二届中华经典诵写讲大赛（上海赛区）优秀组织奖；市儿童福利院、市殡葬服务中心分别获得"诵读中国"经典诵读大赛团体二等奖、三等奖；市民政第二精神卫生中心周莉莉获得大赛个人三等奖。（张奕婷）

文明行业创建

【年度文明创建工作会议】 2020年9月25日，上海市民政局召开2020年上海市民政系统创建文明行业工作会议暨第三届中国国际进口博览会民政系统窗口服务保障工作动员会。总结回顾2020年全市民政系统文明行业创建工作取得的成效，提出要按照全市疫情防控和文明创建工作的统一部署，努力争创市文明行业"九连冠"；表彰民政系统近一年来上海市志愿服务先进集体、上海市优秀志愿者、上海市志愿服务优秀组织者、上海市社会主义精神文明好人好事、上海市文明家庭等奖项获得者，以及民政系统第三届"优秀文化品牌"、2020年度"双十佳好人好事"等。（王　佳）

【第三届优秀文化品牌选树】 2020年3月，上海市民政局下发《上海市民政局关于组织开展全市民政系统第三届"优秀文化品牌"评选的通知》，共有11个区、1个局机关、27家局属单位申报44个文化品牌。6月上旬，邀请专家初评确定25个品牌入围。8月21日，举办上海市民政系统第三届"优秀文化品牌"评审会，评选出10个“优秀文化品牌”、15个“优秀文化品牌入围奖”。同时，利用新媒体，加强品牌的交流、推广和成果展示，扩大品牌的内外影响和示范效应。（王 佳）

【第五届双十佳“好人好事”选树】 2020年，上海市民政局组织“为身边人点赞 为民政人喝彩”活动。3月至5月，共收到各单位推荐材料136篇，其中，集体材料60篇、个人材料76篇。7月，结合网络投票和专家评选，分别选树具有时代特征、民政特色的十佳“好人好事”集体和十佳“好人好事”个人，并在2020年上海市民政系统创建文明行业工作会议给予表彰。

（王 佳）

【第三届进博会全市行业文明指数测评】 2020年7月，上海市民政局制定《民政系统第三届中国国际进口博览会窗口服务保障工作方案》。9月，召开专题会统筹安排、协调推进全市民政系统窗口服务保障工作，提升民政行业的社会公众满意度；配合市文明办做好2020年上海市行业文明进步指数测评点位申报工作，共申报全市殡葬单位13个、婚姻登记单位17个、养老机构74个；开展“一行业一亮点”特色服务品牌申报及宣传工作，推动民政各行业树立服务标杆。7月至12月，组织民政窗口行业参加第三届进博会寻找“最美服务窗口”活动，共收到10个区、11个局属单位的28个窗口的申报材料，推荐组织青浦区殡仪馆“孝情驿站”服务组、闵行区婚姻(收养)登记中心婚姻登记窗口、上海市救助管理站“甄・爱”工作室参加全市评选活动。

（王 佳）

【群众性精神文明创建活动】 2020年11月20日，全国精神文明建设表彰大会在北京举行，上海共有80家单位荣获“第六届全国文明单位”称号，市民政局所属上海市儿童福利院、上海市第一社会福利院首次申创为“全国文明单位”，上海市龙华殡仪馆复评为新一届“全国文明单位”。按照《上海市文明单位创建管理规定》和市级机关工委文明办有关通知要求，推荐上海市龙华殡仪馆等19家单位参加2019—2020年度上海市文明单位评选，上海市福利彩票发行中心等8家单位参加2019—2020年度市级机关系统文明单位评选。

（王 佳）

第七篇　市局属单位和局管社会组织

第二十二章　市局属单位

上海市救助管理站

【概况】 2020年，上海市救助管理根据市民政局工作部署，严格落实各项疫情防控工作举措。研究制定疫情防控工作预案，筹措调拨体温检测仪、口罩、防护服、护目镜、消毒用品等防疫物资，协调站内设备使用，加大人员管理力度，落实受助人员寝室、餐厅、走廊、盥洗室、应急专用电梯、救助车辆等场所消毒工作。严格执行外省市返沪人员居家隔离或集中医学观察14天措施，每日统计报告全市救助管理机构疫情防控数据，做好外国籍"沪漂"人员救助处置。在全站人员的共同努力下，上海市救助管理站获得民政部"全国民政系统抗击新冠肺炎疫情先进集体"的荣誉，市救助管理站唐敏之同志获得"上海市抗击新冠肺炎疫情先进个人"和"上海市优秀共产党员"称号。2020年，上海市救助管理站协调开展全市救助管理机构服务质量大提升业务培训，指导检查各区救助管理站业务工作，持续完善市、区两级救助管理机构联动机制。落实第三届进口博览会救助管理安全保障工作，推进与全国各兄弟城市在甄别寻亲和护送接返领域的合作交流。全市共救助各类受助人员7 416人次，市救助管理站救助各类受助人员2 583人次，占全市救助总量的34.83%。市救助管理站为肢体残疾、行动不便、精神障碍、智力障碍等特殊情况人员甄别寻亲699人次，占市站救助总人数的27.06%。甄别成功率达到99.7%，比上年增长0.03个百分点。护送返乡194批359人次，流出地民政部门接回18批62人次，赴外省市接回上海市户籍人员3批5人次；资助车票自行返乡1 790人次；亲属或单位领回120人次，给予食宿救助后自行离站199人次。送各类医院救治535人次，占全市救治人员总数的32.72%。全年安置受助人员2人。接收救助外国籍临时遇困人员19人，救助"三无"刑满释放人员返乡87人。（杜懿骋）

【疫情防控】 疫情期间，上海市救助管理站研究制定《做好新型冠状病毒疫情防控工作预案》，成立上海市救助管理站疫情防控小组，协调推进疫情防控工作。鼓励连值连班，在站内专门设置床铺供连班人员夜间休息。对救助场所分布和救助工作流程进行相应调整：六楼调整为留观结束后受助人员的救助场所，三楼调整为新进受助人员隔离场所；受理关口前置至站大门口，为来站求助人员发放口罩、洗手测体温并询问基本情况，发现有相关接触史的人员及时进行检查，发现有体温异常、咳嗽等相关症状的人员，及时送医排查。设置应急专用电梯，每天对受理大厅、甄别大厅、受助人员寝室、餐厅、走廊、盥洗室、应急专用电梯等进行两次消毒。全面落实站内人员的预防性主动筛查工作，每两周定期开展全员核酸检测。1月23日至4月30日，全市救助管理机构共为297名湖北籍人员提供站内救助服务，接受湖北籍人员电话咨询1 579人次，为317人次隔离期满人员提供救助服务。（杜懿骋）

【防疫物资调拨】 在疫情防控期间，上海市救助管理站迅速调配一批防疫物资，紧急援助抗疫一线，1月24日，通过中国邮政将医用防护服、3M口罩、一次性手套等11箱防疫物资寄送给武汉市救助管理站，以实际行动驰援武汉。1月26日，向蚌埠市救助管理站寄送一次性床上用品120套。（杜懿骋）

【外国籍"沪漂"人员救助处置】 4月15日，根据疫情防控期间外国籍"沪漂"人员处置工作相关要求，上海市救助站对接市公安局出入境管理部门，签署《关于做好疫情防控期间外国籍"沪漂"人员临时救助工作备忘录》，做好外国籍受助人员在站内的住宿、餐饮、文体活动等服务措施，协助相关部门安排外国籍人员归期，救助包括摩洛哥、加纳、缅甸、菲律宾、越南等外籍人员19人次（男性3人，女性16人，其中两名女性为孕妇）。（杜懿骋）

【"甄·爱"工作室】 上海市救助管理站在站内建设

“甄·爱”工作室，以甄别寻亲的历史发展为脉络，集中展现救助甄别的演进过程。通过运用信息化、可视化的技术手段，展示“甄别寻亲十二法”具体内容，分享经典案例，展示救助管理领域甄别寻亲工作的整体情况，传递救助管理工作人员对救助工作的热爱、对受助人员的关爱、对甄别寻亲的真爱。　（杜懿骋）

【“救助管理标准化”项目通过验收】　8月27日，上海市救助管理站“救助管理标准化”项目通过上海市民政局标准化试点验收专家组的评审验收。由上海市标准化领域的五位专家组成的验收组，听取市站标准化试点建设情况汇报，审阅标准化工作资料，查看救助服务现场，肯定标准化工作的保障措施、体系构建、实施试点的效果，希望持续探索，争取形成一套可复制、可推广的救助管理标准化服务模板。　（杜懿骋）

【《疑难流浪乞讨人员甄别寻亲十二法100例》】　9月起，上海市救助管理站对本市甄别寻亲典型案例进行系统梳理，汇编集成《帮你找到家——疑难流浪乞讨人员甄别寻亲十二法100例》，分15个篇章，用100个案例讲述救助管理工作者和流浪乞讨人员之间的故事，总结救助管理经验，探索甄别寻亲途径，展现“甄别寻亲十二法”在实际工作中的运用成效。　（杜懿骋）

【第三届进口博览会安全保障工作】　9月1日至11月9日，上海市救助管理站主动安排护送接领受助人员68批次122人次，协调外省市救助管理机构送回上海籍受助人员10批次10人次。全市救助各类受助人员805人次，送医住院治疗43人次，在安全检查中及时发现和妥善处置受助人员随身携带刀具1件，通过社工介入、小组活动等方式为有需求的受助人员进行心理疏导22人次。　（杜懿骋）

【长三角城市救助管理机构第三次联席会议】　11月3日，上海市救助管理站应邀参加在浙江省湖州市南太湖山庄举办的长三角部分城市救助管理机构第三次联席会议，围绕“聚焦防疫重点、提升服务质量”介绍上海市落实流浪乞讨人员救助管理服务质量大提升专项行动、提升救助管理规范化和精细化服务水平的各项举措和经验做法。　（杜懿骋）

上海市社会福利中心

【概况】　上海市社会福利中心成立于1999年，是隶属于上海市民政局的社会福利事业单位。代管上海市儿童福利院，上海市第一、第二、第三、第四社会福利院，上海市民政第一、第二、第三精神卫生中心，上海市儿童临时看护中心，上海市黄山老年颐养中心10家市属社会福利机构。2020年，福利中心在新冠疫情常态化防控的情况下，采取有力措施，力保系统内对象职工安全。全年，通过加强人员培训、优化岗位配置等举措加强人才队伍建设，通过举办各类专业技能竞赛、开展科研课题研究和专业学组活动等强化和提升专业能力。中心系统选手参加市养老服务行业技能竞赛和首届长三角养老护理职业技能大赛。此外，围绕“逐梦新时代，绽放劳动美”主题，开展包括手机摄影大赛、“党史、新中国史”知识竞赛、职工书画大赛、社福青年辩论赛和歌咏比赛在内的第五届职工文化节活动，近千名职工参与。2020年全年综合满意率为98.96%，综合床位利用率为92%，专技人员持证率、卫技人员和护理员教育培训率达到100%；全年未发生责任事故，院内压疮发生率为0。　（陈亚鹏　李　洁）

【长三角养老护理职业技能大赛】　11月19—21日，“2020年首届长三角养老护理职业技能大赛”在上海科技馆举行。大赛面向长三角近8 000家养老机构的15万名养老护理员，预选80名参赛选手进入半决赛，12名选手进入总决赛。大赛主要考察参赛选手的理论知识和操作技能、沟通技巧、人文关怀、心理变化、护理知识及3项技能操作的表现。上海市第一社会福利院赵琼琼获大赛一等奖，上海市第四社会福利院马莉、上海市第二社会福利院徐长花获三等奖。　（沈佳怡）

【社会工作创新品牌策划专业技能大赛】　8月13日，上海市社会福利中心开展2020年度社会工作创新品牌策划专业技能大赛，共有10家市属社会福利机构的16支项目团队参赛。比赛采用现场竞赛的方式进行，参赛团队就项目的需求分析、目标、创新性、专业性、评估方案等内容进行阐述。专家评委从策划的专业性、策划的创新性、社工专业素养等方面对参赛项目综合打分。上海市儿童福利院的“助航新路　筑梦未来——成年孤儿社会安置”项目获得一等奖；上海市民政第三精神卫生中心的“解忧烟纸店——住院患者社会功能康复服务”项目、上海市第一社会福利院的“游戏文化角　乐趣多一角——住养老人正性情感增强”项目获得二等奖；上海市第三社会福利院的“Hello，老小孩——社会工作介入社区认知症老人的探索”项目、上海市儿童福利院的“童创童艺——孤弃儿童创新公益工作室”项目以及上海市第四社会福利院的“四时境好——以传统文化精魄助力现代机构养老生活”项目获得三等奖。　（张佳颖）

【护理“金点子”创意设计大赛】　6月9日，上海市社会福利中心开展2020年护理“金点子”创意设计大赛。上海市儿童福利院“‘袋鼠妈妈’怀抱儿童辅助用具”获一等奖，上海市民政第三精神卫生中心“万能的手”、上海市第一社会福利院“爱心防护送诊椅”获二等奖，上海市第三社会福利院“多功能护理床单”、上海市第四社会福利院“安馨智护带”、上海市民政第一精神卫生中心“菠萝TODO小助手”获三等奖。这次大赛旨在发挥护理团队力量、创新思维、改进工作方法、优化护理流程、提高护理质量，共同努力将适宜的“金点子”应用于工作实践。（庄霁雯）

【市郊结对共建】 2020年的结对共建工作主要内容有：评估受援单位需求，了解对方实际工作、工作需求及薄弱之处，量身定制结对共建方案；帮助受援方梳理完善规章制度、工作流程、操作规范；组织受援方专业人员开展行政管理、医疗、护理、安全、膳食等方面的知识和相关技能培训，开展应急预案演练；安排受援方的专业骨干到市级养老机构的相应岗位进行跟班见习，通过岗位带教规范各类操作内容；引入社工专业方法，开展社工小组、个案活动；参与受援单位现场考核检查，指导整改发现的问题。2020年9月，由上海市社会福利中心、上海市养老服务行业协会、上海市第一、第二、第三、第四社会福利院组成的市级领导小组分别前往崇明区八家共建帮扶单位开展郊区薄弱养老机构结对现场指导工作。（沈佳怡）

【市属养老机构调价】 9月，上海市社会福利中心组织市属三家养老机构对“市属养老机构成本调查征求意见稿”进行意见征求，补充调查三家机构住养老人收入与支付情况，对住养老人的收入来源、金额、长护险享受标准及支付入住费用后的余额等进行统计分析，测算拟调整费用后各单位收入增长的情况、非编护理员收入情况。制定《关于细化服务收费标准调整实施方案的工作提示》，指导三家养老机构制定完成服务收费标准调整的实施方案，明确护理费中中度、重度收费标准；明确调价执行、缓冲期时间节点及相应措施；对已入住老人或家属的进行政策宣传解释；帮扶已入住经济困难老人的；落实住养合同收费项目变更签署责任。（陈奇春）

【疫情防控】 2020年，“新冠”肺炎疫情爆发，上海市社会福中心指导系统内各单位严格落实防控措施。建立系统各单位信息联络网，做好疫情防控期间工作信息传达，下发并严格落实有关养老服务、儿童福利、精神卫生中心等单位的疫情防控工作规范，指导各单位做好封闭式管理期间的各项工作以及常态化疫情防控期间的出入院、家属探视等工作。协调解决医疗防护物资短缺的问题，通过向上级部门申请、社会捐赠和向爱心企业采购等渠道，为系统各单位落实口罩、酒精、各类消毒洗手液、测温枪、防护服、一次性医用手套等。督促系统各单位建立应急物资储备及轮替机制、疫情防控操作细则；实施“零报告”制，2020年1月22日至4月30日期间，及时掌握各单位每日报告机构内服务对象和工作人员的发热情况，并进行指导处理。志愿参加浦东机场防疫工作。（李　洁）

上海市儿童福利院

【概况】 上海市儿童福利院的主要职能是承担上海市范围内0—18周岁被父母遗弃，经公安部门查找后，确认为弃婴、弃儿，经法院判决由民政部门担任监护人的困境儿童的收容和养育。2020年，市儿童福利院坚守孤弃儿童安全保障的兜底职责，抗击新冠肺炎疫情，保障孤弃儿童的生命安全；组织职工提供小留学生归国陪护服务和浦东机场志愿服务。获得全国文明单位荣誉称号。发起成立旨在“关爱儿童健康成长、推进上海儿童福利事业发展”的上海市儿童福利基金会。编写出版上海民政专家系列丛书之《儿童福利机构发展指南》，展示儿童福利机构和特殊儿童服务的关键元素。形成院标准化质量管理体系，通过市民政局标准化示范试点项目验收，入围上海市标准化试点项目，制定、发布并实施团体标准T/CSCA 120042-2021《孤弃儿童保障服务规范》，填补儿童福利行业的团体标准空白。（胡倩影）

【归国小留学生陪护】 4月，根据疫情防控新形势的需要，上海市儿童福利院承担本市小留学生回国隔离陪护工作任务。在接到任务后制定陪护方案和社工服务制度，完成人员招募及培训，奔赴隔离点。先后共有5批职工共54人投入到此项工作中，为350余名小留学生提供临时监护和关爱照料服务。（胡倩影）

【全国文明单位创建】 2020年，上海市儿童福利院成功创建全国文明单位。秉持“一切为了孩子，为了孩子的一切”，在履行单位职能上，筑起“儿福小家”的温暖和呵护；在行业引领上，开拓创新带动“行业之家”的发展方向；在强化党建上，全员参与树立“时代新家”的文明之风；在践行社会责任上，扛起“社会大家”的责任和担当。以“普育为本、春晖为怀、匠心童行、筑梦未来”的精神为引领，以先进的理念、精细的服务走在全国前列，在养、治、康、教、社、置等方面为国内同行提供上海经验。（胡倩影）

【上海市儿童福利基金会成立】 5月28日，由上海市儿童福利院发起的上海市儿童福利基金会在沪成立，基金会位于普育西路105号的公益新天地，是以“关爱儿童健康成长、推进上海儿童福利事业发展”为宗旨的社会组织。基金会积极资助有关孤残儿童、困境儿童、农村留守儿童等特殊困难儿童的公益关爱项目，资助针对相关儿童的救助养育、康复治疗、安全保护、社会参与、权益维护等的公益福利项目。当日，首个公益项目“爱伴童行”正式启动，该项目为全市因监护缺失或监护不当而陷入困境儿童提供社工结对关爱帮扶。

（胡倩影）

【《儿童福利机构发展指南》】 是上海民政专家系列丛书之一，介绍上海儿童福利机构的基本组织构架和配置标准，涵盖特殊儿童的养育、医疗、康复、教育、社会工作等服务标准，以及上海市儿童福利院围绕特殊儿童需求开展的各项工作的服务心得。以“工作标准示范＋实务经验＋案例分享”为展现模式，力求让儿童福利机构的管理者掌握机构设置和管理的关键要素，提供一线实务的工作标准和操作要领，从宏观、微观相结合的视角展示儿童福利机构和特殊儿童服务的关键元素。（胡倩影）

【《孤弃儿童保障服务规范》团体标准】 上海市儿童福利院争创“上海品牌”，制定发布实施团体标准 T/CSCA 120042-2021《孤弃儿童保障服务规范》。标准编制围绕孤弃儿童保障服务全流程，贯穿机构管理到孤弃儿童保障服务的全过程。标准主要内容有：根据 MZ 010-2013 和建标 145-2010 搭建的体验家庭式生活环境及全成长阶段社会融合的软硬件基本要求；儿童入院后养治康教社置的服务要求；运用智能化、信息化的管理手段与儿福管理经验相结合进行现代科学管理；提供自评、互评式的服务及管理评价准则等内容。该标准填补了儿童福利行业的团体标准空白。（胡倩影）

【上海市儿童友好社区标识征集活动】 5 月 25 日，上海市儿童友好社区标识征集结果公布及揭牌仪式在上海市儿童福利院举行。市妇儿工委、市妇联、团市委、市民政局儿童福利处以及市儿童基金会领导为获奖儿童送去“云”端祝贺。儿童友好社区的构建将为儿童成长创造友好的社会环境，使儿童在社会生活中真正有获得感、幸福感和安全感。（胡倩影）

上海市第一社会福利院

【概况】 上海市第一社会福利院主要负责收养和安置全市无依无靠的离、退休孤老及部分自费寄养老人。2020 年，上海市第一社会福利院坚持疫情防控与养老服务“两手抓”，启动院内感染管理工作程序，逐步建立突发公共卫生事件应急管理标准，严格落实疫情常态化防控，确保机构“零感染”；征召志愿者赶赴浦东机场、静安隔离点，为归国老年华侨提供专业服务。持续改进院标准体系，通过上海市标准化试点项目验收。参与 2020 全国“服务认证体验周”上海站活动，通过“上海品牌”复审。通过国家节约型公共机构示范单位遴选验收，建立上海市技能大师工作室。单手指腕臂力锻炼器和轮椅脚部安全保护套两项发明，获得国家实用新型专利认证；编写出版《大城小爱——养老机构创新指南》。与崇明两家薄弱养老机构结对共建。完成南楼业务科室整体搬迁、第二批住养老人入住北楼新居室，启动南楼修缮工程。至 2020 年年底，上海市第一社会福利院住养老人平均年龄为 90.78 岁，按照护理等级划分重度照护占比 59.9%、中度照护占比 40.1%。全年综合满意率为 99.68%；意外事件发生率为 2.1%；院内Ⅰ°、Ⅱ°、Ⅲ°压疮发生率连续六年均为 0；医嘱、处方、病程、就医记录卡记录规范率为 100%；排发药差错发生率、报损率均为 0。借助上海市技能大师工作室平台，全年院内培训 1 001 人次；为崇明两家薄弱养老机构送教上门 34 人次，组织骨干来院实习 11 人次，辐射受益 402 人次。接待内宾 11 批，共计 267 人次。（陈婷婷）

【全国节约型公共机构示范单位】 2020 年，上海市第一社会福利院完善水管网计量体系、开展水平衡测试、推广环保高效锅炉、应用能源管理系统，持续提升能源利用和节能管理水平。9 月 23 日，市第一社会福利院作为上海市节水型单位参加 2019—2020 国家节约型公共机构示范单位创建暨能效领跑者遴选验收会，在能源资源利用效率、管理制度与实施、节约用水、绿色消费四个方面获得满分，顺利通过评审验收，成功创建全国节约型公共机构示范单位。（陈婷婷）

【2020 全国“服务认证体验周”上海站】 9 月 25 日，上海市第一社会福利院作为 2020 全国“服务认证体验周”上海站的线下体验点，面向社会传递养老服务理念、服务模式和机构文化，全方位展现上海养老的风貌。启动仪式上，市第一社会福利院分享实施服务认证、服务水平提升的经验。市人大代表、市政协委员、政风行风监督员、央视及上海市媒体记者等现场体验养老服务，深入了解全国首创的小单元家庭式照护模式。

（陈婷婷）

【归国老年华侨照护服务】 5 月 2 日，上海市第一社会福利院征召 8 名养老护理员，赶赴静安区智选隔离点为归国老年华侨提供二级防护隔离照护。归国华侨年龄分布在 55 岁至 85 岁之间，其中 65 岁至 75 岁居多，占比在 60%以上。护理团队在最短时间与老年华侨建立有效沟通，以零感染、零投诉完成首次接触与协助登记、评估筛查与信息登记、每日电话沟通与情绪安抚、

防疫宣教、疾病紧急处置、内勤服务等各项工作。（陈婷婷）

【小单元家庭式照护服务标准化试点】 2020年1月至3月，上海市第一社会福利院新增《呼吸道传染病应急预案》《消毒隔离管理要求》和《呼吸道传染病流行期医学观察管理要求》等12个标准，修订《机构安全管理要求》《行政值班管理规定》等21个标准，废止标准1个，持续完善标准体系，确保标准的时效性、精准性。上海市第一社会福利院标准体系共有标准228个，其中国家标准36个、行业标准7个、地方标准8个、团体标准1个、本院标准176个，覆盖养老服务各个环节。9月10日，通过上海市市场监督管理局市级标准化试点项目验收。（陈婷婷）

【上海市技能大师工作室】 7月，由“大国工匠”和“上海工匠”组成的专家组对上海市第一社会福利院进行实地考察。市第一社会福利院技师创新工作室在培养养老服务人才、提升养老照护技能、护理用具创新专利等方面取得成效，得到专家组的肯定。11月，以施晴燕同志为带头人的技师创新工作室成功升级为上海市技能大师工作室。（陈婷婷）

【“乐动人生”服务品牌】 上海市第一社会福利院运用治疗和社会工作专业方法相结合的方式，从长者喜爱的歌曲入手，积极探索音乐治疗方法，自2014年起，逐步培育“乐动人生”服务品牌，在追随音乐足迹的同时，聆听长者记忆深处的故事，编写《乐动人生》故事集，以满足长者的自我实现需求，提升长者的生命尊严、生活自信。该品牌获得上海市民政系统第三届优秀文化品牌入围奖。（陈婷婷）

【南楼修缮项目工程启动】 12月28日，上海市第一社会福利院举办南楼修缮项目开工启动会。建设单位、设计单位、施工单位、施工监理单位、财务监理单位齐聚，共同明确将紧抓住质量与安全两个关键点，以惠及更多老年人、扩大高品质养老示范辐射圈为目标，坚持统一风格与优化功能布局并举、施工安全与防疫安全并重、文明施工与有序推进并行、严格把控资金使用与施工节奏，再建精致精细海派养老标杆。施工单位上海明唐消防工程设备有限公司于12月30日开工。（陈婷婷）

【《大城小爱——养老机构创新指南》】 2020年，上海市第一社会福利院编写《大城小爱——养老机构创新指南》一书，全书以在超大型城市“大城养老”中体现中心城区“小而美、小而精”的养老机构创新智慧为基础，以50个暖心服务故事、50个适老服务细节，勾勒出一福为老服务全景，从养老机构设施建设、品牌文化、人文关怀、特色创新等九个章节，以实践案例再现市第一社会福利院五十六年来积累的经验做法，以线上线下相结合的形式从多维度展示上海养老创新活力，力争带动更多养老机构迈向更高质量发展。（陈婷婷）

【养老技能云课堂】 2020年，上海市第一社会福利院开设养老技能云课堂，以线上直播教学的方式，巩固提升一线养老护理人员的理论知识和业务本领，并运用于崇明薄弱养老机构帮扶带教中，共享防疫经验，同步学政策、练技能；通过自媒体平台，以微视频讲述温情故事，传播孝善文化，普及养老护理知识，点击量突破3 000次。养老技能云课堂减少人员聚集，提升服务质量，惠及更多长者，在第四届“创想一福”养老服务创意大赛中获得二等奖。（陈婷婷）

上海市第二社会福利院

【概况】 上海市第二社会福利院主要职责为承担市儿童福利院年满18周岁的成年孤残人员的看护、照料工作。2020年，市第二社会福利院将常态化疫情防控工作纳入全年安全工作重要内容，积极参与属地化疫情防控工作。以“制度建设执行年”为契机，通过制度的全面化梳理和完善，实现制度的落实，推动单位管理服务精细化、规范化、科学化。以“孤残人员融入社会”为康复特色，打造全新康复平台——花艺苑，发展自主康复、自主管理、自主融合的新型低度社会融合。有序落实到龄服务对象的转入、转出院工作，解决1名HIV携带者服务对象的安置难点工作。配合筹建上海市第五社会福利院工程建设。至2020年年底，院内共收养676名服务对象，院内床位利用率为102.42%，寄养机构寄养440人（上海海科福利院137人，上海蘭馨福利院150人，上海中馨福利院153人），家庭寄养16人，农疗基地13人。为服务对象送各类医院救治112人次，其中寄养儿童75人次，成年孤残19人次，有家寄养18人次。（张　莹）

【疫情防控】 新冠肺炎疫情爆发以来，上海市第二社会福利院严格进出院管理，严格执行外来人员、工作人员出入管理规定，认真履行体温监测工作。制定并执行家属预约探视制，疫情期间共接待家属预约来访303人次。保证服务对象居室定时开窗通风，坚持每天对扶手、居室、办公区域、电梯等重点场所消毒；青年团员自发成立“VC青年突击队”（V代表Victory，即战胜疫情的胜利决心；C代表Care，即青年护士的照料工作），做好隔离班组成立期间35名服务对象的隔离观察、照料护理，实现“零感染”。同时，调整院内服务对象的活动时间和方式；对社会融合服务对象做好疫情防控的宣教工作。组织多人次参与回国小留学生看护服务及机场志愿者服务，参与上海 G40 崇启大桥道口入城方向车辆人员体温检测和信息登记工作。（张　莹）

【制度建设执行年】　2020 年，是上海市第二社会福利院的制度建设执行年。目标是形成以制度规范行为、按制度办事、靠制度管人的长效机制，实现院科学化、精细化、规范化的管理标准。根据年初《实施方案》，按照动员部署、制度梳理、建章立制、执行检查四阶段具体落实制度建设。在梳理现有制度的基础上，根据市第二社会福利院开设中心发药室的新型工作态势，创新 30 项《发药室护士工作制度》等新制度，对《信息与网络安全管理制度》《护理工作管理制度》等 27 项制度进行修订，将总计 196 项工作制度汇编成册，发放至个人，形成工作参考。同步调整院部考核模式，成立医护组、综合组、护理组和社服组，由班子成员担任考核组长，全年通过院部考核共发现 85 项整改内容，均已落实整改。通过行政、安全大查房，聚焦现实性工作难点问题，现场协调工作 111 项，整改问题 12 件。2020 年，以制度执行换取效率提升的做法，收获服务对象和家属的点赞好评。全年共收到家属赠送的锦旗 20 面，表扬信 4 封，服务对象满意率测评为 98.6%，较之往年，均呈现不同程度的增长。（张　莹）

【孤残人员社会融合】　8 月，上海市第二社会福利院"花艺苑"正式投入使用。花艺苑的开设宗旨是为有独立需求、渴望自主的服务对象开辟出集休闲、学习、娱乐、生态养心为一体的活动场地。花艺苑内配备一名专业社工，负责日常管理协调工作。花艺苑内开辟烘焙区、茶饮室、棋社、种植区等活动场所，设立自主岗位，服务对象按兴趣报名，轮岗上任，院方请专业老师对服务对象进行岗位职责教导。向班组内其他服务对象提供咖啡券、蛋糕券，进行消费并点评，形成竞争态势，模拟社会外界下个体独立经营下可能出现的状况，让服务对象感受到社会发展的情状。至 2020 年年底，花艺苑共举办了 1 次下棋比赛、2 次烘焙交流活动、5 次读书分享会。12 月，完成《社会融合评估制度下离院独立生活成年孤残人员的生活状况研究》课题研究，探索孤残人员社会融合项目科学化发展之路。

（张　莹）

【特殊人群出入院安置】　2020 年，总计完成 50 名足龄儿童的转入院、档案交接工作，以及 4 名到龄老人的转出院工作。5 月，一名 HIV 携带者的转入院成为此次安置工作的难点。市第二社会福利院邀请崇明区疾控中心老师为全院职工开展《艾滋病职业暴露与防护》健康知识培训，普及传染病医疗卫生知识，提高职工对医疗风险的防范、处置能力。此外，调整班组生活区域，为该名服务对象单独开辟一间独立居室，邀请专业社工介入班组内其他服务对象，谈心谈话，解决合理诉求，成功安置该名服务对象。（张　莹）

【参与筹建五福院】　上海市第五社会福利院新建工程是上海市民政局"十三五"时期的重大民生项目，兼具孤残儿童和成年孤残人员的养护功能。市第五社会福利院选址在崇明区东平镇，毗邻市第二社会福利院。自项目启动以来，市第二社会福利院抽调 3 名科室人员，加入市第五社会福利院筹备工作组，参与工程专题会，多次前往东平镇协调推进工程建设工作，至 2020 年年底，完成项建书批复、施工各项招标代理、施工许可证办理、开工典礼等关键节点工作，努力将市第五社会福利院打造成上海儿童福利事业民生保障领域的又一服务窗口。（张　莹）

上海市第三社会福利院

【概况】　上海市第三社会福利院主要职责为社会上"无家可归、无依无靠、无生活来源"的孤、老、残等人员和失智失能老人的托养工作。2020 年，在做好疫情防控的基础上，市第三社会福利院突出重点、攻克难点、打造亮点，精准有序推动各项工作的开展。推进品牌创建，打造标准化建设，顺利通过"安心养老"服务评价。推动长三角养老服务一体化发展。启动"智汇养老"一期项目，利用科技手段简便老人点餐、设备报修。至年底，共收治失智失能老人 71 人。全年服务满意率为 96.96%，荣获集体荣誉 13 项；个人荣誉 19 项。开展各类培训 239 次，参与 8 672 人次；完成局级课题《养老机构失能老人康复护理管理模式的建立与应用》及论文《上海市养老机构护理人员手卫生的现况与分析》《Ⅱ型糖尿病伴焦虑抑郁老年患者饮食控制的影响因素及护理》《消毒供应室如何做好优质护理服务的有效性分析》等的发表。（葛瑾瑾）

【疫情防控】　新冠肺炎疫情期间，上海市第三社会福利院坚持"外控源头防输入、内断传播防蔓延"，制定《三福院疫情防控操作细则》《新冠病毒感染应急处置预案》《疫情期间老人外院就诊回院隔离观察工作方案》《新收老人隔离观察制度》等措施；启动"四个暂停"，暂停收治老人、暂停请假外出、暂停家属探望、暂停聚集性活动；落实"三个做好"，做好"两返人员"管理、做好高危人员管理、做好疑似病例管控；执行"三个加强"，加强防控知识培训、加强消毒措施监管、加强就餐管理。设立疫情防控"暖心快递员"服务岗，家属带入的物品消毒后由"暖心快递员"送入各照料中心。启动“爱的连线”服务项目，通过电话、视频等方式帮助老人连线家属，共计 7 200 余次。积极投身机场防疫志愿服务，医务人员利用专业优势，编写和录制了防护人员《十问十答》宣传手册和视频短片；3 批 19 名护理人员为 106 名入境隔离老年人提供疫情防控和照料服务，并制作发放《隔离期老年人防跌倒口诀》《自我防护十知道》《“温暖回家路”心理健康指导手册》等防疫宣传资料。荣获“上海市抗击新冠肺炎疫情先进集体”称号。（葛瑾瑾）

【长三角一体化友好共建】 6 月，上海市第三社会福利院通过跨界融合，以创新为驱动，以互助为抓手，与苏州相城区社会福利事业发展中心开展合作共建活动。通过建立双向交流长效机制，采取规范管理、人员交流、技术提升、护理指导、人才培训等方式，形成优势互补、资源共享，快速提升双方管理能力和人员技能水平，进一步推动长三角养老服务一体化发展。（葛瑾瑾）

【“美好老龄服务质量评价”项目】 7 月，上海市第三社会福利院申请并通过全国首批“美好老龄服务质量评价”项目。专家组从环境的安全性、舒适性、友好性和生态性对市第三社会福利院进行全面检查；从生活照护、临床护理等方面进行基础服务能力评价；从康复保健、医疗管理、临终照护等方面进行特色服务能力评价。推动市第三社会福利院的养老服务综合水平，提高服务对象的满意度。（葛瑾瑾）

【“七彩耄耋”服务品牌】 2020 年，上海市第三社会福利院推出《七彩耄耋——老人生活日志》个性化档案册，册内包括温馨留影、老人基本信息、风险评估和告知书、社工服务活动、康复服务活动、个性照护计划、心声互动七大版块，通过照片展示老人入院前、入院初、入院后的日常生活、活动参与情况，记录老人的院内生活。同时，梳理归纳认知症老人的护理、医疗、社工服务，按评估结果制定个性化认知训练表，做到老人和护理员共同参与，提高认知症老人的活动参与度。（葛瑾瑾）

【院史馆项目】 10 月，上海市第三社会福利院院史馆开馆。院史馆共分 8 个板块，分别为院区介绍、组织文化、党组建设、养老发展、荣誉墙、物件展柜、展望未来、时光轴。通过文字概况、照片展示、旧物展示、模型展示，系统呈现市第三社会福利院从 1979 年至 2020 年的发展脉络。院史馆是市第三社会福利院发展史的一个缩影，记载市第三社会福利院的发展历程，也记载着一代代“三福人”为全市养老事业作出的历史贡献，激励“三福人”在新的历史时期继承发扬光荣传统。（葛瑾瑾）

上海市第四社会福利院

【概况】 至 2020 年年底，上海市第四社会福利院共有床位 320 张，主要收养社会孤老、成年孤残对象和统一需求评估四级及以上的有家寄养高龄老人。2020 年，市第四社会福利院围绕上海市社会福利中心工作及新院开办任务，以建立高效能的管理运营体系、培育高绩效的服务团队、提供高品质的“医养康”服务为目标，在“新冠”疫情的考验下，通过机构养老服务市级标准化试点项目验收，推进养老文化品牌，深化“医养康”养老服务，建立养老护理员职业支持体系。开展公益助残项目，稳步推进各项业务工作。在院住养服务对象 230 人，其中社会孤老 57 人，成年孤残 52 人，自费寄养 121 人（包括街道孤老 16 人），孤老总数 125 人，占全院对象的 54.34%。护理等级中度、重度老人共 221 人，占到全院住养服务对象的 96.09%。全年出院 18 人，中心内部转出 4 人，新入院 12 人。综合服务满意率 98.67%，收到锦旗 30 面，表扬信 5 封。（胡春燕）

【疫情防控】 2020 年，上海市第四社会福利院根据各阶段新冠病毒防控工作的具体要求先后更新疫情防控工作预案 10 版，根据防疫工作实际修改完善《突发公共卫生事件应急预案》《消毒管理规范》，固化疫情期间的经验做法，编制《传染病流行期间养老服务安全管理规范》；疫情封闭管理期间，通过电话及视频等方式与重点老人家属电话联系 962 人次、视频联系 265 人次，通过网络直播的形式开展“回家啦！过节啦”家属开放日活动。创新打造“喜福学堂”线上学习平台，职工可通过电脑端和手机端在平台上实现线上课程和学习分享，形成疫情期间院内学习培训的新生态。依托“共益合作社”力量，开创“互联网＋义工”服务模式。通过网络直播、视频会议等新媒体方式，开展线上陪聊、直播音乐会等主题活动 44 次，线上＋线下义工服务活动 172 次，参与人数 435 人次，受益人数 2 549 人次。（胡春燕）

【“时节润年华”养老文化品牌】 “时节润年华”养老文化品牌针对住养服务对象的精神文化需求，结合二十四节气的文化内涵和民族智慧，提倡“顺时而生”的生活方式，围绕“境、动、神”三个环节，推进养老节气文化建设。打造多层次的节气文化情境，以院内“四廊、双梯、一坊”为轴线，通过主题墙绘、区角布置、色彩搭配等环境设计方法，让住养服务对象在自然元素的变幻中洞察节气变化的过程；组织开展乐无止境的节气文化活动，参照节气传统风俗习惯，策划开展以“巧食”为主题的传统美食小吃品鉴和制作活动5次，以“乐玩”为主题的节气兴趣小组和手工制作活动11次，以“畅游”为主题的中秋游园、春分放纸鸢等活动3次。利用节气工坊、乐活农场等复合空间，吸引职工和对象在时节更迭中茶饮社交、手工农作、图书阅览，为对象创造多层次的文化养老生活，为职工建立与传统文化的联络。该品牌获得2020年度上海市民政系统第三届优秀文化品牌。（胡春燕）

【“幸福家—孤残对象养护支持”公益助残项目】 2020年，上海市第四社会福利院以“建家筑爱”的亲情服务理念，全力打造“幸福家—孤残对象养护支持”公益助残项目，提升院内成年孤残对象自我决定、自我管理和互助的能力。1月28日，项目组召开“幸福家—孤残对象养护支持”公益助残项目启动会，确定项目排期、自治制度合理性、项目涉及人员的分工。4月，正式开始运营，组建幸福家管理团队、建立自治运营制度（家庭银行制度、家庭议事厅制度、幸福家评比表彰制度）。5月至12月，“幸福家—孤残对象养护支持”公益助残项目组织开展“技能研习社”烘焙、非洲鼓、声乐、茶艺等技能再造培训课程58次、“Power加油站”节日主题活动4次、“Family家庭日”小型生日派对10次，直接受益累计达754人次，间接受益4 860人次。（胡春燕）

【“安馨智护带”护理创新辅具】 2020年年初，针对轮椅老人日常使用传统保护带存在的挣脱、滑落、束缚等安全高频风险，上海市第四社会福利院依托“系统＋服务＋老人＋终端”的智慧养老信息化平台，集聚院内业务骨干和院外信息技术领域义工的智慧和力量，改良原传统轮椅保护带，经分析研究、设计制作和临床测试，打造一款集“压力传感、蓝牙传输、智能报警、中药安神”于一体的“安馨智护带”护理创新辅具。该辅具以较易实现数据收和压力报警功能的普通压力传感器作为基础元件，采用蓝牙技术来实现压力传感器所收集数据的输出，实时分析比较得出轮椅老人当前的身体倾斜状况。对于超出压力阈值或分析异常的数据，系统平台通过跨终端的数据互联及同步，将警告信息发送至护理员的手机等终端设备上，实现服务的实时跟踪。该辅具获得上海市“2020年度我为养老护理献一计(技)”活动一等奖。（胡春燕）

【认知症介入——夜间分组提效法】 认知症介入——夜间分组提效法主要应用于“记忆家园”认知症长者照护，将自主入睡和辅助入睡的认知症长者均匀分布至“记忆家园”各房间，调整被动入睡的认知症长者床位，进行集中管理，减少夜间护理人员的无效工作量。通过良好的睡眠照护，协助认知症长者缓解夜间常见的烦躁、焦虑、入睡困难等情绪问题，克服睡眠障碍，形成规律作息，提升夜间护理员的工作有效性，优化人力资源管理，降低潜在安全风险。该方法获得上海市“2020年度我为养老护理献一计(技)”活动优胜奖。（胡春燕）

【机构养老服务标准化试点项目】 7月30日，上海市第四社会福利院“养老服务标准化试点”项目顺利通过专家的评审验收。专家组认为市第四社会福利院标准化工作保障措施有力、体系构建合理、标准实施有力、试点效果显著。4月，在《上海质量》发表论文《养老机构质量管理体系与标准体系文件融合的探索与实践》。10月，出版发行《养老机构质量管理体系与标准体系融合应用指导手册》。（胡春燕）

【“医养康”养老服务】 2月7日，上海市第四社会福利院取得康复医学诊疗科目许可证，开通康复诊疗项目医保结算通道，新增磁振热治疗仪1台、空气波压力循环治疗仪2台、半导体激光治疗仪1台。新开设的康复诊疗和理疗项目均由上海市阳光康复中心专业康复医生开具诊疗医嘱，由院康复治疗师完成康复治疗，全年共计开具康复诊疗933人次，康复治疗780人次，康复理疗123人次，对13人完成阶段性康复治疗，康复有效率达92.3%。7月，新增医学影像、超声诊断和心电图等诊疗科目，对接上海市第八人民医院远程医疗中心，接入远程心电会诊平台系统，为住养服务对象提供远程心电、远程动态血压会诊等技术服务，打造快速便捷的“绿色通道”。（胡春燕）

上海市民政第一精神卫生中心

【概况】 上海市民政第一精神卫生中心主要负责收治全市“三无人员”精神障碍患者、复退优抚精神障碍患者、城乡低收入困难家庭精神障碍患者以及全市各类参保和自费的精神障碍患者，提供治疗、康复和护理等服务。2020年，上海市民政第一精神卫生中心做好疫情防控工作，落实院内感染控制新举措。创新服务项目，开展菜单式订购物品、视频直播网购、视频连线“云会客”等服务，全面实施经颅磁治疗(rTMS)项目，完成医疗废物暂存处改建。建立智慧党建系统，部署智慧公安微卡口系统，完成张力式电子围栏改建等信息项目。至年底，市民政第一精神卫生中心门诊接待患者630人次，比去年同期增长115.7%，其中初诊103人次，复诊527人次；患者入院10人，出院20人，住院患者改良无抽搐电休克治疗124人次，比去年同期增长46.5%，经颅磁刺激治疗679人次，改良森田治疗、团体艺术治疗、团体绘画治疗、音乐治疗、脑反射治

疗、内观治疗等康复治疗累计 72 492 人次，年末住院患者 479 人。　　（吴晓敏）

【疫情防控】 2020 年，上海市民政第一精神卫生中心把新冠肺炎疫情防控工作作为最重要的工作，结合《关于进一步做好市属三家民政精神卫生中心有序恢复服务秩序工作的通知》，保持常态化疫情防控状态，多次修订完善防控方案、应急预案，落实家属探视、外来人员进出、员工入职、患者收治、患者外诊、住院发热病人鉴别诊治以及门诊管理等多项举措，调整食堂就餐方式、住院患者辅助检查、住院患者康复活动等各项流程，确保防控措施取得实效。严格执行院内公共区域和室内消毒措施，扎实做好返沪人员的隔离管控工作。加强新冠肺炎科普知识宣传教育，严格执行疫情防控各类信息上报制度。全院职工新冠疫苗接种工作做到应种尽种，做好新冠肺炎核酸检测工作。及时采购并下发防护物资，保障职工和服务对象的安全。落实联防联控机制，选派志愿者增援虹桥及浦东两大国际机场疫情防控工作。全体党员参与市慈善基金会联合澎湃新闻发起的"抗击新型冠状病毒肺炎疫情专项行动"及爱心捐款，共计人民币 10 718 元，缴纳特殊党费人民币 2 331 元，助力防疫攻坚战。　　（吴晓敏）

【智慧党建平台上线】 上海市民政第一精神卫生中心党支部按照《中共中央关于加强党的政治建设的意见》精神，以"互联网＋"为着力点、创新点，扎扎实实做好党建信息化试点工作，进一步夯实党建基础工作的落细落实。2020 年，在原有 OA 办公系统党建信息平台的基础上，构建全新的由十几个模块组成的智慧党建平台，在电脑端、手机移动端多终端支持，让党建工作随身行。该平台集党内组织建设、党建资讯、组织活动、在线学习等为一体，基本涵盖党建工作的各个方面，同时结合服务型党组织建设、"两学一做"学习教育、"四史"学习教育、疫情防控等工作，实现文件、通知等实现网上传达，会议签到、积分管理、建言献策等办公无纸化，实现了党务工作业务流程化、记录标准化和信息公开化，将党建信息化与党组织建设紧密结合，以"微"平台助推"大"党建，为全体党员搭建了一个"随时随地可参与"的平台，在拉近党员与党组织距离的同时快速增强党员服务能力、学习意识，助推党建工作进一步向信息化、科学化发展，形成党建工作的新亮点。　　（吴晓敏）

【智力和记忆精准评估】 上海市民政第一精神卫生中心门诊部就诊的部分患者存在认知功能障碍，以老年患者更为常见。在临床实际工作中，如缺乏相应的评估工具，临床医生不能对智力和记忆的减退程度作出准确的评估。2020 年，上海市民政第一精神卫生中心引进韦氏成人智力量表（第四版）及韦氏记忆量表（第四版）。韦氏成人智力量表及韦氏记忆量表作为智力及记忆测验的金标准，广泛应用于医学、教育、残疾鉴定、职业评估、能力测定等领域，为科学研究交流提供国际通用的重要工具，第四版为其最新版本。自引入韦氏成人智力及记忆量表以来，临床医师在实际工作时能充分结合患者的韦氏成人智力量表及韦氏记忆量表评定患者情况，对照相应的诊断标准，作出更准确的临床诊断，给予患者更合理的治疗建议。　　（陆如平）

【"六 T"实务管理】 "六 T"实务管理是上海餐饮行业协会推广的餐饮业自身食品安全管理模式，是指"天天处理、天天整合、天天清扫、天天规范、天天检查、天天改进"，采取全员参与的方式，强调环境、氛围营造形成的"熏染"和感召，规范流程、控制要点、不断反复，培养员工良好的工作习惯和团队精神。2020 年，上海市民政第一精神卫生中心开展"六 T"实务管理工作，使主副食品采购源头可溯、食堂操作规范有序、物品摆放有名有家。2020 年 8 月，荣获"绿色餐厅示范单位"称号。　　（吴佳范）

【信息化业务系统升级改造】 2020 年，上海市民政第一精神卫生中心信息化建设快速发展。完成门诊信息系统的升级建设，从原先的人工挂号、收费，手写病历、处方、申请单等传统方式升级为门诊一体化信息管理模式。采用现代化信息技术，优化改造门诊业务流程，提高工作效率，大幅度降低管理、服务成本。升级住院医生站，将病历质控、病案置于首页，把电子病历从文本书写转变为结构化书写，采用先进的控件组设计医疗文书的格式化模板，根据不同科室的要求设计不同的格式化模板。当医疗文书发生变动时，快速配置出新的格式模板，满足医生工作要求。深化病区护理大屏系统建设，抽取护理工作中需要重点关注的内容，如病区信息、重点病人情况、不同病人的特殊饮食情况、床位病人的特殊检查治疗情况、药物过敏情况等。通过大屏的直接展示，帮助护士及时掌握病人情况，提高护理工作效率。　　（朱紫来）

【"云志愿"服务】 2020 年，根据新冠肺炎疫情防控工作要求，院外志愿服务者均不能入院直接接触患者，上海市民政第一精神卫生中心及时更新调整志愿服务项目，采用"云志愿"服务。充分利用无接触的特殊形式为患者服务，如志愿者们认领病区内的"云书屋"，捐献自己的闲置书籍，丰富住院精神障碍患者的精神文化生活，营造良好的书香氛围。此外，志愿者们结合当下流行的视频元素，拍摄志愿"云视频"，制作成精彩有趣的视频短片。在春节、端午、中秋等传统节日来临之际，志愿者们采用"云祝福"的方式，认真录制小节目和祝福语录，用心表达对患者的真诚祝福和诚挚问候。使住院患者感受到来自社会各界的关心与关爱。

（蒋琳娜）

【休养员同行服务队成立】　上海市民政第一精神卫生中心康复创建“休养员同行服务队”，重点围绕丰富病区康复服务，根据各病区的不同需求，积极打造赋有特色的病区绿化角、流动书屋、兴趣社团、病区订购等，赋予更多精神状态良好的住院患者自主管理角色，调动住院患者在日常康复活动中的积极性和主动性，脱离被动、固化的康复模式，以合作、互动的形式全力满足患者们更加多元化的需求和康复空间，提升患者日常康复生活的内在驱动力。通过激励盖章的表彰形式，设立不同的物质和精神奖励等级，促使更多的住院患者积极主动地参与到日常康复活动中，有效提高患者的幸福感、满足感、获得感，更好地帮助住院患者恢复其社会功能。

（蒋琳娜）

上海市民政第二精神卫生中心

【概况】　上海市民政第二精神卫生中心主要收治全市无生活来源、无劳动能力、无法定抚养义务人的严重精神障碍患者、低保家庭、因病致贫家庭中的严重精神障碍患者、市第二社会福利院住院对象中精神发育迟滞伴发精神障碍患者等。2020 年度，新冠肺炎疫情防控期间，线上线下混合式学习模式成为职工教育培训工作开展的新模式和新常态。组织职工参加“云课堂”“云直播”“云竞赛”等活动；开展“携手同心　共筑健康”家属俱乐部线上健康行动，开展“‘疫’起陪伴　点亮心愿”关爱日活动，通过健康宣传、互动交流、心理支持和集体庆生，减缓由于缺乏家庭支持和社会关爱产生的情绪困扰；引进自动包药机、电痉挛治疗仪、心电图机、多功能吸痰器、台式离心机等医学装备，提高医务人员工作效率，拓宽医疗服务救治范围。深化志愿服务，获得上海市志愿服务基地并荣获 2018—2019 年度上海市志愿服务先进集体、“市民修身行动”特色项目、市节水型单位等荣誉称号。

（孙飞红　姚燕佳）

【疫情防控】　面对新冠肺炎疫情，上海市民政第二精神卫生中心成立疫情防控工作领导小组，制定疫情防控工作应急预案，部署疫情防控重点工作，及时全面掌握职工去向和健康状况，停止服务对象假出院、家属会客探视，实行封闭管理，并对全院职工全覆盖进行核酸检测。与此同时，积极做好服务对象的防疫宣教和心理疏导，第一时间与家属沟通解释，开设“远程探视服务项目”，有效解决特殊时期患者与家属“见面难”问题。根据《关于进一步做好市属三家民政精神卫生中心有序恢复服务秩序工作的通知》的要求，召开专题会议，完善工作流程，细化新常态化下疫情防控措施，确保在安全的前提下，按下“重启键”，有序恢复会客探视服务、基本建设项目复工复产等日常工作。此外，根据上海“外防输入”疫情防控形势需要，先后组织 3 名职工参加驻守浦东国际机场疫情防控任务。

（姚燕佳）

【2019—2020 年“上海市民政局标准化试点示范（实验）点”建设】　上海市民政第二精神卫生中心以“上海市民政局标准化试点示范（实验）项目”建设工作为契机，健全组织、建立体系、强化宣贯、持续改进。成立标准化工作领导小组、工作小组及文件编写组，结合实际制定工作实施方案、工作计划，确定标准化工作总体目标、主要任务、阶段目标、总体要求，分解落实达标建设责任，明确标准化工作各环节的具体内容和要求，确定各阶段任务的时间节点和责任部门、责任人，保证服务标准化试点工作顺利有序地推进。梳理和完善 168 项标准化体系，其中国家标准 34 个、行业标准 2 个、地方标准 1 个，本院标准 131 个，覆盖二精中心精神卫生服务的各个环节，覆盖率为 100%。经统计，标准化实施前满意率为 94.1%。标准化实施后满意率为 99.95%，满意率稳步提升。10 月 21 日，以 95.2 分的成绩通过专家组的考核验收。

（孙飞红）

【食品安全 ABC 规范化管理】　上海市民政第二精神卫生中心推进食品安全 ABC 规范化管理工作，分 4 次对基础管理工作（A 部分）、重点环节措施（B 部分）、管理评估改进（C 部分）三方面对食堂各环节量化评估，健全食品安全管理长效机制。10 月 30 日，通过专家组验收。此外，以“全民营养周”为依托，以“合理膳食免疫基石”为主题，通过线上和线下、宣教与体验相结合的形式，先后开展合理膳食搭配比赛、“营养学识大 PK”微信答题、健康营养体验日及营养之星评选等活动。职工和休养员们通过亲身体验“餐厅拼拼乐”“厨房零距离”“营养猜猜猜”和“美食大拼盘”等互动项目，提升了对膳食工作的认同感和获得感。

（赵芩蓉）

【“精神科约束性保护用具改良”项目】　面对精神障碍患者容易突发攻击、兴奋躁动等异常行为，上海市民政第二精神卫生中心鼓励职工发挥自主创新意识，研究精神科约束性保护用具，用于病人突发冲动等行为时的约束保护，保护患者及他人的安全。通过反复试验完善，解决患者不配合、操作不当等造成的约束带松脱、固定部位出现水肿等现象。该用具成品设计方案不容易被患者解开、松脱，方便工作人员操作，缩短护理操作时间，降低约束过程中不规范现象的发生率。整套用具采用全棉舒适温馨的花色面料为主料，遵循节力原则、操作简便，大大降低病人皮肤和臂丛神经的

损伤。获得2019年上海市职工合理化建议优秀成果创新奖。（顾燕萍）

上海市民政第三精神卫生中心

【概况】 上海市民政第三精神卫生中心主要承担接收“民政三无慢性精神病患者”、市救助站送治的“流浪乞讨精神病患者”、市儿童福利院寄养收治的“儿童精神病患者”、市第二社会福利院收养的“成人孤残精神病患者”。2020年，上海市民政第三精神卫生中心统筹推进疫情防控和事业发展，严格贯彻疫情防控要求，积极落实防控措施，持续抓好常态化疫情防控。新开设认知知觉功能矫正训练(CCRT)，进一步拓展民政精神卫生治疗方法。建成阶梯教室，为加强专业技术人才队伍建设和医疗教学研提供硬件保障和技术支持。办公系统升级改造，提高单位内部管理和各部门之间办公自动化效能。拓展精神科门诊项目开设精神压力测试，深入了解门诊患者症状，为诊疗提供更翔实的依据。推动优质护理，开展护理“金点子”征集活动，总结推广临床护理实践经验。加强临床医生培训，拓宽知识面提升薄弱环节，开展业务学习21次，参与学习458人次。对护理人员开展专科技能及三基知识培训，做到每月有学习、每季有考试、人员全覆盖，全年学习2 658人次，理论考试315人次，操作抽考36人次。至年底，门诊总接诊患者1.04万人次，较去年同期增长2.3%，其中初诊633人，专家门诊1 111人次。收治入院患者101人，其中流浪乞讨精神病患者32人。医疗类论文发表8篇，其中在核心期刊发表7篇；护理类论文发表6篇。继续开展研究，民政局级课题结题1项，新申报局级课题1项。（徐　敏）

【疫情防控】 上海市民政第三精神卫生中心加强组织领导，压实防控责任。成立疫情防控领导小组，坚持把防控作为头等大事，不断更新防控措施，严密防范、联防联控、提高认识、快速响应。落实措施，严格实施防控。疫情爆发第一时间召开全院紧急会议，启动一级响应，实行封闭管理，快速落实疫情防控期间院感防控、消毒隔离、人员管控、个人防护、日常监测等防控措施。严防“入口关”，加强门诊防护、预检分诊、人员筛查、消毒隔离等工作。调整门诊处方，减少患者配药频次。严格院区管理，加强应急值守，密切关注本地区疫情发展，动态调整防控措施。扎实物资储备，确保供给保障。全面摸底调查，建立疫情防控物资管控制度，多途径破解物资采购瓶颈，做好物资后勤保障工作。加大宣传力度，严防思想松懈。开展全员培训，加强法律法规及预防知识的宣传普及，提高防范意识能力，严防疫情扩散。迅速及时传达各类要求，做到人员全覆盖。（徐　敏）

【认知知觉功能矫正训练(CCRT)】 上海市民政第三精神卫生中心新开设认知知觉功能矫正训练，在单纯药物治疗和传统康复治疗基础上，引入专业认知矫正训练治疗仪器，编制涵盖认知团体建成、认知与行为训练、巩固疗效等不同阶段的治疗方案，帮助患者改善认知行为功能，控制症状开展治疗。同时配合该治疗项目，开展科研课题研究，探讨团体认知行为治疗对长期住院精神分裂症患者的疗效，积累科研技术经验。（徐　敏）

【阶梯教室建设】 2020年，上海市民政第三精神卫生中心完成电气化阶梯教室建设，在院多功能厅打造专业技术学习空间，配备现代化科教设施设备。在建设过程中，结合疫情期间日益增长的远程教育需求，满足网络教学要求，增强阶梯教室使用，拓展远程教育功能。阶梯教室建成后，可为专业技术人才继续教育的优质开展提供便利和支撑保障。（徐　敏）

【办公系统升级改造】 2020年，上海市民政第三精神卫生中心对办公信息系统进行升级改造。通过技术手段，在确保信息安全的基础上，打通单位内外网，使原本无法使用办公系统的科室能够方便快捷的进入并安全使用办公系统，更加方便职能科室与病区之间的公文、信息传递。在保留原有功能的基础上，新增公文管理模块，遵循国家公文管理规范，兼顾单位实用化设置，实现收发文、审签和归档电子化。新增会议场所申请管理平台，实现各部门使用会议室预约需求，提高会议场所管理和使用效率。（徐　敏）

上海市黄山老年颐养中心

【概况】 2020年，上海市黄山老年颐养中心在新冠肺炎疫情和自然灾害双重考验面前，中心领导班子统一思想、临危不乱，带领全体职工筑牢防线抗疫情，适应形势谋发展，夯实安全排隐患，完善制度管理，各项工作得到有序推进、稳步发展。2020年，完成接待团队38批，共计923人次，3 711人天。其中老人团9批，427人次，1 708人天；干部及其他团29批，496人次，2 003人天，共收到服务满意征询表42张，服务满意率100%。（王　琦）

【上海市黄山老年颐养中心更名】 根据《关于同意市民政局所属事业单位机构编制资源统筹方案的批复》(沪委编委【2020】210号文)和上海市民政局机构分类

改革统一部署，上海市黄山干部疗养院（上海市黄山老年疗养院）更名为“上海市黄山老年颐养中心”。上海市黄山老年颐养中心原事业单位法人证书登记的宗旨和业务范围是为上海市老年人及市级机关、事业单位干部疗休养提供配套服务；变更后的宗旨和业务范围是为上海市老年人、英模先进和优抚对象等提供公益性颐养服务。更名后职工人数事业编制由原核定的60名调整为39名。（王　琦）

【“大山深处常青松”文化品牌】 黄山松树闻名于世，它不畏风霜烈日，顽强生长，四季常青，无私奉献于大自然。上海市黄山老年颐养中心始终秉持“弘扬黄山青松精神，扎根深山甘于奉献”的核心理念，因地制宜，借物咏志，引导干部职工学习践行青松精神，培育爱院如家、爱岗敬业的职业精神和风貌。“大山深处常青松”文化品牌荣获上海市民政系统第三届优秀文化品牌入围奖。（王　琦）

【疫情防控】 自新冠肺炎疫情爆发以来，上海市黄山老年颐养中心快速响应上级有关部署，高效组织，认真履职，因地制宜，合理安排工作计划，全力做好疫情防控工作。第一时间成立疫情防控领导小组，制定应急预案与措施，建立“防疫领导小组”微信群，每日按时完成上级疫情防控报告；在党支部的领导下，面对春节假期快递停滞、防护用品紧缺的情况，工会紧急采购，积极联系供应商，分批完成沪皖两地应急口罩、消毒水、洗手液等防疫物资的采购准备，安排专人分发；采取网格化管理，将职工划分成8个网格，明确部门负责人为管理员，每日统计登记体温、出行情况、接触人员情况、健康状况等，当日汇总上报至防控领导小组，确保及时掌握全体职工身体健康情况；实行精细化管理，实时关注沪皖两地疫情防控工作的差异化要求，第一时间配置专人门岗、保安和医务人员，把守好进院大门；及时调整淡季值班班次，根据实际情况采取院内连值，沪办轮值的方式减少人员流动，保障职工的安全；加强厨余垃圾的管理，严格餐厨废弃物分类管理、按规定处置，认真做好每日食品留样工作；定期对全院进行全面消毒，做好安全排查，确保无安全隐患。（王　琦）

【院内设施改造升级】 2020年，上海市黄山老年颐养中心先后通过利用疗休养信息化平台实时了解接待服务对象活动区域范围，防止活动期间服务对象走失风险；通过更新照明节能设备、增设室内消火栓，完善消防报警系统，增加楼房内安全监控设备等项目，规范和完善安全设施；通过安装故障电弧报警装置，更新烟感探测器、消防水泵控制系统加装物联测控终端设备、消防水箱室内消火栓系统安装智能无线压力传感器、增加视频联动系统安装智能感知摄像头、增加厨房自动灭火装置、建立火灾报警信息监管和处置平台，提升消防监管和灭火水平，有效提升园内整体环境，打造安全、舒适的颐养环境。（王　琦）

【工会换届改选工作】 6月11日，上海市黄山老年颐养中心工会召开第三届第一次全体会员大会，大会采取无记名投票方式差额选举产生工会第三届委员会委员毕芳芳、闵翔、李强、汪晓菲、闻伟敏，闵翔推选为工会主席；工会经费审查委员会委员裘佳韵、刘忠、唐澜。党支部书记朱志伟同志代表党支部对新一届工会委员会的产生表示祝贺，希望新一届工会班子，继续组织和教育职工依法行使民主权利，发挥好主人翁作用，通过各种途径和形式，带领职工参与单位建设和管理，发挥桥梁和纽带作用。（王　琦）

上海市儿童临时看护中心

【概况】 上海市儿童临时看护中心主要接收全市范围内经体检或救治后符合验收标准的1—14周岁弃儿（疑似），提供临时生活照料、医疗护理、康复特教等服务，并协助公安寻亲查找和确认身份。2020年，市儿童临时看护中心面对新冠肺炎疫情，科学防治、精准施策。结合不同类型儿童的特点，摸清需求，提升精细服务，推动儿童服务“多元化”。整合社区康复资源，有效改善卧床儿童运动功能。开展机构内脑瘫儿童相关课题研究，以课题成果推动实际工作，为提高脑瘫患儿生活质量提供参考价值和理论依据。在困境儿童救助保障工作的经验基础上，积极开拓未成年人维权新路径。关注文化品牌建设，为困境儿童倾情打造滋养心灵的“小橘灯”。全年开展弃儿（疑似）收治、困境儿童救助8人次，开展孤残儿童机构寄养50人次。全年弃儿（疑似）家属认领2人；确认弃儿身份转院5人；困境儿童监护人认领3人；困境儿童撤销监护人监护权以及重新指定监护人后转儿福院1人。（黄秋雯）

【弃儿（疑似）收治】 上海市儿童临时看护中心负责收治经定点医院体检或救治，符合验收标准的弃儿（疑似），提供临时监护和生活照料，同时配合公安部门开展寻亲工作。根据寻亲查找结果，由监护人认领接回或确认弃儿身份后转至市儿童福利院。2020年，市儿童临时看护中心收治弃儿（疑似）6人，监护人认领2人，转市儿童福利院5人。（黄秋雯）

【困境儿童收治】 上海市儿童临时看护中心负责收治监护缺失或监护不当的困境儿童，开展临时生活照料。根据监护人监护能力恢复或其他近亲属照料抚养意愿等情况适时协助儿童回归原生家庭，通过会商机制明确监护不当情节严重不适合继续监护的，启动司法程序转移监护权，由法院判决另行指定监护人。2020 年，市儿童临时看护中心收治困境儿童 2 人，转移监护权 1 人，监护人接回 3 人。（黄秋雯）

【疫情防控】 2020 年新冠肺炎疫情期间，上海市儿童临时看护中心第一时间对防疫工作全面布控，细化落实。自 3 月 30 日至 4 月 26 日对服务对象生活区实施全封闭式管理，一线工作人员实行 14 天轮岗制。通过严把入口关、强化消毒关、规范操作关等手段，规范上岗流程，秉承“两手抓、三不低、五原则”防疫宗旨，扎实完善风险防控举措，在全院形成疫情防控合力，切实保障了职工儿童的生命安全和健康。（黄秋雯）

【“多元化”儿童服务】 为丰富院内儿童学娱生活，上海市儿童临时看护中心积极推动儿童服务“多元化”。开展分类教育：大龄儿童学业个性化辅导；学龄期儿童幼小衔接教育；学龄前儿童生活自理、合作游戏等早期教育；幼龄儿童语言认知、精细动作训练等。重视个别问题儿童的干预指导，及时提供学习生活适应、偏差行为矫正、自我效能提升、离别情绪疏导等服务。发现儿童共性问题和共同需求，采用小组互助形式引导儿童养成良好的生活习惯，以培养健康人格，树立成长自信。适时开展大型及主题活动，如节日联欢、节约粮食、禁毒教育、防疫宣传等，增强儿童自我安全防护意识，增进儿童社会交往和朋辈友缘关系。2020 年，共开展早期教育 2 235 人次，个案干预 12 人次，小组活动 133 人次，大型及主题活动 117 人次。（黄秋雯）

【残障儿童康复资源整合】 上海市儿童临时看护中心以院内康复探索为基础，社区专业力量为补充，多方整合康复资源。在普陀区中心医院康复科的专业指导下，结合院内残障儿童实际情况，开展儿童康复评估工作，制定个体化康复方案，尝试探索床边康复训练。2020 年，累计开展康复训练 1 722 人次，其中床边康复 351 人次，床边康复在总康复治疗中占比逐月增加，效果初步展现。此外，在床边康复训练中，发现高肌张力对残障儿童生存质量的重要影响。为改善相关问题，通过申报课题研究，旨在减缓肌肉痉挛及关节挛缩的发生率，降低因此产生的损伤，提高残障儿童生存质量。（黄秋雯）

【机构内脑瘫患儿相关课题研究】 2020 年，上海市儿童临时看护中心立足单位专业发展实际需要，开展机构内脑瘫患儿课题研究，在脑瘫的基础上研究 GH、IGF-1、IGFBP-3 与营养不良的关系，明确脑瘫患儿血清 GH、IGF-1、IGFBP-3 与营养不良的相关性，以指导临床早发现、早干预脑瘫合并营养不良。通过针对性研究，并结合专家组意见，研究所得出的结果对福利机构以及脑瘫伴营养不良患儿的家庭都具有参考价值，为改善脑瘫患儿的营养状况提供理论依据。（黄秋雯）

【未成年人维权新路径探索】 上海市儿童临时看护中心在困境儿童救助保障工作先行先试、成效积累的基础上，积极探索未成年人维权新路径。因疫情防控要求，在法院组织下，改变以往的现场庭审模式，通过在线庭审，如期妥善解决 2020 年首例困境儿童的监护权转移案件。为完善困境儿童监护权转移案相关证据，在公安等部门的协调下，院内专职社工赴外省市困境儿童户籍所在地，实地走访和调查近亲属的监护意愿和监护能力，为后续监护安置和司法保护落实做好充分准备。主动与局儿童福利处、法院、检察院、公安、区民政等沟通协调，帮助 1 名困境儿童成功办理上海市户口。（黄秋雯）

【“小橘灯”文化品牌建设】 “小橘灯”文化品牌主要针对困境儿童的生活照料、心理抚慰和人格培养，从悉心关爱、耐心教导、精心浇灌三个方面着手，用亲情陪伴、个性干预、特殊教育等专业手法重建困境儿童的安全感、归属感和自信心，让困境儿童获得情感支持，重塑健康人格，不因困境而被“困”。该品牌荣获 2020 年度上海市民政系统第三届“优秀文化品牌”。（黄秋雯）

上海市殡葬服务中心

【概况】 上海市殡葬服务中心主要承担上海市区的殡殓业务和涉外丧事及国际运尸服务，专业生产和销售殡葬用品设备，开展殡葬文化和殡葬科技研究，对所属单位和机构实行统一经营管理和业务指导监督。2020 年，市殡葬服务中心重点做好统筹疫情防控与业务工作，实现清明和冬至祭扫平稳有序，加快上海市在益善试炉项目工作进度，探索海葬文明礼仪改革，加强公益服务规范化建设，推动“双示范”创建活动深入，承办国家标准终审会和全国技能比武上海赛区重要活动，重启上海市殡葬职业技能评定工作等 11 项工作，取得市级及以上荣誉 27 个。2020 年，市殡葬服务中心承接的殡殓业务总量为 47 729 具，较上年同期减少 2 223 具；办理“千元办丧事”2 693 户，占殡殓量 5.64%，同比增加 1.72%。中心下属飞思海葬共办理骨灰撒海 47 船次，共撒骨灰 4 692 具，较上年减少 518 具，共有 4 218 户家庭计 17 453 位家属参加撒海活动。清明期间，中心所属墓园及骨灰堂共接待祭扫市民约 17.6 万人次，同比降低 85.3%；祭扫车辆 4.06 万辆，同比下降 75.7%；网络祭扫 120 373 人次，代客祭扫 9 257 人次，预约祭扫 19.2 万人次，预约落葬 381 户。冬至期间，累计祭扫人流为 22.6 万人次，车流 2.95 万辆，落葬 2 785 具，代客祭扫 749 次，网络祭扫 2 020 次。（黄　莺）

【疫情防控】 2020 年，上海市殡葬服务中心统筹疫情防控与殡葬业务工作。同时，做好新冠遗体处置、重大丧事服务，并派遣五批 25 名志愿者赴机场服务。中心系统 1 360 名事编企编职工和 1 000 多名服务保障人员，其中 139 人赴外省市，13 人到湖北省，都做好个人防护，无一人感染。中心系统共 340 余个殡仪服务厅、墓区、接待窗口的公共服务场所，均周密做好防护措施，严格进行消杀工作。向各基层单位发放口罩、消毒液、手套、防护服、红外测温仪等七大类防疫物资，仅口罩数量就达 26 万个。（黄硕业）

【安全标准化】 2020 年，上海市殡葬服务中心重点做好安全标准化，实现安全零事故。严格执行三级责任制，按规定设置安全生产管理机构，拟定中心安全生产委员会机构设置及职责。根据中心安全工作的具体情况以及上级文件精神，拟定下发消防、车辆管理、节假日安全、清明冬至祭扫、防暑降温、烟花爆竹安全管控等安全通知 22 次。由中心领导带队，年内以综合、专项、回头看等形式，组织各类安全检查 12 次。积极参与配合市局外聘的第三方（三个检查小组）做好对中心系统安全对标检查。2020 年，滨海古园、淀山湖归园、徐泾西园、卫家角息园、颛桥寝园五家中心公墓单位和龙华殡仪馆完成安全标准化（三级）的创建及评定工作、生产安全事故应急预案和安全风险评估的编制、备案工作。宝兴殡仪馆和益善殡仪馆参照三级企业标准，完成安全体系的文本编制及自评工作。此外，中心与市安全生产协会研究拟定建立适用殡葬行业的安全标准的初步工作方案。（陈　圣）

【清明冬至祭扫】 清明、冬至期间，上海市殡葬服务中心组织各公墓单位统一提供“三项服务”（集体祭扫、网络祭扫、代客祭扫）及“两个预约”（预约落葬和预约祭扫）。据统计，3 月 28 日至 4 月 12 日清明高峰期间，来园祭扫人流约 17.6 万人次，同比降低 85.3%；祭扫车辆 4.06 万辆，同比下降 75.7%；网络祭扫 120 373 人次，代客祭扫 9 257 人次，预约祭扫 19.2 万人次，预约落葬 381 户。12 月 15 日至 12 月 21 日冬至祭扫期间，累计祭扫人流为 22.6 万人次，车流 2.95 万辆，落葬 2 785 具，代客祭扫 749 次，网络祭扫 2 020 次。其中，12 月 19 至 12 月 21 日高峰期间，累计祭扫人流 18.07 万人次，同比下降 41.43%；祭扫车辆 2.43 万辆，同比减少 36.28%；落葬 2 595 具，同比减少 5.7%。中心墓园加大文明祭扫、移风易俗宣传力度，采取便民措施，全面创成“无烟墓区”，形成常态化机制，安全、平稳、有序地完成特殊时期清明、冬至祭扫的接待工作。（陈　斌）

【海葬文明礼仪改革】 2020 年，上海市殡葬服务中心从逝者尊荣、家属体验、社会认同和服务团队的专业能力、安全保障等多视角切入，梳理服务流程，简化海葬仪式，提出新的举措。减少仪式环节、缩短仪式时长、挖掘仪式内涵，设计乐队奏乐、敬献花篮、点亮烛灯、恭读祭文、默哀祈福、鞠躬送别、遗骨入海、海葬鸣礼八个礼仪环节。设计编印《海葬服务指南》和《海葬服务手册》，同时配套设计海葬系列产品。在新海葬工作流程基础上设计推出新型海葬印刷品、骨灰坛、主题海报等系列文创产品，制作海葬公益宣传片。针对海葬扬灰问题，设计遗骨入海的传送装置。优化海葬流程，将海葬整体流程细分为领灰、乘车、登船、航行、仪式、结束、返航等七个阶段，明确每个阶段任务目标和具体做法，在全流程中落实“绿色殡葬、人文殡葬、安全殡葬”的要求。计划利用公证等手段解决委托海葬的信任问题，做好全程影像资料录制工作，探索海葬常态化宣传途径。（刘　平）

【殡仪科创项目】 2020 年，上海市殡葬中心重点破解殡葬用品质量不高、技术革新势头趋缓、信息支撑徘徊不前的突出难题。研发殡仪服务技术推出科创项目。做实做强“大师工作室”。开展遗体无害化处理、智慧殡仪业务应用软件、环保防腐整容定型试剂、高危传染病遗体专用防腐箱、智能化遗体防腐设备、多功能遗体推尸床六大重点攻关项目的专业评审，完善研发方案，确定实现路径。9 月，完成六个项目的市场调研工作，完善六个科创项目的《可行性研究报告》，召开“专家评审开题会”。10 月，对六个科创项目的《可行性研究报告》进行最后审核。11 月，完成“专家评审开题会”。设计开发殡葬文创产品取得阶段性成果。从文化层面梳理中国殡葬礼仪变迁史，从祭器、祭品、祭法、纹饰、音乐等五大方面提炼殡葬文化元素，提出“简单、洁净、实用”的现代殡葬礼仪标准。进行殡葬文创用品概念性设计和开发。完成各类骨灰容器、随葬品及衍生品等文创产品外观设计 13 款，累计申请 6 项设计专利；梳理“记如在”等 3 大类、15 个门类商标；完成“记如在”等 11 个域名注册。（刘凤鸣　刘　平）

【殡葬职业技能评定工作】 2020 年，上海市殡葬服务中心加快疏解技能人才职业发展瓶颈。形成“三三制”组织方式，即组织人事处、殡管处、市局培训中心指导支持，上海市殡葬行业协会、开放大学、上海市殡葬服务中心合力设计，加快推进殡葬行业 4 个职业技能岗位的评价体系建设工作。明确六项工作内容，即编写评价标准、培训教程、考核题库、评价办法、标准备案、组织职业评价。拟定分三个阶段推进,2020年8月28日前,完成遗体防腐整容师、公墓管理员两个职业评价体系内容编撰工作;2021年清明前,完成殡仪服务员、遗体火化师两个职业评价体系内容编撰工作;2021年8月,举行殡仪服务职业技能大赛。编写组正在根据民政部职业建设中心的职业技能评价标准(终审稿),修改上海市职业评价标准建设方案。 (刘凤鸣)

【成立22周年纪念大会】 8月,上海市殡葬服务中心举办成立22周年纪念大会,采取"线下+线上"互动形式和直播方式。纪念大会总结中心推出的殡葬服务进阶举措:理念进阶主要由实践人民城市理念与创建"双示范"活动构成,通过"三个坚持"践行殡葬行业服务人民城市建设,通过"双示范"创建提升中心文明指数,明确火化炉更新的"1311"架构,以及分两步推进的整体更新计划。品质进阶细分梳理的海葬服务四个方面、八个环节、七个过程,展示海葬新发展的具体工作安排。能力进阶分为实施职业技能评定、组建社工志愿者队伍和遴选民政殡葬工匠,构建多元化服务提升通道。技术进阶重点以劳模创新工作室领军人物牵头、以技术革新项目牵引,推进六项殡仪服务技术研发工作。 (黄 莺)

【殡葬工作力量专业化社会化发展】 2020年,上海市殡葬服务中心组建首批拥有专业社会工作能力的"上海生命关爱社工队伍"和"上海生命关爱志愿者队伍",研究形成生命关怀社会工作服务合作框架。完成红十字应急救护培训合作框架协议及专业器材配置协议等拟定工作。中心与红十字会合作,统一组织三馆六园窗口单位共45人开展应急救护培训。探索建立上海生命关爱公益基金会,研究基金会的机构类型、建立条件、机构宗旨、业务范围、管理办法等,做好筹建准备工作。 (黄硕业)

【国家职业技能标准终审会】 2020年,上海市殡葬服务中心积极承接国家和本市行业重点工作任务,搭建交流平台。做好国家职业技能(公墓管理员、遗体防腐整容师)标准评审终审会议承办工作。协助民政部职业能力建设中心,组织安排全国约80名公墓管理专家、50名遗体防腐整容专家、36名中心系统及本市其他公墓殡仪单位负责人和业务骨干共通过线上线下视频会议形式参与完成标准终审。 (黄硕业)

【全国技能竞赛】 落实2020年上海市民政行业职业技能竞赛暨第十届全国民政行业(公墓管理员)职业技能竞赛选拔赛承办和参赛工作。承担大赛协调组、保障组、秘书处等具体职能,负责落实会务保障、赛务筹备等工作。组织系统内专家研习授课,各公墓单位遴选业务核心骨干和精英员工计39人参加培训。共17名员工参加市级选拔赛,获全市一等奖1名、二等奖2名、三等奖5名。12月21日至25日,在全国行业职业技能竞赛——第十届全国民政行业职业技能竞赛公墓管理员竞赛中,滨海古园郑滔荣获总决赛个人一等奖。 (黄硕业)

【民政部一零一研究所战略合作】 2020年12月16日下午,民政部一零一研究所与上海市殡葬服务中心战略合作协议签约暨民政部重点实验室试验基地揭牌仪式在益善殡仪馆举行。仪式为"民政部污染控制重点实验室(上海)"及"民政部火化设备重点实验室(上海试验基地)"揭牌,签订战略合作协议,此次战略合作以绿色智能火化设备研发和关键技术攻关、绿色殡葬相关课题标准研究以及殡葬科技创新等"十四五"时期上海殡葬事业发展的重点内容为合作方向,以联手建立民政部重点实验室和联合攻关国家级、市级殡葬科技项目为合作模式,共建科研班子、共研科研项目、共享科研成果,积蓄殡葬科研工作新动能,形成上下互动和"产、学、研、用"联动的殡葬事业发展新局面。 (黄 莺)

【殡葬科创项目开题评审会】 2020年12月17日,民政部一零一研究所与上海市殡葬服务中心联合召开战略合作实施项目——殡葬科创项目开题评审会。评审会五名专家分别对《智慧殡仪应用软件开发项目》《多功能尸床研发项目》《遗体防腐无害化处理复合技术研究及配套设备的研制项目》《高危传染病遗体专用隔离箱研发项目》《环保防腐整容定型试剂研制项目》《智能化遗体防腐设备研发项目》六个项目可行性报告进行评审,并提出具体的优化建议和完善性指导,其中四个项目获得专家组全票通过。 (陈之锐)

上海市龙华殡仪馆

【概况】 上海市龙华殡仪馆市民提供包括遗体接运、遗体化妆护理、追悼仪式、中国殡葬协会国际运尸网络服务中心、用品销售、丧宴承办等全程殡殓服务。2020年全年共处理遗体22 675具,与2019年同期相比减少1 416具,下降6.24%。承办千元丧事679件,占殡殓量2.99%。涉外丧事26具,其中,运出20具,运进6具。承接重大重要丧事12件。共销售100元以下经济型花篮销售9 984只,600元以下经济型骨灰盒1 609只,1 000元以下经济型火化棺746只。全年获得各类荣誉奖项67项,其中,国家级荣誉1项,市级荣誉4项,市局级荣誉9项,区级荣誉8项。11月,获中央精神文明精神指导委员会颁发证书,成功保创第六届"全国文明单位"荣誉称号。 (全 伟)

【疫情防控】　疫情期间，上海市龙华殡仪馆成立防控应急领导小组和工作小组，制定并严格落实应急预案，持续做好防控常态化工作。根据防疫形势要求，提供部分费用减免，同时，做好来馆参加告别仪式人员限流、限时工作，并在归源厅、长安厅安装转播摄像头，试运营“云告别”服务。疫情期间，龙华殡仪馆中介代理量从66.32%下降至59.91%，自6月1日起，各项业务工作基本恢复正常。（金　伟）

【精神文明建设】　参与中国社会报社、中国民政杂志社联合举办的“争当新时代人民群众心中‘最可爱的人’”主题征文活动。《人生终点站上“最可爱的人”》《倾心思考，只为让服务变得更温暖》分获二、三等奖，并在“学习强国”、《中国社会报》《殡葬周刊》等平台或媒体发表。4月13日，由“上海文明创建”公布为2019年上海市民修身行动“市级示范点”。7月31日，上海市2020年度“最美退役军人”光荣榜公布，上海市龙华殡仪馆离休干部王贯三获此殊荣。11月，获中央精神文明精神指导委员会颁发的证书，成功保创第六届“全国文明单位”。（金　伟）

【安全标准化三级创建】　为保证安全生产工作规范化、科学化、系统化和法制化，有效提升全员安全防范意识，强化风险管理和过程控制，符合安全管理的基本规律，4月8日，上海市龙华殡仪馆启动安全标准化三级创建工作，成立创建领导小组和工作小组，明确工作目标和时间节点，分步推进。10月13日，顺利完成现场检查，分数达到二级水平。12月28日，取得上海市安全生产协会颁发的“安全生产标准化三级企业”证书。（金　伟）

【窗口文明测评指数提升】　上海市龙华殡仪馆在服务过程中坚持做到“处处见人、时时为人”，按照“人无我有，人有我优”的思路，不断提升服务能级，持续推出个性化服务项目，为不同需求的治丧活动提供多维度、一体化服务。在《2020年度上海市殡葬服务中心行业窗口文明创建实效检测项目报告》中，以99.40分获评市属殡仪馆最高分。（金　伟）

【中介代理规范】　围绕上海市民政局发布的《关于进一步规范本市殡葬代理服务的通知》，上海市龙华殡仪馆探索通过中介陪同家属到场的方式，规范代理机构的操作，使家属对所消费项目更加公开透明，保障家属合法权益，疫情期间，中介代理量从66.32%下降至59.91%。（金　伟）

【“公民身故一件事”】　围绕深入推进和配合“一网通办”改革，根据“上海市‘公民身故一件事’业务流程再造工作方案”，上海市龙华殡仪馆积极推进“公民身故一件事”工作落地，及时开展业务相关人员培训和考核，并针对实际操作中发生的问题及时向上级反馈，有效确保死亡信息核验的准确性。（金　伟）

上海市宝兴殡仪馆

【概况】　上海市宝兴殡仪馆是集遗体接运、遗体化妆护理、追悼仪式、国际运尸、殡葬用品销售、丧宴承办等殡葬服务于一体的大型综合殡仪馆。2020年，深入贯彻“人民城市人民建，人民城市为人民”重要理念，统筹推进疫情防控和服务保障工作，奋力推动“精致宝兴”各项事业发展持续走在行业前列。面对疫情，第一时间制定5项疫情防控制度、25项工作措施，有效控制参加告别仪式人数，1月至5月宝兴共举办追悼会7 390场，客流147 896人次，与去年同期相比较，追悼会同比减少13.46%，客流降幅61.04%。扎实推动公民身故“一件事”工作落地落实，确保死亡信息核验工作的高效性和准确性。加大中介服务管理力度，定期根据丧户反馈情况，对中介进行诚信服务评定。根据《关于进一步规范本市殡葬代理服务的通知》，对信用良好的殡葬代理服务单位开通“绿色通道”。加大基础性、兜底性惠民服务体系建设力度，新增1 200元、1 500元两项惠民服务套餐。利用5G技术和远程视频连线技术推出“云告别”服务，市民可通过手机、平板电脑等设备，居家同步缅怀逝者，追思故人。安排劳模工作室参与中心的科研攻关项目，分别对智能化遗体防腐注射机、环保性防腐整容定型试剂、物理防腐液三个项目进行课题研究和可行性论证。与标准化院合作撰写绿色殡仪馆标准，分享宝兴经验。全年宝兴殡殓量为18 222具，“千元丧事”办理共计1 812家，占殡殓量9%保障供给；特殊整容与当面化妆累计14 093件；生命晶石共制作14 555件，其中全灰238件；电话回访客户满意率99.89%；宝兴作为全市市区内唯一一家为市民提供骨灰暂寄服务的殡仪馆，清明、冬至期间，共接待祭扫市民1.4万余人次，车辆3千余辆，取出骨灰近2千余只。（鲁卫军）

【惠民服务套餐】　5月，为进一步鼓励客户丧事简办，加强基础性、兜底性惠民服务体系建设，推出1 200元、1 500元两项惠民服务套餐，服务项目涵盖遗体接送、遗体冷藏、普通更衣、告别礼厅租用、遗体火化、骨灰盒、骨灰盒刻字等整套治丧流程，并对套餐内的遗体化妆、礼厅布置等基本丧事服务进行升级。两项“套餐”价格均优惠于市场价97元。（鲁卫军）

【“云告别”服务】　3月，为满足客户在疫情防控要求下的殡葬服务需求，推出“云告别”服务。市民可通过手机、平板电脑等电子设备，在“百年宝兴”公众号内点击“云告别”，再根据丧属预定的告别仪式时间和礼厅，通过即时发送的动态密码，居家同步缅怀逝者，弥补无法亲临现场参加亲人告别仪式家属的遗憾。至12月底，“云告别”服务共计服务群众1 200人次。（沈　磬）

【《宝兴殡仪馆发展史溯源》】 12月，上海市宝兴殡仪馆联合殡葬文化研究所、上海社会科学院历史研究所共同编撰完成《宝兴殡仪馆发展史溯源》。书中详细介绍宝兴自1908年建成以来发展的整个过程，共分为日侨来沪与早期殡葬活动、日本侵华时期的墓地及殡葬活动、解放后西宝兴路火葬场功能、新时代宝兴发展目标等6个章节，分别从中华传统丧葬习俗、防控传染性疫病、日本旧式火葬场管理制度、新时代殡仪馆服务理念等角度分析殡仪馆在历史发展过程中的重要意义。（沈　磬）

【防腐设备及试剂创新】 5月，安排上海劳模、上海工匠徐军参加殡葬服务中心组织研发的一体化遗体防腐设备及环保防腐整容定型试剂。新型一体化遗体防腐设备采用全自动电脑操控，有效提高防腐设备的操作性、功能性和环保性，可使防腐操作更加方便、快捷、准确。环保防腐整容定型试剂主要用于遗体局部塌陷、面部脱水、左右面部比例失调等局部整形工作，可有效提升遗体整容师的工作效率，减少微整形操作所产生的废弃物。研发过程共分为市场调研、设计开发、模块合成、样机测试、评估审核五个阶段，经专家组审核认为该项目设计合理，具有较强的创新型和实用性。（许培培）

上海市益善殡仪馆

【概况】 上海市益善殡仪馆是上海市区唯一提供遗体火化服务的国家一级殡仪馆，专业从事遗体接运、防腐、整容、化妆、追悼、火化、骨灰寄存、壁葬、墓葬、生命晶石项目以及国际遗体运输的殡葬生产经营服务类事业单位。2020年，火化炉试炉项目稳步推进。上半年与两家试炉厂家分别完成试炉工作，随后开展相关数据检测和分析。7月21日和10月18日分别召开试炉项目推进情况专题调研和试炉技术改进方案论证会。12月16日，在益善举行了民政部污染控制重点实验室、民政部火化设备重点实验室益善基地挂牌仪式。疫情发生以来，益善承担全市新冠肺炎感染者遗体的处置工作，肩负上海中心城区三大殡仪馆的日常火化任务。优化完善集体祭扫、网上祭祀和代客祭扫三项便民服务举措。清明高峰期间采用“预约制”掌握人流，做到戴口罩、测体温、出示电子预约凭证、绿码进入、信息登记“五到位”，努力为客户提供安全、周到、温馨的祭扫服务；通过设立劝燃回收点、鲜花换锡箔、电子蜡烛换传统蜡烛等方式积极倡导绿色文明安全祭扫方式，引导市民无烟祭扫。推进“一网通办”改革，整合优化办事流程，提升协同服务能力，积极响应“公民身故一件事”正式推行，顺利做好居民死亡登记变更事宜的衔接。全年，益善殡仪馆火化量47 654具，殡殓量4 873具，千元办丧事202例。（马慧丽）

【火化炉试炉项目】 上半年炉化与两家试炉厂家分别完成试炉工作。5月18日至19日，委托第三方对两台试验火化炉进行为期两天的烟道排放污染物检测。此次烟气排放检测是试炉项目组组织进行的第一次火化机烟气排放检测，针对标准内的各项烟气排放污染物，包括二恶英、氮氧化物、二氧化硫、烟气黑度等指标参数进行检测分析。项目领导组要求仔细分析检测结果，对试炉项目火化机制造单位产品进行第一阶段需方响应评估，为后续的火化机选型提供依据。7月21日和10月18日召开试炉项目推进情况专题调研和试炉技术改进方案论证会。12月16日，举行民政部污染控制重点实验室、民政部火化设备重点实验室益善基地挂牌。（刘　勇）

【新冠肺炎患者遗体应急处置】 面对新型冠状病毒肺炎疫情，启动各项疫情防控工作。成立防控新型冠状病毒应急领导小组和工作小组，制定《上海市益善殡仪馆防控新型冠状病毒应急预案》，明确相关工作职责及分工，成立新型冠状病毒死亡遗体处理专门小组，拟定《新型冠状病毒死亡遗体处理预案》，提前做好专项演练。1月25日凌晨，专项任务处置团队首次领命出发。指挥小组、处理小组迅速集合、防护到位，及时稳妥地处置完上海首例（疑似）新冠病毒感染遗体。（孟凡涛）

【“公民身故一件事”业务推进】 上海市卫生健康委员会、上海市民政局联合下发《关于进一步推进本市居民死亡登记工作的通知》，对死亡证的签发与保存、流转与核对、共享与统计、组织与保障提出多项要求。上海市益善殡仪馆规范业务总台操作流程，明确业务总台的操作流程。加强宣传，以班组为单位，全员学习通知精神，通过问卷调查的方式检验知晓度，明确操作办法。在办事大堂醒目位置设置易拉宝将变更事项告知家属，向前来办理业务的丧属做好解释说明工作。推进“公民身故一件事”业务工作，顺利做好居民死亡登记变更事宜的衔接。（孙　斌）

【“至微”文化品牌】 上海市益善殡仪馆接运化妆组的查庆国创建“至微”文化品牌。经过多年的努力，“至微”团队的队伍素质建设成效逐步显现。2019 年，以“至微”文化理念成立“至微坊”创新工作室。“至微”文化品牌积极探索和挖掘更加人性化、个性化的特色服务，做好服务个体生命“送行者”的使命以及向公众进行生命文化传播的使命。　（张洁琴）

【查庆国荣获“2020 年上海工匠”称号】　查庆国作为上海市益善殡仪馆带头人，先后获得全国民政行业遗体整容师职业技能竞赛一等奖、上海市民政系统先进工作者称号、上海市五一劳动奖章、上海市民政系统技术能手称号。2020 年，入选上海市首席技师千人计划并荣获“2020 年上海工匠”，其先进事迹刊登在《劳动报》时政专栏，题名为《查庆国：从农民工到殡葬业“顶梁柱”——用工匠精神服务好每一位逝者》。　（卫　英）

上海市养老服务发展中心（上海市民政研究与国际交流中心）

【概况】　上海市养老服务发展中心（上海市民政科学研究和国际交流中心）主要承担全市老年人福利保障、养老服务事业发展、民政领域相关科学研究和国际交流事务等职责。2020 年，上海市养老服务发展中心全年共计发放老年综合津贴贴约 60.23 亿元，惠及 388.31 万老年人，比上年增加 3.53 亿元，增幅 6.23%。共发放养老服务补贴约 3.8 亿元，惠及 6.6 万余名老年人；完成社区综合为老服务责任保险续保，覆盖 1 700 多家机构、2.3 万多名护理员，保费合计近 160 万元；完成上年度社区养老服务机构“以奖代补”申报工作，有 169 家机构享受，共计发放奖励资金近 2 786 万元；协调有关单位开发建设养老护理员信息管理系统，全年收录全市各类养老护理员信息约 6.8 万人；与开放大学合作举办第四届“老年服务与管理”大专班，就读人数 290 人；举行市养老服务行业职业技能竞赛及国赛储备师资培训，推荐 18 名养老护理员参加首届长三角养老护理员职业技能大赛；在全市范围内开展“我为养老护理献一计（技）”作品征集活动。养老顾问实现街镇全覆盖，至年底，全市共有 4 940 家顾问点、7 476 名养老顾问员，接待和服务群众 27.5 万余人次，服务事项 27 万余件；举办首届“金牌养老顾问”推选活动，编撰《上海市养老顾问典型案例汇编》。完成两批沪黔“银智红情”志愿服务、第四期沪滇“云海银晖”老年志愿服务；开展上海市老年志愿服务标志征集活动。为近 68 万老年人参保“银发无忧”；做好百岁老人数据统计与慰问；参与第八届中国老年福祉产品设计大赛。圆满举办“2020 年上海国际养老服务产业高峰论坛”活动。完成 2020 年度 48 项局财政立项课题及 8 项市政府决策咨询民政专项课题管理工作，完成“十佳”优秀课题评选，开展“十三五”民政科研基地评估及“十四五”民政科研基地筹备工作，参与《上海市养老服务条例》立法。全年，共协调联络、组织接待来自 8 个国家和地区的团组 44 人次的来访，交流范围包括社会救助、社会福利、养老服务等民生热点领域。　（瞿婷骏　周奕君）

【2020 年上海市养老服务行业职业技能竞赛】　9 月 24 日至 25 日，上海市养老服务发展中心举办上海市养老服务行业职业技能竞赛，来自全市 16 个区及市属养老机构的 143 名养老护理员参加竞赛。此次竞赛是上海市为切实贯彻落实《国务院办公厅关于推进养老服务发展的意见》（国办发〔2019〕5 号），以及《上海市人力资源和社会保障局等九部门关于印发〈关于加强养老护理员队伍建设　提高养老护理水平的实施意见〉的通知》（沪人社职〔2020〕205 号）精神，在养老护理员职业技能等级认定实施后，举办的首次全市性养老类竞赛活动。竞赛以理论知识机考和操作技能现场考核的形式分别进行，根据竞赛总成绩排名，推荐 18 名护理员作为上海代表，参加 11 月份举办的首届长三角养老护理员职业技能大赛。　（葛　琦）

【上海市第一届“金牌养老顾问”推选活动】　9 月至 11 月，上海市养老服务发展中心开展上海市第一届“金牌养老顾问”推选活动。活动体现养老顾问专业形象，树立养老顾问标杆人物，让全市养老顾问学有榜样、赶有目标。全市 2 000 余名养老顾问积极报名参与。活动设置各区推选、综合评审两个环节。各区推选阶段，根据《上海市养老顾问服务评价办法》，从个人素质、专业能力、综合能力三个方面对全市养老顾问进行打分，并根据评分排名情况选定 80 名入围。综合评审阶段，选手进行笔试及场景模拟。笔试主要考核养老顾问是否熟悉和掌握养老服务政策、养老服务项目、服务技巧等。场景模拟通过实景的方式对养老顾问专业知识储备情况、资源整合能力、问题分析处置能力以及沟通能力进行全方位考核评价，聚焦服务全流程及基本素质。评审专家根据选手的临场表现、专业水平、言语表达等多方面进行打分，最终选出 50 名“金牌养老顾问”。11 月，举办“金牌养老顾问”颁奖仪式。　（刘　畅）

【第二、三期沪黔“银智红情”】　7 月下旬，上海市养老服务发展中心发布第二期“银智红情”招募简章，与贵州省民政厅共同组织落实沪黔民政对口帮扶工作，共招募医疗专业志愿者 10 名；8 月 6 日，老年志愿者由市民政局及市养老服务发展中心护送至贵州省遵义市，开展为期一个月的智力援助服务；9 月 4 日，援助工作结束，志愿者返回上海。9 月 22 日市养老服务发展中心发布第三期招募简章，共招募医疗专业志愿者 3 名、教育专业志愿者 16 名；10 月 22 日，老年志愿者被护送至贵州省遵义市，开展为期一个月的智力援助服务；11月20日援助工作结束，志愿者返回上海。两期援助在医疗方面，共计开展门诊与查房2 407人次、手术指导与疑难病例分析123次、专题讲座与咨询111场、义诊1 300余人次；教育方面，共计开展随堂听课186节、一对一辅导青年教师167人次、讲座培训与活动指导88次、提交各校方12份调研报告。（梁栋杰）

【第四期沪滇“云海银晖”】 9月22日，上海市养老服务发展中心发布第四期“云海银晖”招募简章，与云南省扶贫开发办公室共同落实东西扶贫协作指导意见和上海援滇工作，共招募医疗专业6名、教育专业11名老专家作为本期志愿者；12月3日，老年志愿者由市养老服务发展中心护送至云南省德宏州和楚雄州11家受援单位，开展为期一个月的智力援助服务；12月30日援助工作结束，志愿者返回上海。此次援助，在医疗方面，共计开展门诊与查房1 094人次、疑难病例分析56例、手术指导9台、专题讲座与讲课14次、指导医务人员17人、义诊70余人次；在教育方面，共计开展随堂听课198节、带教指导青年教师40人、公开课展示25节、讲座及备课相关培训39次、学校活动指导18次、心理咨询94人、提交各校方调研报告及课程方案4份。（鲁逸伦）

【上海市老年志愿者总队十年工作总结会】 6月17日上午，上海市养老服务发展中心在上海市社会福利中心9楼多功能厅组织召开上海市老年志愿者总队十年工作总结会，共计75人出席会议。会上，市老年志愿者总队队长张立志对市老年志愿者总队的十年工作进行总结；区老年志愿者大队队长代表黄幼兰、志愿者代表刘红娣分享志愿服务工作的经验和感悟。此外，还为张立志和张维平颁发了老年志愿服务十周年纪念盘。（贾胜男）

【《上海儿童福利体系建设研究》获奖】 2019年，上海市民政科学研究和国际交流中心开展儿童福利体系建设调查，形成《上海儿童福利体系建设研究》报告。研究从儿童福利服务供给、儿童福利机构运行状况、儿童福利的社会状况以及儿童福利保障监督机制四个方面考察上海儿童福利中存在的问题，深入思考儿童与国家、家庭、社会关系这一儿童福利的核心问题，分析上海儿童福利事业的发展，提出相应的对策和建议。《上海儿童福利体系建设研究》在民政部组织的2020年民政政策理论研究评选中获二等奖。（游婷婷）

【《上海社区治理智能化调查》获优秀调研报告】 2019年上海市民政科学研究和国际交流中心开展“社区治理智能化调查”。课题组赴浦东、静安、杨浦、虹口、闵行、宝山、青浦、金山等区重点街镇和居村调研，梳理当前上海社区治理智能化的基本情况、主要问题、典型案例，并提出推进上海社区治理智能化的基本思路和实践路径。《上海社区治理智能化调查》在民政部办公厅组织的2020年度民政优秀调研报告评选中获2020年度民政优秀调研报告。（游婷婷）

【儿童友好交流外事活动】 8月14日，丹麦驻沪总领事馆与上海市儿童福利基金会在上海市儿福院共同举办“儿童友好文化交流日”活动。丹方与院内儿福开展互动交流，并向孩子们赠送了礼物。10月16日，菲律宾驻沪总领事库玉甘访问市儿福院，并向院内儿童赠送礼物，以作为其即将任职期满离沪的临别纪念。（吴晶晶）

【2020上海国际养老服务产业高峰论坛】 10月28日，2020上海国际养老服务产业高峰论坛成功举行。论坛以“面向十四五的养老新机遇”为主题，聚焦智慧养老服务、异地养老、民企运营、长三角养老服务一体化、养老机构防疫及质量控制、认知症照料等议题，来自海内外养老服务领域的政府官员、专家学者、从业人员等200余人参加论坛。民政部养老服务司副司长支红彬致辞，上海市民政局局长朱勤皓作主旨发言，荷兰驻沪总领事万鹤庭等在大会发言。（史丽华）

【防疫物资国际捐赠】 2月11日，日本百特豪世（上海）有限公司向上海市民政局捐赠8 000个民用口罩。2月18日，日本旭川庄向市民政局捐赠8 000余只口罩和近5 000幅手套。物资全部分发到市民政局的一线单位，用于养老机构、救助管理站、社区服务、残疾人集中就业场所等疫情防控工作。3月18日，市民政局向旭川庄回赠19 800个医用口罩，以感谢日本旭川庄在上海防疫物资最艰难时刻对市民政局的支援。（吴晶晶）

上海市民政局信息研究中心

【概况】 2020年，上海市民政局信息研究中心贯彻全市“一网通办”“一网统管”各项工作要求，把“两张网”建设与民政信息化工作紧密结合起来，发挥信息化工作在上海民政事业发展中的支撑引领作用，提升为民服务能力。推进“数据赋能”新体系，聚力“社区云”项目建设，在“一网统管”框架下，向上连接市级城市运行管理中心、市大数据中心，横向相关委办局，向下连接区、街镇和居村，围绕“实战中管用、基层干部爱用、群众感到受用”的建设目标，拓展数据维度，提升基层社区治理水平。探索建立“主动服务”新机制，基于现有的业务政策体系，将各类业务政策条件进行结构化，通过智能模型及精准画像，实现对服务对象和享受福利待遇或公共政策的智能匹配和精准推送，推动政府部门由“被动服务”向“主动服务”转变，使“政策找人”落地见效。加强民政业务信息系统与基础平台管理与维护，提高系统运行效率，完成各类会议视频保障，畅通信息沟通渠道，提高工作效率。加强项目计划管理，把控项目进度，完成2021年度市民政局信息化项目预算申报和验收工作，发挥资金使用效益。至年底，信息研究中心完成建设类信息化项目6个，运维类信息化项目24个。（陈　森）

【“社区云”建设】 2020年，上海市民政局信息研究中心推进“社区云”社区治理平台建设。开发完成基础信息、日常工作、社区智库、专业系统、标签管理等功能模块和“政务微信”App。与市大数据中心、公安、民政、卫健、网格等市级各委办局系统实现数据对接。系统在全市居村推广使用，覆盖全市16个区、215个街镇、6 077个居村委会，居村干部用户已达3.3万名，完善超过1 000万户房屋信息、近2 760万条居民信息、近22万名党员信息，日常工作记录150万余条。开发市级城市运行管理中心大屏、社区服务中心大屏以及居村“一屏观社区”。同时，开发建设“社区云”——居社互动平台。完成社区公告、党建园地、信息公开、议事厅、身边事、互助、闲置物品、左邻右舍、应用商店等子系统的设计开发，并在市政务云部署上线。设计、开发市级大屏居民互动版块，并接入市级城市运行管理中心“一网统管”大屏。完成居村委会上线、操作培训等实施推广工作。全年系统注册居民人数近85万人。居村委会共发布公告7万余条，党建园地3万余条，身边事13万余条，居民自下而上提出议题8千余个。居民通过平台主动提出问题13万余个，居村委已处置问题10万余个，解决率超过75%。（陈　森）

【社区事务受理信息系统升级改造】 根据“一网通办”新要求，2020年，上海市民政局信息研究中心改造社区事务受理信息系统架构，增加一网通办服务接口、数据共享接口、双向物流、共同申请人调用证照、随申码扫码等功能模块。完成16个主事项49个子事项、6个涉及个人的“一件事”、接入统一政务服务自助终端、改造“好差评2.0”版系统并对接全市近300个受理中心以及分中心。改造“一事一码”功能并梳理补推近1 000万历史办件信息。完成“一网通办”2周年改版工作。全年系统受理量1 200万余件，全市通办近200万件，一网通办申请量1万余件。（陈　森）

【居民经济状况核对系统翻建】 2020年，上海市民政局信息研究中心启动居民经济状况核对系统翻建工作，从业务流程、数据共享应用、业务有效协同等方面对系统架构功能进行升级优化，创新实践“智能审批”新模式，形成核对流程可配置化、核对项目可配置化、核对要素可配置化的系统架构，通过与民政部、上海市大数据中心建立数据共享渠道，优化原有比对业务审核功能，业务流程新增自动业务判断规则，实现居民经济状况在线自动化核对、智能化审批。人员信息采集方面对接电子证照、CA签章、大数据中心共享数据，优化电子档案功能。2020年系统功能已基本开发完成。（陈　森）

【养老管理信息系统升级改造】 上海市民政局信息研究中心根据国家养老事业改革发展要求和上海市养老服务现状，落实市委市政府有关“一网通办”“双一百”事项流程再造的决策部署，对养老管理信息系统进行升级改造。新增养老机构备案管理、养老机构信用管理、社区机构以奖代补、社区机构服务过程监管等功能，优化完善原有的社区养老、社区服务、结算管理、综合查询、业务报表、数据分析等功能。同时，依托市民政局养老服务信息系统，重点建设“养老云监管平台”。创新主动发现、智能预警、自动派单、管理闭环的“互联网＋监管”模式，实现与大数据中心、外部委办单位、区级养老平台等各个渠道数据的归集共享，运用大数据、物联网等技术手段，开展养老服务市场监管、质量监管、安全监管，提高养老服务监管智能化水平，实现养老服务“一网统管”。（陈　森）

【民间组织业务信息管理系统升级改造】 根据《上海市推进“一网通办”工作要点》等文件要求，上海市民政局信息研究中心完成社会团体、民办非企业单位、基金会三类社会组织章程核准、有效期延续、遗失补证、撤销登记、电子印章、统计报表和与行业协会脱钩等功能的开发。2019年社会组织网上年检启用电子印章功能，全年约有1.5万家社会组织完成年检。完成办件编码调整、历史数据推送和公共服务查询事项接口的开发工作，部分公共服务查询事项已成功对接微信、支付宝。2020年全年累计归集社会组织电子证照约近2万张，补推历史数据约8 500余条。根据国家法人库新接口规范完成系统接口改造工作。（陈　森）

【婚姻收养信息系统升级改造】 根据上海市《全面推进“一网通办”加快建设智慧政府工作方案》的建设要求，上海市民政局信息研究中心规划重构婚姻登记管理系统。从服务对象的视角出发，结合人脸识别、电子指纹、电子证照、电子档案等新技术，构建线上线下融合、服务衔接有序、规范安全高效的“互联网＋婚姻”业务服务新模式。根据“全市通办”的工作要求，完成与全国人口库、市人口库、市残疾人库的数据对接、电子

证照的应用和事实夫妻标识等功能开发。（陈　森）

【残疾人两项补贴系统升级改造】 根据“全市通办”的工作要求，上海市民政局信息研究中心优化业务申请和变更的审批流程，并根据大数据中心“不见面办理”和“助残一件事”业务流程改造要求进行系统升级。加强与社区事务受理系统的对接，实现业务办理过程中的电子证照调取。全年累计发放近9万困难残疾人生活补贴近2.5亿元，近22万重度残疾人护理补贴近3.3亿元。（陈　森）

【政府购买社会组织服务供需平台建设】 根据《2020年市委市政府重点工作任务书》和《2020年上海市创新社会治理加强基层建设工作要点》要求，开展政府购买社会组织服务“十四五”规划研究，促进政府与社会组织间的信息互动，着力实现政府购买服务需求“应上尽上”，推动更多社会组织规范发布服务项目。2020年，上海市民政局信息研究中心深化社会组织服务供需对接平台建设，规范政府购买社会组织服务活动，新增“承接政府购买服务的社会组织推荐目录”功能。全年全市各委办局共有270余家购买主体发布项目近500个，共计1 500余家社会组织积极参与招投标。（陈　森）

【“一网通办”业务流程优化】 上海市民政局信息研究中心推进“两个免于提交”，开发上线通过电子证照调取方式和数据核验方式实现事项申请材料免交的功能，共计实现90种申请材料的免交。优化再造“一件事”业务流程，完成“养老机构设立一件事”功能开发，配合完成“助残一件事”“医疗救助一件事”功能开发。推进高频公共服务事项“不见面”办理，开发完成5个事项“不见面”办理功能。拓展公共服务接入事项，完成21项公共服务事项接入工作。拓展长三角“一网通办”，完成长三角“养老机构备案”事项开发。归集应用电子证照，完成8类市民政局新增电子证照全量归集，完成残疾人2项补贴事项、救助5项事项电子印章相关开发工作。启动电子文件归档建设，配合业务处室完成信息梳理。落实政务服务“好差评”。开发完成婚姻、收养系统标准化服务接口和雪野路1000号行政受理室、市婚姻(收养)登记中心“好差评”系统。（陈　森）

【数据治理】 上海市民政局信息研究中心加强民政业务数据海建设，集中批量清理14个民政内部业务系统和3个外部委办业务系统待修正数据的错误类型，反哺相应的业务系统进行错误数据的更正，确保入海数据的准确性，全年共计完成13.7万条待修正数据的处理，完成近940万条公安实名认证比对。实现民政业务数据海数据与社会工作者和志愿者服务系统、社区云、区级平台等单位和系统的数据对接共享。完成殡葬数据、社区养老服务机构相关数据、养老服务补贴青浦补录数据入海。主动服务数据推送新增“65周岁以上本市户籍享受其他补贴但未申请老年综合津贴对象”主题。完成民政业务数据海应用对各类大屏展示界面的适配工作。加强民政业务数据治理，完成救助、婚姻、殡葬、养老等系统与“金民工程”系统的数据交换。完成婚姻与房管数据交换、低保低收入残疾人信息与残联数据交换、养老信息与徐汇和金山等区级大数据平台的数据交换工作，2020年，数据交换量达32亿多条。完成市民政局及局属单位所有项目600多条目录的重新梳理和编目，500多条目录的数据挂载、数据归集，以及600多条数据开放清单的编制，完成2020年数据海、民政网站、社区云、救助等新增项目的编目、挂载和归集工作，完成18条服务事项目录的编制。完成“一事一码”系统改造及办件重新推送功能。（陈　森）

【民政政务信息系统整合】 根据上海市政务信息系统整合要求，2020年，上海市民政局信息研究中心开始建设民政业务统一信息管理平台，主要实现统一门户、用户、授权、资源、接口、安全管理“六个统一”功能，形成服务能力可扩展、业务应用可扩展、协同交互能力可扩展的集成平台。完成设计开发、系统接入、数据交换、基础数据元等标准规范和系统功能测试工作；完成婚姻、收入核对、项目管理等业务系统的整合接入工作；完成市民政业务专网557条专线转入市、区两级政务网外网工作；完成“上海民政”“上海养老顾问”“上海社区公共服务”“上海市救助管理站”“上海市社区服务”等微信公众号的服务事项整合工作；完成电子政务云管平台中18个上云项目的云资源申请、系统安装和部署；完成政务云监控系统的更新部署。在云管平台重新搭建数据交换系统，并完成交换任务的调试和迁移。完成婚姻、救助、殡葬、养老等业务前置库表的创建和数据的归集，实现与“金民工程民政信息资源库”对接，并在数据对接过程中，配合总集方对相关标准和规范内容进行完善和优化。全年归集婚姻数据450万余条、救助数据400万余条、殡葬数据170万余条。同时，组织中心工程师参加“金民工程”在线视频培训和应用系统培训共5期。（陈　森）

【信息系统安全管理】 上海市民政局信息研究中心完成上海民政网站、民政信息系统三级等保自查、整改加固和安全测评工作。完成上海民政业务统一信息管理平台、上海市社区事务受理信息系统(2020升级改造)、上海市养老管理信息系统(2020升级改造)等项目的安全测评和安全整改工作。加强对上海民政网站、民政信息系统的漏洞扫描、渗透性测试及安全整改工作，及时发现和处置网络和信息系统的安全隐患。做好第三届进博会期间网络和信息系统安全保障和应急值守工作。完成网信办网络安全专项检查，并做好网络安全整改工作。定期开展对局属单位的网络安全检查工作。完成民政信息系统数据备份恢复应急演练和上海民政网站数据破坏恢复应急演练，提高网络安全突发事件的应急处置能力。完成市民政局机关涉密计算机保密检查和设备更新处置工作。完成对局机关非涉密计算机保密检查工作。完成公务网网络日常维护和安全管理工作。配合完成公务网分级保护测评和安全整改工作。修订并完善《整体信息安全策略》《网络安全管理规范》等23项网络安全管理制度。制定发布《信息化项目建设管理规范》《源代码管理规范》。

（陈　森）

上海市民政局财务服务中心

【概况】　2020年，上海市民政局财务服务中心以“强管理、重内控、提水平、常监督”为指导思想，按照《上海市民政局局属事业单位财务主管委派办法》等要求完善和加强财务主管委派管理等各项工作。共完成6家单位财务主管委派工作；落实财务重大事项报告制度；对局属33家单位，进行委派主管年度考核工作；配合完成3家单位财务管理工作；落实会计专业技术人员继续教育工作；举办上海市民政局2020年度在岗财务、内审人员业务培训班；配合市局相关部门开展财务管理检查工作。财务中心通过稳步推进、标准建设、积极探索等系列举措，提升公益招投标工作规范化建设，落实社区公益服务招投标（创投）工作。完成2020年社区公益服务招投标项目（以下简称项目）需求细化、项目初审工作；落实招投标工作培训，完成预算编制；做好标准化建设工作，出台地方标准，推进社区公益招投标信息平台开发运用。承担市局的基建管理相关职能，参与协助解决和处理项目进程中发生的问题，督促指导重点项目工程施工阶段的推进实施。针对新冠肺炎疫情防控，开展复工复产相关工作。2020年，局基建重点项目完成审计2个，在建局基建重点项目10个；完成局基建重点项目月报、季报等的收集整理和统计报送工作；协助上海市民政基本公共服务设施管理平台的项目信息填报、系统运行和维护，督促和指导各局属单位准确填报基建项目信息数据，熟悉基建项目审批流程。

（李　链）

【局基本建设重点项目管理】　2020年，上海市民政局财务服务中心协助救助二站室外道路旧改新及给排水管网改造工程和公益新天地修缮项目—4号楼外立面项目（含105号大门立面沿街平房立面改造项目），实际投资共计1 522.67万元。推进基建重点项目施工阶段管理，处于在建阶段的救助站房屋修缮工程、四福院新建项目、假肢厂六、七号楼局部房屋修缮工程项目、儿福院综合楼修缮项目、公益新天地修缮项目—3号楼历保建筑修缮项目、救助二站川东安置所护区居室、厕所及水电配套改造工程、龙殡综合业务楼一楼修缮项目、一福院南楼修缮项目、救助站综合修缮工程、五福院新建工程项目10个项目。协助并参与局基建一般项目的申报、评审、督导实施和验收工作，完成2020年局系统12家下属单位申报的18个2020—2021年度修缮专项现场踏勘和专家评审等工作事项，涉及申报资金3 320.03万元，审定资金3 019.50万元，核减330.03万元。

（蔡佳蕾）

【财务主管委派管理】　2020年，根据《上海市民政局局属事业单位财务主管委派办法》的规定，上海市民政局财务服务中心完成6名新财务主管的委派工作；汇总各委派财务主管上报的重大事项，根据报告内容，分类提出初步处理意见，上报计财处；对于突发事件，及时上报，并跟踪后续处理的进程，及时反馈；及时督促办理需整改的重大问题。根据书面测评表和业务考核表打分情况，在局属33家单位委派主管中，评定出7名优秀财务主管；配合完成上海民政（集团）有限公司、上海市婚姻（收养）登记中心、上海市养老服务发展中心等3家局属单位的财务管理工作；根据巡察工作组的巡察要求，配合完成对上海市社会福利发展有限公司、上海市社会工作培训中心、上海市民政局信息研究中心以及上海市居民经济状况核对中心等4家单位的巡察，配合纪检部门完成对上海市殡葬服务中心、上海市救助管理二站的有关业务检查。

（陈华兵）

【经济责任审计】　2020年，上海市民政局财务服务中心以内部审计质量为引领，聚焦领导干部经济责任审计的工作目标，精准内部审计工作定位。按照审前调查、审计方案、审计实施、审计底稿、底稿确认、审计沟通、征求意见和审计报告等阶段，形成较为完善的内部审计工作体系，结合局实际业务需要制定相应的内部审计模板，设计审计工作底稿的格式，增加审计承诺书等重要环节的书面记录。完成领导干部经济责任审计项目8个。遵循按年度排列、按项目组卷的归类原则，整理完成2015年至2019年间审计档案含审计报告合订本的归档工作。

（周书贤）

【社区公益服务招投标项目大数据分析与应用】　2020年，社区公益服务招投标项目135个，市级配套资金2 116.9万元，涉及承接单位102家。项目预算年度同比分析详见表1。上海市民政局财务服务中心通过对社区公益服务招投标项目数据的采集、存储、检索、加工、变换和传输,形成社区公益服务招投标项目数据资料数据库,利用大数据分析应用开发数据资源,围绕服务对象选取、服务内容设置、社区资源配备等推导出2021年社区公益服务招投标项目预算,为疫情防控新常态下,有效推进社区公益服务招投标项目精准对接需求提供有效支撑。在为老服务、助残服务、济困服务、儿童与家庭服务及其他服务五大项目类别中开展分析研究。 (丁桂华)

表1 2019—2020年上海社区公益服务招投标项目市级福彩公益金预算同比汇总 单位:万元

年度	老年人福利类		残疾人福利类		儿童福利类		社会公益类		合计	
	项目数	市级福彩公益金	项目数	市级福彩公益金	项目数	市级福彩公益金	项目数	市级福彩公益金	项目数	市级福彩公益金
2020	86	1 440.64	8	87.93	19	303.97	22	284.33	135	2 116.87
2019	122	2 156.31	14	178.74	30	501.31	22	304.81	188	3 141.17

【会计专业技术人员业务培训】 12月28—29日,上海市民政局财务服务中心举办市民政局2020年度在岗财务、内审人员业务培训班,市民政局计财处、财务中心、局属企事业单位相关工作人员参加培训。此次培训采取"结合实际、集中培训"的形式,要求在岗财务人员不断提升学习能力,做到三个重视:重视会计基础规范,加强原始单据审核,做好年末资产盘点和会计档案整理;重视信息公开工作,加强预决算、绩效和政府信息公开内容的审核;重视内控规范,加强制度建设全覆盖,规范经济合同管理。特邀市委党校教授、市财政局专家、非营利组织方面老师、计财处业务条线负责同志以及财务软件专业人员,讲解预算绩效三全管理、非营利组织会计制度特点、政府采购政策变化和工作中存在问题、统计工作布置和注意事项。 (陈华兵)

上海市福利彩票发行中心

【概况】 2020年福彩市场面临新冠肺炎疫情、最长时间休市和市场监管持续加强等多重考验,为确保实现2020年公益金募集目标和"十三五"销售任务,上海市福利彩票发行中心开展以下工作:统筹推进福彩系统的疫情防控和复工复产工作,精准发放疫情补贴;安全有序开展中福在线和快开游戏退市,推动快乐8游戏试点上市;市区两级福彩机构想方设法加大代销网点征召力度,通过分级分类管理提高网点质量;积极开展电脑票和即开票的营销宣传活动;基本建成浦江自有机房,实现数据"双活",建立电子综合支付平台和兼营渠道管理平台,为核心业务提供强大的技术保障。2020年,上海市福利彩票发行中心累计完成销量46.45亿元,筹集福彩公益金14.9亿元。其中,乐透数字型销售额为41.58亿元,同比增长3.6%;即开型销售额为4.37亿元,同比增长20.3%。在上海彩票市场份额中,市福彩中心占比为54.9%,全年销量排名全国第12名,为十年来最好成绩,销量增幅全国排名第四,全年实现彩票市场的健康发展。 (袁珍瑛)

【福彩"十三五"销售和公益金募集任务超额完成】 "十三五"期间,上海市福利彩票发行中心共完成销量242.82亿元,筹集公益金超76.28亿元,超额完成240亿元的销售目标,确保"十三五"圆满收官。"十三五"销售总额占发行33年以来总量的37.73%,其中上缴中央37.44亿元,分配地方38.84亿,销售安全,市场健康,为"十四五"的稳步发展奠定基础。 (袁珍瑛)

【疫情补贴精准落实】 新冠肺炎疫情爆发后,上海市福利彩票发行中心第一时间成立防控领导小组,多举措开展防控工作,多渠道筹集防疫物资下发网点,实时排摸从业者回乡信息、主动关心网点销售人员、落实《上海福彩销售网点疫情防控规范》和《中国福利彩票销售场所疫情防控指南》。为缓解彩票代销者和销售网点因疫情影响面临的经营困难,2020年3月11日,上海市民政局出台《关于疫情防控期间扶持上海福利彩票销售网点有关政策的通知》,上海市福利彩票发行中心制定实施细则,各区福彩中心认真核查,使用彩票发行销售风险基金、业务经费和市场调控资金给予本市销售网点疫情期间各类扶持补助资金总计2 695万元,确保全市福彩销售保持网点数量稳定和市场销售工作安全有序。 (袁珍瑛)

【福彩游戏产品调整】 2020年3月20日,财政部批复同意停止销售中福在线"连环夺宝"等7款视频型彩票游戏。2020年4月起,市区两级福彩中心摸清所有销售厅的人员类别、经营状况、房屋使用情况等,厘清各销售厅停销工作中的重点和难点,制定各销售厅停销细化工作方案,做到"一厅一案"。市区两级福彩中心根据方案稳妥推进全市37个销售厅的停销工作。7月31日中福在线游戏正式停销,彩民退卡、兑奖、员工安置等关厅善后工作安全有序进行。2020年年底,全市关停33个中福在线销售厅。根据财政部的要求,11月

1日，市福彩中心停销时时乐游戏。为配合全国福彩快乐8游戏上市，10月11日，停销上海基诺游戏。新游戏快乐8是2009年以来中国福利彩票推出的首款全国联销电脑游戏，上海市成为此次快乐8游戏首批试点的13个省市之一。10月28日，快乐8上海首卖仪式在浦东新区东方明珠城市广场举行，浦东新区首批试点上市。（裘珍瑛）

【销售网点招募】　2020年，上海市区两级福彩中心按职责分工，加大空白区域和销售薄弱区域的销售网点征召力度，为网点申请人和网点从业人员提供优质服务。上海市福利彩票发行中心在官微开通“开店申请”渠道，公众可随时提交开店申请，市区两级福彩中心缩短审核流程，增加培训次数，招募数量、力度、频次创近几年之最。2020年全市新增销售网点286个，全市销售网点2 817个，比2019年净增174个。同时，市福彩中心充分利用自有资金，在原有新增代销站点扶持政策的基础上，针对标准化菜场、农贸市场等商圈，推出专项扶持政策。在各区的积极配合下，2020年，经审核，全市共新增49个菜场商圈代销网点，包含福彩专营店18个，福彩店中店31个。（裘珍瑛）

【自媒体平台提升营销效果】　上海市福利彩票发行中心形成由官微、官网、App组成的宣传营销自媒体平台，其中市福彩中心官方微信粉丝从2015年近5万人次发展至2020年的68万人，App客户端注册人数超过48万人，官方网站日均点击量10万次。上海市福利彩票发行中心利用官微、App客户端先后开展双色球实物营销抽奖、电子券回馈彩民、电子支付赠券、有奖问答、网上直播开店等不同形式的营销宣传活动，配合中国福利彩票发行管理中心开展全国营销宣传活动。（裘珍瑛）

【技术数据“双活”建设】　上海市福利彩票发行中心按照“两地三中心”的格局，启动“双活数据中心”的总体规划。2017年4月，市民政局党组批准“双活数据中心”规划。经过三年的努力，2020年，上海市福利彩票发行中心建成浦江自有机房、搭建完成超融合架构、建立数据仓库、并完成历史数据归集，实现各销售系统的“双活”灾备，建设完成兼营渠道管理平台。上海市福利彩票发行中心拥有两个同时运行的机房，彻底摆脱长期依靠单一租赁数据机房运行的状况。（裘珍瑛）

【电子综合支付业务管理平台建成】　为有效化解福彩业务发展中的“痛点、堵点”，防范和解决资金中途落地的风险，提升营销效率和拓展兼营渠道，2020年6月，上海市福利彩票发行中心正式启动电子综合支付项目，从管理、规范、资金、技术等多个维度健全中心核心业务的资金收支体系，建立中心自有支付业务管理平台，实时掌握资金流向，为福彩运营提供更安全便捷的服务。（裘珍瑛）

【“直播”宣传】　2020年，为落实防疫安全，上海市福利彩票发行中心创新利用直播的形式开展培训和宣传。和现场培训形式相比，网上直播形式的培训既能满足人员不聚集的防疫要求，亦不影响网点正常营业，同时达到培训授课目的，参加培训的人员通过手机就能随时随地进入直播间观看，并可反复回看内容。直播培训结束后，市福彩中心对整场直播的访问人数、观看时长等数据进行评估，总结参训人员的整体参与度和活跃度。网络直播培训是市福彩中心对业务培训的一种全新尝试和探索，是线下培训模式的一种补充。此外，市福彩中心还利用直播向社会公众宣讲福彩开店政策和营销活动。（裘珍瑛）

上海市社区服务中心
（上海市民政局行政服务中心、
上海市婚姻和收养登记中心）

【概况】　上海市社区服务中心（市民政局行政服务中心、婚姻和收养登记中心）成立于1997年6月21日。2020年12月，上海市婚姻（收养）登记中心整建制并入上海市社区服务中心，上海市社区服务中心挂上海市民政局行政服务中心、上海市婚姻和收养登记中心牌子，主要承担全市社区服务、民政行政事务受理以及涉外婚姻和收养登记等相关事务性工作。2020年，中心落实社区热线疫情防控相关来电处置工作，精准回应口罩预约申领、社区防控、清明预约祭扫、小留学生回国信息确认等多轮话务高峰。通过开展受理中心疫情防控专项检查，引导居民网上办理等举措，助力社区事务受理服务中心做好疫情防控。配合推进“社区云”平台建设，实现全市居村委会全覆盖，发挥为基层减负增能作用。配合推进社区50个高频事项实现“不见面办理”，业务流程再造“一件事”和自助办理，努力让“一网通办”从“能办”走向“好办”。参与编制《上海市社区综合服务设施（体系）建设指引（征求意见稿）》，为将来各区进行社区综合服务设施建设和运营打下基础。会同市热线办按照“一线一策”的要求，顺利完成“962200”社区服务热线整合并线工作。制订及发布《上海市社区公益招投标指南》，填补该领域地方标准的空白。2020年，婚登中心共接待来电来访咨询0.79万例，共办理结婚登记721对、离婚登记233对，补发婚姻登记证91例，出具婚姻登记记录证明7例，涉及55个国家和地区。办理涉外收养登记2例，国内居民收养登记5例，举办国内收养申请家庭“收养前培训”，开展国内收养家庭收养能力评估，做好收养后回访、电话回访工作。2020年共向全市各婚姻登记单位发放证书28批次，共计结婚证书19.8万本、离婚证书10.5万本。2020年，行政服务中心咨询接待人数共计2 518人次，电话接听共计20 132次，接收材料(申请)共计9 818件，材料(证书、批件等)发放共计1 532件。（张瑞平）

【“社区云”运营管理】 上海市社区服务中心配合制定市区两级沟通协调机制，建立市区两级问题反馈与处置工作流程，多渠道汇总相关问题与优化建议，重点跟进“人房数据不匹配”“人员信息批量报错”数据问题。配合推进各区完成“社区云”平台人房数据初始化工作，并做好推广验收工作。协调解决各区在数据初始化过程中遇到的各类问题；配合制定《“社区云”推广验收工作方案》，并配合做好推广验收工作。全市实际参与此次验收的居村委会为5 719个，申请退出验收的居村委会389个。经评审，全市16个区均完成各项工作指标，顺利通过验收。（王　赟）

【社区综合服务设施建设】 2020年，上海市社区服务中心配合完成《上海市社区综合服务设施(体系)建设指引》(征求意见稿)，该《指引》主要包含设施功能、服务设置、设施配建、运营机制、保障措施等内容。鼓励各区根据“共享集约、便捷可及”原则，因地制宜、合理布局，推进社区综合服务设施标准化建设，实现社区全覆盖，积极创新社区综合服务设施运营机制，提高服务质量和效率。指引征求意见稿经征求各区意见后，已报市委相关部门，将由市委相关部门正式发文。

（王　赟）

【社区事务“一网通办”】 上海市社区服务中心深化“一网通办”从“能办”走向“好办”，配合推进社区50多个高频事项实现“不见面办理”，至2020年年底，“不见面办理”业务总量约12万件；配合推进业务流程再造“一件事”。推进医疗费报销“一件事”在受理中心综合窗口实现办理；推进公民身故“一件事”、企业退休“一件事”、小孩出生“一件事”、廉租住房“一件事”、助残扶残“一件事”5个“一件事”在受理中心自助服务区实现办理。至2020年年底，“一件事”申请总量约为2.4万件；配合推进自助办理。为全市220个受理中心均开辟自助服务区，共布设258台自助终端；同时，全市共9个区18个有条件的受理中心开辟24小时自助服务区域。至2020年年底，全市自助终端查询量、办理量共约48万件。（李　琪）

【《“962200”民生案例集》】 上海市社区服务中心热线平台依托媒体优势，与“直通990”节目组合作，通过“话题＋政策＋专家建议＋市民心声”的形式，编制完成《“962200”民生案例集》(2020版)，其中包含20个案例、20个音频，成为提升热线平台政策解读能力的实用教材。（钱　晔）

【疫情防控来电处置工作】 疫情期间，上海市社区服务中心共受理相关来电近1.9万个。通过调配班务、紧急开发启用短信批量回复功能、组建青年志愿突击队等方式，应对口罩预约申领、社区防控、清明预约祭扫等多轮话务高峰，确保热线按时办结率100%，落实6批次500多位未成年小留生回国后陪同隔离电话确认工作。利用上海市防控工作新闻发布会、民政微信公众号、联络员工作群等，及时获取疫情防控工作相关文件和信息，制定和更新应答口径166条，通过动态培训确保咨询解答口径准确一致。每日汇总市民来电情况，梳理分析热点问题，先后报送5份疫情防控专报，1份清明预约祭扫专题快报。（钱　晔）

【“962200”号码并入“12345”热线】 11月1日零时起，“962200”正式将呼入指引至“12345”，调整原外呼映射号，开通“来电名片”功能以确保民政“一个工作日先行联系”率。通过业务学习、制度学习、流程学习和带教学习，所有前台话务员在2020年9月底全部通过综合考核，能基本独立完成“12345”流转工单的处置工作。完成224项民政业务信息的梳理更新及确认上传工作，赴“12345”开展2轮民政专题培训，内容包括民政部门的基本职能、常规业务等四个方面。（钱　晔）

【《社区公益服务项目招投标指南》】 2020年，制订并发布《社区公益服务项目招投标指南》，从严把握福彩公益金安全使用、高效管理，以标准的形式引导社区公益服务规范运作流程、严格把控各环节质量、绩效测评及有效改进。《指南》内容涉及适用民政福彩金使用的各方面，涵盖社区公益服务的全流程及全环节；明确不同层级管理者的职责分工、不同主体承接方的服务质量；填补社区公益服务的规范空白，为其他政府购买服务提供借鉴；完善多层次、多方式、多元化的公共服务供给新体系。（臧　宇）

【社区公益招投标网升级改造】 上海市社区服务中心升级改造“社区公益招投标网”，从立项、采购、签约至监管全流程跟踪管理，汇总“项目资金、实施过程、参与单位、执行情况、服务成效”等要素，建成信息数据库，达成工作效益提高、工作规范提升、工作示范提供3项目标。开展网站操作流程培训，制作并发放针对不同使用群体的操作手册，组织各区、承接单位等相关人员围绕网站功能模块、操作流程等进行介绍、讲解和演示。（臧　宇）

【"幸福"系列婚姻家庭服务品牌】 上海市婚姻和收养登记中心与专业律师和婚姻家庭咨询师团队合作，打造"幸福"系列婚姻家庭服务品牌，通过驻场咨询、线下讲座以及发放宣传册等方式为当事人提供服务。驻场咨询包括一对一的婚姻辅导、婚前教育服务以及涉外婚姻相关法律法规咨询服务。2020 年，婚姻家庭辅导工作重点对象多为离婚夫妻。咨询师根据专业评估，在充分尊重当事人个人意愿的基础上，以提高当事人婚姻质量、促进家庭社会和谐稳定为导向，侧重于"离婚调适"和"个人成长"，引导帮助当事人缓解冲动情绪。线下讲座将婚姻家庭辅导服务送进社区、高校，2020 年共举办三场以"幸福课堂"为主题的婚姻家庭服务讲座。为配合 2021 年 1 月 1 日离婚冷静期的实施，结合服务对象多是涉外家庭的特点，编写中英双语《离婚白皮书》，发放给前来办理离婚申请的当事人。此外，向当事人提供国内外婚姻收养法规、婚前婚后国籍身份发生变化以及婚前财产公证和婚后财产分割等法律咨询服务。 （王　珉）

【服务业组织标准化建设】 2020 年，上海市婚姻和收养登记中心开展服务业组织标准化试点工作。经过初期筹备、制度梳理、体系建立及试行改进几个阶段的工作，最终完成由通用基础、服务保障和服务提供三大模块组成的涉外婚姻登记服务标准化体系。该体系包括各类标准文件 89 份，按照模块划分，有通用基础标准 12 份、服务保障标准 50 份、服务提供标准 27 份；按照层级划分，有国标 10 份、行标 1 份、企标 78 份，企标占比 88%。该体系覆盖率达 95%，执行率达 100%，以 96.8 分通过验收。 （吕立文）

【收养评估工作体系】 上海市婚姻和收养登记中心建立"收养前培训—收养中评估—试养期跟踪—收养后回访"四位一体的收养评估工作体系。制定针对市儿福院国内送养儿童的收养评估工作实施细则，将评估结论作为调整收养关系的重要依据，使收养真正有利于被收养未成年人的健康成长。2020 年收养家庭评估项目通过上海社会组织公共服务平台，以对外招标的方式确定项目承接单位。婚姻和收养登记中心对第三方机构评估人员进行业务培训，明确各项工作的要求，全年共委托第三方机构开展收养能力评估 5 例、收养登记后回访 39 例、收养前培训 1 场。2020 年新冠肺炎疫情后，市儿福院可供收养的孩子减少，收养后回访工作的比重相应增加，婚登中心将回访年份向前推移至 2014 年收养家庭。2016 年至 2020 年年底办理收养登记的国内家庭基本实现回访全覆盖，实地上门回访率从 2018 年的 30%提升到 2020 年的 92%，同时对部分收养不满 5 年的家庭开展二次回访。9 月 26 日，婚登中心成功举办 2020 年度国内收养申请家庭"收养前培训"，共 30 个家庭参加。 （何　琼）

上海市众仁慈善服务中心

【概况】 上海市众仁慈善服务中心下辖众仁公寓、众仁老人乐园、众仁老年养护院三家养老实体，遵循"以老人为本"的服务理念，为老年人提供生活照料、医疗保健、文化娱乐等方面的优质服务，帮助老年人实现"老有所养、老有所医、老有所学、老有所乐、老有所为"的高质量的晚年生活。中心为市级文明单位、市级花园单位、中华慈善先进机构。2020 年，中心在全面抓好疫情防控的基础上，做好各项日常为老服务工作，健全和完善护理服务功能，发挥公办养老机构的托底保障作用。重视养老机构服务质量建设，以上海市养老机构服务质量日常监测指标为抓手，不断提升服务质量和水平。以实现市级文明单位"十一连冠"为目标，积极落实创建工作各项任务，切实推动中心文明建设水平的稳步提高。中心聚焦职工素质，不断提升专业能力，年内开展各类培训 20 余次，累计参加培训人员达到 500 人次。同时，大力弘扬和培育志愿者文化，规范志愿者队伍管理，申请公益基地，全体职工均加入"众仁慈善服务中心志愿服务队"申领了公益护照；年内 1 位职工参加市局浦东机场志愿者防疫活动，2 位职工参加"公益伙伴日"志愿服务，在"一日捐"活动中，共计捐款 4 000 余元。2020 年，中心入住老人数共计 611 人，入住老人平均年龄 81.63 岁，最大年龄 103 岁。全年累计个人参观千余次。年末，中心开展"顾客满意率调查"，各院满意率均达到 90%以上。 （秦斯雯）

【疫情防控】 上海市众仁慈善服务中心严格执行民政部《养老机构新型冠状病毒感染的肺炎疫情防控指南》及属地相关防控要求，落实落细各项防控措施，严防疫情输入和内部传播，保障在院老人和职工的生命安全和身体健康。成立疫情防控工作领导小组，统一指挥调度全院疫情防控工作，制定《关于做好新型冠状病毒感染肺炎疫情防控工作的方案》《呼吸道传染病流行期间的疫情防控管理制度》及《关于做好秋冬季疫情防控工作的方案》，并根据疫情发展不断迭代防控措施。实行封闭管理，坚持出入和来访登记制度，引导和帮助老人同家属之间利用视频、电话等方式建立联系，按规定做好各项数据统计上报工作。同时，中心根据疫情发展情况，妥善把握封闭管理的"度"，有针对性地制定政策措施，解决"谁能进、怎么进"的问题，避免一封了之，过度防疫的现象。严格执行体温测量、通风消毒、疫情防控培训等措施，同步做好消防、食品、服务等安全隐患排查整治，坚决防范各类事故发生。在加强相关防控的同时，中心高度重视在院老人和职工的心理健康，加强

心理疏导，做好人文关怀，纾解焦虑恐惧情绪，引导老人和职工正确对待疫情、加强自我防护。（秦斯雯）

【“仁和之家”文化品牌】 “仁和之家”是上海市众仁慈善服务中心2016年建立的职工文化品牌，经过四年的培育实践，品牌形成“1+3”工作模式，即1个主品牌+3个子品牌（“书香众仁”“民政四看”“影动我心”）。年内，主品牌“仁和之家”入选市民政系统“十佳文化品牌（入围）奖”。“书香众仁”子品牌以“书香润初心、‘四史’助成长”为主题，组织职工开展红色送书及阅读分享活动，通过“阅读”的方式引领“四史”学习；“民政四看”子品牌，采取“看+学+议”的形式，通过组织职工参观上海市第四社会福利院、民政博物馆、浦东发展陈列馆、嘉定毛桥新农村文化园、老博会，并以“共话新中国巨变，见证社会主义伟大成就”为主题举行论坛；“影动我心”子品牌，通过拍摄“四史”微电影，将“红色基因”融入职工血脉，展现新时代众仁职工的精神风貌和爱国情怀，引导职工真正把“四史”学习教育成效转化为推动中心养老事业发展的强大动力。（秦斯雯）

【护理员队伍建设】 上海市众仁慈善服务中心加大对护理员的培训力度，组织护理员开展老年人日常生活照料、常见疾病护理、老年人营养特点及需求、常见突发事件的预防与应对等培训。通过开展技能比武、岗位练兵、考核评价，重点突出基本技能训练，着重提高实际操作能力，促使护理工作更加贴近服务对象的需求，推动护理员队伍的综合素质得到系统提升。鼓励持有养老护理员（初级）证书的护理员进行证书升级，年内1位护理员取得中级证书，2位护理员报名参加上海开放大学举办的老年服务与管理专业大专班。参加“最美养老护理员”评比、一名护理员获得嘉定区长护险最“嘉”护理员提名奖，开展院内优秀护理员评选、护理员风采展示等活动。（秦斯雯）

【医养结合】 上海市众仁慈善服务中心积极探索推进“医养结合”的养老服务新模式，增强医疗服务能力，满足在院老人多层次的养老需求。充分发挥内设医疗机构在医养结合工作中的作用，借助年内开展的“内设医疗机构能力提升”考评工作，完善医务工作制度，改进服务流程，规范医疗服务，加强对老年人疾病预防、自我保健、合理用药的健康指导，提升中心医疗服务水平和能力。充分利用社会资源，借助外部力量，增加为老人服务的广度、深度。依托签约医疗机构的医疗优势，落实合作协议的相关内容，开展延伸医疗服务，为在院老人提供更加专业、便捷、有效的医疗照护。通过加强与社区医院、嘉华医院等社会力量的合作，为院内老人开展保健讲座、免费体检、按摩理疗等医疗服务，有效缓解在院老人日益增长的照护需求和中心专业医护水平之间的矛盾。（秦斯雯）

上海市民政干部学校（上海市社会工作培训中心、上海市民政局老干部活动室）

【概况】 上海市民政干部学校成立于1987年，2000年5月增挂“上海市社会工作培训中心”牌子。2020年，上海市民政局老干部活动室整建制并入，单位名称变更为上海市民政干部学校（上海市社会工作培训中心、上海市民政局老干部活动室）。上海市民政干部学校主要承担本市民政系统干部职工教育和市民政局离退休干部服务保障等职能。2020年，受新冠肺炎疫情影响，上海市民政干部学校积极探索培训新模式，以线上和线下培训相结合的方式，组织实施立项批复的培训项目及各类委托项目。全年，共完成50个培训项目，培训总期数94期，培训学员10 367人次，连续13年全年培训人次超过1万人次。（朱林娜）

【局老干部活动室整建制并入】 2020年，根据上海市委机构编制委员会《关于同意上海市民政局所属事业单位机构编制资源统筹方案的批复》（沪委编委〔2020〕210号），上海市民政局老干部活动室整建制并入上海市民政干部学校（上海市社会工作培训中心），增挂上海市民政局老干部活动室牌子。事业编制由原核定的40名调整为44名，所需4名事业编制从上海市民政局老干部活动室划转。撤销上海市民政局老干部活动室事业单位建制。（朱林娜）

【对口支援地区培训】 根据2020年上海对口支援项目的计划安排，于10月18日至10月24日，圆满完成遵义市民政干部综合能力提升班，来自遵义市民政系统的50位学员来沪参加培训。此次培训班遵循理论性、专业性、实践性相结合的原则，根据培训需求，设计党性修养、民政业务、能力提升三大模块，介绍上海社会救助、养老服务、社会组织工作的探索和实践。通过培训使遵义市民政干部加深对上海民政各条线工作的了解，提升履职尽责的本领。（朱林娜）

【民政教育培训】 2020年，上海市民政干部学校按照《上海市市级机关培训费管理办法》和《关于认真贯彻培训费管理办法的若干规定》，组织实施上海市民政局立项培训项目47个，培训期数91期，培训10 151人次，内容涉及社会救助、社会福利、社区治理、社会组织、社会服务、民政干部培训和民政自身建设等各方面工作。其中，社会救助项目1个，培训期数1期，培训76人次；社会福利项目11个，培训期数13期，培训

3 498人次；社区治理项目 1 个，培训期数 1 期，培训 430 人次；社会组织项目 6 个，培训期数 7 期，培训 1 446人次；社会服务项目 7 个，培训期数 48 期，培训 3 007 人次；民政干部培训项目 5 个，培训期数 5 期，培训 278 人次；民政自身建设项目 16 个，培训期数 16 期，培训 1 416 人次。培训综合满意率继续保持在 95％以上。（朱林娜）

【培训信息化建设】 培训信息化建设主要包括培训管理系统建设及线上培训课程建设。培训管理系统是上海市民政干部学校适应培训任务及学员需求变化的智能化应用，开发的一款集培训流程管理，师资库、学员信息库、培训课程库建设，培训资料的保存、检索、查询、统计等功能于一体的培训管理软件。为在常态化疫情防控下持续做好教育培训工作，上海市民政干部学校积极推进线上培训课程建设，试点开展“云课堂”，将传统培训的“一主讲一场所”模式，通过钉钉平台转换成“一主讲多场所”模式，主讲老师在直播间远程授课，各分场馆实时在线或安排线上听讲，避免培训学员聚集和场地人数限制等问题，有效提高培训覆盖面，节省培训成本。（朱林娜）

【内部规章制度梳理修订】 上海市民政干部学校通过对现行制度进行系统梳理和废改立，逐步形成适应发展要求、符合实际的内部管理制度，确保校内各项工作依法合规、顺利推进。2020 年，上海市民政干部学校梳理各项规章制度 54 项，其中保留 32 项、废止 8 项、修订 14 项，目前已经完成《职工考勤和加班制度》《领导班子“三重一大”事项议事决策制度》《采购管理办法》《离退休人员福利费、退休人员活动经费使用办法》等制度的修订。（朱林娜）

【疫情防控】 自新冠肺炎疫情发生以来，上海市民政干部学校严格落实各项措施，全力以赴做好疫情防控工作。制订疫情防控工作方案，明确工作职责，通过严格进出车辆和人员管控，落实每日测量体温和消毒工作，多方采购口罩和消毒用品等防护物资，抓好校区食品卫生工作等，保障职工和学员安全。利用校内党务公开栏、微信群、公众号等线上线下“窗口”，加强对职工的健康提示和知识普及。引领党员职工主动参与防疫志愿服务。除自发捐款捐物外，报名驻守浦东机场防控一线，分批次组织职工赴东川路地铁站进行防疫志愿服务，携手安宁一居委开展为期两个月的社区防疫志愿工作。（朱林娜）

上海市救助管理二站

【概况】 上海市救助管理二站目前主要承担对暂时无法找到家庭地址和监护人的流浪乞讨人员的救助管理等工作。2020 年，市救助管理二站落实主体责任，贯彻落实《关于开展生活无着的流浪乞讨人员救助管理服务质量大提升专项行动的通知》的要求；严格疫情防控，全面保障安全；通过公开招聘、全员培训、人才培养等，提升队伍素质；开展标准化试点项目建设，助推救助业务；做好第三届中国国际进口博览会安保工作；加强“帮你找到家”工作品牌建设等重点工作。全年共救助长期滞留受助人员 580 人。其中，站区 151 人，江苏省大丰市川东安置所、上农安置所临时安置受助人员 429 人；共接收其他救助管理站转送受助人员 8 人；接待自行求助人员 14 人次；接济接待“江西垦民”12 人次。共甄别寻亲成功 37 人，地域涉及贵州、四川、云南、江西等 13 个省、自治区、直辖市。（陈艳萍）

【疫情防控】 面对新冠肺炎疫情，上海市救助管理二站落实防疫措施，确保受助人员和场所的安全，实现主动求助人员与长期滞留受助人员完全隔离。自 1 月 19 日启动疫情紧急预案以来，坚持每天检查、每周行政大查房、节假日总值班、管理科双岗形成的“三级值班制”，加大巡查力度，确保防疫措施落实到位。开设“爱心顺风车”，全站职工自发形成十条“爱心线路”覆盖杨浦、宝山、虹口、浦东、松江、闵行六区，有效避免乘坐公共交通可能存在的风险。储备力量补充一线，针对一线工作人员由于居家隔离、加强值班力量等原因导致的人员短缺，及时调配职能科室工作人员，保证人员力量，确保场所安全。积极响应疫情防控志愿服务，先后有 3 名工作人员参与机场志愿者服务。对来站主动求助人员，严格按照《工作指南》及二站实际情况制定的《上海市救助管理二站新冠肺炎疫情防控期间救助流程图》的要求，详细询问籍贯、近 14 天活动轨迹、疫区接触、公共交通使用情况等，并做好测量温度、安全检查、登记录入、隔离管理、信息报备、及时消毒等工作，确保 10 名主动求助人员全部安全离站。（陈艳萍）

【精细化照料服务】 上海市救助管理二站通过“四合一”数字化管理，即通过固定数字，对应床号、桌号、洗漱用品及个人衣物，做到专人专物。设立责任区和功能小组，通过划分责任区，强化点对点的照料模式，形成重点关注、重点掌握、重点照护的工作机制；设立生活照料、宣传康复、受理甄别三个功能小组，发挥工作人员所长，体现各自工作的“术业之专攻”。此外，利用未成年人保护中心“类家庭”模式，开展以“家”为主题的教育，通过全国地名、风俗文化、名胜古迹、地方菜系等介绍，唤醒受助人员记忆深处的回忆；通过举办“一起趣玩”第六届受助人员趣味运动会、“趣味消防”主题活动、“水花四溅顽皮一‘夏’”、“我爱你祖国，我为你自豪”阳光之家训练营活动等，让受助人员在增强体质的

同时,开阔视野。(陈艳萍)

【“帮你找到家”工作品牌】 上海市救助管理二站依托“一室一法一队伍”(即甄别寻亲工作室、“520工作法”和甄别寻亲青年突击队),2020年共为37名受助人员找到家,长期滞留受助人员也降至历史以来的最低点,与最高值相比降幅达27.1%。利用《今日头条》、微信公众号等,发布寻亲信息,借助社会力量,帮助更多受助人员找到家;发挥“长三角救助工作联席会议”的联动效应,不断加大甄别寻亲工作力度;设立受理甄别组,从日常生活中的蛛丝马迹、生活习惯、只字片语等方面入手,切实将甄别寻亲工作下沉到一线。为2名长期滞留受助人员找到家,真正将“520甄别法”的零距离交流落到实处。做好对重点人员的关注与帮扶工作,通过电话回访、实地走访等形式,从源头上避免返乡人员再次陷入困境。同时,主动加强与属地政府的对接与沟通,积极落实2名上海籍受助人员的后续生活安置。(陈艳萍)

【市级文明单位创建】 2020年,上海市救助管理二站推进文明创建工作。全站职工认真学习贯彻落实党的十九大、十九届四中全会、五中全会精神;完善制度,提升自我要求,在“行政大检查”中加入文明创建有关标准,确保创建计划落到实处;培育职工素能,通过开展各类文化建设活动凝聚职工向心力;加强管理,围绕民政“关系民生、连着民心”的定位,进弘扬“民政为民、民政爱民”的工作理念,勇于担当,自我革新;主动服务社会,积极参加学雷锋、社区服务、交通文明、大型活动等志愿服务,履行社会责任;着力提高效能,注重文明创建与单位业务工作的融合。在11月上海市市级机关系统上海市文明单位考评中名列第三,成功获评2019—2020年度上海市文明单位。(姜骊嘉)

【“驿家圆梦”文化品牌】 上海市救助管理二站重视单位文化氛围,构建“驿家圆梦”文化品牌,将“爱站如家,为爱寻家,让爱回家”的理念播种到每一位职工心中,以中华传统“家”文化为主线,引导职工感悟“家”在每个人生命中的重要意义。不断更新硬件设施,为受助人员居室增添各种温馨的元素,营造“家”的氛围。积极开展“家”文化活动,借助春节、元宵、端午、中秋等传统节日的契机,举办“我们的节日”主题活动,围绕“我与受助人员同乐”的主线,积极开展文化传承、和谐友善、感恩回报等主题活动。学习传统文化、体验民俗风情,增进受助人员与职工之间的“亲情”纽带。2020年,“驿家圆梦”文化品牌被评为上海市民政系统“十佳文化品牌”。(姜骊嘉)

【标准化建设】 2020年,上海市救助管理二站申请上海民政系统标准化试点示范(实验)。成立标准化工作小组和标准化办公室,编制《上海市救助管理二站标准化试点工作方案》,制定工作计划;采用“线上+线下”相结合的方式开展标准化知识专题培训,并在线下对全站职工进行知识测验;组织各部门负责人带领本科室职工系统梳理科室的各项规章制度、工作流程,做好制度的“废、立、改、留”工作。建立标准体系框架,编制标准明细表。成立自我评价小组,以早检查、行政大查房查看记录、现场提问的形式对标准体系运行情况进行自评。完成市局提出的各项试点工作要求和任务,9月,顺利通过市局组织的专家验收。(赵丹爽)

【“银杏之家”项目】 上海市救助管理二站围绕“提升专业队伍、建立专业项目、开展专业研讨、提供专业照料”的目标,提升日常管理与照料的专业化能级。2020年与上海银杏老年公益基金会深度合作,建立“银杏之家”项目。在为老年受助人员提供温馨、宜居生活环境的同时,开展为期半年关于生活护理、心理护理、安全护理及心理减压服务等多方面的12期系统培训,覆盖全站所有的救助管理员及护工200余人次,首批有82名学员通过结业考核。(陈艳萍)

【“爱相伴”志愿服务】 2020年,上海市救助管理二站继续深化“爱相伴”志愿服务项目建设,为受助人员引入陪伴式志愿服务,以专业的社会工作理念、体系化的方式,为受助人员量身定制方案,内容涵盖生活技能、艺术治疗、情感关怀等,并根据需求向社会招募具有专业背景或相关特长的志愿者。“上海市新时代文明实践综合服务平台”上线试运行后,“爱相伴”志愿服务第一时间申请上线,在该平台上寻找相应资源,发布需求,推进项目。(姜骊嘉)

上海市民政传媒中心

【概况】 上海市民政传媒中心主要承担《上海老年报》《上海民政》等刊物的编辑、出版、发行,上海民政网站内容发布和微信公众号、微博等政务新媒体的日常运营等工作。2020年,围绕上海市民政局中心工作,做好新闻发布、公众宣传、舆情应对等宣传保障,参与策划组织14场市政府疫情防控新闻发布会,组织开展近70次新闻通气会及记者采访活动,共编辑出版《上海民政》杂志6期;承担上海市民政局新媒体与网站的采编运营任务,全年上海民政微信公众号推送消息1 159篇,上海民政微博发布博文499条;《上海老年报》采编、经营与发行工作常抓不懈,维持《上海老年报》全年78元/份订阅价格不变(每期四开八版,每份0.50元),共出版《上海老年报》156期(逢星期二、星期四、星期六

出版)，作品《你的余生　我来守护》获第 29 届上海新闻奖三等奖。　（伍成根）

【疫情防控】 1 月 31 日至 3 月 31 日，上海市民政传媒中心配合上海市民政局、上海市人民政府新闻办公室组织 14 场市政府疫情防控新闻发布会，对市民政局在市委、市政府领导下出台的口罩预约登记销售、社区管控、困难群众特别救助、流浪乞讨人员强化救助、社区儿童与老人特别监护照护、社会捐赠募集与发放、清明期间预约祭扫、社会福利机构封闭管理等一系列政策与举措进行信息发布。其间，配合上海市民政局及各相关处室、兄弟单位，上海市民政传媒中心组织 20 余次集中报道或个别采访，内容涉及寒潮下救助站奋力救助流浪乞讨人员、上海社会组织踊跃捐款捐物、上海各界积极为援鄂一线人员献爱心、小留学生回国在沪集中隔离期间得到民政社工温情关爱、援鄂医护人员亲属一封求助信引发各方相助、独自滞留申城的小学生得到社区干部悉心照料等。在抗疫进入常态化的新形势下，组织媒体对康复辅具等产业复工复产、民政出台“金九条”助力养老机构渡难关、上海市出台举措关心关爱抗疫一线社区工作者、上海市招收 1 000 名高校应届毕业生为社区工作者以促进应届高校毕业生就业、社会组织专场招募应届毕业生、上海养老服务秩序全面恢复等进行采访和报道。　（伍成根）

【民政重大新闻发布】 2020 年，上海市民政传媒中心围绕上海民政各项工作，策划、组织、落实一系列民政重大新闻发布与宣传。与上海市人民政府新闻办公室发布处共同策划 3 次“每月一访”活动，1 月 13 日，就“2019 年实事项目完成情况”集体探访“区级公建养老机构社会化运营模式”的标杆项目——北桥老年福利院；6 月 15 日，就“社区云”建设情况实地走访“社区云”首批试点单位之一——浦东新区周家渡街道云台第一居委会；9 月 2 日，围绕社会救助主题集体采访“社区救助顾问”制度试点、推广情况。配合上海市民政局做好民政重要节点新闻发布与宣传工作，通过召开新闻通气会或组织记者集体采访、个别采访等形式，发布首批“智慧养老”场景、首批长三角异地养老机构名单、上海民政救助资金内控平台建设等新政策、新举措、新进展进行等信息；宣传“老吾老”计划、“社区嵌入式”养老、“居家环境适老化改造”试点、“认知障碍家庭支持中心”建设、《婚姻法》实施 70 周年情况、康复辅具租赁试点扩大范围等重要工作成果；报道上海市救助站借助高科技、大数据等力量帮助流浪 42 年的贵州老汉找到家、上海市儿童临时看护中心转变职能及时发现关爱社区困境儿童、杨浦救助站的“女儿”考上大学等案例和“上海工匠”吕永兵、养老护理员黄琴等人物事迹。　（伍成根）

【舆情监控与应对处置】 2020 年，上海市民政传媒中心配合上海市民政局做好舆情监控与应对处置。上海市民政传媒中心发现舆情之后，第一时间向上海市民政局相关处室、分管领导、主要领导报告，并协助业务部门核实了解情况，与媒体沟通，及时澄清谬误，回应公众关切，并做好舆论引导工作。全年未发生过度负面舆论，未发生影响全局的负面影响。　（伍成根）

【民政政务新媒体与网站采编运营】 2020 年起，上海民政政务新媒体的编辑、运营，和上海市民政局内外两个网站的信息发布、内容保障工作，转由上海市民政传媒中心承担。在政务新媒体方面，力争“权威、准确、及时、有用、有趣”地推送民政信息，让网民在第一时间全面了解民政部门的政策和工作，通过开设“致敬抗疫英雄”“救助站的故事”“上海品牌社会组织”等专栏，采取向各区民政局组稿、约稿等形式，运用生动活泼、通俗易懂的语言、图解或动画小视频等方式，讲好民政故事，提升微信内容接受度和可读性。全年，上海民政微信公众号共推送消息 324 次、1 159 篇；“上海发布”采用 47 条，阅读量超过“10 万+”的有 30 条；上海民政微博共发布博文 499 条；微信粉丝数由 2019 年的 5.3 万人上升到 2020 年的 12.9 万人。在政府网站方面，做好网站普查工作，对发现的问题做到即知即改，确保上海民政网站能够正常访问、链接可用、更新及时、内容准确、服务实用，顺利通过政府网站每季度普查；同时，深化政府网站内容建设，优化网站栏目设置，做好规范性文件发布，推进信息公开工作，强化政策解读工作。全年，上海民政网站共编发民政新闻 749 篇，公开政府信息 917 篇，开展在线访谈 3 期；“上海社会组织公共服务平台”共编发社会组织风采 38 篇，公开信息 68 篇。　（伍成根）

【《上海老年报》聚焦老年人关注热点】 2020 年，面对新冠肺炎疫情，2 月 1 日至 22 日，《上海老年报》持续推出《战“疫”特别报道》专版共 10 期 40 版，对疫情实况、防控政策措施、科学防疫知识等进行及时、准确的宣传；聚焦老年群体关心的社会热点话题，报道清明推行网上祭扫、试点市场化适老化改造项目、首批长三角异地养老机构名单发布等事件；调查报道被“非法荐股”群疯狂“割韭菜”、熊孩子玩网游刷掉外公巨款、护理员为评先进向老人讨表扬等读者反映的问题；就老年宜居城市建设中的不足等话题策划组织“一起来‘挑刺’”等系列报道。2020 年，《上海老年报》每月安排版面对上海市老年基金会开展的公益活动进行报道；专版刊发元旦春节期间全市助老帮困送温暖公益活动和老年节期间全市助老敬老公益活动；专版刊发第十八期沪疆“银龄行动”志愿者招募简章、第四期沪滇“云海银晖”志愿者招募简章、第二期沪黔“银智红情”志愿

者招募简章等;全年刊发公益广告 272 条通栏,近 45 个整版。 (伍成根)

上海市居民经济状况核对中心(上海市社会救助事务中心)

【概况】 2020 年 12 月,上海市社会救助事务中心整建制并入上海市居民经济状况核对中心,上海市居民经济状况核对中心挂上海市社会救助事务中心牌子,调整后,上海市居民经济状况核对中心(上海市社会救助事务中心)主要承担上海市居民经济状况核对和社会救助等相关事务性工作,机构规格为正处级,机构类别仍为公益一类,事业编制由原核定的 30 名调整为 53 名。上海市居民经济状况核对中心(上海市社会救助事务中心)原核定的 30 名辅助人员额度维持不变。2020 年,中心在做好疫情防控的同时,积极拓展核对应用领域、推进跨省数据核查、建设核对工作队伍、加强理论研究创新,推进长三角区域核对机制一体化建设。全年共完成各项目核对 30 余万户;另配合市农委试点开展生活困难农户的经济状况认定 1 500 户;完成核对新系统翻建一期工程 5 个子系统建设;组织开展各类培训 9 期 915 人次;指导区核对中心组织开展各类培训 131 期 2 987 人次;以非沪籍共有产权保障房项目为试点,率先实现 228 户申请家庭 752 人的经济状况信息在全国范围内的跨省核查。同时,中心持续深化文明创建工作,巩固创建成果,推动上海核对工作再上新台阶,成功创建成为 2019—2020 年度上海市文明单位。2020 年,原市社会救助事务中心完成了 11 期《社会救助工作》内刊编发工作,结合热点编发抗疫专刊《抗击疫情,我们同行》,并对全市 12 个区的低保专项治理行动进行重点报道,为全市低保专项治理工作共享经验。 (陈颖超)

【核对出证】 2020 年,上海市社会救助事务中心在原有 15 个项目的基础上,配合市农委在松江、宝山、金山区探索开展生活困难农户的经济状况认定工作。受新冠肺炎疫情影响,前 9 个月救助部门减少复审委托核对,救助项目核对量与去年相比略有减少,9 月救助复审工作恢复后,后 3 个月核对工作量与去年同期持平,各项目核对工作整体平稳有序开展。中心以市政府“一网通办”“一件事”为重点,优化系统对接、畅通核查渠道、助推“不见面办理”,实现廉租房项目核对常规性实体材料核减三分之二,材料提交数量由原先的 20 类 27 项压减至 8 类 8 项,并将廉租房原有的先核查住房面积后核对经济状况的“串联模式”转变为两个环节同步进行的“并联模式”,业务审核时限从 35 个工作日缩短至 25 个工作日。据统计,自 9 月底廉租住房“一件事”政策落地施行以来,中心最快在收到委托后 8 个工作日即出具核对报告,核对平均用时 14 个工作日。全市 2020 年共完成各项目核对 304 728 户次。具体情况见表 2。 (陈颖超)

表 2 2020 年全市核对业务量

业务项目	业务量(户次)	差异率
廉租房	12 407	8.82%
共产房	7 794	9.04%
低　保	140 952	38.30%
支出型贫困	2 331	40.07%
医疗救助	90 957	9.29%
临时救助	10 929	22.30%
教育救助	2 366	15.10%
老年照护	14 506	6.58%
残疾补贴	15 939	23.23%
危房改造	431	75.87%
特困供养	2 467	68.65%
就业援助	245	13.58%
资助参保	892	33.86%
工会帮扶(手工比对)	1 007	/
法律援助	5	50.00%
农　委	1 500	/
合　计	304 728	24.74%

注:差异率是指经济状况核对结果不符合政策规定条件的申请家庭数占总申请家庭数的比例。

【核对系统翻建】 上海居民经济状况核对信息系统于 2008 年投入建设,已使用超过 10 年。为解决核对系统初期规划的功能模块不能很好满足核对业务发展需要的现实问题,2020 年,上海市社会救助事务中心开始对核对系统进行为期两年的翻建,依托电子政务云资源,对系统进行整体架构和硬件支撑环境升级,严格对标国家标准、民政行业标准,对系统的核心流程及功能、数据质控、业务监管、安全保障和交互设计等方面进行再造,提升系统的标准化、智能化、安全性和友好度,至年底已完成核对业务处理、数据比对交换、核对业务配置、核对业务监管、基础数据管理五大子系统建设。同时,根据全市政务服务“一网通办”要求和核对业务发展实际需求,中心进一步完善核对内容、调整比对字段、优化专线接口,完成与所有政府部门专线及 20 家银行专线转政务外网工作,通过市大数据中心实现法律援助和困难职工帮扶项目的业务系统连通和数据交换,申请调取 9 项电子证照,进一步实现“让数据多跑路，让群众少跑腿”。截至年底，中心已与各政府部门、金融机构和社会团体14类数据交换单位建设34条电子比对专线，与27家商业银行建立光盘比对交换机制。

（陈颖超）

【核对工作规范】 2020年，上海市社会救助事务中心持续推进标准化建设，探索建立核对地方标准。6月29日，《居民经济状况核对工作规范》通过市地方标准立项评审，被上海市市场监督管理局列入2020年度第四批上海市地方标准制修订项目计划。《居民经济状况核对工作规范》明确各级核对工作职责，体现简化核对流程和证明材料以方便核对对象、加大核对信息资源的全面协查共享、采用电子文本流转提高核对工作效率等鲜明特点，顺应政务服务“一网通办”和“不见面办理”对核对工作提出的要求，体现上海区域特点和业务特色。至年底《居民经济状况核对工作规范》正在积极征求民政部低收入家庭认定指导中心、局相关处室和各区核对中心意见。

（陈颖超）

【长三角数据共享】 2020年，上海市社会救助事务中心起草《长三角区域核对机制建设一体化发展合作协议（草案）》《长三角区域居民经济状况核对跨省核查工作方案》和《长三角区域居民经济状况核对跨省核查技术方案》，完成《长三角区域可供异地查询的信息资源目录》整理工作，组织召开长三角区域核对机制建设一体化发展座谈会，就核对机制建设一体化发展与苏浙皖三省达成合作共识，聚焦长三角区域跨省核查，立足各方核对需求，通过一体化建设促进各方开放核对信息资源，拓展数据交换渠道和核对应用领域，促进核对信息数据互认。民政部低收入家庭认定指导中心批复同意将长三角地区列为核对事业区域化发展试点区域。至年底，长三角核对机构数据互查共涉及54个部门的452个字段，核查速度明显快于全国平均水平。

（陈颖超）

【全市核对培训考核】 上海市社会救助事务中心探索“云”上培训，使用UMU、腾讯会议等软件搭建云平台，指导各区进行线上教学，指导内部讲师在教学实践中设计、开发、应用微课程。在首批8个带教示范点的基础上设立第二批“核对工作带教示范点”，通过建立片区培训阵地，以点带面、以强带弱，在疫情防控关键时期避免人员聚集，提升培训的针对性与实效性，为核对工作的顺利开展练好内功。2020年，全市16个区核对中心共组织开展各类培训131期2 987人次。中心有序开展核对员上岗考核工作，6月、10月组织开展2次核对员上岗考核，报名117人，实际参考人员为115人，其中61人顺利通过考核，平均合格率为53.04%。经统计，截至2020年年底取得核对员岗位培训证书人员历年累计1 429名，目前持证在岗人数共计787人。6月和11月共分2批开展新进核对员业务培训，共115名核对员参训。8月26日至10月15日，分7批开展核对员继续教育培训，共800名核对员参训。此外，2020年召开业务例会3次，参会69人次，解答业务问题55个，完成206户申请家庭系统抽查。（陈颖超）

【核对理论研究】 2020年，完成《社会救助申请家庭分类核对策略研究》和《非本市户籍人员经济状况核对理论与实务研究》两个局属课题的研究工作。《社会救助申请家庭分类核对策略研究》根据不同对象特点、诚信情况，结合项目核对要求探索分类核对机制，因人施策调整核对方式、核对周期、核对范围，从分类依据、短期内经济状况变化不大的人群、重点协查人群等多维度开展研究，提出六大分类核对策略。《非本市户籍人员经济状况核对理论与实务研究》总结非本市户籍人员核对特点，提出进一步优化工作的具体路径，为今后跨省核查和长三角核对机制一体化提供理论支持。中心参与民政部低收入家庭认定指导中心《核对长效机制研究》课题的研究工作，承担课题报告撰写任务。服务核对项目开展，进行生活困难农户、社会救助失信惩戒政策、社会救助诚信等相关政策的理论研究。完成市发改委《2019年度收入监测报告白皮书》中核对工作研究报告，编写2020年度《核对项目准入条件与享受待遇总览》《核对项目准入条件与享受待遇标准文件汇总》。

（陈颖超）

【社会救助信息系统数据管理】 2020年，原上海市社会救助事务中心依据市民政局有关要求，配合做好民政社会救助信息系统相关工作，协助进行系统调标设置，及时完成低保等救助政策业务需求分析工作，做好救助系统维护工作，主动处理基层单位问题及咨询，全年共计受理约2 400人次，确保系统正常运行。切实做好报表报送和数据统计工作，定期完成低保、临时救助、特困供养等常规报表及信息公开报表等报送工作，按要求及时统计农村低保专项治理、救助标准与物价上涨联动机制、2021年一般预算转移支付项目预算分配表等各类专项数据并报送相关部门。组织开展系统数据交换、比对和核查等工作，定期就电费减免名单、农婚知青名单分别与电力公司及市人社局信访办进行数据交换，配合完成上海民政社会救助绩效数据、城乡居民医保缴费补助数据等有关数据的比对工作，深入核查临时价格补贴数据6 000多条、因病支出型贫困数据530条、粮油帮困问题数据核查1 123条。积极组织开展系统报表核对工作，全年共核对并处理系统报表问题数据25条。依据市民政局安排，配合市退役军人事务局做好相关工作，通过救助系统做好退役军人享受低保出证454份，核查、比对系统中退役军人社保缴

费数据754条。（沈志成）

【社区帮困】为缓解困难群众看病难问题，减轻困难居民的医疗负担，市社会救助事务中心与市医保中心及市帮困互助基金会、市老年基金会等处理交换数据24 292条，新制医疗帮困卡2 480张，检测、更换坏卡336张。2020年，全市社区医疗帮困一卡通使用资金共计6 850 014元，累计交易次数181 962人次。同时，发放粮油帮困卡528 000张。（沈志成）

【交流合作】2020年，上海市社会救助事务中心协助青海核对中心开办省级“示范培训班”，分别于6月和10月分两批次安排青海方面20余名学员进行为期15天的在沪考察学习，赴奉贤、杨浦等区实地考察和座谈交流等方式开展浸入式、体验式培训。同时，中心在民政部低收入家庭认定指导中心举办的全国核对工作会议、全国核对长效机制研讨会，全国低收入家庭经济状况核对机制建设和运行效果评价项目研讨会上，围绕“十三五”期间特色成果、核对工作发展方向、核对数据分析等主题进行多次交流发言，应邀赴重庆、宁夏、安徽等省市分享上海核对工作经验。（陈颖超）

【疫情防控】全面部署疫情防控工作，将疫情影响降至最低。以市政府“一网通办”“一件事”为契机，上海市社会救助事务中心优化系统对接、畅通核查渠道、助推“不见面办理”，从申报方式、受理模式、审核程序、管理架构等方面对居民经济状况核对工作进行整体性再造，明确“减材料”和“压时限”两大目标。与市大数据中心沟通协调，申请调取核对所需的电子证照及相关数据，并借鉴低保、低收入项目精简申请表项填写的经验做法，实现廉租住房申请家庭经济状况核对所需提交的常规性实体材料核减超过三分之二（由原先的20类27项压减至8类8项）；将廉租房原有的先核查住房面积后核对经济状况的“串联模式”转变为两个环节同步进行的“并联模式”，同时优化内部业务流程，将该项目核对时限由35个工作日缩短至25个工作日。中心配合救助审批部门，对新申请低保等社会救助的家庭，适当优化简化审核审批程序；对已经纳入低保的困难家庭，视疫情情况延长定期核查时限，相关手续可在疫情解除后进一步完善，为困难家庭开通社会救助绿色通道，确保真正困难的群众在第一时间得到及时救助。（陈颖超）

上海民政(集团)有限公司

【概况】2020年，上海民政(集团)有限公司[以下简称(集团)公司]及属下上海民政劳动服务有限公司、上海上奥轮椅销售有限公司、上海新沪标准件厂、上海三智汽配实业有限公司、上海假肢厂有限公司均被市局确定为“功能保障类”企业，集团公司的经营宗旨是：保障民生，服务社会，推进残疾人集中就业，为老年人、残疾人等提供优质公共产品和服务。主业是：资产经营，产业培育、投资和开发，汽车配件生产及销售，康复辅具产品销售、装配和服务，物业经营与租赁等。2020年年初，(集团)公司上报年度营业收入指标7 000万元，实现利润指标5万元，其间费用（即：销售、管理、财务费用）控制指标2 800万元。至2020年年底，(集团)公司（以下均不含假肢公司）完成主营业务收入10 638万元，实现利润1 384万元，三大费用（销售费、管理费、财务费）支出1 691万元（疫情原因，减免企业社保缴费近300万元）；厂房物业出租企业当年租金回笼率96%，上述各项指标均远远超过预期。2020年，(集团)公司适应疫情防控新常态，全面有序恢复经营秩序，高质高效履行企业责任，统筹推进各项工作。全面修订《上海民政(集团)有限公司章程》，进一步明确公司决策机构、执行机构、监督机构的职责范围，完善党总支、董事会、监事会和经理层之间的分工、协调机制和议事规则。重视公司人才队伍建设，先后安排本部4名同志到属下企业兼职、挂职和进行专项调研式学习，通过民主程序，推荐2名同志进入市局副处级干部后备。为规范运行程序，优化内部管控体系构建，(集团)公司对现有的19处物业和8处对外租赁项目，进行全方向、全要素的信息搜集和整理。改进完善安全检查手段，积极排查整改事故隐患，以制度促进责任落实，以落实保证制度效果。全年，共进行定期或不定期安全检查8次，下达跟踪检查整改单16张，并对项目整改及时进行跟踪检查，确保全部得到落实。强化全体员工的安全意识，提升安全生产能力，全年共开展消防安全及安全生产法律法规培训3次，消防安全理论培训2次，消防演练1次。至2020年年底，(集团)公司下拨和属下企业自筹各类帮困金共计237.6万元，使3 632人次得到帮扶，使221名90岁以上孤老和患大病的残疾退休职工参保市总住院互助保障得以全额补贴；坚持精准帮扶，9名特困下岗员工被列入市局工会和劳服公司精准帮扶对象；全年度共获得市民帮扶资金61.8万元，惠及困难职工199人。年初，面对新冠肺炎疫情，针对新沪厂厂区宿舍内13名残疾职工和孤老实际，启动应急预案，为住厂孤老施行提供集中订餐、送餐上门服务；在周边餐馆纷纷关门无法订餐的情况下，联系第三社会福利院，继续为住厂孤老提供一日三餐和送餐到家服务。下半年，投入23万多元，对新沪厂厂区宿舍老旧设施设备进行改造维修项目，为孤老日常安全和生活提供保障和便利。（陆志英）

【集团公司法人治理结构完善】2020年，上海民政(集团)有限公司根据相关法律法规,全面修订《上海民政(集团)有限公司章程》,健全董事会和监事会人员配备,明确(集团)公司决策机构、执行机构、监督机构的职责范围,完善党总支、董事会、监事会和经理层之间的分工、协调机制和议事规则,党组织的法定地位和职工参与公司决策、治理、监督的民主权利写进章程。选举产生1名职工董事、2名职工监事,健全(集团)公司董事会、监事会。2020年,(集团)公司根据《中国共产党章程》《中华人民共和国公司法》《中华人民共和国企业国有资产法》《中国共产党国有企业基层组织工作条例(试行)》和《中共中央、国务院关于进一步推进国有企业贯彻落实"三重一大"决策制度的意见》等有关规定和上海市民政局局党组的工作要求,结合工作实际,对"三重一大"事项决策制度作出修订。该制度共13条89款,重点对"三重一大"决策事项范围、责任主体、权力主体、议事规则、决策程序、监督检查6个决策关键环节进行规范、明确。　(陆志英)

【三智公司新能源突破】　上海(集团)有限公司属下上海三智汽配实业有限公司(以下简称三智公司),为集中安置残疾人就业企业。2020年,三智公司成为上海通用汽车公司SGM258&SGM358 48 V蓄电池电缆新能源项目定点企业。这是三智公司第一款且具有较大销售额的新能源项目。不仅能在短期内保障三智公司的销售业绩,还将显著提升三智公司的生产技术和工艺能力,加快实现三智公司转型升级。同时,通过技术升级2020年三大汽车主机厂共8个项目已在三智公司实现量产,2个项目已经进入工程验证阶段;三智公司还承接6个全新平台项目,拓宽业务范围,加深与三大主机厂的合作。　(陆志英)

【国有企业退休人员社会化工作】　上海民政(集团)有限公司立足国企退休人员法定权益保障和服务需求,开展国有企业退休人员社会管理服务工作。2020年,(集团)公司成立工作小组。按照市国资委《为进一步推进本市国有企业退休人员社会化管理服务工作的实施方案》要求,制定《民政集团公司国有企业退休人员社会化管理工作方案》,明确各属下单位职责分工,确保社会化管理工作有序开展。与区人社、市档案局积极沟通,对移交工作推进中存在的问题及时咨询解决。对(集团)公司系统内企业退休人员人事档案资料进行全面排摸、梳理,全面掌握国有企业退休人员基本信息。并委托第三方专业档案公司进行数字化工作,落实移交任务,预计移交人事档案10 000余份。　(陆志英)

【退伍军人补交社保工作】　2020年,为贯彻落实中共中央办公厅、国务院办公厅印发《〈关于解决部分退役士兵社会保险问题的意见〉的通知》要求,上海民政(集团)有限公司第一时间研究部署补缴退役士兵社会保险相关工作,多渠道学习了解补缴政策。与退役军人事务局及时衔接沟通,将符合条件的人员缴费年限、安置单位和工作年限、身份类别、有无事业编制等关键要素统一汇总,调档摸排,逐一筛选,确保不缺一块,不漏一人,稳妥细致做好补缴人群的摸排工作。对申报符合条件的人员逐个核查,确保补缴数据真实准确,切实保障退役士兵合法权益。2020年共完成补缴人数25人,补缴社保金60余万元。　(陆志英)

【历史遗留问题解决】　上海民政(集团)有限公司新华路569弄68号的物业,因建造原始资料缺失、用地边界不清、地权多次变动等种种历史遗留问题,导致物业产证一直未能办理,造成开发难度大、高质量合作伙伴难寻、租金价格过低,严重影响国有资产的运营效率。2020年,在上海市民政局、长宁区委、区政府的支持下,(集团)公司与长宁区国资委就新华路569弄68号的物业利用开展市区企业项目合作,达成由长宁区国资企业上海服装(集团)有限公司对该物业进行合作开发意向。2020年10月,(集团)公司在长宁区国资委、规划等部门的协调下,办理土地证,解决历史遗留问题。2020年12月17日,市区企业项目顺利推进,(集团)公司与上海服装(集团)有限公司签署合作协议,将新华路569弄68号物业打造成高端文创园区,目前各项工程进度均顺利推进。　(陆志英)

【假肢公司助力公益助残】　2020年,上海民政(集团)有限公司下属上海假肢厂有限公司(以下简称假肢厂)会同上海证券交易所公益基金会、上海慈善基金会虹口机构和云南文山州民政系统,顺利完成2020年度云南文山州麻栗坡县因战致残人员假肢安装项目,这是假肢厂自1999年以来连续第21年承接完成此项工作。在项目推进过程中,假肢厂克服疫情的影响,在较短时间内完成人员的组织、材料的采购托运,并与当地相关部门做好前期的沟通和安装前的准备工作,为因战致下肢残疾的人员安装200条现代假腿。假肢厂继续深化与益海嘉里集团公司假肢助行项目的合作,在全面做好疫情防护的情况下,启动2020年度"金龙鱼"假肢助行项目,先后完成河北秦皇岛市、广西贵港市、黑龙江佳木斯市、重庆市、云南昆明市5个地区285人301条假肢的装配任务,完成销售额211.96万元。同时,不断完善假肢公益项目专业化、标准化,探索建立"政府引导、基金支持、企业实施"的公益项目新模式。　(陆志英)

【疫情期间"六稳""六保"落实】　2020年,上海民政(集团)有限公司开展疫情期间民营企业和个体工商户承租物业的租金减免工作,减免 38 家直接、间接承租企业和个体工商户 2020 年 2、3、4 月租金,减免租金共计 247.84 万元,涉及减免物业面积 12 930.93 平方米。2020 年度,疫情发生后(集团)公司第一时间成立疫情防控领导工作小组,结合实际情况及时制定 6 套防疫制度,积极落实各项防控措施。确保公司各项工作平稳、有序开展。2020 年,(集团)公司招聘应届本科毕业生 1 名。(集团)公司及属下企业共选派 3 名青年职工参与市民政局浦东机场防疫志愿者工作。

(陆志英)

上海社会福利发展有限公司

【概况】 上海社会福利发展有限公司是由上海市国资委作为出资人,并委托上海市民政局监督管理的国有独资公司,主要从事公益项目投资、公益性资产管理、实业投资,企业投资,投资咨询等服务。2020 年,公司落实疫情防控要求,严格执行疫情防控政策,根据上海市委、市政府要求,履行国企责任,减免非国有企业承租人租金。完善公司内部结构,探索新业务,保障重大安全活动。

(丁　怡)

【疫情防控】 新冠肺炎疫情期间,上海社会福利发展有限公司建立"三个三"工作机制,确保疫情早发现、早报告、早诊断、早隔离。成立疫情防控应急小组,切实做好应对处置工作,第一时间发布应急管理规定,及时为公司员工、物业人员和园内社会组织提供口罩、消毒液;制定三项制度,通过园区微信群,建立报备、测温登记制度,日报告、零报告制度以及排查制度;突出三项宣传,通过园区微信公众号、微信群等形式及时宣传疫情防控信息,普及各项防控知识,及时下发园区防控、复工复产通告,悬挂宣传标语,进行宣传引导,及时总结宣传疫情防控工作好的经验做法;落实三条措施,按要求做好入园疑似人员隔离工作,按规定做好入园人员的日排查工作;三是坚决杜绝园区各类大型会议、群体性活动。

(宫　键)

【非国有企业承租人租金减免】 上海社会福利发展有限公司响应上海市委政府、上海市民政局号召,支持疫情期间上海市中小企业平稳发展,开展减免非国有企业承租人租金工作。制订实施方案,明确责任部门、任务分工和减免租金的范围、标准,办理程序、受理时间、申请文本、所需材料等,确定符合减免租金承租人名单和减免金额,确保减免租金落实到实际承租人,帮助中小企业应对疫情,共渡难关。完成公司及下属企业减免 2020 年 2、3、4 月非国有企业承租人租金工作,减免租金共计 29.65 万元、涉及租赁面积 1 355.47 平方米。

(宫　键)

【内部结构完善】 2020 年,上海社会福利发展有限公司推进企业现代化制度建设,完善公司治理结构。完成公司章程修订;变更法定代表、董事会、监事会,深化国有企业改革亟须完善产权清晰、权责明确、政企分开、管理科学的现代企业制度,完善公司治理结构;完善"三重一大"事项决策制度,明确公司股东会、党组织、董事会、行政领导班子的决策权限和决策流程,加强企业党风廉政建设,有效规避企业运行发展中的各类风险。

(宫　键)

【新业务领域探索】 2020 年,为激发企业的内生动力,发挥民政国企在养老服务体系建设中的作用,上海社会福利发展有限公司尝试涉足康复辅具洗消服务行业,研究康复辅具租赁市场的运营模式、市场需求,接触服务经验的康复辅具租赁公司,起草合作成立康复辅具服务公司可行性方案,尝试寻找新的经济增长点。

(宫　键)

【重大活动安保工作】 2020 年,上海社会福利发展有限公司承担第十届"公益伙伴日"活动安保组工作,积极协调属地公安、交通、民政、街道、医院等资源,为活动提供事前、事中、事后全方位的后勤、服务、安全、保障,努力确保活动安全有序,有效预防各类突发公共安全事件,切实保障活动人员的生命财产安全,为活动顺利举办提供有力支持。

(石建华)

第二十三章　上海市民政局局管社会组织

【概况】 上海市民政局局管社会组织(以下简称局管社会组织)是指依法登记的、由上海市民政局担任业务主管单位或行业管理部门的社会组织。至2020年年底,局管社会组织共计385家(具体组成见表1)。2020年,局管社会组织工作以"加强党建引领业务发展"为指导思想,以"依法管理和引导发展两手抓"为基本方针,进一步建立健全局管社会组织体制机制。正式成立局管社会组织党委和纪委,建立工作制度和内部分工。开展局管社会组织党建情况摸底调查,举办党建培训,探索开展行业党建,促进党建和业务工作"两手抓、两促进"。配合登记管理方式改革,完善业务主管单位管理相关流程和制度。积极开展大调研,完善基础数据,了解局管社会组织诉求。鼓励局管社会组织参与民政本领域社会治理,开展首次民政领域社会治理创新项目活动。积极参与疫情防控,各局管社会组织在认真做好自身防护的同时,组织开展募捐和防控工作,及时组织力量支援湖北当地和本市医院、道口、社区防疫工作一线,为打赢疫情防控战发挥积极作用。

表1

局管社会组织	直接登记	双重管理	合　计
社会团体	3	7	10
社会服务机构	3	65	68
基金会	304	3	307
总　计	310	75	385

(薛　海)

加强局管社会组织党的建设

【局管社会组织党委纪委成立】 2020年7月22日,上海市民政局成立中共上海市民政局局管社会组织委员会和纪律检查委员会。局管社会组织党委主要职责:在市民政局直属机关党委领导下,组织领导局管社会组织党组织和党员深入学习和贯彻习近平新时代中国特色社会主义思想,执行党中央和党的上级组织的决策部署;指导局管社会组织党组织参与社会组织内部治理,参与社会组织重大决策,发挥党建引领作用;引导和监督社会组织依法执业、诚信从业,教育、引导职工群众增强政治认同,引导和支持社会组织有序参与社会治理;对党员进行教育、管理、监督和服务,监督党员干部和其他任何工作人员严格遵守国家法律法规,加强党风廉政建设,坚决同各种违纪违法行为作斗争;对入党积极分子进行教育、培养和考察,做好思想政治工作和意识形态工作;领导社会组织中的工会、共青团等群团组织。局管社会组织纪委主要职责是:在市民政局局管社会组织党委和市民政局直属机关纪委领导下,对局管社会组织党组织和党员进行遵守纪律教育;检查局管社会组织党组织和党员贯彻执行党的路线、方针、政策和决议情况;协助局管社会组织党委推进全面从严治党,加强党风建设和组织协调反腐败工作;受理并按照分级处理的规定,处置党员群众检举举报;按照有关规定,检查、处理所辖党组织和党员违反党章和其他党内法规的案件,决定或者取消对这些案件中的党员的处分,进行问责或者提出责任追究的建议;受理党员控告和申诉、保障党员权利。(邢月潭)

【党建培训】 2020年10月26日至27日,局管社会组织党建工作培训班举行,50家局管社会组织党组织负责人参加培训,学习社会组织党建知识,开展党建活动交流与研讨。培训邀请市委组织部组织二处的专家作题为"上海社会组织党建工作的探索与实践"的辅导报告,系统介绍上海社会组织党建工作发展的历程、探索实践和面临的挑战任务。上海联劝公益基金会、上海新力公益基金会、上海星舍公益基金会分别结合自身党建工作作交流发言。(薛　海)

【行业党建探索】 社会组织工作人员全职少、兼职多、流动快,且现有局管社会组织中已有党组织的隶属关系不一,大多在所在地或主办单位,且不能满足建立党组织需要三名党员的基本条件。经过摸底调查,基于局管社会组织党建实际情况，局管社会组织党委打破党建隶属（工作）关系和党组织形式的限制，依托民政细分业务领域（救助、养老、残疾人、儿童、社区、社会工作和志愿服务、慈善、社会组织服务等8大领域）或社会组织不同形式（社会团体、社会服务机构、基金会）探索开展行业党建工作，2020年开始在部分基金会中先行试点。（薛　海）

完善局管社会组织综合监管

【双重管理推进】　配合登记管理部门管理方式变更，2020年，局管社会组织中的社会组织服务机构整体和部分社会团体、基金会转为双重管理，局管社会组织中实行双重管理的单位数量由原先的个别大量增加到75家。贯彻落实《关于加强上海市民政局局管社会组织综合监管的若干意见》，完善“登管合一、四位一体”的管理体制，按照职责分工，集中全局力量做好局管社会组织监管。（薛　海）

【大调研工作开展】　2020年，结合年度重点工作，局管社会组织采用数据收集、实地走访、会议座谈、问卷调查等调研方式，对全体局管社会组织、相关社会组织登记管理、行业管理、职能管理和枢纽管理部门、社会组织相关学者和实务领域专家进行局管社会组织大调研工作。经过全面排摸，收集完善局管社会组织相关数据；围绕重点工作，推进局管社会组织参与抗疫工作、推动局管社会组织创新项目的开展；并就推进局管社会组织综合监管、社会组织党建等问题形成方案和措施。（薛　海）

【业务指导强化】　按照“管行业也要管组织”的要求，2020年，局管社会组织加强民政细分8大领域的指导力度。配合转为双重管理，落实局管社会组织的业务指导和行业管理细化要求。指导各业务领域开展摸底调查、召开座谈会、建立工作群，明确各业务工作联络员，鼓励发布业务领域政策信息和主要项目，交流推广局管社会组织品牌项目和典型做法。（薛　海）

推进局管社会组织创新服务

【民政领域社会治理创新项目】　为进一步鼓励局管社会组织参与民政领域社会治理、选树优秀创新项目，2020年，局管社会组织首次向全体局管社会组织开展民政领域社会治理创新项目活动。共收到57个项目的有效申报，经评审最终确定慈善、救助、殡葬、残疾人、儿童、养老、社工、社区等领域共11个项目入选。入选的创新项目于12月底悉数完成收尾。为确保项目责任落实和目标达成，在立项之时即进行详尽的项目规划，并制定《关于支持局管社会组织参与民政领域社会治理创新的操作办法》，从组织体系和责任分工、购买服务项目内容及目录、项目购买方式及程序、预算及财务管理、项目质量管理等方面明确相关要求和制度规范。项目实施期间，成立专门的工作小组负责相关行政管理和服务支持工作，对入选项目提供全程咨询、指导和资源对接等工作，进行督导和跟踪管理，确保入选项目的有序进行和有效产出。（薛　海）

【疫情防控】　针对新型冠状病毒感染肺炎疫情，及时发布工作提示和工作要求。组织局管社会组织积极行动，认真做好自身防护，努力联合企业、会员及其他组织开展募捐和防控工作，及时组织力量支援湖北当地和上海市医院、道口、社区防疫工作一线。局管社会组织积极响应政府号召、回应社会需求、发挥社会组织伙伴助手作用，在加强内部疫情防控工作的同时，秉持规范、公开、合作原则，积极联合各方力量，为打赢疫情防控战发挥自身的积极作用。（薛　海）

重要局管社会组织展示

【上海市慈善基金会】　至2020年12月底，基金会累计总收入150亿元，累计总支出119.5亿元，通过各类慈善救助项目的实施，受益人数累计达2 231万人次。基金会积极打造各类慈善公益品牌，自建会开始已连续举办二十七届“蓝天下的至爱”慈善活动，探索上海市首单股权捐赠、首单慈善信托。此外，基金会还拥有“放飞希望”“点亮心愿”“姐妹情”“花儿绽放”“多彩晚霞”“萌芽计划”等一批慈善品牌项目。在脱贫攻坚的三年行动中，基金会实施精准扶贫及对口援建类项目共1 983个，受益近200万人次，资助总额达6.3亿元。2018年开始，基金会牵头积极推进长三角慈善一体化发展。2020年疫情期间，基金会举全会之力，奋战在抗疫后方，共接受社会各界款物捐赠达6.78亿元，实施300余项援助项目，累计支出达6.5亿元。

（上海市慈善基金会）

【上海市帮困互助基金会】　上海市帮困互助基金会是经上海市民政局核准登记的非营利性慈善组织，为上海市5A级社会组织，是上海具有公开募集资质的公益基金会之一，也是2019年上海市36家品牌社会组织之一。自2003年12月成立以来，通过福利彩票公益金的资助、组织社会募捐和接受爱心捐赠等，采取“个案帮扶、项目帮扶、特定帮扶”三种形式实施综合帮扶，募集的资金开展助医、助老、助困、助学、赈灾等项目。2020年，全市开展社区市民综合帮扶共支出帮扶资金1.25亿元，帮扶对象59 952人次。其中，个案帮扶17 914人次，支出资金7 112.3万元；项目帮扶42 038人次，支出资金5 423.3万元。积极探索社会救助由单一物资(资金)型向多元化服务型的提升的“帮依一把”综合帮扶项目，荣获“上海市2020年度优秀社会工作项目”。（上海市帮困互助基金会）

【上海联劝公益基金会】 以“支持公益参与者实现社会价值与个人价值，引领快乐自主有成效的公益慈善文化”为使命；以“让更多人，更快乐、更自主地参与公益，成为美好社会+1的力量”为愿景，先后创新“一个鸡蛋的暴走”“清洁小手”“在城长宝藏小屋”等多个品牌项目，为公众提供多元、自主的公益参与方案。2020年，上海联劝公益基金会的捐赠收入达到1.58亿元，比2019年增长23%；全年公益支出共计1.26亿元，通过联劝“U积木计划”[含“一个鸡蛋的暴走资助项目”、“一个鸡蛋”项目、“清洁小手”项目、“在城长宝藏小屋”项目(原：放学啦！宝藏小屋项目)]、“U泉计划”、“U悠计划”、“抗疫济困”专项资助、公益专项基金、公益专项合作、企业专项基金、企业公益合作、捐赠人建议基金等途径，共计支持并合作376家公益机构，822个公益项目，主要资助领域为困境儿童关爱、社区建设、救灾减灾等12个领域。联劝网作为民政部指定的慈善组织互联网公开募捐信息平台之一，提供技术支持、筹款咨询、O2O活动、赋能培训、数据分析、捐赠人服务全方位的线上线下服务，共与约600家公益机构合作。至2020年年底，上海联劝公益基金会累计获得各类奖项51个，2020年获得第四届金桔奖、“公益之申”十佳公益机构、界面新闻2020年度透明公益慈善基金会排行榜前50等荣誉；“清洁小手”项目获得2020中国公益慈善项目大赛百强项目、2020年澎湃新闻年度责任践行公益奖。（上海联劝公益基金会）

【上海仁德基金会】 仁德基金会自成立以来募得善款总计3.64亿元，支出善款总计约3.04亿元。2020年投入公益项目资金7 992万元。基金会陆续打造出“海公益”“亲亲禾苗　营养一餐”“春柳—留守女童关爱计划”和“让星儿更美好”等品牌项目。“亲亲禾苗　营养一餐”项目持续开展困难学生帮扶工作，自2015年8月实施以来，累计筹款3 000多万元，已为4.7万名偏远贫困地区的中小学生和特殊学校学生送去营养餐，项目入选国务院扶贫办“2019年全国社会组织扶贫50佳案例”；“春柳—留守女童关爱项目”自2017年实施以来，关注留守女童生理和心理健康，荣获中国慈善项目大赛百强项目荣誉。仁德基金会连续5年在中国基金会透明指数FTI(Foundation Transparency Index)的评比中获得满分100分，2020年评级为A+。2019年至2020年期间仁德员工们深入“三州三区”、云南、贵州的对口支援地区实地调研，开展59个项目，捐赠扶贫资金达1 030.8万元，受益人数达9万人次。（上海仁德基金会）

【上海真爱梦想公益基金会】 真爱梦想公益基金会通过标准化的“梦想中心素养教育服务”公益产品，“梦想中心+梦想课程+梦想领路人教师培训”及梦想盒子线上社区等“三位一体”教育公益模式，融入公立学校的课程体系，帮助校长、老师提升教育教学的专业能力。先后获得“中华慈善奖”“5A社会组织”“全国巾帼建功先进集体”等荣誉，理事长潘江雪荣获“全国脱贫攻坚先进个人”荣誉称号。2020年，真爱梦想筹集善款、物资及服务收入共计2.42亿元，在全国建设学校梦想中心教室478间，社区梦想中心82间。真爱梦想在上海对口扶贫的青海果洛、云南省、贵州遵义、新疆喀什、西藏日喀则以及国家“三州三区”的四川省凉山州、甘肃省临夏州等区域落地素质教育服务体系，以“梦想中心”为核心项目进行教育扶贫扶智的支持。真爱梦想扶贫案例入选国务院扶贫办2019年社会组织扶贫50佳案例与教育部全国教育扶贫典型案例。至2020年年底，真爱梦想在上海支持的6省区15地市州42区县市累计捐建256间梦想中心。（上海真爱梦想公益基金会）

【上海市社会工作者协会】 至2020年年底，有81个单位会员、3000多名持有社会工作职业水平证书的个人会员。2020年上海市社会工作者协会根据《上海市公益基地创建与管理办法》(沪民规〔2020〕20号)的要求，积极推进公益基地建设。协会与上海市1号公益基地上海人民广播电台——《直通990》栏目组联合打造《社工分享计划》，自2017年至2020年累计有415位社工志愿者走进直播间。至2020年12月，沪滇“牵手计划”上海20家援派机构共牵手帮扶云南省13个州、20个贫困县，援派机构累计在地服务3 613天，援派专业社工243人，链接资金1 293.345万元，为云南当地培育发展20家社会工作服务机构，培养524名社会工作专业人才，开展社会工作培训181期，受培训人数为2 278人，协助并鼓励云南当地机构677名人员参加全国社会工作者职业水平考试，“牵手计划”直接受益40 255人，间接受益73 528人。协会承办以“专业社工　守护儿童　托起希望”为主题的2020年社会工作主题宣传活动启动仪式，发布《2020年社会工作行业报告》。协会组织开展上海市专业社会工作督导培训项目和社会工作管理人才培训计划，受益学员110人。（上海市社会工作者协会）

【上海市养老服务行业协会】 协会会员单位共1 064

家，其中直接提供养老服务的会员单位有 828 家，包括全日制集中住宿和照料护理服务机构 634 家，居家和社区养老服务机构有 151 家，护理站 43 家。另有企事业单位、基金会以及社会组织等养老支持类会员单位 236 家，涵盖信息科技、医疗健康、康复辅具、金融服务、助餐服务以及技能培训等养老相关技能培训等养老相关行业。协会开展各项服务工作，主要包括：组织开展各种从业人员培训、教研、资格考试、大型竞赛等活动，培育养老服务行业人才，提升全市养老服务质量；推动养老服务行业标准化建设，开展养老机构照护分级评估工作，完善科学、精准的养老机构评价体系；开展调查研究，通过举办专业论坛、座谈会等方式广泛听取各方意见，代表行业为政府建言献策；整合各类资源，为会员单位搭建交流合作平台，推动养老产业多元发展；以会刊和微信公众号等方式向社会各界传递协会新举动、养老服务行业新业态等。（吴　琦）

【上海市社会建设研究会】 2020 年上海市社会建设研究会及时从社会治理角度总结上海抗击疫情的做法和经验，撰写形成一份具有总结性的上海经验模式的总报告和一份上海社区疫情防控暴露出的问题及建议的专报。积极配合市民政局开展首届上海社会建设和基层社会治理创新项目。以“上海社会建设专家讲坛”为品牌项目报名参与上海市民政局文化品牌项目申报活动。全年以线上及线下的形式共举办 4 场“讲坛”。编辑 6 期《上海社会建设研究》刊物，主要发表社会建设相关的研究文献、专家观点、基层实操经验等重要信息，同时，围绕“讲坛”分别以“社会治理视角下的上海新冠肺炎疫情防控”“推广‘三会’制度经验，提升社区治理规范化精细化水平”“首届上海社会建设和基层社会治理十佳创新展示项目推介”“学习贯彻党的十九届五中全会精神，加强基层民主协商机制建设”等为主题，编辑印制专刊。同时与上海《宣传通讯》编辑部、市党建研究会、松江区民政局（社建办）、闵行区地区办等单位密切联络合作，为开展“2020 松江区社会建设指标体系绩效评估项目”“《闵行区社会治理‘十四五’规划》编制”等项目工作。（上海市社会建设研究会）

【上海市癌症康复俱乐部】 有 15 000 余名会员，17 个团体会员，一个分支机构，182 个融入社区、依托社区、服务社区的活动块、站组成三级管理网络。2020 年获第三届中国健康产业创新平台健康公益与社会责任奇璞奖。2020 年以《加强康复教育建立健康档案强化信息管理》参加“上海市民政局参与民政领域社会治理创新项目”，为 15 000 会员建立癌症患者自我管理健康档案。俱乐部设立官方网站，建立“希爱家园”和“上海市癌症康复云学校”微信公众号，编有内部交流读物“康复通讯”。与福寿园一起建立“希爱林”生命教育园，每年清明时节举行千人集体追思日活动，完成临终关怀全过程。（上海市癌症康复俱乐部）

【上海慈善物资管理中心】 2020 年，中心被上海市政府授予“文明单位”称号，实现文明单位创建工作的“六连冠”。在“依靠社会办慈善、办好慈善为社会”的方针指引下，2020 年中心紧紧围绕“新冠肺炎”抗疫、“三区三州对口支援”和“精准扶贫”等重大民生保障项目开展工作，全年累计募集物资价值 2.22 亿元，助困物资价值 2.27 亿元，处置抗疫物资 1.58 亿元，累计向对口支援地区及其他兄弟省市捐赠物资 9 354.49 万元，同比增长 69.96%。（刘宇威）

第八篇　各区民政

浦东新区

【综述】 2020年，浦东新区辖12个街道、24个镇，1 007个居委会，358个村委会，总人口632.88万人。浦东新区民政局内设8个处室，下设15家事业单位，在编公务员54人，在编事业单位人员243人。

社会救助：2020年，浦东新区共发放各类救助资金11.19亿元，救助帮困近239.8万人次。全区主要社会救助对象32 783人，合计支出社会救助资金45 724.74万元。其中，城镇低保对象25 667人（含城镇重残无业人员7 591人）、农村低保对象6 616人（含农村重残无业人员5 005人）、特困供养救助对象410人，传统民政救助对象41人，落政对象49人。同时，实施粮油帮困19 372人，因病支出型贫困564人次（城镇536人次、农村28人次），临时救助3 779人次。同时，按照市统一部署，向低保家庭成员、特困供养人员、因病支出型贫困家庭生活救助对象共50.23万人次，发放临时价格补贴2 761.99万元，切实保障困难群众基本生活水平不因物价上涨而降低。全年共救助各类求助人员586人次。

社会福利：2020年，浦东新区共有养老机构170家（含长者照护之家28家），其中，公办105家，民办65家。养老床位数31 529张，入住老人15 280人；综合为老服务中心50个；居村老年活动室1 493个；老年人日间照料中心102个；农村养老睦邻互助点739个；老年人助餐点182个，供餐能力2.0万客。共有养老顾问街镇顾问点39个，居村顾问岗1 345个，顾问员1 681人。老年人长期护理保险服务人数6.62万人，评估人数4.74万人。养老机构护理员3 703人，居家养老服务员2 922人，助老志愿者6.02万人。全区共发放老年人综合津贴73.36万人，发放金额11.55亿元；发放居家养老服务补贴2.6万人，补贴金额1.19亿元。全区共有福利企业80个，安置残疾职工2 580人。全区共有散居孤儿14人，困境儿童223人，成年孤儿回归社会安置14人。2020年新增公益基地285家，至年底，共有1 063家公益基地。第十九届“慈善公益联合捐”围绕“人民城市暖民心，慈善公益为人民”的主题，共达成捐赠意向1.28亿元。

社区治理：2020年，浦东新区共开展1 499个居民自治金项目，覆盖979个居委会，涉及项目资金2 727.68万元。推进“三会一代理”，印发《浦东新区民政局关于居民区（村）听证会、协调会、评议会和群众事务代理制度的实施意见》。实施社区分类治理，研究制定《浦东新区社区分类治理指导手册》。落实乡村振兴战略，深化推进“阳光村务工程”，发挥村规民约（居民公约）作用，358个村全部完成村务公开信息内容完善，257个完成村规民约修订，占总数的71.8%；99个村经过梳理符合文件要求、确定不修订村规民约，占总数的27.7%。推进“社区云”建设，从10月至年底，“社区云”的人房数据初始化完成率从45.2%提高到100.0%，居民信息完善率大于等于90%的居村从240个提高到1 121个，所占比例从17.7%提高到99.3%。通过7批次专项招聘活动，共录取初任社区工作者近千人，2020年年末，全区社区工作者人数达到1.43万人，全年区层面共计培训社区工作者超过1 000人次。全区各受理中心总计受理业务326.2万件，占全市受理量的27.0%，排名第一。“家门口”远程视频办理业务共22.4万件，占全年业务受理量的5.2%。

社会组织：2020年，累计注册登记的社会组织共有2 376家，其中社会团体442家，民办非企业单位1 930家，基金会4家。准予社会团体成立登记6家，办理社会团体变更登记65家；办理社会团体到期换证119家，办理社会团体注销5家。共办理民办非企业单位核名89家，准予民办非企业单位成立登记83家，办理民办非企业单位注销41家，办理民办非企业单位变更登记311家；办理民办非企业单位到期换证532家。

社会服务：2020年，共办理结婚登记21 578对、离婚登记12 982对、办理补领婚姻登记证4 280份；办理收养登记6例、事实收养6例、解除收养登记1例。完成各级各类婚姻信息核查3 800余人次。2020年，清明和冬至期间全区各殡葬单位共接待祭扫市民57.57万人次，车辆10.63万辆，落葬7 643穴。全年共火化遗体17 740具，实现基本殡仪服务补贴口径、受理、结算“三统一”，共发放2 836人次（补贴对象同比减少28.96%），补贴金额340.32万元。审核完成市节地生态葬式奖补1 145人次（奖补对象同比减少9.05%），发放补贴金额114.5万元。 （孙胜男）

【疫情防控】 根据《浦东新区养老机构新型冠状病毒感染疫情防控工作方案》《浦东新区居家服务工作提示》《浦东新区关于做好“一老一小”福利领域新冠肺炎疫情防控工作方案》等文件，建立疫情定期通报会商制度，要求各街镇建立完善的防控体系。1月23日起，对全区的养老机构进行每3天一轮不间断、不定时、不打招呼、地毯式、全覆盖的检查（疫情常态化后转为每周一轮），并下发工作提示和防控指导。通过采购、捐赠等多种形式，为各类为老服务机构（组织）、养老从业人员解决防控物资。严格执行上海市关于“居（村）委会预约登记＋指定药店购买，每轮每户可购买5个口罩、每轮每户仅限预约购买一次、先到先得”等政策口径，引导居民按需登记、有序购买。自2月2日至4月23日共完成六轮登记和购买工作，历时82天。全区36个街镇1 358个居村预约总数886.58万户次，占全市预约总量的28.43%，其中最高一轮预约量为173.00万户，占新区实有户数76.75%，最低一轮预约量109.24万户，占新区实有户数48.46%。制定《浦东新区社会组织参与新冠肺炎疫情防控工作指南》，引导社会组织依法开展捐赠活动，浦东新区各社会组织共收到捐赠款超过2 000万元，口罩50万余只、医用防护服2.26万余件等。广泛动员社会力量参与疫情防控，依托社会组织推出“社区防疫箱”、慈善超市“线上买菜+线下送货”等公益项目。推出“抗疫情，浦共益”社会组织短期扶持计划。为受疫情影响的9家社会组织提供共计31万元的资金帮扶和能力建设。引导社会组织助力大学生就业，32家社会组织联合开展的“毕业季，浦东社会组织欢迎你”招聘会开放156个岗位。制定详细的婚姻登记注意事项和告市民朋友书，引导当事人暂缓登记、错峰登记，倡导亲友不要陪同，暂缓举办结婚宴席。同时，在接待窗口安装软玻璃防护和扫码确认行动轨迹的防护措施，摸索出“一米安全服务法”。

（张晓霞　汤文建　毕晓静　赵元珺）

【救助方式创新】　2020年元旦春节期间，浦东新区民政局实施“扬帆工程”项目，对城乡低保家庭子女，包含其共同生活的非上海市户籍的子女实施一次性帮扶，共帮扶3 418人，列支帮扶资金242余万元。实施爱心牛奶项目和爱心鸡蛋项目，惠及低保家庭中60—89岁的老人、低保家庭中16周岁以下儿童和特困供养人员，共惠及6 000余人，涉及资金371余万元。根据上海市民政局“桥”计划和救助顾问制度，委托第三方专业社会组织开展家庭成长计划，建立505份个人档案，成立“护航少年联盟”，启动青少年居家学习空间改造计划，依托上海仁德基金会在腾讯公益平台上线，面向社会大众募集资源。累计举办各类活动146场，服务对象2 744人次。通过社会力量撬动社会力量的方式，为困难家庭提供法律援助、心理咨询、助学助教、居家环境微改造等各种志愿服务。　（赵政霞）

【结对扶贫】　2020年，浦东社会组织与9个帮扶地进行结对，共开展扶贫项目56个，投入资金1 253.8万元；自发捐款捐物，折款约94.49万元；帮扶地区约有4.7万人口受益。浦东旅游业协会与帮扶地共同打造相互融合的旅游格局，帮助当地培育自我造血机制。瑞福养老、乐群等9家社会组织积极参与结对帮扶新疆莎车。浦东信鸽协会举办慈善拍卖，所得善款用于“教育扶贫”；浦东光彩事业促进会开展“乡村笔记·大理—浦东城市职旅”扶贫项目；真爱梦想基金会将“梦想中心”带去偏远地区学校，助力当地儿童发展。

（盛　悦）

【养老服务深化】　5月18日，浦东新区民政局出台《浦东新区关于进一步促进和规范老年助餐服务工作的实施方案》；6月1日，浦东新区政府出台《浦东新区深化养老服务实施方案》。加强养老服务标准化建设，以养老机构等级评定为重点，同步探索制定日托、助餐、睦邻点、家门口服务站等养老服务场所标准化管理，加速推动养老服务规范化进程。2020年，浦东浦惠明川养护院荣获中国质量认证中心颁发的“美好老龄服务质量评价安心+”证书；在南码头、陆家嘴街道开展家庭照护床位试点，探索制定家庭照护床位设置及服务清单；会同消防部门研究制定新区养老机构消防设施配置和使用的标准规范。推进智慧养老，开发建设浦东城市大脑——养老服务应用场景，以信用情况与风险程度为依据，对不同养老服务机构实施差别化监管措施。围绕“载体创新、资源共享、渠道畅通”，打造全新的区级综合为老服务平台，汇聚各类服务信息，完善系列服务功能。在全市试点建立“我要入住养老院”一件事民生服务系统。　（张晓霞）

【长三角区域养老服务一体化】　2020年，浦东新区民政局强化“共同体”意识，牵头合作、联通内外、做强功能，8—10月，赴杭州、宁波、湖州、南京等地对接并签署共建协议，大力吸引长三角区域优秀的养老服务企业落户浦东，推进长三角地区在养老服务资源要素、人才队伍、标准体系、制度规范等方面互融共通、深度合作、协同发展。　（张晓霞）

【“暖心”专项基金试点】　2020年，浦东新区洋泾社区公益基金会、金杨社区公益基金会被列为全市10家“暖心”专项基金试点单位，在全市层面率先设立“暖心”专项基金并形成特色项目。洋泾社区公益基金会在专项基金的框架下，延展推出“医暖心”补助金、“急暖心”补助金、“学暖心”补助金、“绿洲·洋泾食物银行”等子计划。陆家嘴社区基金会在寒暑假期间向辖区20个老旧社区的困难学生发放助学款共计83万元，帮扶困难学生500人次。　（郁　鹂）

【居民自治金项目】　2020年，浦东新区以项目化运作的方式积极深化社区自治，共开展1 499个居民自治金项目，覆盖979个居委会，涉及资金2 727.68万元，吸引3.97万人次社区志愿者参与项目各项活动或服务，志愿者总投入的服务时间达到99.35万小时，平均每个项目获得的志愿者服务时间合计为662.8小时。形成一批居民参与度广、认可度高、可复制可推广的居民自治“点睛项目”，如洋泾街道山水国际居委的“猫与狗的治理”、东明路街道凌十二居民区的“彩之韵”、周浦镇御沁园居委的“一楼一故事”等。　（顾敏燕）

【“三会一代理”制度推广】　2020年，浦东新区民政局印发《关于居民区（村）听证会、协调会、评议会和群众事务代理制度的实施意见》（浦民〔2020〕33 号），出台“三会一代理”制度，完善基层民主协商机制载体，以做强街镇、做优社区、做实基础、做活治理为导向，明确“三会”程序和要求。同时，群众事务代理机制化、规范化，依托政府职能部门资源和“家门口”开放式办公机制，加大统筹协调，了解群众“急难愁”，创新机制，细化服务，发挥居（村）委会为群众事务代理功能。研究制定《“三会一代理”指导手册》，突出“工具包”功能，提供操作模板等辅助工具，明确“三会一代理”的参考清单、议事规则、会议技巧等，加强对基层的指导。开展分层分批培训，采用案例教学、模拟演练的方式，提高培训的实用性和有效性。研发制作“三会一代理”培训动画视频，共计 5 个片段、20 分钟，制作成“电子工具包”，通过寓教于乐的方式，加强“三会一代理”的宣传推广。

（顾敏燕）

【婚姻登记服务建设】 为纪念新中国第一部法律《中华人民共和国婚姻法》颁布 70 周年，2020 年，浦东新区开展系列庆祝活动：5 月 1 日，举办“爱在浦东·缔结幸福”结婚登记颁证仪式；通过微信公众号普及婚姻法律法规，鼓励市民参与云答题，累计收到 500 多份答卷；举办婚姻法律法规知识竞赛，激发全所职工学法用法的热情；积极参加上海市民政局组织的征文活动，浦东新区报送的《由婚姻登记行政诉讼案例引发的思考》获得优秀奖。11 月 28 日，浦东新区民政局、区文明办、区司法局、区妇联在世纪公园举办“爱在浦东　执手再出发”暨庆祝浦东开发开放 30 周年结婚登记集体颁证仪式，来自浦东各行各业的 30 对新人参加此次活动。

（赵元珺）

【殡葬智能化管理】 2020 年，浦东新区民政局利用“浦东新区殡葬设施协同监管大数据”场景应用平台，将“六个双”平台安全风险评估、双随机等融入场景应用平台并不断迭代升级，实现“动态、风险、信用、分类”四个监管，提升综合监管效能。39 家殡葬单位客流眼安装全覆盖，实现对殡葬场所人流实时统计、实时预警。开发“智慧殡葬”小程序，优化双向信息互通，实现问题发现、评估、派单、处置、反馈处置闭环管理，逐步实现可视化、智能化、协同化和精准化全过程管理。

（胡　玲　蔡志文）

黄浦区

【综述】 2020 年，黄浦区辖 10 个街道办事处，177 个居委会，总人口 58.37 万人。黄浦区民政局内设 9 个科室，下设 10 家事业单位，在编公务员 30 人，在编事业单位人员 80 人。

社会救助：2020 年，黄浦区累计发放最低生活保障金 1.92 亿元，18.25 万人次；支内回沪人员生活补助 1.58 亿元，14.34 万人次；困难残疾人生活补贴 1 046.66 万元，3.26 万人次。10 月起，实行粮油帮卡（券）的电子化结算发放，提升社会救助资金监管效能。开展低保专项治理工作，提升救助规范化水平。开展第八批共有产权保障房申请家庭经济状况核对工作。做好安徽下放居民稳定工作，健全基础台账、完善信息沟通和共享机制。1 月 2 日，启动以“问民众之需、解民生之困、架民心之桥”为主题的 2020 年黄浦区元旦春节帮困送温暖活动，全区共发放帮困资金 4 982.32 万元，10.02 万人次。建成区民政资金内控监管平台，11 月起，低保、特困供养、重残无业、特殊救济、支内回沪等五类社会救助资金纳入平台审核发放，实现全流程电子化闭环管理。9 月 9 日，开展以“点亮‘益’颗心，温暖在外滩”为主题的黄浦区 2020 年中华慈善日暨公益伙伴月主题活动，通过公益展演、文化展示、便民服务、慈善义卖和疫情期间慈善公益力量展示，弘扬慈善文化。全年救助流浪乞讨人员 177 人次。

社会福利：2020 年，全区共有养老机构 36 家，长者照护之家 12 家，养老床位 5 697 张，社区综合为老服务中心 12 家，老年人日间服务中心 31 家，老年助餐点 67 个，社区长者食堂 2 家。年内，改建失智老人照护床位 112 张，完成 90 户居室适老性改造。为 21 592 名老年人提供居家养老服务。完成老年照护统一需求评估 10 736 人次，落实低保、低收入老人长护险自负部分减免政策，全年补贴 16.49 万元。开展“老伙伴”计划，1 600 位志愿者为 8 000 名高龄老人提供上门拜访、小组活动和个案服务。每月为约 10 000 名 90 岁以上高龄老人赠送牛奶。完成老年认知障碍友好社区第一批试点（外滩、五里桥和瑞金二路街道）。开展家庭照护床位试点，共为 60 名老人提供专业照护服务。开展“老吾老计划”项目试点，实现全区 10 个街道全覆盖，累计为近 6 000 名（户）社区轻度失能老人及其家属、家庭开展服务和照护实训。开展康复辅助器具社区租赁试点（南京东路、老西门和淮海中路街道）。开展社区养老标准化试点，老西门街道老年社区食堂、打浦桥街道大同居委会老年活动室申报试点。完善“智慧养老”信息平台功能建设，定制符合街道养老服务个性版和特色版。实施区集中配餐中心分级配餐制度，提升既有老年助餐点服务功能，设计符合老年人特点的多价位套餐 38 套。年内，完成 2 名成年孤儿回归社会安置；向 3 名社会散居孤儿发放基本生活费 6.84 万元；发放困境儿童生活费 41.94 万元，339 人次。健全困境儿童分类保障制度，将困境儿童保障工作纳入市民综合帮扶机制，完善“区—街道—居委”三级工作网络；实施“爱伴童行”困境儿童个性化关爱帮扶项目。全年发放残疾人护理补贴 3 002.25 万元，14.28 万人次；因病支出型贫困家庭生活救助78.54万元,699人次。

社区治理:2020年,配合市、区人大常委会对黄浦区贯彻实施《上海市街道办事处条例》情况开展执法检查。做好居民区"两个清单"[居委会协助行政、司法(人民/社会团体)事务目录清单和居委会证明类印章使用事项目录清单]下沉事项把关,指导居委会开展"零距离"家园建设和"星级"居委会评估工作。开展2021年居委会换届选举前期调研工作。面向应届高校毕业生专项招聘社区工作者,共招聘22人。开展2020年度社区工作者公开招聘工作,共招聘99人。开展"社区云"信息系统建设试点,9月,实现"社区云"在全区177个居委会全覆盖。制定实施《黄浦区关于进一步推广"住户守则"的指导意见》。宣传贯彻《上海市志愿服务条例》,全区共有公益基地443家,培育发展社区志愿服务组织,引导市民参与公益活动、申领公益护照。

社会组织:2020年,全区共有社会组织761家,其中社团185家,社会服务机构576家,备案群团1 063个。实施社会组织登记"一网通办",在区行政服务中心推进"无差别受理"综合窗口建设,实现社会组织登记全流程网上办理。组织开展第十届"上海公益伙伴日"黄浦区系列活动,鼓励社会组织参与"公益四进"(进校区、进社区、进园区、进商区)活动。为期一年的黄浦区社会组织优秀人才研修班第一期结业,培养社会组织领军人才31名。开展社会组织规范化等级评估,全年共评估55家,评选出3A级35家,2A级5家,1A级2家。完成2019年度社会组织年度检查,全区应参加年检社会组织761家,实际填报696家,填报率91.5%,年检合格573家,合格率75.29%。对65家社会组织开展财务审计。加强教育类社会服务机构执法监督,首次对上年度收入在1 000万元以上的20家教育培训机构开展专项检查评估,对30家开展合规性检查。

社会服务:2020年,在各街道受理中心部署"一网通办"超级自助终端,2个街道开设24小时自助服务区域。完成"黄浦区社区事务受理服务中心综合运管平台"系统开发,实现各街道受理中心全覆盖。"智能店小二"政务智能终端接入受理中心,提升政务服务事项"网办率"、电子证照应用率。年内,结婚登记5 026对,离婚登记3 066对。加强福利彩票代销网点分级分类管理,全年销售福利彩票1.34亿元。　(顾　及)

【疫情防控】 2月2日,黄浦区民政局牵头开展社区居民口罩预约登记工作,共开展六轮口罩预约,累计预约1 057 145户;向恶性肿瘤病等重大疾病患者和孕产妇等重点人群免费发放口罩89 980只。2月,制定实施《黄浦区民政局关于疫情防控期间社会救助工作的通知》《黄浦区民政局关于进一步做好疫情防控期间困难群众兜底保障工作的通知》和《黄浦区关于疫情防控期间社区特殊儿童工作的实施办法》,简化申请审批流程,将"因疫致贫""因疫返贫"人员纳入兜底保障范围,保障疫情期间困难群众基本生活。将特殊儿童优先纳入社区疫情防控体系和社区重点关怀对象,实施临时助学帮扶,为部分低保、特困家庭学生购置必要学习资料和学习用具。做好"两无"人员(在本区固定职业、无固定住所)和流浪乞讨人员临时集中救助安置工作。3月6日,牵头成立机场疫情防控专项工作小组,严格机场入口管理,落实机场转送、集中隔离、集中留验、居家观察等措施,实现无缝衔接,严防境外疫情输入。4月3日,成立黄浦区参加新冠肺炎疫情防控工作选派干部临时党总支,获"上海市抗击新冠肺炎疫情先进基层党组织"荣誉称号。加强区内民政系统服务机构疫情防控,开展多轮"四不两直"实地暗访检查,确保各类服务对象健康安全。引导和动员社会组织通过资源对接、专业支持、志愿服务、社会工作等形式参与防疫防控和复工复产复市。　(顾　及)

【社会救助工作绩效评价】 6月,黄浦区民政局依托区社会救助工作联席会议机制,开展区级社会救助工作绩效评价。在"9+1"政策框架体系内,以《上海市社会救助工作绩效评价办法》和指标体系为蓝本,针对因人户分离现象显著带来的管理难点等救助工作实际,制定适用于全区的社会救助工作绩效评价办法和指标体系,着重考察街道在日常救助工作实践中,落实包括人户分离在内的所有救助对象政策情况、关心关爱"沉默的少数"的情况。绩效评价工作小组历时3个月,采取自查自评、现场核查、座谈交流、问卷调查等评价方式,衡量各街道年度社会救助工作成效和管理情况,不断提高工作的科学性、规范性、系统性和有效性。

(顾　及)

【"社会救助顾问"】 12月,聚焦本区困难家庭、特殊群体和群众关切,黄浦区民政局建立社会救助领域"社区救助顾问"工作机制,以"政府+专业机构+顾问"为服务主体,以"整合+链接+陪伴"为核心,解决困难群众救助帮扶供需对接"最后一公里"问题。打造一支"线上""线下"专业的救助顾问团队,由各街道、居委会和相关社会组织工作人员组成,共计225人,提供专业化、精细化救助服务;统筹教育、帮扶等社会救助服务资源,实现对困难家庭的陪伴式、长效式、全程式救助帮扶;培养发展社会救助领域的社会组织,形成区域社会救助工作品牌。　(顾　及)

【市场化适老化改造项目试点】 2020年,黄浦区民政局指导各街道开展符合中心城区特点的适老化改造工作,排摸老年人需求,对申请对象的身体状况、自理能力、居家环境进行入户评估，形成“一户一策一档”方案。南京东路街道与上海地产养老产业投资有限公司合作，打造上海首家以石库门里弄为原型、实施功能改建的适老化智慧养老展示体验中心，以“政府补贴＋企业让利＋老人自负”资金分担方式推进适老化改造项目。体验中心融合嵌入智慧养老应用场景，模拟真实居家环境，聚焦安全养老、健康养老、智慧养老，提供生活支援类、健康管理类、步行辅助类、鞋履穿戴类和康复器械等产品和智能化照护系统的试用，提升老人对适老化改造项目的参与度和认可度。（顾　及）

【养老机构执法及检测工作】 10月，黄浦区民政局会同市民政局业务处室、执法总队对区内6家养老机构开展“市区联动”专项执法行动。检查组围绕养老机构法人内部治理、机构运营、服务管理3方面17个事项，查验工作台账、资格证书、文件资料，检查厨房、消防泵房等区域。在执法中对遇到的重点难点问题进行指导，做到政策宣传到位、程序告知到位、责任分工到位、全程记录到位、现场取证到位、结果反馈到位。年内，开展养老服务机构服务质量专项行动和服务质量日常监测工作，以边监测边辅导的形式开展两次区级模拟考评，督促指导各机构对突出问题、突出风险抓好整改落实。与各养老机构签订《2020年安全生产和消防工作目标责任书》和《2020年食品安全责任书》，加强消防、食品药品等养老服务领域重点环节监管。开展优质养老机构与薄弱养老机构结对共建项目，组织支援单位对薄弱养老机构开展现场指导。开展标准化老年活动室“星级”“特色”评估评比活动。（顾　及）

【社区分类治理“工作七法”】 5月，黄浦区民政局组织参加首届上海社会建设与基层社会治理创新项目征集与推广活动，全区10个街道、8个部门和组织申报项目33个，3个项目入围全市30强，其中区民政局的社区分类治理“工作七法”获评“十佳创新展示项目”。针对黄浦区社区形态复杂，“二元结构”突出，居民诉求差异大的实际，区民政局对居民需求、主要问题、社区组织、外部资源、居民交往方式等社区状况开展全面调研和总体评估，清晰定位社区特征，精绘“社区画像”，制定“三张清单”，因地制宜、分类施策，总结形成公约引领工作法、协商自治工作法、硬件激发工作法、物业提升工作法、商圈共建工作法、项目驱动工作法和多元共治工作法等社区分类治理“工作七法”，健全基层群众自治机制，构建多方参与的基层社区治理格局。（顾　及）

【社工教育培训体系】 6月，根据《黄浦区关于加强社区工作者队伍建设的实施意见（试行）》，黄浦区民政局启动2020年社区工作者梯队培养计划，开设针对居民区负责人级别后备人选和社工骨干后备人选的中级班和初级班，共60人参加，为期半年，每两周进行一次集中授课、小组沙龙、案例教学或参观学习。组织开展居委会主任培训、社区事务受理服务中心骨干培训，以及线上专业社工考证前培训。鼓励各街道开展社区工作者岗前培训、居民委员会成员培训等，形成分级分类社工培养体系。（顾　及）

【受理中心“全程一码”一站式服务】 7月1日起，黄浦区民政局将“随申码”与全区统一的受理中心叫号系统、电子证照库融合绑定，使其成为社区政务服务的入口证码和身份识别码，为办事群众提供“出入管理、取号、叫号、事项办理、证照调用”等“全程一码”的一站式服务。社区居民到受理中心办理各项业务，只需出示“随申码”，即可取号并调取电子证照库中的身份证等高频证照，完成事项办理。（顾　及）

【行业协会商会脱钩改革】 2020年，黄浦区民政局全面完成行业协会商会与行政机关脱钩改革工作。此项工作自2016年启动，围绕“五分离、五规范”（机构分离，规范综合监管关系；职能分离，规范行政委托和职责分工关系；资产财务分离，规范财产关系；人员管理分离，规范用人关系；党建、外事等事项分离，规范管理关系）的要求，成立黄浦区行业协会商会与行政机关脱钩工作领导小组，制定行业协会商会与行政机关脱钩方案，依照“应脱尽脱”原则，全区应纳入脱钩行业协会商会20家，共分三批完成，脱钩率100%。（顾　及）

【《婚姻法》颁布70周年系列纪念活动】 5月1日，黄浦区民政局举办结婚登记集体颁证仪式，以及线上线下普法宣传、知识问答等活动，优化区婚登中心婚姻文化展示墙，加强婚姻法律法规宣传。开展以“爱在黄浦”和“我们的节日”为主题的颁证活动。“七夕”前夕，在田子坊举行“爱在黄浦，执手循礼”结婚登记集体颁证仪式。9月16日，上海旅游节期间，在枫泾路BFC外滩金融中心举办“玫瑰婚典”暨结婚登记大型户外颁证仪式。9月26日，在读者书店外滩旗舰店举办《民法典》与依法治区大讲坛暨结婚登记集体颁证仪式。10月1日，举办“爱在黄浦，月圆人缘”国庆、中秋主题颁证仪式。推进婚姻家庭服务，开设黄浦婚姻学堂，提供婚姻文化宣传、婚姻家庭辅导、婚姻危机干预、婚姻心理咨询等服务。（顾　及）

徐汇区

【综述】 2020年，徐汇区辖12个街道，1个镇，306个居委会，总人口111.31万人。徐汇区民政局内设7个科室,下设7家事业单位,在编公务员26人,在编事业单位人员97人。

社会救助:2020年,徐汇区民政局发放救助金2.9亿元,惠及各类民政救助对象37.91万人次。其中,最低生活保障10.34万人次12 153.53万元;特困供养2 016人552.13万元;因病支出型贫困256人次26.74万元;粮油帮困卡、帮困券4.89万人次313.34万元;临时补助9.55万人次1 329.55万元;支援外地建设退休(职)回沪定居人员困难补助12.5万人次13 545.1万元;落政人员326人次125.48万元;征地养老人员38人次23.99万元;安徽下放户定补1 848人次474.54万元;综合帮扶1 775人次478.66万元。元旦、春节期间投入各级各类帮困资金约5 583万元,覆盖各类困难群体约8万余人(户)。共对539户廉租房申请家庭进行经济状况审核,出具核对报告537份,终止核对42户。6月,开展上海市户籍第八批次和非沪籍第二批次共有产权保障住房申请受理工作,共有542户申请家庭被委托至民政进行经济状况核对,已出具核对报告481份,有57户家庭被检出经济状况不符合申请要求而终止核对。对最低生活保障项目申请家庭进行经济状况审核6 876户,其中新增670户,复审6 206户,出具核对报告6 874份,终止核对2户。审核因病支出型贫困项目家庭73户,出具报告73份;审核低收入困难家庭医疗救助项目家庭2 060户,出具报告2 057份,终止核对3户;审核教育救助项目家庭60户,出具报告60份;审核临时救助项目家庭404户,出具报告404份;审核困难残疾人生活补贴项目家庭126户,出具报告126份;审核特困人员救助供养项目家庭129户,出具报告129份;审核资助参保项目家庭3户,出具报告3份。老年照护统一需求评估、危房改造、就业援助、法律援助项目,未有委托。2020年共计救助流浪乞讨人员1 064人次,其中精神病人48人次,危重病人44人次,未成年人14人次,资助返乡377人次,护送返乡25次。完成"寒冬送温暖"专项救助,救助流浪乞讨人员338人次,引导劝离163人次,发放棉被、棉衣等御寒保暖物资67件,食品116份。上海市慈善基金会徐汇代表机构广泛开展社会动员,积极组织慈善募捐、帮困救助活动,全年募集捐款2 735余万元,支出2 263余万元,开展项目108项。

社会福利:至2020年年底,徐汇区共有养老机构59家,区内有养老床位8 961张;区内共有25家养老机构内设医疗机构;新设老年人助餐服务点8个,区内共有114个;新建老年人日间服务中心3家,区内共有32家;全区共有标准化社区老年活动室306个,实现居委全覆盖;共有睦邻点210个。为老年人提供居家养老服务25 535人,日间照料服务142人,助餐服务4 726人。高龄老人家庭互助服务10 000人,为困难老人家庭提供居室适老改造服务8户。为1 480户老人家庭免费安装无障碍扶手。962899为老服务热线为全区老人家庭提供923 714次电话主动关爱服务,为老人提供牵线搭桥服务10 177次,紧急援助服务1 870次,信息查询服务18 935次,发送关爱短信6 252条。完成困境儿童"童安无忧"保护服务项目比选,定期对全区6名散居孤儿和72名监护缺失困境儿童提供全程跟踪的专业服务。精心打造困境儿童文化补贴"童乐汇"项目,丰富贫困家庭儿童精神文化生活。启动第二届困境儿童"微心愿"圆梦项目,共向社会发布孩子微心愿349个,筹集善款21万余元。发放困境儿童文化补贴1 094.10万元,惠及对象10 928人次;发放困境儿童基本生活费99.20万元,覆盖困境儿童73名;严格落实孤儿基本生活保障制度,发放散居孤儿基本生活费6人,共计13.68万元,落实1名散居孤儿长期看护和生活照料。妥善处置5起儿童遗弃案例。发放残疾人两项补贴146 326人次,发放金额3 477.749万元。按照市民政局成年孤儿安置要求,长桥街道和天平街道落实2名成年孤儿安置工作。

社区治理:徐汇区民政局牵头区地区组做好社区疫情防控工作,指导街镇、居委会建立健全社区联防联控工作机制,严格落实入境人员机场、隔离酒店、居家隔离居所转运闭环全流程、全封闭管理。指导街镇做好高、中风险地区来沪返沪人员排摸工作,先后完成六批次"口罩社区预约登记、指定药店售卖"工作,累计共有1 130 348户居民进行预约,1 054 893户居民购买口罩。招聘社区工作者311名,开展任职宣誓活动和分层分类教育培训。开展居委会室外挂牌清理规范专项工作,清理比例达到58.3%。实施服务型居委会"四百"增能行动,实现各居委会社区工作者全岗接待100%全覆盖,推动社区工作者"走百家门、知百家情、解百家忧、暖百家心"。开展2021年居委会换届选举前期调研工作。积极参与市民政局"社区云"平台运用推广试点任务。做好全国社区治理和服务创新实验区跟踪指导任务。以"人民至上　服务为先　社工在一线"为主题,举办徐汇区第八届社工文化节。开展全区街镇社区事务受理服务中心第三方评估工作。区各街镇社区事务受理服务中心全年办理业务963 161件,其中全市通办200 160件(直接受理199 557件,收受分离603件),占比20.78%。华泾镇盛华景苑居委会社区工作者陈卓君获评全国民政系统抗击新冠肺炎疫情优秀城乡社区工作者。徐家汇街道乐山二三村居民区党总支书记余美香获评上海最美城乡社区工作者。

社会组织:2020年,徐汇区社会组织管理局组织开展社会组织规范化建设等级评估工作,有106家社会组织申报参评。通过评估,88家社会组织获得评估等级,其中5A等级的1家、4A等级的1家、3A等级的75家、2A等级的7家、1A等级的4家。至2020年年底,全区有社会组织943家,其中社会团体160家、民办非企业 783 家。社会组织应检数 901 家，其中社会团体 159 家、民办非企业 742 家；未检数 85 家（包括名存实亡单位），其中社会团体 11 家、民办非企业 74 家；填报完成数 816 家，其中社会团体 148 家、民办非企业 668 家；年检合格数 699 家，其中社会团体 112 家、民办非企业 587 家；年检基本合格数 83 家，其中社会团体 29 家、民办非企业 54 家；年检不合格数 119 家，其中社会团体 18 家、民办非企业 101 家。对 202 家（社会团体 47 家、民办非企业 155 家）社会组织发出了整改通知书。完成 18 家社会组织的实地抽检工作，完成 50 家社会组织财务审计。

社会服务：2020 年办理结婚登记 5 630 对，离婚登记 3 047 对，结婚补证 1 100 份；离婚补证 233 份；开具（无）婚姻登记记录证明 76 人次，收养登记 2 例。全区共有 38 人享受殡葬补贴，补贴共计 3.71 万元。

（朱一军）

【疫情防控】 2020 年，徐汇区民政局通过制定、发布社区防控和两大机场口岸人员接送转运的工作方案及重点工作提示，指导街镇居委落实社区排查和发热“零报告”制度，做好对重点地区和入境人员居家隔离，动员组织 306 个居委会开展好“看家护院、邻里互助”社区防控工作，全面实施小区封闭管理。区地区组牵头抓总两大机场前线与后方的精准对接、相关部门与街镇之间的沟通，确保地区组与机场驻点工作组之间 24 小时的信息互通，全面构筑起“口岸（道口）—社区”群防群控的管理闭环，守住疫情防控两大战线。实地走访和指导社区防控工作，牵头制定《徐汇区关于做好“两无人员”收治防控的工作方案》和《徐汇区关于做好家政服务人员疫情防控的工作指引》等针对社会面和社区群众十分关切的特殊人员的疫情管控工作指导方案，确保区域防控没有漏洞和盲点。（朱一军）

【困难家庭救助帮扶综合评估试点】 10 月，徐汇区被民政部确定为全国“社会救助改革创新试点区”，重点探索“困难家庭救助帮扶综合评估”试点项目。对标试点任务，重点打造科学构建多维困境分析模型、统筹各类资源实施综合救助、拓展救助服务供给方式三项创新举措。根据区委、区政府推进政府服务“一网通办”、城市运行“一网统管”的工作要求，坚持从困难家庭的实际需求出发，打造大民生板块精准救助场景，开启“一网统管＋精准救助”工作模式，提高社会救助服务能级，做法和成效。（朱一军）

【“寒冬送温暖”专项救助】 2020 年，徐汇区救助管理站开展“寒冬送温暖”专项救助，以街面巡查为切入点，以分类救助为着力点，织密温暖人心的“救助兜底网”。共救助流浪乞讨人员 338 人次，引导劝离 163 人次，发放棉被、棉衣等御寒保暖物资 67 件，食品 116 份，实现辖区内未发生一起流浪人员冻死事件。12 月 29 日，市民政局督导巡视组对徐汇区寒冬救助工作进行实地督查。

（朱一军）

【居家和社区养老服务改革试点】 徐汇区以嵌入式养老、集成式创新、沉浸式体验、数字化支撑、项目化推动、特色化街镇为主题，打造“大城养老、上海方案、徐汇实景”。各部门积极配合，注重政策引领、激发多元活力，聚焦特殊群体、保障基本需求，构建“一网统管”、助力智慧养老，突出队伍建设、提高服务能级，融合医养资源、推动一站式服务，着力推动标准化、强化质量监管，实现设施增量、优化均衡布局，做细社会治理、助推孝老敬老。2 月，徐汇区获批民政部第五批居家和社区养老服务改革试点。（朱一军）

【“童安无忧”项目】 2020 年，徐汇区民政局通过政府支持、民政采购、社会服务机构提供专业服务方式，完成 2020 年困境儿童“童安无忧”保护服务项目比选，丰富保护服务内容，定期对全区 6 名散居孤儿和 72 名监护缺失困境儿童，结合“爱伴童行”上海市困境儿童关爱帮扶项目，提供包括帮教助学、心理疏导、行为矫正、融合活动等各类专业服务，关注困境儿童生活的焦虑感和孤独感。推进困境儿童意外伤害保险项目，扩大保障险种，提高保险金额，为困境儿童的安康生活“保驾护航”。（朱一军）

【“童乐汇”项目】 徐汇区民政局发挥困境儿童保障工作联席会议作用，汇集政府、社会和慈善等各方资源，丰富“童乐汇”福袋内容，强化困境儿童亲子交流。“童乐汇”福袋共发放 1 113 份，覆盖全区监护困境和家庭贫困的儿童，以及徐汇建设者之家的儿童。福袋包含文化书券、生日蛋糕礼券、麦当劳汉堡礼券、东方绿洲营地参观券等。2020 年特别新增植物园参观券、科普盒子趣味科学课、漫游慢品武康路等活动。依托长桥街道乐高社区体验基地和上海明汇儿童发展中心等社区设施和资源，在徐汇区南片地区打造 2 家“儿童福利体验点”，建立儿童福利活动“根据地”，为辖区内困境儿童提供各类益趣活动和课程。（朱一军）

【第二届困境儿童“微心愿”圆梦项目】 为营造弱有所扶的氛围，汇聚关爱困境儿童的力量，徐汇区民政局联合宣传部（文明办）、工商联、慈善基金会徐汇代表机构等部门，启动第二届“微心愿”圆梦项目，在联劝公益平台和微信小程序发布，聚焦因家庭经济贫困、自身残疾、缺乏有效监护等原因面临生存、发展和安全的困境儿童。项目除覆盖徐汇区域内困境儿童的心愿外，还延伸至滨江建设者之家的儿童，以及对口援建的西藏萨迦和云南元阳、石屏、屏边、泸西四县贫困儿童，共向社会发布儿童微心愿349个，广泛动员爱心企业、慈善团体、爱心人士认领困境儿童“微心愿”，筹集善款21万余元，助力困境儿童实现“小梦想”。　（朱一军）

【成年孤儿关爱安置工作】 为进一步推动徐汇区成年孤儿安置工作，解决成年孤儿长期稳定的住房问题，徐汇区民政局印发《关于本区成年孤儿回归社会安置工作的实施意见》，将共有产权房列为成年孤儿长期、稳定的住房安置方式之一，在全市率先出台《关于本区成年孤儿共有产权保障住房房款补贴工作的操作细则》，明确房款补贴标准和操作办法。虹梅和康健街道2名成年孤儿已享受房款补贴政策，购置共有产权房。同时根据市局成年孤儿安置要求，完成2名成年孤儿安置工作。　（朱一军）

【“公益伙伴日”活动】 9月5日，2020年区“公益伙伴日”暨“爱满社区”社区基金会开放日活动分别在徐汇滨江和正大乐城举行。该活动由徐汇区民政局主办，上海联劝公益基金会承办，开展以公益宣传为主题的“滨江乐跑”活动。在正大乐城主会场，重点宣传在抗击疫情中徐汇区社会组织和社区基金会的有效行动，并发布社区基金会十佳成果项目。　（朱一军）

【“千里马”社区基金会人才育成计划】 3月，徐汇区民政局委托上海交通大学中国公益发展研究院共同实施“千里马”徐汇区社区基金会人才育成计划。该项目通过各社区基金会的内部治理、品牌运作，以及与不同主体的交流与合作，扩展社区基金会的资源动员网络。通过基础调研、外部参访、服务培训、配置带教导师，形成《“千里马”2019年徐汇区社区基金会秘书长育成调研报告》《“千里马”2019年徐汇区社区基金会执行秘书长育成计划推进方案》，并开展基金会负责人培训12期。　（朱一军）

【“学四史、走四百”主题活动】 徐汇区民政局制定《深入开展“学四史、走四百”主题活动推动服务型居委会建设创新发展的实施方案》（徐府办发〔2020〕14号），在全区各居委会开展“学四史、走四百”主题活动，推动社区工作者走出办公室、走进居民家，在面对面交流中发现社区问题、收集居民需求。依托区社会工作协会开展区级优秀社区工作者推选活动，综合考虑走访户数、工作实绩和组织评价等多方因素，确定枫林街道徐汇苑居委会社区工作者范卿等10名同志为2020年徐汇区“走四百”服务标兵，徐家汇街道乐山二三村居民区党总支书记余美香等10名同志为2020年徐汇区最美社区工作者。　（朱一军）

【“汇·爱＋”特色颁证活动】 徐汇区婚姻收养登记中心建立“汇·爱＋”区长颁证日活动常态化工作机制，推广“汇·爱＋”特色颁证活动品牌。5月1日，举办“纪念新中国第一部法律——《中华人民共和国婚姻法》颁布70周年”结婚登记集体颁证仪式；8月25日（农历七夕节），举办“汇·爱＋七夕　翰墨致楷模”书法家书写婚书暨徐汇区新时代文明实践基地揭牌仪式；11月11日，举办《民法典》暨双十一“汇·爱＋”主题活动——《典亮人生·幸福启航》。徐汇区婚姻收养登记中心作为徐汇区新时代文明实践基地首家授牌单位，通过举办“重登记，轻礼仪”的集体颁证主题活动，对婚姻文化服务及家庭文明建设进行探索，向新人倡导现代“简约办婚、环保办婚”的新婚俗理念，宣传“因爱而婚、汇爱成家”的婚恋观。　（朱一军）

长宁区

【综述】 2020年，长宁区辖9个街道，1个镇，185个居委会，总人口69.3万人。长宁区民政局内设9个科室，下设7家事业单位，在编公务员26个，在编事业单位人员119名。

社会救助：2020年，长宁区各类社会救助共惠及37.7万人次，发放救助金1.93亿元。其中，享受城镇最低生活保障人员共5.22万人次，金额5 399.3万元；向低保等救助对象发放临时价格补贴共503.7万元，惠及5.24万人次；共实施临时救助6 348人次，金额361.47万元；组织开展元旦、春节、五一、国庆等节日帮困，共计慰问7 755人次，金额498.9万元；综合帮扶支出帮扶金额106.18万元，336人次从中受益。2020年接受各类核对委托7 979户。制定《长宁区社会救助工作绩效考核办法》。就近向辖区困难群体提供情况分析、问题诊断、方向指引、资源链接等综合服务，实现精准救助。至2020年12月底，共配备救助顾问300余人。全区共有“线下站点顾问”195个，做到全覆盖。梳理整合140条救助相关政策，综合860家社会组织（单位）资源，对约7 000名救助对象进行精准评估，排摸出高度困境家庭重点服务对象1 359户，开展重点对象服务150户，提供陪伴式服务约1 500次。通过区政务信息资源共享交换平台，生成包含人员信息、走访清单、帮困资金等内容的困难群众基础数据库，为全区近3.5万名救助帮扶对象和家庭建档立卡。全区共有慈善超市12家，其中完成标准化建设和社会化运营的有12家，经常性社会捐助接收点197个。

社会福利：2020年，全区新建养老床位258张，新增助餐点10家，新增日间服务中心3家，均已投入使用。在2个街道启动家庭照护床位试点，制定《长宁区家庭照护床位试点实施办法》，探索将专业化机构照护服务延伸至老人家中。在8个街镇开展康复辅具社区租赁点服务试点工作，全区所有养老机构均通过内设医疗机构或与社区卫生服务机构签约，实现医养结合全覆盖。长护险与居家养老服务相结合的服务模式覆盖全区3.76万居家老年人。深入推进“物业＋养老”，在已有30余个为老服务点位的基础上，2020年在2个街道新布点7个点位，完成“老伙伴”计划招投标工作，由2 000名低龄老年志愿者向10 000名高龄老人提供家庭互助服务。继续在5个街道推动“老吾老计划”，实现街镇全覆盖。继续为全区老年人购买“银发无忧”保险。为200户老年人家庭提供无障碍改造。做好老年综合津贴发放工作，累计发放老年综合津贴2.44亿元。在全市率先实现老年认知障碍友好社区街镇全覆盖，成立认知症友好社区联盟联席会议，发布长宁区老年认知障碍友好社区“实践指南”和“立项指引”，发布《社区和居家认知障碍照护规范》，面向认知症照护管理人员、护理人员以及认知症家庭照料者开展专题培训；“打造长宁特色老年认知障碍分级照护体系”获评首届上海社会建设和基层社会治理创新项目。推进认知障碍照护床位建设，全年新增认知症照护床位103张，均已完工。至2020年12月底，敬老卡联盟共签约养老机构51家，助餐敬老卡商户34家(其中长者餐桌19家)。每天为全区独居老年人提供一次智能语音外呼服务，累计外呼107万次。推广养老服务“时间银行”试点，启动2020年养老服务志愿者培育试点，委托专业组织开展运动健康志愿者、应急志愿者、眼病预防志愿者、低龄老年志愿者文化赋能、医养结合老年人服务等6个项目，出台《长宁区深化养老服务实施方案(2020—2022年)》，完成《长宁区关于鼓励和扶持社会力量参与居家和社区养老服务的实施办法》，制定《长宁区家庭照护床位试点实施办法》《长宁区民办公益性养老机构补贴办法》等系列政策文件。制定形成涵盖助餐服务、医养结合服务、认知症服务等44项标准的体系文件并在各街道综合为老服务中心试行。全年对长宁区51家养老机构疫情防控工作开展督导检查260余次。协同长宁区市场监管局、长宁区卫健委、消防长宁支队等部门做好食品、药品、消防等安全工作。完善养老服务质量综合评价，开展养老服务机构服务质量建设专项行动和品质认证工作。落实执法要求，对长宁区2家养老机构进行现场执法检查。推进长三角养老服务一体化，与南通、常州等结对地区开展签约共建，依托上海老博会平台，做好长三角养老服务一体化展示区长宁板块布展工作。筹备首届长三角(上海)养老产业发展高峰论坛暨首届长三角(上海)养老产业投融资项目洽谈会。

社区治理：推进“五大计划”。牵头实施“社区提案计划”，搭建“居民区—街镇—区”三级提案平台；制定《长宁区社区提案议事规程》，在10个街镇27个居委会开展试点。聚焦5种不同类型的居民区，发布全市第一套共计5本分类治理居民规约；办好“疫情防控对社区治理的思考和探索”社区治理线上论坛、2020年长宁区社区分类治理工作推进会暨长宁区社区治理支持中心成立仪式、长宁区“党建引领三社联动”社区治理创新论坛暨首届公益项目洽谈会等一系列会议活动。“社区云”平台在4个街道先行启动试点的基础上，推广覆盖至全区所有居委会。建立社区治理主题数据库，数据初始化率达100%，居民注册率达6%。推进“社工成长计划”，建立社区工作者培训核心课程体系，举办社区工作者骨干培训班、职业水平考证班、组织外出考察学习等。全区各街镇社区事务受理服务中心推行“好差评”工作制度，全区受理中心共收到评价354 123条，评价率65.42%，其中好评353 869条，差评254条，好评率99.92%，及时反馈率100%。当前受理中心全市通办事项有192项，其中“一网通办”事项有189项，“全程网办”事项清单共55项，48项可在随申办、微信等App小程序办理。全区共收到全程网办申请14 296件，待补正2件，受理通过11 312件，受理不通过2 982件。受理中心持续推动政务服务“窗口受理”向“全程网办”过渡，公布44项全程网办清单及22项暂缓办理清单，让企业和社区群众足不出户就能享受到“立即办”服务。至2020年年底，局本部共受理信访件51件，其中来信35件，来访2件，网信14件，办结率100%。“12345”共接单310件，其中“962200”热线70件，“962347”热线240件。落实网格管理，强化救助保障，区救助站接到网格化中心派发案件和“12345”市民热线共10个，结案率为100%。完成救助站、婚姻(收养)登记中心、北新泾街道社区事务受理服务中心、北新泾街道新泾八村居委会4家标准化试点评估验收工作。

社会组织：制定《长宁区关于推进社会组织党建“三同步”的工作方案》，明确社会组织党建与成立登记、年度检查和规范化评估相同步。创建20家社会组织党建创新实践点。2020年，长宁区登记注册的社会组织790个，其中社会团体158个，民办非企业632个；经备案登记的社区群众活动团队1 186个；每万名户籍人口拥有社会组织数达到13.8个。完善区街两级审查机制，对符合条件的枢纽型、支持型和品牌型社会组织、社区社会组织和经备案的社区群众活动团队给予培育扶持，年内共扶持71家社会组织，资金77万元。依托1家区社会组织创新实践园、10个街镇社会组织服务中心、多种枢纽型社会组织，完善“1＋10＋X”的社会组织成长孵化器和支持平台。细化区社会组织创新实践园功能，年内园区社会组织合计开展活动1 111次，累计参与13.8万人次。在9个街道已成立社区基金会的基础上，指导协调程家桥街道落实社区基金会成立登记事宜。拓展资金募集渠道，推动“本地资源、本地利用、本地获益”社区基金会发展新机制。2020 年，9 家社区基金会共资助项目 22 个，投入经费 235 万元。

社会服务：2020 年，举办“中华慈善日”主题活动。全区共募集款物 3 268.21 万元，其中，资金收入 2 539.56 万元，物资收入价值 728.64 万元。2020 年，长宁区共办理结婚登记 3 724 对，离婚登记 2 421 对，补发婚姻证书 1 023 份。形成婚登服务标准体系 89 个，实施率达 100%，通过市标准化验收。结合元旦、五一等特殊节日，举办主题特色颁证，开展纪念新中国第一部法律《婚姻法》颁布 70 周年系列活动。2020 年全区共落实基本殡殡葬补贴 33 人，费用 3.23 万元，持续推进“绿色殡葬服务进社区”。2020 年，全区福彩销售总额 1.32 亿元，共筹集福彩公益金 4 163.1 万元。规范站点管理，开展站点星级评定，共有五星级站点 1 家，四星级站点 2 家，三星级站点 24 家，二星级站点 45 家，一星级站点 13 家。（刘亚丽）

【疫情防控】 长宁区民政局构筑社区联防联控防线。搭建工作班组，启动市、区、街镇、居委会四级联动机制，编制下发《关于加强新型冠状病毒肺炎疫情防控工作的通告》和《关于进一步落实居民区防疫工作的通知》，提出关于住宅小区疫情防控“十条意见”。梳理形成《长宁居民区疫情防控任务清单》，涉及封闭管理、排摸登记、隔离观察、口罩预约、卫生消毒、动员监督 6 个大类共计 25 项规定动作。全流程守好机场入境关。先后组织 500 余名机关干部驻扎两大机场。2020 年，累计安置人员总计 17 963 人，其中，中国籍 10 653 人，外国籍 7 310 人，集中隔离 5 495 人，居家隔离 9 327 人，“7+7”隔离 2 607 人。共接收安置小留学生 167 人，美领馆人员包机 177 人，日本包机 227 人。科技赋能助力社区防疫。启动“区疫情防控大数据系统”，设计重点人员健康信息排查小程序，共计 76 个排查二维码。全区累计有 14 691 个企业、6 694 个商铺、77 926 名企业员工、101 630 名居民扫码登记。开展 24 小时线上口罩预约，推广语音外呼系统，先后共开展 6 轮口罩预约登记，全年累计预约 98.72 万户次，平均每轮预约户数占长宁常住户数的 66.97%。启动社会救助和保障标准与物价上涨挂钩联动机制，制定《长宁区关于疫情防控期间加大临时救助的指导意见》，将因新冠肺炎导致基本生活陷入困境的家庭和个人纳入临时救助范围。开通救助工作“绿色通道”，简化相关审批手续。落实辖区养老机构全封闭管理，并做好疫情防控监督。鼓励社会组织、慈善组织和爱心人士捐款捐物。2020 年收到抗疫捐赠款物共计 1 288.83 万元。（刘亚丽）

【“社区救助顾问”模式】 长宁区民政局发展型救助服务体系，设立“社区救助顾问”模式，制定《长宁区关于进一步推进“家庭救助顾问”工作实施方案》。社区救助顾问由社区事务受理中心人员、居民区救助人员和专业社工组成，整合、调配各种救助资源，协助困难群众尽快找到适合的救助政策或解决困难的方法。全区共配有社区救助顾问 300 多人。“线上智能顾问”在整合“社区事务受理中心办事指南”和“居务通 300 问”等政策工具包的基础上，开发“社区救助顾问精准评估系统”，实现困境程度智能识别、困境人群精准锁定、救助政策人机咨询、救助资源及时对接。“线下顾问站点”在全区共铺设 195 个，通过电话、微信、上门等多种方式提供帮助。救助前期通过探索智慧救助评估系统，精准识别致贫原因；救助中期设计专业救助计划，分层分类提供一般预防型服务、支持提升型服务，或制定“一户一策”个案管理，开展重点保护型服务；救助后期整合多方资源，解决急难个案，加强跟踪问效。开发各种救助服务包，包括政策信息包、现金救助包、资源链接包、赋能服务包，为困难家庭提供救助服务。

（刘亚丽）

【认知障碍分级照护体系“长宁标准”】 2020 年，长宁区民政局推动老年友好社区建设，发布《老年认知障碍友好社区建设标准》《社区和居家认知障碍照护规范》等文件，打造涵盖社区宣导、早期筛查、社区预防、家庭支持、专业干预、照护机构入住等认知症全链条服务模式。至 2020 年年底，长宁区老年认知障碍友好社区建设实现街镇全覆盖。聚焦老年认知障碍患者和家庭，选取 5 个试点街道面向约 3 万名老人开展认知症筛查摸底，建立认知障碍健康大数据，为认知障碍分级照护服务体系的搭建提供支撑。依托专业社会组织推出咨询、活动体验、社区干预等主题服务，并根据老人实际需求，提供相应的照护建议、专业服务转介对接。各试点街道依托社区综合为老服务中心等载体打造“记忆苑”“记忆家”等社区认知症家庭支持中心，整合长护险、认知障碍照护机构、适老化改造、康复辅具社区租赁、养老顾问等政策资源。推动失智老人关爱社区公益招投标项目。成立区级老年认知障碍友好社区建设共建联盟，搭建跨界合作交流的平台；建立一批“认知症好朋友”“友好大使”等关爱队伍，形成社区长效支持机制。2020 年，“打造长宁特色的老年认知障碍分级照护体系”项目被评为首届上海社会建设和基层社会治理创新项目。（刘亚丽）

【“四度”社区嵌入式养老体系】 长宁区民政局着力构建“四度”社区。一是建梯度，打造“社区综合体+家门口微养老”的街居两级养老服务层级，整合社区综合为老服务中心、长者照护之家、老年日托所、助餐点、社区老年活动室、闲置物业资源等各类社区为老服务设施，结合家庭照护床位、康复辅具社区租赁、适老化改造等试点工作,开展专业照护类、医养结合类、助餐服务类、健康促进类、精神文化类等服务。二是重精度,通过构建区、街、居三级社区养老顾问体系,制定《长宁区家庭照护床位试点实施办法》,启动家庭照护床位试点,开展康复辅具社区租赁点服务试点,推进"物业+养老"等工作内容,完善"街镇综合服务圈—社区托养服务圈—居民区活动圈—邻里互助圈—居家生活圈"五级社区为老服务圈。全区现有各类居家和社区养老服务设施660个,其中综合为老服务中心14个、老年人日间服务中心24个、长者照护之家16个、老年助餐场所(含长者餐桌)80个、睦邻点329个、老年活动室及社区护理站等其他设施197个。三是求深度,全区所有养老机构均通过内设医疗机构或与社区卫生服务机构签约实现医养结合全覆盖。各街道社区综合为老服务中心推广"三站一体"为基础、康养驿站为补充的社区"医养结合"服务模式。四是显温度,完善街区、小区、居室三个空间概念立体式适老化改造服务网络,推进100户困难老人家庭无障碍环境改造,探索市场化居家适老性改造,推进适老化小区和街区的公共空间改造。

(刘亚丽)

【困境儿童保障探索】 发挥长宁区困境儿童保障联席会议制度的作用,筑牢"区—街—居"三级工作网络体系。开展全区困境儿童保障工作骨干培训。对辖区范围内困境儿童、事实无人抚养儿童信息进行全面摸底排查,动态管理信息系统。及时落实困境儿童和散居孤儿基本生活费、临时价格补贴发放。签订第三方临时照护合同,形成困境儿童临时看护点工作规程。为全区674名低保家庭儿童及全区困境儿童开展"贫困家庭儿童文化福利补贴"关爱项目。依托专业团队实施调查分析,形成调研报告。探索和创新困境儿童关爱服务工作新模式,推出"爱伴童行"困境家庭儿童青少年心理健康服务。落实成年回归孤儿安置。完成市民政局下达的1名成年回归孤儿安置任务,对历年回归孤儿做好慰问。

(刘亚丽)

【社区治理"五大计划"】 长宁区成立社区治理支持中心,提出并协同实施社区治理"五大计划":美好社区计划打造一批社区治理示范点,各街镇因地制宜,深化"一街一品",聚焦"家门口工程",将传统的自上而下"定了办",转变为自下而上"商量办"。社区提案计划提升基层民主协商能力,搭建"居民区—街镇—区"三级提案平台,制定《长宁区社区提案议事规程》,推动社区参与有序化、社区议题合理化、社区协商规范化、社区共识最大化。社工成长计划培育一群社区治理带头人,着眼社工队伍发展与管理,加大培训力度,开展最美社区工作者评选等典型选树,促进社工成长成才,增强参与社区治理的综合能力和整体素养。能人提升计划发掘社区治理达人,积极引导、培育自治组织带头人、社会组织领军人物、基层文化团队等"达人"和团体参与社区自治共治,助力规划社区营造,链接各方资源,提供专业服务,解决矛盾难题。社会组织赋能计划打通社会组织参与社区治理渠道,孵化一批有潜力、有支撑的社会组织,在聚资金、定项目、强团队、造氛围四个方面整合一批社区治理经费,集结一批社区治理清单,储备一批社区社会组织,开展一批社区公益活动,搭建好社会组织与社区的对接平台,推动社区治理精准对接。

(刘亚丽)

【社区共建共治共享】 长宁区坚持走以社区为平台、社会组织为载体、社会工作为支撑的三社联动社区治理之路。聚焦五类居民小区特征和治理难点,形成不同类型居民区的"三清单一攻略一导则"(问题需求清单、社会资源清单、公共服务清单、治理攻略、治理绩效评估导则),编写《社区分类治理工作指导手册》。制作形成上海市第一套分类治理居民规约。推进"社区云"融入"一网统管"体系,打造社区治理"一门式"平台。探索社会组织全面参与社区治理新途径,加大资金保障力度,开展"社区公益创投"大赛,启动社区公益微创投项目,落实长宁区社会组织"1+5"扶持政策。举办首届公益项目洽谈会,搭建社会组织与社区的对接平台,调动社会组织资源在社区治理中落地见效。推进社工队伍职业化、专业化、规范化建设,开展区"最美社区工作者""优秀社区工作者"评选。建立社区工作者培训核心课程体系,实施区街分层分类全员岗位培训,至12月底,共计完成各类培训近500人次。(刘亚丽)

【"社区云"助力智慧治理】 长宁区民政局推进"社区云"平台在居委会的落地,在4个街道先行启动试点,逐步推广覆盖至全区所有居委会。加大人员培训力度,建立社区治理主题数据库,数据初始化率达100%,居民注册率达6%,推进"接待走访""会议记录""活动开展"等社区治理功能应用,借助"社区云"积极开展网上"云协商",扩大社区治理参与群体。开展市"社区云"平台与"一网统管"平台联动试点。建立健全"社区云"平台运营和建章立制工作,发挥信息化为基层减负增能的作用。

(刘亚丽)

【社工队伍建设】 长宁区民政局推进"社工成长计划",健全社区工作者额度管理、培育管理、考核激励、职业发展等管理机制;建立社区工作者培训核心课程体系,坚持区街分层分类实施全员岗位培训。举办社区工作者骨干培训班、职业水平考证班、组织外出考察学习等,年内共计完成各类培训近500人次。表彰10名区"最美社区工作者"、20名区"优秀社区工作者"。

(刘亚丽)

静安区

【综述】 2020年，静安区共辖13个街道、1个镇，267个居委会，1个村委会，常住人口105.77万人。静安区民政局内设9个科室，下设7家事业单位，在编公务员28名，在编事业单位人员63名。

社会救助：2020年，静安区共发放最低生活保障金1.43亿元，救助对象12.54万人次；困难残疾人生活补贴1269.63万元，39 825人次；重度残疾人护理补贴3 680.81万元，174 445人次；粮油帮困补助402.93万元；临时救助金625.23万元，救助1.7万人次；因病支出型贫困生活救助金71.97万元，693人次；一次性价格临时补贴922.31万元，9.57万人次。全年发放支援外地建设退休（职）回沪定居人员帮困补助15.67万人次，补贴金额1.74亿元。完成14 048户家庭经济状况核对任务。区救助管理站救助各类城市生活无着流浪乞讨人员981人次，其中站内救助367人次，街面巡查引导614人次。全区推广“桥计划”项目，对512户困难家庭开展基本服务、个案管理、小组活动等多形式的项目服务和活动。

社会福利：至2020年年底，全区共有养老机构（含长者照护之家）48家，已建成养老床位6 874张；综合为老服务中心22个，长者照护之家16个、老年人日间服务中心28个、社区老年人助餐服务点86个、乐龄家园助老服务站65个、标准化老年活动室227个，基本形成覆盖全区、布局均衡、梯次合理的为老服务设施网络和“15分钟乐龄生活圈”。全区有养老机构内设医疗机构12个，养老机构共有老年护理型床位数3 103张。完成新增40个居委会养老顾问服务点，至2020年年底，全区共有街镇养老顾问服务点18个、专业机构级服务点3个、居委会养老顾问服务点76个、养老顾问员144名，其中2人荣获上海市“金牌养老顾问”称号。

社区治理：推进居委会标准化建设和“社区云”平台应用；优化社区分析工具线上系统功能，推进社区分类治理；继续实施社区工作者“能力提升”工程，优化完善符合社区工作者职业特点的管理体系；推进专业社会工作发展，建设社会工作服务网络。

社会组织：至2020年年底，全区共有社会组织1 048家。其中社会团体208个、民办非企业单位840个。全区38家社会组织获得年度评估等级，其中5A级11家、4A级11家、3A级16家。

社会服务：2020年依法办理结婚登记5 882对、结婚补证1 486份；离婚登记4 064对、离婚补证313份；开具（无）婚姻登记记录证明69人次。区婚姻（收养）登记中心被评为全国民政系统抗击新冠肺炎疫情先进集体。加强社区事务受理服务中心规范化建设，开展专业领航培训项目，举办业务技能竞赛，完成叫号评价系统升级改造，建立完善“好差评”评价、反馈、整改、监督全流程闭环工作机制，举办优秀社会工作者、优秀社工案例和项目评选及“静安社工周”宣传活动。

（陈艳华）

【疫情防控】 静安区民政局有序开展居民口罩预约，完成6轮149万余户口罩预约登记；3月6日起，根据全市统一部署，全面启动机场入境人员接送转运工作，局内部成立指挥组全天候对接市、区要求和政策口径，指挥协调面上工作，保障组负责物资保障、发放，车辆安排，工作人员住宿安排等后勤保障工作，另设机场工作组、接送组和信息组等工作小组。根据外防输入形势要求的不断变化，及时跟进方案和流程调整，预案充分，推进平稳有序，形成机场入境人员到社区的无缝衔接、闭环管理，所有接回人员均按规定落实集中或居家健康管理措施。3月6日至12月31日，累计转运入境人员11 942人。

（陈艳华）

【“桥计划”项目】 11月30日，静安区召开“架起一道桥，温暖千万家”——“桥计划”项目年度工作展示会，向“社区救助顾问”服务点授牌。“桥计划”项目是以家庭为本、社区为基、预防为先的社会工作综合服务项目。通过多年探索实践，静安区推动从“被动的事后救助”转为“积极的事前服务”及“以个体为单位的碎片式救助”转为“以家庭为单位的系统性救助”，形成“需求发现机制、困境评估机制、多元服务机制”的社会救助服务新模式。2020年，静安区“桥计划”项目全面推广，完成14个街镇覆盖8 400多名救助对象的多维贫困评估分析，对512户困难家庭开展基本服务、个案管理、小组活动等多形式的项目活动，服务受益5 200余人次。

（陈艳华）

【“两小时的伙伴”志愿服务】 新冠肺炎疫情发生后，静安区民政局积极动员引导社会力量广泛参与困难家庭疫情期间生活保障工作，开展“两小时的伙伴”志愿服务项目。该项目主要面向疫情停课期间缺乏教育资源及有效学习指导的困难家庭儿童，通过链接志愿者资源，建立一个有针对性、持续性的服务体系，为困难家庭提供助力。志愿者依托新媒体软件，以课业辅导与答疑为中心，通过线上交流为受助对象带来不同的服务体验，激发个人潜能，调动学习积极性，帮助他们更好地投入学习和生活。至2020年年底，共有916名志愿者参与报名，分11个批次筛选，培训396名志愿者，为115户家庭提供1 897次服务，累计服务3 794小时，平均每户家庭接受16次线上支持。

（陈艳华）

【养老服务设施建设】 加快养老服务设施建设，三普基地、华兴新城、楔形绿地等养老项目建设平稳推进，对2个养老机构实施标准化改造提升，全年新增养老床位911张、新增2个社区综合为老服务中心、3个社区长者食堂、10个社区老年人助餐点。（陈艳华）

【养老服务能级提升】 推进医养结合发展，保障特殊住养老人养老需求，完成100张认知障碍照护床位改建。至12月底，86家助餐服务点为2.34万名老人提供助餐服务，供餐286.19万客，发放助餐补贴541.83万元。加强养老服务人员队伍建设，为235名养老护理员开展医疗照护和上岗证培训、为280名养老护理员开展继续教育培训。推进社区养老服务，实施“乐龄有伴”独居关爱项目，1 085名关爱员结对4 938名独居老人，提供关爱服务68.72万次；推进“老伙伴”计划，3 580名志愿者为区内17 900名高龄独居老人提供上门、电话等关心关爱服务；在江宁路街道等10个试点街镇开展第三批、第四批“老吾老——家庭照护能力提升计划”，为失能老人家庭提供支持性服务；在大宁路街道等9个街镇开展第一批、第二批认知障碍友好社区试点；在彭浦镇等10个街镇开展第一批、第二批康复辅助器具社区试点工作。持续做好爬楼机服务，全区6个爬楼机服务站、1个机动队2020年服务12 612人次。（陈艳华）

【养老机构护理技能竞赛】 2020年，区民政局组织护理员培训5批次，共81天，参训护理人员207人。9月27日，2020年静安区养老机构护理技能竞赛在上海和养彭浦养护院举行。全区42家养老机构、300余名护理人员在院内进行初赛选拔，最终评选出8位优秀个人、3组优秀团队以及2个优秀组织。通过此次技能竞赛，巩固全区养老机构服务质量建设专项行动成果，推动养老护理员学知识、学技能，持续提升养老机构服务质量、提高养老护理员的实战能力，展示养老护理员的风采。（陈艳华）

【第十届“上海公益伙伴日”活动】 9月19日，在静安公园举办2020年静安区“中华慈善日”暨“上海公益伙伴日”主题活动，围绕“温暖这座城”主题，通过4A、5A级社会组织颁证授牌、《战‘疫’情》情景讲述、爱心企业捐款等主题活动，以及“以‘益’战‘疫’”“对口扶贫”两大展示区和生活服务、卫生服务两大服务区的展演、展示等将公益与慈善相结合，聚焦疫情中的公益慈善力量和人民城市建设中的社会力量参与。活动期间，各街镇借助社区生活、社区文化等活动场所，围绕社区特色的系列公益活动，统筹组织社区企业、社会组织、公益人主动向周边居民提供义诊、义卖、便民服务等社区公益活动。近万名热心公益的专业人士和市民观展。（陈艳华）

【社区工作者队伍建设】 静安区民政局继续实施“能力提升”工程，开展社区参与式会议引导者、“约课”等培训。全年完成两次社区工作者初任培训，共培训210人，每人40学时；深化社区工作者职业能力培养体系研究，形成《静安区社区工作职业能力培养手册2.0版》；开展2020年关心关爱社区工作者“周末课堂”培训项目；优化完善符合社区工作者职业特点的管理体系。（陈艳华）

【社区分类治理】 静安区民政局在全面推广社区分析工具应用的基础上，设计以“为民服务有依据、议题形成有判断、社区回应有方法”为主要步骤的分类治理工作流程，将分类治理作为实现社区精准服务、提升社区治理效能的有力手段。2020年，全区267个居委会、1 507个小区全部形成“一特征三清单”，即每个小区形成一份“小区特征”和“需求清单”，每个居委会形成一份“资源清单”和“服务清单”。区层面形成一份社区分类治理的研究报告，街道（镇）层面形成一份综合施策的案例总结，居民区层面形成不同小区类型的精准回应的案例总结。（陈艳华）

【“心创益杯”创新赛】 12月11日，静安区社区事务受理服务中心“心创益杯”创新赛在曹家渡社区文化活动中心举行。创新赛分为网络投票环节和现场展示环节，网络投票环节14个街镇受理中心通过微信公众号进行创新方案线上展示，根据投票数选出人气满分能力团队奖；现场展示环节由来自全区14个街镇社区事务受理服务中心的参赛队伍通过PPT、朗诵、视频、手语解说等多种方式，为在场观众展示各具特色的中心创新方案，并通过专业评委的打分选出创新满分能力团队和行动满分能力团队。此次创新赛旨在提升受理中心团队的观察力、思考力和行动力，为全区各受理中心搭建创新交流的平台，激发工作人员热情，不断创新服务模式，提升服务效能。（陈艳华）

【社会组织登记全流程服务】 静安区社会组织登记办理事项进驻区行政服务中心综合窗口，实现窗口登记办理事项“一口受理”，打造事前咨询、事中办理、事后监管全流程服务。要求窗口登记全程做到有登记、有记录、有指导、有建议；要求窗口做到在严把登记材料审核关的同时，给予社会组织全流程、全时间、全领域服务指导，做到有问必答，有求必应；坚持第一时间在官网平台发布窗口登记信息，通过窗口咨询电话、电子邮箱，为社会组织方便登记办事搭建起沟通枢纽平台。2020年，全年窗口登记共接待咨询近2 000余家，登记窗口好差评系统好评率为100%。（陈艳华）

【婚姻登记智能化服务延伸】 静安区婚姻登记中心积

极对标“互联网＋婚姻服务”行动计划工作要求，全面推进婚姻登记业务流程优化和再造，在全市率先形成集人脸识别、智能信息采集、语音提示等特色服务功能为一体的智能化婚姻服务流程。在使用婚姻登记终端机基础上，大力推行“两个免于提交”，在登记窗口配备电子扫码枪等智能化设备，当事人在办理婚姻登记业务时可以通过电子证照进行亮证；在每一个登记结婚、离婚的窗口均设置有“好差评”动态二维码评价系统，请当事人分别从环境设施、举止仪表、工作态度、反应能力、工作绩效、行业诚信等六个方面对中心和登记员服务质量进行测评。（陈艳华）

普陀区

【综述】 2020年，普陀区下辖8个街道，2个镇，265个居委会，7个村委会，总人口123.98万人。普陀区民政局内设8个科室，下设4个事业单位，在编公务员23人，在编事业单位人员71人。

社会救助：2020年，普陀区累计救助各类对象约37.54万人次，发放社会救助金3.5亿元。其中，低保人员8 552人，救助10.41万人次，支出资金1.17亿元；一次性物价补贴70 550人次，发放救助金644.82万元；临时救助1 573人次，发放救助金120.81万元；因病支出型贫困家庭生活救助236人次，发放救助金27.45万元；特困人员供养1 128人次，发放救助金225.8万元；春节节日生活补助7 023人次，发放救助金510.22万元；社保移交农婚知青68人次，发放救助金19.12万元；支内回沪帮困补助16.41万人次（4.19万人），发放帮困补助金1.81亿元；综合帮扶6 414人次，发放帮扶金796.58万元。2020年慈善帮扶1.96万人次，发放慈善帮困资金1 988.45万元。2020年累计募集捐款1 473.4万元，其中第26届“蓝天下的至爱”联合募捐款项985.33万元。

社会福利：扩大养老服务供给，新增养老床位774张，完成118张认知障碍照护床位改建。开展养老机构运营考核、服务质量检测、非法集资专项排查。推进长三角养老一体化进程，与安徽省芜湖市民政局签订共建备忘录。开展“老年认知障碍友好社区”试点，为2 000名老人开展风险筛查和痴呆评估。开展“温馨八送”“老吾老”“老伙伴”“老年意外伤害综合保险”“适老房”改造和“一键通”应急呼叫项目等特色为老服务。落实老年综合津贴，全年发放老年综合津贴3.96亿元。重点实施养老服务补贴政策，2020年度享受养老服务的老年人3.39万人，其中享受政府出资购买服务的老人1 359人，自费老人32 557人，支出资金1 296.44万元。至2020年年底，普陀区困境儿童374人；享受社会散居孤儿基本生活补贴76人次、困境儿童基本生活费（含部分服刑人员未成年子女）284人次，累计发放基本生活费66.6万元。加强残疾人福利企业管理，做好福利企业社保补贴工作，2020年度14家企业申请社保补贴，残疾职工190名，补贴金额154.7万元。

社区治理：完成“四百”走访竞赛活动，启动“社区工作者骨干训练营”计划，完成应届毕业生社工专项招录工作，招录24名上海市应届生。全年网上通办合计6 510件，其中全程网办5 455件，占83.8%。开展全区街镇受理中心标准化建设评估，推进“社区云”全覆盖，至2020年年底，全区居委会完成房屋初始化和居民信息初始化，普陀区人口库信息完善度达到99.8%。

社会组织：全面推开8个行业协会商会与行政机关脱钩改革工作。推进“两会一中心”（社区基金会、社会组织联合会和社会组织服务中心）建设，街道镇“暖心专项基金”全覆盖。成立上海市首家社会组织新联会、普陀区首家行业新联会——普陀区社会组织新联会。开展首届“双十益”（社区治理公益项目、公益创投项目）社会组织公益项目创投大赛。至2020年年底，普陀区登记注册社会组织894家，社会团体138家，民办非企业单位（社会服务机构）756家，每万人户籍人口拥有社会组织数量9.98家。新成立社会组织37家。

社会服务：2020年，普陀区共办理婚姻登记8 806对，其中，办理结婚登记4 906对，离婚登记3 900对。补发婚姻证书1 523份，解除收养1例，办理合格率100%。围绕《婚姻法》颁布实施70周年，以《民法典》宣传为主线，开展主题颁证和婚姻文化展示馆线上“云”展活动。开展福彩代销站点星级评定工作，评定出五星级站点2个，四星级站点1个，三星级站点11个，二星级站点51个，一星级站点48个；开展“树典型促销量”活动，3家代销点入选上海福彩“百佳优秀”站点；普陀区福利彩票代销点123个，销售福利彩票1.87亿元。落实基本殡葬服务补贴政策，全年基本殡葬服务补贴17人，补贴金额16 585元；开展文明殡葬进社区活动。（许如娇）

【境外疫情输入防控】 3月6日起，普陀区民政局建立“1＋3”信息互动机制，对当天入境人员和转运信息以及累计情况每班一统计、每日一汇总，实现人员接收数、集中隔离数、居家管控数等数据闭环对接，做到“进出一致、不漏一人”。严把入境人员“接收关”、信息“核查关”、入境人员“分流关”的“三道关”，规范从指挥部—机场集散点—隔离点之间的衔接过程，明确人员转运“三步骤”，落实“一户一人或一家”、人防和技防、集中隔离点统一管理的“三措施”，严格落实入境人员政务微信“一码到底”。组织开展机场防疫驻点专班培训12次，实施机场“老带新”轮班交接制度。加强部门协同，发布工作提示234条。自3月6日14时启动至12月31日24时，全区累计接收入境人员23 839人，机

场转运48余万公里行程、3240车次准时准点，无一延误无一意外。（淳　钰）

【社区双轨制疫情防控】 2020年，普陀区做好社区疫情防控工作。采取“科技运用＋人性化设计”双轨制运作，为社区居民提供便捷的口罩预约服务，自2月3日启动至4月19日结束，完成六轮共114.56万户口罩预约工作。落实闭环管理，指导各街道镇快速响应，做好居家隔离相关工作，要求来自重点地区周边及途经重点地区的居民及家属，主动向居委会报到，自觉在家进行隔离，接受社区卫生服务中心的医疗观察。落实专人值班制度，安排社区力量开展巡查，自3月6日14时至12月31日24时，全区累计接收社区居家隔离类型入境人员3222人。制定下发《中风险地区社区疫情防控工作应急预案》《普陀区集聚性社区疫情防控应急处置流程图》和《普陀区社区疫情防控常态管理流程图》。在全区范围内定期开展全面自查、街道镇居委互查以及跨区督查工作，对社区居家隔离场所防控措施落实情况实行地毯式、全覆盖检查，及时发现整改薄弱环节，消除防控隐患。抓好养老机构返沪工作人员防疫措施，建立家属预约探视机制；落实社会组织参照企业享受“沪28条”优惠政策，助推社会组织有序复工复产；通过提高网点代销费比例、发放一次性补助和专线通讯费补贴，缓解疫情期间福彩代销点经营困难。（淳　钰　吴　扬）

【民政资金内控监管平台建设】 2020年，普陀区民政局加强社会救助工作规范化管理。建立民政资金内控监管平台，成立区级监管平台建设领导小组和实施工作小组，做好监管平台建设的宣传发动工作。加强相关数据核查清理，实现低保、特殊救济、重残无业、特困供养、支内回沪帮困补助等救助资金纳入平台统发，每月20日前，全区社会救助金通过上海市民政资金内控监管平台进行社会化发放，及时将救助金发放到救助对象手中，对因各种原因导致的特殊情况、账户异常等，督促街道镇完成修改补录，再按审批结果统一发放资金。（张嫣雯）

【“15分钟为老服务圈”深化】 2020年，普陀区民政局推进养老服务设施建设，深化“15分钟为老服务圈”。新增养老床位774张，完成118张认知障碍改造床位建设，保基本养老床位、护理型床位“应保尽保”“能设则设”，扩大养老床位综合供给。完成5家社区综合为老服务中心、5家社区老年人日间服务中心、50个养老顾问点、14家老年助餐服务场所建设，新建和改造6个老年活动室，培育10个社区老年人示范睦邻点。至2020年年底，普陀区养老机构70家，养老床位9208张，其中公办养老机构43家，民办养老机构27家；公办养老床位5870张，民办养老床位3338张；社区综合为老服务中心20个；老年人日间服务中心43个；老年助餐服务场所66家；示范睦邻点50个；标准化老年活动室270个。依托区内29家网格服务片区建设，嵌入综合为老服务中心、社区食堂（助餐点）、长者照护之家和日间服务中心等为老服务功能，探索建立多层级养老服务资源共享。（刘颖华　傅　颖）

【“暖心专项基金”设立】 12月5日，普陀区社区基金会“暖心专项基金”设立启动大会举行，共10个街道镇社区基金会设立社区“暖心专项基金”，此次大会旨在引导本区域具有影响力的慈善组织、企事业单位等社会力量，参与到社会救助体系建设中，做好对困难群众帮扶。探索“1＋N”多元化社会救助模式，完善困难群众的发现和响应机制，通过“社区发布需求—政府衔接审核—基金会精准对接”，使分散的救助资源与社区的实际需求合理匹配、精准帮扶，确保“不遗漏、不重复”。（梁　婷）

【慈善品牌建设】 2020年，上海市慈善基金会普陀区代表机构在慈善劝募及善款使用、公益项目立项等环节着力凸显慈善“品牌”效益。依托“蓝天下的至爱”慈善品牌，筹办各类慈善募集、慈善宣传活动，扩大品牌影响力。加强自有公益项目的品牌化建设，“慈善四送”项目丰富了慈善超市公益内涵，为全区困难群众送上慈善关爱；与区红十字会合作开展“同心博爱”项目，成为大病支出型困难家庭政策外救助的切实补充；“微心愿365”“星宝康复计划”关心困境儿童和自闭症孩子的成长需求；“非遗扶贫帮困”项目，通过非遗技能的一教一学，帮助困难家庭在家增收；“架心桥、增能量”项目让心理问题能够得到及时干预、有效缓解。各类项目和劝募资金有效对接，如“月星集团”捐赠资金对接“慈善四送”项目；玉佛寺捐赠定向“万户助困”项目。（支会荟）

【区级社会组织信用管理平台建成】 2020年，普陀区深化社会组织信用体系建设，建成区级社会组织信用管理平台。通过构建“登记＋年检＋评估”全链路监管和“公共”“政府”与“市场”信息数据全方位兼容的信用体系，集合注册登记、政府采购、关联分析，信用监测、信用公示等方面信息数据，建立普陀区社会组织信用健康发展指数，推动“诚信激励”与“惩戒机制”落地，实现“项目需求”与“服务品质”无缝对接。（梁　婷）

【“四百”走访常态化】 2020年，普陀区民政局探索建立居民区常态化走访机制，牵头下发《普陀区关于开展“四百”走访常态化工作的实施意见》，深化“四百”品牌，提升上门走访工作的实际效果。在走访中挖掘一批居民区能人、达人，立项、实施一批居民区自治项目，创新工作理念，打造“智理角”和“AI小管家”等项目。9月29日，召开居民区“四百”走访总结大会，发布《普陀区2020年“四百”走访活动材料汇编》和《普陀区居民区“四百”走访之民情笔记精选》2本汇编手册。全年共1 854名居委会工作人员参加“四百”走访活动，走访居民488 853户次，采集居民家庭信息1 303 352条；反馈“急难愁盼”问题共35 561件，解决问题32 246件，占比90.67%。（吴　扬）

【社区事务受理服务中心标准化建设】 8月，委托中国质量认证中心上海分中心，开展全区街道镇受理中心标准化建设评估。其中9家街道镇受理中心评估成绩达到80分以上，4家受理中心达到90分以上，曹杨、长寿、宜川三家受理中心从2星标准跃升为5星标准。推广电子证照的应用，优化“一网通办”政务服务流程。推广受理中心手语视频、外语在线翻译功能试点，石泉路街道等受理中心和兰田等片区设立聋人手语赋能专窗，通过摄像头与12345市民服务热线的专席人员进行手语沟通各类政策，实现无障碍沟通的服务模式。11月，宜川路街道社区事务受理服务中心通过市民政局组织的标准化试点项目考核验收，成为年内全市第一家通过该项验收的受理中心。（吴　扬）

【《婚姻法》颁布实施70周年系列活动】 2020年，普陀区举办纪念《婚姻法》颁布实施70周年系列活动，分别在元旦、五一开展主题为“辞旧迎新元旦到·天长地久幸福年”“70年法制辉煌创成就·与法同行迎幸福”的主题颁证活动。将《婚姻法》知识问答与结婚登记颁证仪式有机结合，扩大婚姻法律法规普法宣传的受众面。开展婚姻文化展示馆“云”展活动，围绕回顾《婚姻法》70年风雨历程，“云”展分“比翼、天长、和鸣、同心”四个篇章进行整体脉络展出，内容涉及婚姻法律法规、婚姻文化与婚姻家庭服务三大板块，呈现不同时期的婚纱照、婚姻证书、婚俗文化等，展现中国家庭不同时期的婚俗特色及婚姻文化时代特点。（归燕飞）

虹口区

【综述】 2020年，虹口区辖8个街道，200个居民委员会，总人口75.74万人。虹口区民政局内设10个科室，下设9家事业单位，在编公务员26人，在编事业单位人员92人。

社会救助：2020年，虹口区共发放各类社会救助资金2.79亿元，惠及约63万人次。其中，发放最低生活保障金7 784万元，救助85 517人次；发放传统救济补助41万元，救助352人次；发放重残无业补助金2 932万元，救助19 146人次；发放农婚知青补助金45万元，救助495人次；发放安徽下放户补助经费670万元，救助622人次；发放粮油帮困340万元，救助53 356人次；发放实物补助1万元，救助150人次；发放因病支出型贫困补助117万元，救助1 035人次；发放支援外地退休回沪定居人员生活补助13 657万元，救助374 962人次；发放落政人员补助131万元，救助406人次；发放临时救助139万元，救助2 379人次；发放临时价格补贴752万元，救助72 962人次；发放元旦春节帮困送温暖一次性节日补助797万元，救助17 894人次。全年共救助生活无着流浪乞讨人员80人，其中18岁以下未成年受助人员3人。成立“雷根环卫爱心餐”项目、“彩虹厦的童年”专项基金；试点设立“暖心通”专项基金，研究制定“暖心通”社区基金专项帮扶工作实施办法。推进慈善超市标准化建设，全区共有8家慈善超市，实现街道全覆盖的目标。年内，新开办6家，3家代销点入选上海福彩“百佳优秀”站点，全区福彩代销网点120个，彩票销售总额1.2亿元。

社会福利：2020年，新增养老床位120张，新增4家社区老年人日间照护中心，改造认知症老人照护床位80张，建成10家助餐点，新增5家社区综合为老服务中心，完善15分钟养老生活服务圈。至2020年年底，全区有养老机构48家，养老床位7 736张，其中公办养老机构19家，床位数2 753张；民办养老机构29家，床位数4 983张。老年人日间照料机构31家，长者照护之家10家，综合为老服务中心13家。社区老年助餐场所（含服务点）84家，养老顾问点185个，其中市民驿站35个、居委会143个、专业机构7个，达到全覆盖。至2020年年底，全区共有困境儿童212人，发放困境儿童生活费253人次，金额50.245 5万元；发放散居孤儿生活费59人次，金额5.798万元。全区共有残疾人集中就业企业8家，残疾人职工119名，占全部职工比例为35.2%。全年发放困难残疾人生活补贴2 469人次，金额852.847万元；发放重度残疾人护理补贴10 304人次，金额2 279.73万元，两项合计共发放12 773人次，总金额3 132.577万元。

社区治理：制定《关于推进街道物业管理服务中心规范化建设的指导意见》。35个市民驿站实现“全年无休”、“养老顾问点”、老年人日托功能、助餐点全覆盖。参与首届上海社会建设和基层社会治理创新项目征集与推广活动，虹口区“市民驿站让群众更有获得感”项目获评“十佳创新展示项目”，“曲阳路街道探索党建引领下的‘全岗通3.0’社区治理通”项目获评“入围创新展示项目”。制定《关于充分发挥社区代表在闭会期间作用的指导意见》，发挥社区代表在闭会期间促进协商民主、推进社区共治的作用。深化“全岗通3.0”，发布“日日清”约请机制。推广“社区云”平台，落实基层社会治理“一网统管”。开展社区事务受理服务中心标准化建设，开辟“一网通办”自助服务专区，首批上线 66 个服务事项，其中社区事项 36 个，非社区事项 30 个。开展社区工作者队伍建设，完善社区工作者激励机制，新招录社区工作者 118 名，全区社区工作者共 1 843 名。

社会组织：2020 年，虹口区注册登记的社会组织共 541 家，其中社会团体 143 家，民办非企业单位 398 家。通过“一网通办”平台办理社会组织成立登记 18 家，变更登记 55 家，注销登记 22 家，证书有效期延续 129 家，章程核准 49 家。年内完成区社会组织年度检查，应检社会组织 529 家，参检 492 家，参检率达 93%。制定《虹口区社会组织党建工作联席会议制度（试行）》。全年，28 家调研主体单位共计对 192 家社会组织进行 201 次联系走访，共收到社会组织反映问题总数 44 个，已解决问题 42 个，问题解决率为 95.45%。制定《虹口区培训机构非正常停业应急处置工作方案》，开展区民办非企业单位类培训机构的办学风险专项排摸工作。至 2020 年年底，全区规范化建设登记在 3A 等级及以上的社会组织共 68 家，其中 5A 等级 3 家，4A 等级 13 家，3A 等级 52 家。

社会服务：2020 年共办理结婚登记 4 546 对，其中结婚登记 1 153 对，离婚登记 3 393 对；办理补领婚姻登记证 1 751 人次，其中补领结婚证 1 364 人次，补领离婚证 387 人次；办结收养登记 3 例。登记接待窗口接待婚姻、收养、婚姻介绍机构问题来访、来电咨询 11 000 余次，帮助市民查档 2 000 余份。举办“甜蜜记忆”、《婚姻法》颁行 70 周年等主题颁证活动。建成“依法行政、高效办事”文明窗口，完成居民身份证、户口簿等电子证照的落地使用。全年向各街道发放特殊对象基本殡葬服务补贴 100 人次，合计 96 915 元。

（张颖静）

【疫情防控】 2020 年，虹口区民政局成立疫情防控工作领导小组和工作指导组，牵头负责社区防控组工作。加强工作指导：编写工作指引，阶段性召开专题会议，部署工作任务；及时发布通告、工作提示，加强社区防控和居家隔离管控等工作，指导各街道更好地把握社区防控关键点。建立五级网格管理机制，发挥“区—街道—片区—居委会—楼组”五级网格管理的作用，确保排查责任落实到人；建立定期会议制度、信息报送制度、联络员制度。落实群防群控工作机制，发现问题及时上报，做到“全覆盖、无死角、零差错”；开展社区全覆盖排查，对重点地区和重点关注地区人员名单，分门别类作出相应预案，加强精准管理和动态监测；落实小区封闭式管理，加强街道辖区内和居住小区内出入口、公共场所、服务设施的管控；落实居家隔离和社区健康管理，完善居家隔离处置预案、审核管理等工作流程，做好隔离管控和督查检查工作。选派专人驻守机场，做好机场组人员的防护物资统筹和发放保障；制定机场防疫联络工作值班制度，实行“24 小时”轮班制，做好境外来沪人员的身份信息核实、转运、入户确认等联络工作，落实闭环管理。2 月起，启动并开展六轮居委会预约登记与指定药店购买口罩工作，建立区民政局、区商务委与街道、居委会、药店的工作联络机制，确保各药店稳定供货，累计预约登记 218 619 户，约占常住人口户数的 85.96%，累计预约口罩 6 267 600 个。12 月，虹口区民政局荣获全国民政系统抗击新冠肺炎疫情先进集体。

（张颖静）

【民政资金内控监管平台建设】 虹口区积极推进民政资金内控监管平台建设，将民政局业务管理系统与银行发放平台数据对接，加强全区社会救助历史数据的核查清理，修正问题数据，确保救助对象信息准确无误；加强救助对象数据信息核对，结合社会救助调标工作，逐户逐人核算救助金额，确保调标金额准确无误，救助资金发放及时到位；加强与区财政局和银行互通机制，细化救助资金发放流程和时间节点，分别与工商银行、上海银行、建设银行、农商银行和招商银行完成代发签约工作；加强救助资金的监管，结合实际，将价格临时补贴资金、特困供养配套资金、困境儿童生活费纳入内控监管平台，实现“全流程的电子化闭环管理”。5 月，民政资金内控监管平台试点上线，凉城新村街道和江湾镇街道社会救助资金通过平台试点发放成功。8 月，全区 8 个街道救助资金全部纳入平台发放。2020 年，通过内控平台共发放低保、重残无业、传统救济、特困供养、支内回沪、临时价格补贴、落政人员生活费等各类救助资金 9 100 万元。

（李晨煜）

【“养老服务长三角一体化”试点】 虹口区民政局推动长三角区域养老一体化协同发展，与苏州张家港市民政局、昆山市民政局和太仓市民政局共建合作，促进长三角区域内养老服务均衡融合发展。一区三市主要围绕养老服务信息公开、标准互认、政策互通、产业促进、要素流动等多个方面开展合作签约，探索符合两地老人需求且具有特色化的服务内容、两地养老人才交流学习机制以及两地“时间银行”通存通兑办法。签约后，张家港市民政局统筹 1 000 张市场化养老床位向虹口区老年人优先开放，实现医保结算“一卡通”。8 月，组织区金牌养老顾问赴张家港交流学习。10 月，虹口区民政局与张家港市民政局联合参展“2020 年上海国际养老、辅具及康复医疗博览会”，联合展位 45 平方米，展期 3 天，吸引近万名观众观展，异地养老咨询量突破 1 000 余人。10 月 22 日，参加“首批长三角养老机构新闻发布会”，加大与苏州市民政局交流合作力度及合作范围，达成“通力协作，共同发展”的目标。

（张颖静）

【“一键通”智慧养老服务平台】　虹口区民政局完善“一键通”智慧养老服务平台，以话务平台和线下服务团队相结合方式，形成“线上＋线下”服务链环，缓解社区养老“最后一公里”难题。通过“一键通”应急呼叫平台，链接全区困难、高龄、独居老人服务需求，提供生活便民、居家护理、助陪代购、暖心关怀、应急处置等近百项养老服务，涵盖“医、食、住、行、康、养、护、询”等各方面。平台大屏接单实时显示老人特征、需求、点位，按距离匹配优质服务供应商派单，供需双方双向选择并结算服务。通过大数据信息收集与整合，根据网格内服务对象的不同需求特征，扩充养老服务供应商资源及服务团队资源；严格控制供应商准入，制定优质供应商考评体系，择优推选服务供应商。推行“7×24 小时”紧急救援服务，建立“专属服务档案”，实现“一键呼救”，联动老人、平台话务员、老人的紧急联系人（或居委），降低老年人的意外风险。2020 年，通过平台累计开展紧急援助 315 次、生活服务 5 583 次、主动关爱 140 472 次、信息服务 8 334 次、质量回访 22 629 次、远程健康管理线上服务 60 次。（张颖静）

【“时间银行”全面推行】　虹口区在试点基础上向全区推开养老服务“时间银行”，依托“时间银行”小程序发布与接收志愿服务，为老年人提供助医、助餐、助行、助聊、助乐、助学、助洁等服务。2020 年，完善区总行、街道分行和养老机构服务点三级管理机制，区总行负责总体协调，街道分行负责项目落实，养老机构服务点辅助分行形成针对性服务；完善微信小程序存储兑换原则，新增以不同份额时间币兑换相应专题课程、驿站活动、特色服务，引入供应商签署长期入驻协议无偿提供可兑换资源，推行通存通兑；拓展服务内容，新增公益性、文化体育、健康讲座等服务资源，满足老年人精神文化需求；扩大服务志愿者队伍及服务提供者范围，引导社会公众参与，鼓励高校学生、公司白领、企业员工等加入“时间银行”提供相应服务。指导街道开展各具特色的养老服务“时间银行”，设立凉城社区水电长照“时间银行”通存通兑服务点，从志愿者发动、需求排摸、服务提供及兑换等方面入手，扩大养老服务社会参与度。至 2020 年年底，“时间银行”微信小程序在册人员 2 699 人，累计产生时间币 3 284 个，发布需求 1 032 次，完成服务 1 014 次。（姚　利）

【社区养老顾问深化】　2020 年，虹口区民政局结合《虹口区关于提升养老服务的行动计划（2019—2021 年）》，深化养老顾问点建设，逐步将街道“养老顾问点”向市民驿站和辖区居委会延伸，共设立养老顾问点 185 个，其中，覆盖 35 个市民驿站，延伸至 150 个居委会。推行养老顾问“管家式”服务，逐步扩大服务数量和服务范围，共有社区养老顾问（管家）500 人，其中，中级及以上 154 人。发挥智慧养老服务平台对养老服务的推动效能，形成“线上＋线下”养老顾问“管家式”服务网络，提供全天候的为老服务。从个人赋能、政策导读、养老实例讲解等方面分 8 次开展“管家”培训；设立金银牌“养老管家”，建立《虹口区养老管家等级划分与评定标准》，组织开展“养老管家”评审会，评定首批金牌“养老管家”24 人、银牌 72 人；发布服务项目清单，从机构养老、社区养老、居家养老、个人定制等四个方面开展养老政策信息咨询、引导办理，上门服务代预约、服务追踪，个性化养老服务方案制定等，全年累计服务 6 326 人次。（张颖静）

【“慈善＋X”运营新模式】　2019 年，虹口区 8 个街道慈善超市终期评估为 A 级。2020 年，虹口区民政局深化慈善超市标准化建设，制定工作方案，调整场地区域功能，发挥“慈善＋X”公益主阵地作用。8 家慈善超市围绕各街道特色，因地制宜打造“慈善＋X”的运营新模式。嘉兴路街道慈善超市打造“慈善＋惠民”新模式，推出“平价早市”惠民服务，以低于市场的价格向居民提供健康有机的新鲜蔬果和农副产品；江湾镇街道慈善超市打造“慈善＋快递”新模式，成立由聋哑人士组成的“吾声快递”队伍，助力残疾人就业；四川北路街道打造“慈善＋扶贫”新模式，设立消费扶贫专区，引进云南文山当地价廉质优的特产上架售卖，架起援滇扶贫的金桥梁；曲阳路街道慈善超市开设“爱心积分”活动，消费数额积累为相应的“爱心积分”，用于换取超市物品，与市民驿站食堂联动，实现积分多用；欧阳路街道慈善超市调整场地用途，增设便民服务区，设立便民食堂，为居民提供爱心便当，设立复合型社交空间——“憩空间”，为白领和老年人提供集餐饮、社交、休憩的温馨港湾；广中路街道、凉城新村街道、北外滩街道慈善超市开设爱心专区，组织开展各类爱心帮扶活动。（吴罗春）

【社区事务受理中心标准化建设】　虹口区在“全市通办”“全年无休”工作基础上，全面实施社区事务受理服务中心标准化建设。优化“一网通办”服务工作机制和服务流程，对服务事项网上预约、在线申请、前台收件、材料流转、后台审批、统一发件等流程实施标准化管理。开展“一网通办”“不见面办理”等自助服务；开辟“一网通办”自助服务专区，布设自助服务终端，支持人脸识别、电子亮证等功能，9 月 1 日首批上线 66 个服务事项，其中社区事项 36 个，非社区事项 30 个。开展 8 个街道综合受理人员、网管等工作人员业务类、心理类、素质类课程，提高个人业务水平和综合素养。2020 年，社区事务受理服务中心可受理 192 个事项，其中全市通办 191 项，一网通办 189 项，全区受理量 69.2 万件，其中全市通办 15.1 万件。（仲晋玮）

【市民驿站功能拓展】 虹口区进一步优化市民驿站“6+X”管理服务功能，完善15分钟社区党建活力圈、生活服务圈、网格管理圈。在各街道因地制宜建设市民驿站延伸点，将社区内具有一定规模的公益服务设施及服务项目纳入市民驿站服务版图，实行统一冠名、统一标识、统筹管理，实现全区市民驿站服务空间从4.45万平方米至7.65万平方米的拓展。统筹区内助餐、助老、助医资源，实现全区市民驿站“养老顾问点”全覆盖，建成老年人助餐服务场所84家，建成助医点45个。增设烘焙、健身、舞蹈、亲子等项目，吸引区内白领青年参与。为社区居民提供线上生活服务、文化教育、创业就业等服务，打造零距离“没有围墙”的市民驿站。8月和9月先后出台《关于充分发挥社区代表在闭会期间作用的指导意见》和《关于推进街道物业管理服务中心规范化建设的指导意见》，设立社区代表履职点和“物管家”。2020年，全区市民驿站服务群众达452万余人次。（刘 艳）

【“全岗通3.0”机制优化】 9月11日，虹口区承办上海社会建设专家论坛，宣传推广虹口区居委会“全岗通3.0”工作机制经验，通过“每周自下而上形成一个小目标”，帮助居委会干部解决居民区实际问题。发布“日日清”约请机制，把行政管理力量和社会资源聚焦到基层，提升居委会协调运转能力，构建问题解决“直通快办”机制，努力实现社区问题“当天事，当天办，当天报，当天清”。完善社区治理流程闭环，定期梳理居民区问题，听取居民意见，明确各方职责、制定项目计划，引导居民参与自治、共治。在全区200个居委会全面推广“社区云”，以“社区治理主题数据库”为基础，充分运用“社区治理平台”“居社互动平台”功能，通过大数据、知识案例库、移动办公等全方位支撑，实现居民信息精准化。（仲晋玮）

【“区块链+社区生活服务”工作模式】 虹口区民政局引入“区块链”理念，开展“区块链+社区生活服务”工作模式。2019年，利用“区块链”数据不可更改、全程可追溯等特征，对社区服务流程进行数字化重塑，形成以“市民云虹口全岗通零距离服务平台”为依托、以志愿服务、零距离服务、社区便民服务3个社区服务资源库和基于服务评价数据实时更新的服务评价体系为核心的数字化社区生活服务模式。7月，“区块链+社区生活服务”模式在四川北路街道试点，引入“闪修”维修服务，将单一的社区接单转换成更灵活的多模式派单；社区居民通过客户端对服务进行评分，择优选择服务；对60周岁以上老年人匹配无偿或低偿的服务资源，按需及时提供服务；每月展示便民活动排片表，为社区居民提供提前网上预约服务。9月，区民政局召开“虹口区区块链+社区生活服务启动仪式暨新闻发布会”，正式上线该模式，发放“区块链+社区生活服务操作指南”和宣传资料，并向全区八个街道推广。自试运行至2020年年底，“区块链+社区生活服务”模式累计服务7 000余人次。（邢 博）

【“情定虹口，缘牵一生”系列活动】 虹口区婚姻收养登记中心以“见证幸福缔结，促进家庭和谐”为理念，推出“情定虹口，缘牵一生”文化品牌，通过开展一系列主题活动，倡导文明婚俗。5月，开展“纪念《婚姻法》颁布70周年”主题颁证活动，特邀颁证嘉宾为新人举行结婚颁证仪式，宣传倡导尊法守法意识。7月，举办双拥特色“甜蜜记忆”主题颁证仪式，邀请驻区部队老将军为前来办理结婚登记的新人颁发结婚证。同时，中心还为现役军人推出绿色通道、免费拍摄证件照以及赠送颁证照片等特色服务，2020年，共为军人提供免费拍照服务120余次。8月，开展“相约七夕、甜爱一生”主题活动，通过婚庆老物件、剪纸、泥塑非遗展示及篆刻印章、诗文朗诵、手写婚书等中国传统艺术创作，使新人在倡导现代文明婚俗的同时，传承我国古朴的婚俗文化。（郁 菁）

【《虹口区社会组织党建工作联席会议制度(试行)》】 9月，虹口区民政局发布《虹口区社会组织党建联席会议制度(试行)》，探索符合社会组织实际的方式方法，推进社会组织扩大党的组织覆盖和工作覆盖，实现党的建设从“有形覆盖”向“有效覆盖”转化，加强社会组织党建工作体制机制创新。党建工作联席会议制度是发展社会组织党建的重要平台，由区社会组织促进会、各街道社会组织服务中心、社会组织联合会、各社区基金会及辖区内具有代表性和品牌力的社会组织组成，定期开展以“党建引领、培育扶持、服务支撑”为题的公益讲座、业务交流、活动沙龙，开展学习交流、经验共享；通过党建联建方式，由党务经验丰富的社会组织党组织负责人和党务工作者与党建工作薄弱单位进行结对，开展形式多样的党建提升活动；引导社会组织党组织、党员不断挖掘社会需求，积极参与各类扶贫救助、扶老助残、优抚安置、社会治理、社区服务等社会公益服务类项目；建设党建阵地群，搭建资源汇聚平台、议事协调平台、文化交融平台、发展共享平台，实现互利共赢。

杨浦区

【综述】 2020年，杨浦区辖12个街道，291个居委会，总人口106.7万人。杨浦区民政局内设5个科室，下设7家事业单位，在编公务员25人，在编事业单位人员50人。

社会救助：杨浦区全年累计救助64.74万人次，支出救助金4.09亿元，分别比2019年增加10.59万人次、0.25亿元。其中，共救助各类社会救助对象16.19万人次，发放救济（保障）金1.86亿元；粮油帮困卡（券）发放对象7.59万人次，491.72万元；惠民殡葬补贴57人次，5.59万元；各类临时补助对象23.73万人次，2 544.83万元；历史老案平反纠错人员289人次，103.06万元；支内回沪帮困补助17.13万人次，1.91亿元；困境儿童基本生活费675人次，107.05万元。发放安徽下放居民定期生活困难补助910.48万元，补助851人。2020年，杨浦区元旦春节帮困送温暖活动覆盖对象11.37万人次，支出资金5 834.8万元。2020年，杨浦区举办第26届"蓝天下的至爱"系列慈善活动，开展新冠肺炎疫情募捐工作、"致敬最美逆行者"——杨浦区书法家协会向区医疗机构赠送书法作品捐赠活动、第五届"慈善箴言"、2019—2020年度杨浦区优秀慈善义工评选工作。举行2020年"中华慈善日"杨浦区公益主题活动，并启动"扬爱慈善联盟"，发布"杨浦区慈善超市地图"。资助云南省丽江市4个儿童之家，成立"村里的儿童之家"线上众筹项目。全年共建成经常性社会捐助接收站点317个，经常性社会捐助接收点接收旧衣物1 188件。共接收社会捐款2 447.83万元，共支出善款2 506.8万元。向全区10名散居孤儿和56名困境儿童发放基本生活费107.05万元。开展市民综合帮扶3 678人次，支出帮扶金484.47万元。销售福利彩票1.45亿元，筹集公益金782.59万元。做好残疾人集中就业企业的社保补贴及残疾人职工的帮困慰问工作，共发放各类帮扶资金3.37万元。

社会福利：2020年，落实红枫家园养老院开业运营；完成五角场卫生中心暨养老设施新建工程、江湾邻里中心及新江湾城第三养老院项目结构封顶；完成五环大厦养老院、长白及长海街道为老服务综合体内设长者照护之家项目建设。全年累计新增养老床位603张，在"十三五"末，全区养老床位总数超过指标数10 800张。完成控江、延吉、平凉、五角场、殷行、大桥及长海等7个社区综合为老服务中心建设，"十三五"末综合体总量达到指标数20家。全年完成控江街道敬老院认知障碍照护床位改建50张；新增定海顺平、延吉五六村、江浦文通、四平同叶及长海等5个社区长者食堂，完成全区25家敬老助餐点建设。继续深耕"睦邻小厨"助餐服务品牌，选定第二家助餐中央厨房，开展首批优秀助餐设施考核奖补工作。研究建立社区综合为老服务中心评估指标体系，为首批10家综合体定星定级。推进居家环境适老化改造、认知障碍友好社区、养老服务"时间银行"、康复辅具租赁与家庭照护床位等专项试点项目，为300名高龄、独居等困难老人安装"一键通"应急呼叫设备。社区"养老顾问"实现居委会全覆盖，发放老年人综合津贴4.49亿元。

社区治理：更新评估指标体系，抽取全区50%的居委会，分两批开展"全岗通"第三方评估。指导各受理中心完成"好差评"系统软硬件安装，督促受理中心一手抓疫情防控、一手推"一网通办"。依法依规补选居委会成员，筹备2021年居委会换届选举。报送67名候选人参加公安、民政、卫生健康等"九部门"联审，发现不适宜作为居委会成员候选人共3人，依法依规完成补选工作。排摸居委会队伍现状，制定2021年居委会换届选举工作方案。完成居委会新建、撤销和范围调整。调整后，全区实有居委会291个。

社会组织：至2020年年底，杨浦区登记成立各类社会组织861家，其中社会团体157家，民办非企业单位704家。有专职从事社会工作人员618人，其中男170人、女448人；有社会工作师资质的214人，有助理社会工作师资质的294人。有持证社会工作者1 380人，其中服务于专业社会工作机构的持证社会工作者382人、公益性社会组织持证社会工作者140人、民政局机关及局属事业单位持证社会工作者96人、街道聘用持证社会工作者及社区工作者762人。全区有专业社会工作机构22家，服务覆盖15个领域。

社会服务：区婚姻（收养）登记中心接待和服务群众3万余人次，办理国内公民结婚登记6 784对、离婚登记4 905对、补发结婚证2 012份、补领离婚证548份、出具《无婚姻登记记录证明》28份、办理解除收养关系5例。推进"互联网＋婚姻服务"，实施婚姻登记全时段预约，推广电子证照应用。即时发布婚姻登记信息、办事指南、办理流程，广泛使用"好差评"服务评价系统，提高婚姻登记服务群众工作能力。策划开展"成家日，致父母，见证我们的'高光时刻'"等活动。招募社区优秀志愿者担任结婚登记特邀颁证员。继续推行"百姓休息我上班""公对公核查""补领婚姻登记本区档案协助调档"等一系列便民利民举措，帮助疑难案例及高龄有困难的当事人档案查询。　（章贝贝）

【疫情防控】 根据杨浦区新冠肺炎疫情防控工作领导小组要求，杨浦区民政局牵头成立区疫情防控社区工作指导组。协调260名市级机关干部、452名区级机关干部、2 000多名社区工作者、2万多名社区志愿者等投入抗疫一线。选派区民政系统7名党员干部赴居民小区、留验点支援抗疫，43名党员组建民政党员志愿者先锋队，增援一线。建立疫情防控宣传工作机制，及时发布疫情防控信息，加强防疫知识宣传和舆论引导，指导居民做好环境清洁和家庭防护，增强群众防控意识和能力。指导街道对居民小区进行封闭式管理，严格执行居家隔离制度。建立应急物资和应急服务保障体系，确保社区防疫物资和居民生活必需品供应到位。累计开展6轮口罩预约，居民登记190万户次，供应口罩873万个。开展重点地区来沪、返沪人员排摸，累计排摸2.3万人。做好疫情常态化防控工作,对居家隔离制度执行情况进行检查,守牢社区疫情防控"警戒线"。按照"外防输入、内防反弹"的要求,制定入境人员接收转运工作流程,加强闭环式管理。成立驻机场工作人员临时党支部,累计安排机关企事业单位工作人员189人、医生护士52人以及民警394人次驻守浦东、虹桥机场和集中留验点,接收国外及国内抵沪人员5 796人(浦东机场5 712人、虹桥机场84人)。(李　辰)

【"一点行动、照亮杨浦"主题宣传活动】 杨浦区救助管理站于8月31日在杨浦滨江人人屋党群服务站开展以"一点行动,照亮杨浦"为主题的杨浦区政府"公共开放周"活动之杨浦区救助管理进社区主题宣传活动。活动结合第八个"全国救助管理机构开放日"主题"大爱寻亲,温暖回家",通过在杨浦滨江树立宣传版面、知识竞答、设置关爱救助相关的游戏互动等形式充分动员和发动社区群众参与救助工作,呼吁大家通过自己的一点行动关注流浪人员健康问题,合理预防新冠病毒肺炎,为城市生活无着的流浪乞讨人员、困境儿童等弱势群体提供帮助。(居加定)

【困境儿童帮扶关爱】 杨浦区坚持儿童利益最大化原则,探索专业化、个性化服务模式。建立政府主导、民政牵头、部门协同、社会参与的区困境儿童保障工作联席会议,定期研究解决重难点问题,完善区、街道、社区三级工作网络体系,形成保护工作合力。与区检察院、区政法委等13家职能部门共同成立"杨杨成长关爱中心",组建儿童福利社工队伍,发挥街道儿童督导员、居委会儿童主任属地化职责作用,及时发现报告救助困境儿童。7月,举办上海市"爱伴童行"项目及困境儿童关爱保护"政策宣讲进村(居)活动"杨浦区启动仪式,建立四类N个社会"伴行人",设立困境儿童24小时救助保护热线,委托专业社会组织对19名困境儿童开展"爱伴童行"困境儿童帮扶关爱项目。同时,对在册困境儿童(包括低保家庭儿童、残疾儿童、散居孤儿等)开展"爱伴童行——困境儿童成长护航计划"。辖区内阳光控股企业、良友公司出资助困、助学,开展"亲子音乐坊""心有阳光,一路芳华""阳光影像书画"等公益活动。(李晓萍)

【居家环境适老化改造试点】 杨浦区选定江浦、控江街道开展居家环境适老化改造试点,采取市场化运作与政府补贴相结合方式,探索"政府补贴一点、企业让利一点、家庭自负一点"的资金分担机制,引导和支持包括困难、无子女、失能、高龄等特殊群体在内的全体老年人家庭实施适老化改造。老年人可根据实际需求选择基础产品服务包和个性化产品服务包。基础产品包包含安装扶手、抓杆类产品、地面防滑处理、安装易燃气体和火灾自动检测报警、防灾应急装置等老年安全防护产品;个性化产品服务包包含智能家居类、健康监测类产品、或局部或全屋适老化施工改造服务。试点期间,对符合条件的老年人按照上海市统一政策,给予40%—100%不等的改造补贴,每户最高补贴金额3 000元。2020年7月以来,累计受理申请141户,其中共24户完成施工(其中17户完成验收),6户完成补贴结算。同时,丰富适老化改造应用场景,在控江街道社区综合为老服务中心打造适老化改造体验馆,体验馆由卫生间场景、厨房场景、玄关场景三块区域组成,各区域内的陈设产品聚集国内外知名品牌老龄产品,让老年人可以直观感受到适老化改造的实际成效。(张晨嘉)

【"时间银行"试点】 2020年,杨浦区全面推进养老服务志愿者"时间银行"工作,至12月底,全区已完成"时间银行"总行及各街道分行的设立,实现全区12街道全覆盖。在前期试点实施区级平台的基础上,2020年9月开始与中国银行对接,推动市区服务平台衔接转化工作,成为全市首个与中国银行试点推进"时间银行"项目的区,并在长海路街道率先试点推广。"时间银行"服务平台已连接的志愿服务包括情感慰藉、协助服务、出行陪伴、文体活动、健康科普、法律援助、培训讲座、金融网络风险等多个类型,平台累积注册志愿者3 456人,产生活动需求175次,产生时间币近1 100枚,受益人群1.3万人次。(王嘉伊)

【认知障碍友好社区试点】 杨浦区民政局做好杨浦区首批试点街道(平凉路街道及大桥街道)的工作对接和指导,深入基层指导社区开展老年认知障碍的宣传教育、风险测评、早期干预、家庭支持、资源链接和平台建设等工作。至12月底,共计筛查4 623人,通过筛查发现认知症患者196人,确诊率达4.24%。逐步引入第三方研发的智能认知功能评估与管理系统,建立平凉街道老年认知障碍风险人群及患者家庭精准数据库。建立"知友之家"品牌,开通认知症障碍专属热线021-65678081。两个试点接线先后开展线下宣传科普活动近50场,在敬老月期间在杨浦小学举办"九九重阳关爱认知健康——黄丝带飘起来"认知症走进校园主题活动,通过微博话题、抖音话题、微信公众号等方式同步进行宣传。开展健康干预活动50场,接待来访咨询和提供干预服务756人次。大桥街道对轻、中度认知障碍老年人进行科学干预治疗49人次,跟踪治疗形成个案人数17人,获得患者及家属的肯定与支持。对筛查出的部分重症认知障碍患者建立绿色通道入住康复机构或养老机构,部分轻中度患者入托社区日托。针对认知障碍老年人家属的实际需求,开展专业支持活动近34场,利用养老机构专业资源开展技能培训,

提升家属自身的专业照料能力。（张晨嘉）

【老年助餐服务升级】 2020年，杨浦区完成定海顺平、延吉五六村、四平同叶、长海及江浦等5个社区长者食堂建设，完成全区25家老年助餐点建设。全区现有社区长者食堂20家，老年助餐点70个，认定助餐中央厨房2家，共16家社会企业参与助餐服务工作，覆盖生产、运营、外送及结算等多个环节。建立街道、助餐企业、区养老服务中心工作协调机制，对助餐工作进行动态监管。制定杨浦区为老助餐服务点的以奖代补实施方案和以奖代补评估标准(草拟)，对全区90家助餐服务设施评估。完善银联餐费结算及补贴发放机制，使用全区助餐信息管理系统开展困难老年人助餐补贴的审核发放工作，2020年共发放老年人餐食补贴及送餐补贴180.83万元。（陆文彬）

【"214"工作模式】 疫情期间，杨浦区推进"214"工作模式，确保群众安全快捷办事。"2"即公布"网上办""暂缓办"两张清单，引导居民通过上海市"一网通办"平台、"一网通办"智能自助终端载体网上、掌上办事，减少受理大厅现场人员流量。"1"即"进门一扫"，至社区事务受理中心现场办事的群众，必须通过防疫安全"随申码"扫码进行实名认证，绿色二维码才可进入大厅。"4"即"办事四必"，群众与工作人员必须配戴口罩；必须问清居民办理事项及携带材料，属于"网上办"清单的，建议及引导居民网上办理；必须进行体温测量，体温异常者禁止进入受理大厅；必须进行来访登记，掌握来访人员的具体情况及联系方式。此外，还要求各受理中心严格做好内部防疫管理，受理大厅每半天1次深度消毒，中心工作人员每半天1次体温测量，体温异常者不得上岗。认真做好一网通办中各个事项流程的调整工作，指导受理中心学习全新流程，规范一网通办报错工单的标准化格式，每日检查各受理中心接单情况，保障"不见面办理"的在线事项真正落到实处、便民利民。（李　辰）

【"三微治理"持续推进】 根据《2020年杨浦区创新社会治理加强基层建设工作要点》，杨浦区民政局指导街道完成控江路街道东凤三居民区内部道路微改造、延吉新村街道美丽家园睦邻景观、长白新村街道松延居委会"睦邻亲情同心楼"等"三微治理"项目。"微治理"大多围绕楼道、车库、小区活动室、门房间、花园、凉亭等公共空间开展，实施体系为"1＋12＋X(一个指南，12个居委会，X项议题)"。区民政局出台《"三微治理"工作导则》和《"三微治理"社区工作法案例汇编》，为居委会提供"微治理"指南；12个街道动员居委会，整合社区资源；有治理意愿的居委会，商定X项的治理议题，发动居民集体行动。此外，完善的工作机制和制度给予"三微治理"有效支撑。例如"社区三师三顾问"机制，对"微治理"起到"智囊团"的作用；居委会约请制度，约请委办局领导为社区治理难题出谋划策；丰富的专业社会组织为居民开展微治理提供陪伴式辅导；居民自治项目化管理机制，从资金支持到项目指导，鼓励居委会大胆尝试。（李　辰）

【滨江治理金点子征集活动】 4月9日，杨浦区民政局发布"杨浦滨江社会治理金点子征集令"，邀请和鼓励全社会各个领域的社会组织，为杨浦滨江社会治理提供"金点子"，总共收到来自全国的"金点子"61条，涉及公共交通、公共空间、生态环境、生活服务、文化历史、智慧创新等6个方面的内容。7月29日，举办2020年杨浦区社会组织年度峰会，主题为"社会主治新作为，人民滨江展新貌"，会上，杨浦区四平路街道公益社区基金会围绕"打造滨江自然科普基地——市民候鸟观察站计划"的金点子进行小品演绎。9月11日，开展以"杨浦滨江"为主题的公益创投项目活动，8家社会组织的金点子获得资金支持，并在滨江落地实践。（谢润洁）

【第九届社工节暨区社工协会成立十周年活动】 9月29日，杨浦区第九届社工节暨区社工协会成立十周年活动在滨江举行，主题为"共筑社梦·不负'拾'光"。活动举办微论坛"社会热点议题下的社会工作"，探讨杨浦社工在脱贫攻坚、疫情防控、滨江治理等过程中所付出的努力和取得的成绩。公布2019年度杨浦区专业社工机构及相关社会组织核心竞争力评价排名，表彰2019—2020年度区优秀(新秀)社工、优秀社会工作案例和项目。上海延泽社会工作发展中心、上海仁宇社会事务服务中心、上海海星之家社工师事务所位列社会组织核心竞争力评价前三甲；上海延泽社会工作发展中心周祯怡被评为优秀社工；上海市杨浦区精神卫生中心社工部邹坤良被评为新秀社工。《再见，昨天；你好，明天！——焦点解决短期治疗理论在药物滥用领域的运用》《爱的直通车，幸福加油站——单亲家庭平行小组在驻校社会工作中的探析》《迟来的微笑——"陪伴式"服务理念对于"第三类人群"帮扶成效的影响》被评为优秀案例；"杨浦区青春健康项目""从零到一——'创益创新成长训练营'项目""杨浦区大桥、延吉街道困难家庭青少年服务项目"被评为优秀项目。（谢润洁）

【智能化全覆盖照料社区(IACC)】 根据上海市民政局智慧养老应用场景部署要求，杨浦区民政局在控江路街道试点推进"智能化全覆盖照料社区(IACC)"试点，主要以智慧医养康养为特色，向街道辖区内老年综合征、脑卒中及认知障碍等目标老年人群，围绕医、防、养、护、食、康等6方面推进应用场景建设。结合社区内养老机构，社区养老服务，居家适老化改造项目，对接东方明珠公共服务管理平台，打通社区内老人在机构—社区—居家的数据流，使老人的基础数据、评估数据、服务数据在线上贯通。根据社区内为老服务的现状，对现有为老服务项目进行智慧化升级，具体包括：控江路街道敬老院智慧化升级，控江社区康复港步态评估智慧化升级，居家适老化改造智慧化升级，长护险服务及睦邻小厨的智慧化升级。结合社区内医疗资源，对社区内长者进行老年综合征、脑卒中及阿尔兹海默症的健康宣教，普及相关老年慢病预防、延缓、维持的尝试知识，建立专业医院的绿色通道。（王嘉伊）

【结婚登记特邀颁证员制度】 杨浦区民政局通过《杨浦时报》、"杨浦民政"微信公众号公开招募社区优秀志愿者担任结婚登记特邀颁证员。6月23日，在杨浦区婚姻（收养）登记中心举办"携爱同行"结婚登记特邀颁证暨新时代文明实践站启动仪式，为杨浦区婚姻登记中心志愿服务基地揭牌，并为首批结婚登记特邀颁证员颁发聘书。先后有28位来自全国、市"文明家庭""五好家庭""最美家庭""全国最美抗疫家庭"的志愿者经培训成为杨浦区结婚登记特邀颁证员，引导婚姻当事人宣读结婚誓言，领取结婚证。半年来，已为近千对新人开展颁证服务。（吴悦新）

宝山区

【综述】 2020年，宝山区辖3个街道、9个镇（2个工业园区正在撤并中），402个居委会，103个村委会，总人口223.52万人。宝山区民政局内设8个科室，下设7家事业单位，在编公务员23人，在编事业单位人员97人。

社会救助：2020年，向城乡低保向城乡低保、重残无业等各类困难对象共发放救助资金3.71亿元，救助人数达81.34万人次。其中，发放城镇低保金1.1亿元，救助11万人次；发放农村低保金192.85万元，救助2 496人次；发放城镇重残无业对象生活补助4 538.67万元，3.01万人次；发放农村重残无业对象生活补助287.84万元，2 526人次；发放粮油帮困补助477.85万元，7.2万人次；发放实物补助0.83万元，涉及207人次；发放临时救助金56.29万元，救助599人次；发放支出型贫困生活救助金89.65万元，涉及747人次。救助流浪乞讨163人次。开展宝山区元旦、春节帮困送温暖活动共73项，投入各类帮困资金6 329.67万元，受益群众87.25万人（户）次。全区14个街镇（园区）8类救助资金全部通过民政资金内控监管信息平台统发。开展2020年"蓝天下的至爱"联合募捐活动，2020年募捐收入3 319.26万元，2 712.25万元慈善资金用于安老、扶幼、助学、济困救助等项目，共有37.21万名困难对象受益。优化福利彩票网点布局，配合"五违四必"整治，完成一家彩票亭拆亭入室。实现福利彩票销售3.81亿元，筹集福彩公益金2 064万元。

社会福利：至2020年年末，全区有养老机构67家（其中公办42家、民办25家），养老床位总数12 995张；有社区综合为老服务中心16家，长者照护之家17家，社区老年人日间服务中心61家，社区老年人助餐服务场所119家，标准化老年活动室554个。2020年，新增503张养老床位、184张认知症床位，新建5家长者照护之家、4家社区综合为老服务中心、30家社区老年助餐服务场所等养老设施，加强养老服务领域的疫情防控。

社区治理：至2020年年末，全区有103个行政村、402个居委会。分类分层开展城乡社区干部培训，开展社区工作者公开、专项招聘，充实社区工作者队伍力量。制定出台《关于规范居委会建设、推进社区成长的实施办法》和《关于完善和深化社区干部实训基地建设推进社区成长的实施办法》，明确一系列联系服务群众举措。制定《关于清理规范村规民约和居民公约的实施办法》，72个符合条件的村委会和402个居委会全部完成清理。制定村务公开目录，创新线上村务公开模式。推进社区智能化平台建设，打造科技赋能的精细化社区治理。制定《关于加强"社区云"平台推广应用的实施意见》，实现与"宝山微社区"互联互通。"社区通"上线3.0版。激发多元化治理载体，实施"社区成长计划"，培育"活力楼组"3 000余个，"星级楼组"363个，探索打造"活力楼组"2.0版。推进社区服务综合体建设，形成8个品牌特色，建成50个社区治理创新实践基地。年内新创建223家公益基地，建成社区志愿服务队613个，志愿服务队员5 524人，累计志愿服务时长达27 650小时，21个居村志愿服务综合时长排名位居全市前200名。大力培育"草根"精英，举办"达人点亮社区"、首届"宝山社区达人赛展演"等系列活动。

社会组织：年内登记成立民办非企业单位30家。至2020年年末，现有社会团体159家，民办非企业单位549家，评估社会组织33家（次），其中，5A级2家，4A级6家，3A级11家，2A级6家，1A级7家，无等级1家。积极推进"互联网＋政务服务"模式，社会组织成立、变更登记等事项实现"一网通办"和"全程网办"。落实常态化监管，加强社会组织的定期执法监察，深化落实社会服务机构登记管理自查自纠和问题整改。推进政社分离，行业协会商会与行政机关脱钩改革基本完成。加大公益创投，举办2020年宝山区"公益伙伴月"活动，设置公益集市、主题沙龙，吸引更多社会组织参与公益活动。

社会服务：2020年，共依法办理结婚登记5 492

对，同比下降7%；离婚登记3 485对，同比下降4%。实现婚姻登记电子档案与纸质档案“双轨制”保管。完成补领婚姻登记证“一件事”改革。启用登记窗口“好差评动态二维码”评价系统，实现点选或扫码在线评价机制。推进结婚登记特色颁证服务。9月1日起，具有上海市户籍人员通过“随申办”小程序与App同步提供身份证、户口簿等证照电子“亮证”在婚姻登记管理所进行婚姻登记，实现“凡是本市政府部门核发的材料，原则上一律免于提交；凡是能够提供电子证照的，原则上一律不再提交实体证照”。全区现有殡仪馆1家，经营性公墓3家，经营性骨灰堂1家。清明、冬至期间，全区各墓区共完成落葬2 751穴，接待祭扫群众31.37万人次，7.43万辆车次。创新代客祭扫、网上祭扫等新模式，高峰期间网上祭扫2.87万人次、代客祭扫1 728户。开展殡葬行业中介“一条龙”整治，推进公益性埋葬地监管。全年共火化遗体26 680具，骨灰寄存16 498户，礼仪服务24 269户。（奚秋俊）

【疫情防控】 2020年，宝山区民政局围绕“五大民生版块”，全力抓好新冠肺炎疫情防控，聚焦“底线民生、品质民生、服务民生、基本民生、幸福民生”，社会救助更显精准，养老服务更有品质，社区治理更加精细，社会组织更具活力，社会服务更趋温馨。超额完成政府实事项目，实现疫情期间养老机构、居家养老、社区为老服务的“零接触、零感染”。作为疫情防控地区组牵头单位，完成6轮社区口罩预约，共登记购买口罩1 300余万只。分类实施社区疫情管控措施，会同区卫健委、区公安分局等部门，指导落实居家隔离人员管理和服务保障工作。指导居村建立并落实“三人小组”防控机制，落实测温、验码、登记等举措，守牢社区入口关。加强与市疫情防控地区组的沟通对接，共派出15批196人次驻点机场一线，累计转运入境人员5 092人。有效发挥“救急难”机制，及时出台疫情期间社会救助配套文件，向低保对象、特困人员等困难群众发放临时价格补贴957万元。（奚秋俊）

【养老服务质量提升】 2020年，宝山区民政局加强疫情期间养老服务领域防控举措，深化养老服务领域“放管服”改革，推进“社区养老服务设施建设”民心工程，从“养”“食”“居”三方面提供多样化、多层次养老服务。开展养老服务质量提升行动，引入第三方组织对养老机构标准化建设和服务质量进行动态评估监测。联合区消防救援支队、区市场监管部门对消防、食品药品安全进行常态化监管。加快社区养老服务设施与医疗卫生设施的配套整合。提升养老护理人员专业技能，加大养老服务人员培训力度，至2020年年底，全区养老服务护理人员持证率达95%。制定《上海市宝山区“社区养老服务设施建设”民心工程实施方案》，大力推进社区养老服务综合体、社区助餐服务场所建设和居家环境适老化改造。（奚秋俊）

【独居老人暖心关爱活动】 宝山区民政局针对独居老人居家生活照料中的实际需求，对符合条件的宝山区户籍独居老人，及时提供助洁、助餐、助行、助医等居家养老服务，根据照护等级不同，给予不同标准的服务补贴。对于无子女的老年人或年满90周岁的老年人，按比例提高服务补贴标准。为防范居家独居老人发生意外时无人发现、无法求救等居家安全风险，持续实施“银龄居家宝”和“银龄e生活”项目，重点将独居老人纳入服务范围。通过安装智能化终端或设备，为本区户籍居家老年人提供生活照料、主动关爱、紧急援助、走失定位等便捷化、人性化服务，实现12个街镇全覆盖，服务超过11万人次。实施“老伙伴计划”、走访慰问、结对关爱等举措，志愿者通过定期上门探访、开展社区活动等形式，为独居老人提供精神慰藉、自我保健、安全指导、信息宣传等关爱服务。全区两千多名志愿者与一万余名75周岁以上独居老年人或孤老等结对。（奚秋俊）

【“社区云”试点】 宝山“社区通”被纳入上海市“社区云”系统，作为“居社互动”平台在上海全市推广运用。在全区所有居村全面启动“社区云”试点工作，开展居村操作员业务培训，引入第三方提供技术支撑，年内全区人房数据导入初始化完成率达100%，数据完善率超95%。建立工作机制。制定《关于加强“社区云”平台推广应用的实施意见》，健全三级联动运营工作机制，召开全区“社区云”全面应用推进大会，专题部署“社区云”常态化应用工作。推进宝山电子台账4.0作为特色功能接入“社区云”，将电子台账4.0的表单从117项缩减到68项，统一入口登录，开展专题培训，完善“社区一本通”和“社区知识库”内容。（奚秋俊）

【“社区通”应用】 2020年，宝山区民政局持续推进“社区通”应用。“社区通”上线个人行程上报、疫情线索、寻求帮助、口罩预约、居家隔离上报五大疫情防控功能，回应处置疫情防控问题1.02万个，8.7万户家庭在线使用，超82万人次阅读口罩预约功能公告，累计在线预约口罩53万次，成为基层“抗疫利器”，“宝山‘社区通’助力社区打好疫情防控战”荣获首届上海社会建设和基层社会治理创新项目征集与推广活动“十佳创新展示项目”。实现社区通3.0版（第一阶段）上线，对“乡村振兴”“居务公开（办事指南）”“物业之窗”“业委连线”等板块进行优化，开通“爱宝山”全区公告的评论功能。新开设“人民信箱”板块，新增“主动巡查生成问题”功能，主动收集群众意见，回应群众诉求。做好“社区通”与区城运中心线上线下对接工作，累计回应解决群众关心关注问题13万余个,其中90%的问题在居村层面得到有效解决。面向全区居村民招募并培养一支"小通通特派员"队伍,开展实地探点、图文采编等活动,发布社区通专题策划图文信息。推广大场镇"居民打钩"制度、罗店镇"居委工作线上评价"等做法,组织全区各街镇(园区)策划开展"社区达人"线上评选活动、活力楼组评比活动、社区问题大家议等31项特色线上活动。至2020年年底,宝山区共有52万户家庭、75万余名居村民实名加入,7.5万余名党员在网上亮身份、起作用、受监督。 (奚秋俊)

【社区"微治理"创新】 宝山区民政局以"楼组"为载体推进社区"微治理"创新,推出"活力楼组"2.0版培育体系,发挥"活力楼组—活力楼群—活力社区"的辐射效应,已培育"活力楼组"3 000余个。联合社会组织对全区已培育活力楼组进行走访验收,对363个三星级以上活力楼组进行发文表彰和星级挂牌。成立活力楼组指导员队伍,对各街镇相关点位开展走访调研,完成活力楼组宣传手册汇编工作。建立"社区达人"长效工作机制,组织开展首届"宝山社区达人赛展演",评选出百强社区达人,涵盖社区治理、社区公益、社区文体、社区创意等诸多领域,开展"达人点亮社区"系列活动,挖掘社区贤人、达人、能人。成立一批达人工作室,居村党组织牵头搭建达人展示风采的舞台,持续发挥社区达人在解决社区难题、改善社区服务、深化社区治理、传播社会正能量等方面的积极作用。 (奚秋俊)

【社区特色治理新路径】 围绕家庭常见火灾、案例分析、家庭防火准备、社区应急准备、现场人力协调和管理及应急现场的媒体应对等情况,宝山区民政局组织多角度、全方位的应急处理培训,通过十余个火灾视频讲解分析如何做好社区应急处理。区社会工作者协会通过申报宝山区社区公益服务扶持引导专项资金项目,推动社会治理创新,制定《规范居委会建设、推进社区成长实施办法》,规范联系服务群众、日常管理、硬件配置等制度,明确并细化居委会规范化建设指标构成。完善"社区一本通"和"社区知识库"内容,持续推进居村电子台账4.0建设。健全区域化党建三级平台建设,推动各领域党组织共驻共建、互联互动,落实街道"五项权力"(财务权、人事权、重点项目、行政审批权、行政执法权)。建立社区系统化培训体系,指导街镇做好骨干社工增能、常规业务轮训等。深化"班长工程",加强"社区导师"队伍建设,继续推进优秀居民区书记入编,指导各街镇(园区)在核定招聘额度范围内开展招聘。举办区创新社区治理骨干书记培训班和骨干社工培训班,培养一批社区治理骨干人才。 (奚秋俊)

【社区服务综合体建设】 2020年,宝山区民政局制定出台《宝山区加快建设社区治理创新实践基地指导意见》。设置差异化的建设标准,从"软硬"两方面推进打造,引入第三方专业社区会组织,陪伴式开展指导工作,着力改善社区服务供给。打造张庙街道"公共客厅"、友谊路街道"聚谊家"、罗店镇"睦邻共享中心"、淞南镇"淞益空间"、大场镇"聚益场"、庙行镇"庙厢居"、杨行镇"杨行e家门"、高境镇"境邻共享空间"等一批社区服务综合体。 (奚秋俊)

【居民经济状况核对标准化建设】 2020年,宝山区民政局围绕人员队伍、业务流程和指导培训三大核心,加强居民经济状况核对的标准化建设。优化人员配置,强化岗位交流,完善考核机制,探索建立宝山区街镇核对员管理模式2.0版。遵循多方协同、规范操作、信息安全的特点,以实现核对工作"双规范"为着力点,健全完善数据复核和安全管理制度。围绕加强培训体系建设以及加大监督检查两条主线,突出培训"切入点"和监督"关键点",不断夯实"三层五类"标准化培训体系,做实"两个同步"标准化监督检查机制。 (奚秋俊)

【清明冬至祭扫实现预约制】 2020年,遵照疫情防控需求,宝山区各经营性公墓(骨灰堂)根据安全保障实际能力,确定清明冬至期间每日最大承载量,按照限流、分时、定量原则做好预约和保障服务。针对祭扫高峰时期,各经营性公墓(骨灰堂)开通高峰日四个时间段线上预约祭扫服务,通过微信公众号,登记个人信息,选择祭扫日期和时段。针对老年人、残障人士等特殊群体,提供线下电话预约等个性化服务。推出集体祭扫、网络祭扫、代客祭扫共三项便民服务措施。 (奚秋俊)

闵行区

【综述】 2020年,闵行区辖4个街道,9个镇,1个工业区,467个居民委员会,115个村民委员会,总人口265.35万人。闵行区民政局内设9个科室,下设9家事业单位,在编公务员26人,在编事业单位人员107人。

社会救助:2020年,闵行区共有生活救助对象10 498人,其中城镇低保7 407人,农村低保205人,城镇重残无业2 325人,农村重残无业498人,特困供养人员52人,民政救济对象11人,因病支出型贫困2人,发放城乡居民生活救助保障资金15 068.01万元;共有支内帮困补助对象47 699人,从二季度起,提高支援外地建设退休(职)回沪定居人员帮困补助标准,扩大分档补助的对象范围,累计发放支内帮困补助资金20 398.21万元,同比增加18.60%;发放特困人员日常供养金69.56万元;发放社区市民综合帮扶资金

1 091.75万元，惠及2 340人；元旦、春节帮困送温暖帮扶项目125个，惠及各类困难人群13.47万人（户），各级财政和社会募集资金7 900.94万元。全区114个经常性社会捐助接收站全年共接收单位捐助11家，接受个人捐助585人次，接收各类衣被565 852件，全年对外援助新疆泽普、贵州怀仁各类物资共计355箱。区救助站救助流浪乞讨人员367人，劝导41人，安置流浪精神病人、危重病人和智障人员75例，安置弃婴弃儿（疑似）5人，救助流浪未成年人15人，使用救助资金84.71万元。2020年，上海市慈善基金会闵行区代表处慈善募捐8 959.29万元（含抗疫资金），实现基金增值889.53万元。开展助医、助学、助困、助老、公益、赈灾项目，总支出9 500.16万元，救助98 977人次。设立和实施闵行“新冠肺炎（NCP）”定向基金、“蓝天下至爱计划”、区孤独症谱系障碍交流培训中心建设，支援新疆、云南等对口帮扶贫困地区100余个慈善项目，支出资金6 080.57万元。打造慈善超市五大功能，全区14个街镇慈善超市结对帮困160户，开展公益活动2 500余场，志愿服务2 000余次。疫情期间，慈善超市每天为近万户居家隔离居民提供“一站式”生活物资配送服务，保障居民物资供应。福彩中心与邮政试点合作，在邮政营业网点进行福利彩票自助终端销售与传统网点销售，3家网点投入试点。开展邮政金融服务合作，降低网点日常销售的手续费。

社会福利：2020年，闵行区全面开展居家和社区养老服务改革试点。1月，发布《闵行区社区居家养老服务规范》地方标准，包含13个服务规范和11项管理规范。9月，在民政部、财政部组织的改革试点成果评审验收中，闵行区被评为“优秀”，并获得民政部、财政部的奖励。10月29日，上海（闵行）养老服务能力建设基地正式启用，打造集场景化、产业化一体的智慧健康养老城。2020年，闵行区新增养老床位1 232张，完成5家机构280张认知障碍照护床位改建任务，新增14家社区综合为老服务中心、13家日间照料中心、14家助餐服务点、102家社区老年人示范睦邻点。至年底，全区已建成执业养老机构63家（含16家长者照护之家），养老床位15 625张，保基本养老床位8 502张，标准化认知障碍照护床位555张，有社区综合为老服务中心41家，长者照护之家16家，社区老年日间照护机构80家，社区老年助餐场所106家，全区63家养老机构（含长者照护之家）与医疗机构全部签订合作协议，其中托管服务3家、嵌入服务5家、签约服务55家，合作率达100%；出台《闵行区社区居家养老服务规范》等系列标准，通过闵行区标准化示范试点中期评估。闵行区共有养老护理员1 713人，其中持证人员1 624人，持证率94.8%；社区养老服务组织共有护理员1 305人，其中持证人员1 299人，持证率99.5%。发放2 823名重残无业人员、244名低保残疾人、399名低收入残疾人全年度生活补贴1 241.16万元；发放6 552名一级残疾人、9 460名二级及智力三级的残疾人全年度护理补贴3 860.30万元。新冠肺炎疫情期间，闵行区实施全区养老机构全覆盖封闭管理，严格落实院内消杀和出入院防控措施，全面切断传播途径，消除传播风险。积极协调、多方筹措防护物资，对接爱心企业做好捐赠物资的发放，为全区养老机构累计调拨（含订购）发放一次性口罩10万只、消毒液4吨、防护服400件、一次性手套1万双、蔬菜77 000斤、力度伸6 000盒。组织开展疫情防控全覆盖、滚动式检查11轮，督导全区养老机构严把关口、压实责任，确保病疫“零输入、零感染”。在疫情较为严重的2月、3月，共为320名困难老年人提供居家养老服务，为824名困难老年人提供送餐到家服务。

社区治理：2020年，闵行区落实疫情防控任务，推进社区治理工作，审核设置15个居委会，居委会管辖范围调整20个，撤销2个村委会建制，完成浦江镇李巷村、七宝镇友谊村撤制，明确新虹街道撤村工作路径，指导6个镇做好16个居委会管辖范围调整及12个居委会增设工作。至年底，全区共有居委会467个，村委会115个。有序组织全区569个口罩预约登记点和136个口罩销售药房开展口罩约购工作，累计六轮口罩预约登记3 203 186户，全区累计接收安置入境人员57 243人，其中闵行区人员19 891人，外地中转37 352人，居家隔离8 737人，集中隔离48 506人。完成“社区管理应用系统”区、街镇、居村三级平台开发建设，推广应用“社区云”平台。全区115个村委会全部推行村干部开放式办公，113个村实施“阳光村务工程”。形成《闵行区关于解决形式主义突出问题切实为居村减负的通知》（闵委办发〔2020〕17号），逐项细化落实各项工作。精简居村行政事务及台账报表，清理规范村委会标识标牌。持续加强社区工作者队伍建设，制定出台《闵行区社区工作者管理细则》（闵委办发〔2020〕27号）。开展社区工作者招录工作，新招录299名，其中招录应届高校毕业生53名。开发建设闵行区社区工作者管理应用系统，启动系统试运行。

社会组织：2020年，全区新增社会组织45家，其中社会团体4家，民办非企业单位41家。至2020年年底，经区民政部门核准登记的社会组织1 091家，其中社会团体206家，民办非企业单位885家。培育扶持社区社会组织发展，全区新增社区社会组织8家，注册登记社区社会组织252家，备案社区群众活动团队2 662支。闵行区社会组织培育发展中心举办7期社会组织能力建设培训班，新入驻孵化机构5家，出壳注册登记4家。完成2019年社会组织年度检查工作，全区应检社会组织1057家，年检合格863家，合格率81.65%，补齐社会组织规范化建设评估，规范中心健康运作，5A级社会组织4家，4A级18家，3A级64

家。10月举办“共建共治共享闵行区社会组织公益嘉年华”大型公益活动，共有100余家社会组织参与，参加服务人数1 500余人，服务群众近万人，评选出9家品牌社会组织和10个优秀项目。

社会服务：2020年，全区办理结婚登记7 041对，比上年下降4.81%，其中双方均初婚3 726对，占结婚登记总量52.92%；两地婚姻3 553对，占结婚登记总量的50.46%；复婚1 467对，比上年下降7.39%；离婚登记4 754对，比上年增长7.33%；收养登记9户，比上年下降18.18%；补领结婚证817份，比上年下降14%；补领离婚证311份，比上年下降19.22%；出具无婚姻登记记录证明54人次、55份，比上年下降44.90%；查阅婚姻档案972份(其中全市通办查档751份)，比上年下降13.21%。2020年新冠肺炎疫情防控工作从应急状态到常态化状态，闵行区设立党员先锋岗，发挥党员先锋模范作用，保障窗口单位工作的有序顺利进行，平稳度过各个结婚离婚高峰登记日。10月1日，区婚姻登记中心迁址新镇路1766号文化公园并正式启用，成为全市首家进驻公园内的婚姻登记中心，启动“园·缘·圆”文化品牌建设，倡导和谐婚姻和社会主义核心价值观；成立“同心圆”家庭辅导室，开展离婚调解、续缘促和服务。2020年，全区殡仪馆接运遗体7 224具，完成遗体火化7 192具。4家经营性公墓占地总面积679.4亩，建筑总面积2.1万平方米，总墓穴数17.15万穴；12处公益性墓地占地386.43亩，可容纳穴位14.02万穴，其中10处公益性埋葬地做到墓体植草坪、无坟头、不设碑，深埋区绿化面积60%以上。全区清明期间累计预约祭扫10.91万人，实际祭扫10.64万人，车辆2.38万辆，落葬420穴，网上祭扫98 833次，代客祭扫2 059穴。 (阮贝尔)

【疫情防控】 疫情期间，闵行区民政局制定并下发《闵行区关于做好新型冠状病毒感染肺炎疫情防控社会保障工作方案》等文件通知，明确保障对象和工作要求。采用“居村委会线上线下预约登记+指定药店购买”模式，加强居村一线数据核查比对工作，及时发现并迅速上报工作中出现的新情况、新问题。全区569个登记点“口罩预约”和136个药房“口罩销售”工作有序推进，先后六轮口罩预约登记累计3 203 186户。根据市防控工作指挥部统一部署，3月6日起全力实施重点国家入境人员口岸转运和隔离观察工作，至2020年12月31日，全区累计接收安置入境人员57 243人，其中闵行区人员19 891人，外地中转37 352人；居家隔离8 737人、集中隔离48 506人。撰写的《全力做实基本管理单元助力打赢疫情防控阻击战》，被推荐申报为第二批全国乡镇政府服务能力建设典型经验。 (姚卫国)

【二级救助管理机构创建】 闵行区救助站认真对照国家二级救助站的标准，形成包括服务通用基础标准体系、服务保障标准体系、服务提供标准体系三大子体系的闵行救助管理标准体系，共包含标准63个，其中国家标准25个、行业标准2个、站标36个，覆盖区救助站工作的各重要环节。9月底，顺利通过市民政局对二级救助管理站的达标验收。 (张月娥)

【全国第四批居家和社区养老服务改革试点】 2019年8月，闵行区成功获批成为全市唯一入选全国第四批居家和社区养老服务改革试点地区，中央专项补助资金1 545万元支持改革试点。闵行区积极开展试点工作，成立领导小组，围绕改革试点及群众需求，集中出台27个兼具指导性、操作性、激励性的政策文件，从促进发展、设施建设管理、创新服务、专业照护、智能应用、社会动员等方面支持改革试点。组织13项专题调研，形成21套调研报告、工作方案及操作手册。改革试点申报的13项内容，已完成10项任务，持续推进3项。新增社区助餐点31个、社区示范睦邻点154个、综合为老服务中心41个、认知障碍友好社区10个、认知障碍日托6家，养老服务便捷度大幅提升。2020年9月，在民政部、财政部组织的改革试点成果评审验收中，闵行区被评为“优秀”。 (吴学年)

【场景式养老服务能力建设基地启用】 闵行区民政局在江川路街道利用闲置的5层1.3万平方米建筑，建设集“养老服务体验、专业人才培训、智能科技应用、康复辅具租赁”功能于一体的场景式养老服务能力建设基地。同步建设养老辅具园区及大健康产业园，打造集合场景化、产业化一体的智慧健康养老城。2020年10月29日，上海(闵行)养老服务能力建设基地正式启用。能力建设基地的主要功能有：培训全行业人才，包括养老护理员、管理层、社区养老设施长等。体验全方位场景，浓缩老年宜居社区各类养老设施的服务样板间，现场展示全体系养老服务，让体验者了解处于不同身体状况下的精准匹配、触手可及的养老服务供给。打造全链条产业，致力于将基地打造成为一站式、全要素、多功能的养老服务能力综合体，提供全链条深度服务。 (吴学年)

【《社区居家养老服务规范》地方标准】 闵行区争取上海市标准化项目试点，会同第三方联合编制“1+24”规范标准，于2020年1月发布《社区居家养老服务规范》地方标准，包含生活护理、助餐、助浴、助洁、洗涤、助行等13个服务规范，每项服务规范对服务内容进行操作流程及评价指标的细化。《社区居家养老服务管理规范》由11项管理规范组成，明确安全管理、档案管理、环境管理、突发事件应急处置管理等要求。组织全区老龄办及为老服务社会组织负责人贯标培训、实地指导社区居家养老服务组织严格执行两个《规范》，加强全员培训教育、完善内控制度、建立台账资料、开展跟踪督查，确保各项具体标准落到实处。2020 年 7 月 29 日，顺利通过闵行区标准化示范试点的中期评估。

（吴学年）

【认知障碍照护体系】 闵行区围绕机构、社区、居家不同照护分工，分段式打造专业认知障碍照护体系。一阶段建立认知障碍专业养老院。北桥老年福利院作为全市首家认知障碍专业照护机构，院内配有认知训练区、认知康复区、认知刺激区、家庭互动区、疗愈花园等五大功能区，开业即进入满员运行状态。二阶段建成 6 个社区认知障碍日间照料中心，为社区认知障碍老年人及其家庭提供健康干预、认知训练和专业照护服务。三阶段建立认知障碍居家专业服务队伍。培育发展上海尽美长者服务中心、上海希言为老服务中心等专业服务机构，为认知障碍家庭提供专业支持与服务。此外，在社区持续开展科普宣传，普及基础知识。针对社区内的楼组长、核心志愿者团队以及社区老年人开展认知障碍健康教育，覆盖 2.7 万人。（吴学年）

【"爱善闵行"慈善文化品牌】 闵行区以"博施济众"为理念，推行"爱善闵行"慈善文化品牌，凝聚全区各方力量，形成"人人慈善、慈善人人"的慈善氛围。疫情期间，闵行区各界向红十字会、慈善基金会、光彩事业促进会捐款捐物，支援一线抗击疫情，累计捐款 4 910 万余元，物资 273 万余件；开展对外帮助援建新疆、云南脱贫攻坚，开展对内救助组织助医、助老、助困、助学等公益项目 120 余个。（张月娥）

【精细化治理新模式】 闵行区民政局坚持统筹兼顾、分层分类，推进社区分类治理工作。结合社区治理实际情况，深化细化城乡社区分类治理项目，把精细化治理贯穿社区治理的全过程。通过街镇推荐、专家评审和复审，实地走访，推选出 10 个社区分类治理实践基地，覆盖全区 7 类全部典型特征的社区类型。组建由专家学者和实务届专业人士共同组成的指导团队，就建立实训基地及相关工作开展进行专业培训和督导，指导各街镇结合区域特点，明确分类维度，细化治理措施，提炼出针对不同类型社区的治理框架和工作模式。持续跟踪指导推动社区分类治理实践，通过培育督导实训基地、提炼汇聚治理案例、召开成果推进会等形式，多角度展示社区分类治理的做法、成效、亮点，激发基层相互学习，取长补短。（姚卫国）

【居村减负工作推进】 2020 年，闵行区民政局精简居村行政事务及台账报表，居村委会协助行政事务清单（合计 54 大项 158 小项）调减为 52 大项 145 小项。删减重复无效、流于形式、过度留痕的居村台账报表，从 234 张缩减为 67 张，全面取消纸质台账；清理规范村委会标识标牌，除村党组织、村委会、村务监督委员会、村级集体经济组织四块牌子外，村委会其他标牌统一以条目式展示，有条件的村可用电子屏展示，除市级以上荣誉，其他荣誉奖状一律归档，不悬挂上墙；优化居村数据采集上报方式，推动部门数据互联互通和居村信息化智能平台整合，按照统一用户、统一入口、统一数据、统一保障的原则，实现居村"一次登录、多点通行"，做到动态数据"随手可录"，基础数据"只录一次"，提高居村工作效率。（姚卫国）

【"殡礼新风"宣传】 闵行区民政局以革除丧俗方面传统的陈规陋习为目标，以"殡礼新风"品牌创建为抓手，在全区开展移风易俗的宣传。通过区民政局、各街镇及村居、殡葬服务单位微信公众号、户外显示屏等多媒体渠道进行滚动播放移风易俗短视频。向社区发放张贴移风易俗宣传海报，宣扬厚养礼葬、孝道文化等中华民族传统殡葬文化，倡导文明节俭办丧。在清明、端午、中元节、冬至等祭祀节气期开展集体祭奠、集体落葬、远程祭扫、居家怀念等多元化绿色文明祭扫宣传活动。利用殡葬服务单位倡导推广树葬、海葬、生命晶石、花坛葬等生态节地葬式。（朱晓峰）

【行政执法工作深化】 2020 年，闵行区民政局共办理 21 起社会组织撤销登记案件，撤销民办非企业单位 16 家，社会团体 5 家。开展社会组织专项行政检查 5 次，检查单位 45 家（对其中 18 家单位进行财务审计），开具责令整改通知书 18 张。参加案卷评估工作 2 次，开展殡葬专项行政检查 2 次。2020 年，实现执法过程全记录，通过全面实行行政执法"三项制度"提高执法效能。利用与各业务主管单位的联席会议制度，建立与各街镇的舆情沟通机制，架构覆盖各镇、街道的线索通报机制，及时、严厉查处民政领域内的违法案件。

（朱晓峰）

嘉定区

【综述】 2020 年，嘉定区辖 7 个镇、5 个街道（新区、工业区），231 个居委会，143 个村委会，村民小组 1 764 个，总人口 93.42 万人。嘉定区民政局内设 7 个科室，下设 8 家事业单位，现有在编公务员 22 人，在编事业单位人员 61 人。

社会救助：至 2020 年年底，全区城乡低保 1 527 户，共 2 370 人，发放居民最低生活保障金 2 957.25 万元，救助 2.94 万人次。发放传统救济补助金 49.56 万元，救助 179 人次。发放特困人员救助供养补助金

67.29万元，救助444人次。发放因病支出型贫困家庭生活救助金23.83万元，涉及228人次。发放临时救助金845.51万元，救助7.64万人（户）次。发放教育救助金32.2万元，救助161人次。全年累计救助22.79万人（户）次，救助资金总额1.41亿元。

社会福利：至2020年年底，全区有60周岁及以上户籍人口23.2万人，占常住户籍人口的34.5%。其中百岁老人96人。共有养老机构25家，社区长者照护之家7家，养老床位9 734张。每千名老人拥有养老床位41张，位居全市前列。2020年，新增认知症照护床位137张，总量364张。新增综合为老服务中心1家，总量20家；新增日间照护中心5家，总量34家；新增社区长者食堂1家、助餐点19个，助餐点总量63个，助餐场所总量超360个；新（改）建村居标准化老年活动室22个，总量329个；新增社区老年人示范睦邻点58个，总量104个。补贴养老机构（含长者照护之家）运营经费978.1万元。为1.45万名老人提供居家养老服务，其中912人获得服务补贴401.38万元。持续扩大老年人助餐覆盖面，深入推进“中央厨房＋分餐点”配餐模式，全区供餐能力近8 000客，发放老年人助餐补贴294.94万元，受益57.56万人次；发放日间服务中心补贴22.08万元，受益2 208人次。向43名新增百岁老人发放补贴4.3万元。划拨老年综合津贴2.47亿元，发放65.68万人次。推进“老伙伴”公益项目，向6 000名高龄独居老人提供关爱服务，开展电话或上门慰问44万人次。推进“银发无忧”保障工作，为10.51万名老人购买11.54万份保险，涉及资金230.74万元。推动“互联网＋老龄”智慧养老建设，在全区推广“e嘉乐”智慧养老服务项目，全区受理量超4.25万人，全年紧急呼叫服务1.06万人次。全面推进养老顾问队伍建设，落实养老顾问村居全覆盖，共有街镇级、村居级和专业级养老顾问点423个、养老顾问834人。开展社区助老辅具租赁服务试点，电动载人爬楼机租赁服务2 400余人次。试点开展老式公房加装中途休息凳，安装2 398个。2020年，发放困境儿童基本生活费438人次84.75万元，发放社会散居孤儿基本生活费61人次12.03万元。全区有残疾人集中就业企业73家，残疾职工1 513人，占职工总数的31.8%。实现销售收入39.03亿元，利润总额2.77亿元。残疾职工人均收入3.55万元，100%参加社保。发放残疾人集中就业社会保险费补贴资金1 278.91万元，涉及76家残疾人集中就业企业1 648人。全区有重残无业人员1 821人，其中城镇重残无业人员1 370人、农村重残无业人员451人；发放补助资金3 334.98万元。共审批困难残疾人生活补贴和重度残疾人护理补贴17.88万人次，发放补贴4 037.69万元。举办“同心抗疫·慈善助力”2020年中华慈善日主题活动，聚焦“疫情防控”“特殊群体”等热点，展现疫情中的嘉定公益慈善力量，现场发布“泽润站点”城市超人和“绽放·微笑”未成年人救助保护项目。

社区治理：2020年，为6家新成立的居民委员会发放村居统一社会信用代码证，为2家信息变更的村居换证。至年底，全区已有361个村居委会申领，99%的村居委会获得“身份证”。落实行政区域界线界桩“区、镇、村、人”四级管护机制，会同江苏省太仓市民政局对“沪苏线”（嘉太段）的界线界桩开展联合实地巡查，对部分界桩及交界处地形地貌变化情况予以踏勘，并开展分析研讨、交流管理经验。推进社区事务受理服务中心标准化建设，共受理事项103.57万件，其中“一网通办”办件量91.55万件，“全市通办”13.27万件，收受分离678件。大力推广“网上办理”，依托“随申办”“不见面办理”专栏，全面推进线上线下协同办理。全年全区“一网通办”原件预审1 549件，全程网办4 553件。全面完成街镇受理中心“好差评”系统深化改造，实现动态二维码评价对应办事人、承办人、办理事项的“三对应”全覆盖。年内，共收到评价56.23万条，好评率99.99%。7月，全面完成街镇受理中心“一网通办”自助服务区域建设，通过在自助服务区域配备综合类自助终端、互联网电脑等设备，实现各类高频事项自助办理，减少取号、排队等候时间；至12月底，全区自助终端完成业务2.42万件。11月，全面完成街镇受理中心视频设备安装和手语服务窗口的开设。

社会组织：2020年，全区有经核准登记的社会团体132家，民办非企业单位509家，社区社会组织205家。准予社会团体成立登记2家，办理变更登记38次，准予注销登记2家。准予民办非企业单位成立登记23家，办理变更登记84次，准予注销登记16家。年内新增社会组织25家，至年底全区共有社会组织641家。完成社会组织年度检查，应检社会组织613家，实际参检594个，参检合格率为96.9%。91个社会组织获得规范化建设评估等级且尚在有效期内，其中5A级7个、4A级31个、3A级41个、2A级10个。56个社会组织获政府资助资金448.16万元；23个社会组织承接23个创投项目，总金额141.13万元。4个社会组织承接6个市级公益招投标项目，总金额126.6万元；23个社会组织承接23个区级公益招投标项目，总金额141.13万元。

社会服务：2020年，办理结婚登记4 053对，离婚登记2 861对，复婚770对；补发结婚证1 824张、离婚证247张，出具无婚姻登记记录证明14份。“礼乐嘉定·让爱丰盈”婚姻品牌荣获上海市民政系统第三届优秀文化品牌。清明期间，接待祭扫市民21.05万人次，车辆5.55万辆，落葬858穴。其中清明日接待祭扫市民4.17万人次、车辆1.13万辆、落葬315穴。冬至期间，接待祭扫市民33.13万人次、车辆6.92万辆、落葬7 488穴。其中冬至日接待祭扫市民7.77万人次、车辆1.47万辆、落葬2 190穴。火化遗体5 938具，接运遗体 5 918 具。推进“殡葬服务进社区”工作，受理区级补贴 920 人 38 万元。深化小型墓和葬式改革，节约殡葬用地，销售小型墓穴 10 677 穴，壁葬、廊葬等节地葬式 2 167 穴，节地葬占销售总量的 86.01%。为 4 459 家丧户提供免费殡仪基本服务，为 751 家丧户提供殡仪服务。（张云映）

【疫情防控】 嘉定区民政局实施从严的管理措施，引导养老机构开展“住养老人+工作人员”的完全封闭式管理，2 月 20 日至 3 月 12 日期间，全区 1 700 余名养老机构工作人员连续三周“不进不出”，最大程度切断输入性感染的路径，降低院内老人感染风险。3 月 27 日起，养老机构通过设置探视场所、分时分流安排家属预约探视，分类落实返院老人、员工以及新收老人和新进员工的防控举措，陆续恢复家属探望。加大疫情防控期间临时救助力度，累计发放价格临时补贴及疫情防控期间临时性补助合计 293.67 万元，疫情期间非沪籍人员临时救助 11 人次，向重大疾病患者、孕产妇等重点服务群体发放口罩 4.8 万只。认真做好疫情期间清明冬至祭扫服务保障工作，实行分时段“预约祭扫”，推出集体祭扫、代客祭扫、网络祭扫三项便民服务，全区 7 家经营性公墓共完成集体祭扫 13 次，累计开展代客祭扫服务 1.66 万次，市民通过电脑端、手机端开展网络祭扫 1.35 万次。（张云映）

【“放心养老食堂”】 嘉定区全面推进“放心养老食堂”创建工作，与区市场监管局、区消防救援支队联合开展创建工作，形成《嘉定区“放心养老食堂”建设标准》（以下简称《标准》），成为全市首个行业标准。《标准》由基本指标、关键项和鼓励项组成，共计 10 大类 28 条指标要求。参与创建的养老机构对照创建标准开展自评，再接受第三方评估，并根据评估意见进行整改，符合标准方可提出创建申请，再由区级评审组对养老机构食堂开展验收，并对外公示，接受社会监督评议。区民政局对“放心养老食堂”实行名单管理制度，养老机构定期开展自查，监管部门不定期开展监督检查，如有不达标者，将从名单中剔除。通过实施退出机制，确保“放心养老食堂”提供优质服务。对成功创建“放心养老食堂”的养老机构，给予每家 4 万元的一次性创建补贴。至年底，全区 24 家养老机构成功创建“放心养老食堂”。（张云映）

【老年人助餐服务信息化管理】 嘉定区民政局探索符合区特点的助餐服务模式，制定《嘉定区老年人助餐服务工作指引》（以下简称《指引》），并通过“嘉定区助餐服务管理平台”，对老年人助餐服务实行系统管理，实现对全区老年人助餐工作的一体管理。《指引》将原嘉定区、上海市的 60 周岁老年人受惠群体，增扩到外省常驻嘉定区老人，并进一步向高龄、独居、纯老家庭、失能、百岁老人等特殊老年群体倾斜，加大助餐补贴力度。将现有 4 063 名助餐老年人纳入线上助餐服务管理平台，采用“一人一档一号”的模式，对老年人助餐补贴信息实时监控，大幅提高助餐补贴核算的准确率。（张云映）

【未成年人救助保护关爱工作】 9 月，嘉定区民政局与嘉定区检察院签订《关于加强未成年人保护救助关爱工作的合作协议》，在落实侵害未成年人案件强制报告制度、深化特殊未成年人保护处分工作、监护问题干预机制、加强特殊未成年人救助关爱以及涉及未成年人民事、行政检察监督和公益诉讼支持体系等方面加深合作，加强对未成年人的全面综合司法保护和行政保护，依法惩治侵害未成年人违反犯罪，健全未成年人保护救助关爱体系。启动“绽放・微笑”未成年被害人心理服务项目，整合和鼓励社会爱心力量参与未成年被害人、困境儿童、农村留守儿童等特殊儿童救助保护，通过慈善众筹、企业捐赠、爱心义卖筹集资金，委托专业社会组织对部分未成年被害人开展心理疏导服务。（张云映）

【社区事务受理服务中心标准化建设】 嘉定区社区事务受理服务中心持续推进标准化建设。各街镇受理中心按照群众的实际需求，将工作阵地延伸到中心之外，通过开设村居“替你做”延伸点、“流动办事厅”等形式，下沉受理服务，探索将受理窗口延伸到群众“家门口”，打通受理服务“最后一公里”。街镇受理中心全面开设“一网通办”自助服务区域，配备“一网通办”综合类自助终端，实现多条线政务服务事项的集成自助办理。部分受理中心升级智能设备，引入智慧交互大屏，直接链接“一网通办”门户网站，居民可通过“触摸选择”与“语音直达”的交互方式，实现“网上办理”“预约办理”“办事指南打印”等功能，方便群众线上自助办理业务。（张云映）

【“玉兰馨香”婚姻家庭咨询服务项目】 嘉定区民政局通过政府购买服务方式，开展“玉兰馨香”婚姻家庭咨询服务项目，成立婚姻咨询工作室，为区内婚姻危机人群提供婚姻调解、法律指导和婚姻咨询等多方面家庭辅导服务。项目通过提供服务和工作反思，总结出针对不同离婚类型的特色调解劝导策略，形成一套适用的离婚调解劝导程序，推动离婚调解项目多部门沟通机制的初步构建。2019 年 7 月至 2020 年 6 月 30 日，共接待 256 人次，劝和成功 163 人次。（张云映）

金山区

【综述】 2020 年，金山区辖 1 个街道、10 个镇（金山工业区),110 个居委会,124 个村委会,总人口 82.27 万人。金山区民政局内设 10 个处室,下设 7 家事业单位,在编公务员 26 人,在编事业单位人员 75 人。

社会救助:至 2020 年年底,全区有城乡低保对象 4 342 人、城乡重残无业人员 3 319 人、农村“五保”对象 290 人、困境儿童 94 人(孤儿 4 人)。发放城乡低保、重残无业、农村“五保”等生活救助金 9.47 万人次 10 846.82万元,临时救助 354 人次 28.96 万元,特困人员医疗或丧葬费补助 969 人次 222.51 万元,困难残疾人生活补贴、重度残疾人护理补贴 12.82 万人次3 119.35万元。开展社区市民综合帮扶 3 607 例 1 662.66 万元。元旦、春节帮困送温暖活动发放各类救济救助对象 8.06 万人次(含送岗位)4 522.92 万元。建立“社区救助顾问”制度,组建 254 人“社区救助顾问”团队。全年救助各类生活无着流浪乞讨对象 37 人次,协调救助 28 例。

社会福利:至 2020 年年底,全区 60 岁以上老年人 17.798 万人(占户籍总人口 33.89%),比上年增长 2.7%。有社区综合为老服务中心 13 家、老年人日间服务中心 64 个、社区老年人助餐服务点 60 个。推进“埭一家”互助式养老模式;至年底,全区有老年睦邻点 500 个,其中示范睦邻点 150 个。全区享受养老服务补贴 9 290 人。开展 2020 年“老伙伴计划”,2 000 名志愿者结对关爱独居、高龄老人 10 000 人。发放 65 岁以上户籍老人老年综合津贴 12 万余人 2.06 亿元。春节期间,走访慰问全区“百岁老人”51 人,困难、高龄老年人 110 人。敬老月期间,走访慰问“百岁老人”51 人、困难老人 22 人。完成“百岁老人”统计慰问及“百岁寿星生日贺卡”发放工作,全年新增“百岁老人”20 人。全区 53 家福利企业安置残疾人职工 1 619 人。发放残疾人集中就业企业 2019 年度社会保险费补贴资金 1 223.99 万元。全区共有市福彩代销网点 91 个,销售额 1.67 亿元。筹集福利彩票公益金 897 万元。市慈善基金会金山区代表处募集慈善资金 2 880.2 万元,启动慈善项目 27 个,惠及各类救助对象 76.8 万余人次 2 876.8 万余元。疫情期间筹措抗疫捐款逾 430 万元、防疫物资价值约 205 万元;支出资金 219.9 万元,采购防疫一线人员物资 60 万件;捐赠武汉金银潭医院、市公共卫生临床中心、区疾控中心等单位定向资金 210.2 万元。

社区治理:至 2020 年年底,全区有村委会 124 个、居委会 110 个(新增山阳镇万皓居民委员会)。开展 2020 年度金山区社会建设创新项目评选,参评项目 43 个,获评年度创新项目 5 个、优秀项目 6 个。完成“社区云”社区治理平台基础数据建设。推进“爱相融・心扉扬”关爱困境儿童社会工作项目实施,帮助困境儿童 15 人。配合区人社局完成社区工作者招聘 69 人,其中应届高校毕业生 31 人,并开展为期 3 天的新招社工初任培训,139 人参加。举行公益基地及志愿服务培训会 5 场,400 人参加。年内,新增公益基地 113 家。

社会组织:2020 年,全区新增社会组织 18 家(社会团体 5 家、民办非企业单位 13 家),注销 15 家。累计依法登记社会组织 658 家(社会团体 190 家、民办非企业单位 468 家)。年内,召开区社会组织建设与管理工作联席会议。开展 2019 年度社会组织年检工作,检查社会组织 620 家,参检率 97.3%、合格率 83.9%。11 家行业协会、商会完成行政脱钩。举办第四届金山区社区公益创投活动,投入 100 万元扶持为老、助残、帮困、社区治理等领域项目 15 个。推进社会组织规范化建设评估,6 家社会组织通过市社会组织评估院实地综合评估,其中获评 4A 级 2 家、3A 级 3 家、A 级 1 家。组织开展第十届“上海公益伙伴月”活动。

社会服务:2020 年,全区办理结婚登记 3 460 对,比上年减少 4.6%;离婚登记 2 061 对,比上年增长 6.7%。会同金山电台进行《婚姻法》访谈,约 500 人收听。创建“心灵导航”民政服务品牌。举办“5・20”程美华大师作品揭幕仪式特约颁证活动,约 200 人参加。2020 年,继续实施“2+16+82”殡葬设施布局。区殡仪馆全年火化遗体 4 406 具,实施“区内遗体接运”“区殡仪馆存放”“普通炉火化”服务费用减免惠民殡葬政策,发放高龄群体和特殊群体补贴 2 142 人 80.236 万元。推行节地生态葬式,全区 2 家经营性公墓销售 0.8 平方米以下小型墓 2 247 穴(占传统墓葬销售量 90.53%)、壁葬墓 236 格、升降式墓穴葬 77 格、草坪葬墓 58 穴、花坛葬墓 9 穴。各镇(街道)、金山工业区上报金山户籍死亡人员 3 613 人,其中入葬公益性埋葬地(点) 2 350穴,占死亡人数 65.04%;入葬经营性公墓 482 穴,占死亡人数 13.34%;散埋乱葬 108 具,占死亡人数 2.99%;入葬大墓 11 具;入葬竖碑墓穴 20 具;骨灰自存 579 具,占死亡人数 16%;骨灰寄存 29 具;骨灰海葬 10 具;遗体捐献 24 具。全年依法入葬 2 866 穴,依法入葬率 79.32%,比上年提高 3.35 个百分点。清理整治散埋乱葬3 497穴。下拨农村葬式补贴 296.2 万元。全区两家经营性公墓及 16 家镇(村)级公益性埋葬地落葬 3 711穴,接待祭扫群众 20.41 万人次、车辆 3.43 万辆。

(蔡　峰　吴泽峰　奚正宛　吴　洁
丁丽珍　赵博方　刘　晖　张　悦)

【社区疫情联防联控】 2020 年 2 月 23 日,根据区新冠肺炎疫情防控工作领导小组会议要求,区民政局成立新冠肺炎疫情防控工作督查组 8 个,累计定期走访镇(街道)、金山工业区 11 个,居、村委会 227 个,以及沿街商铺、商办楼宇等;召开定期检查反馈会,总结经验并督促整改。累计走访村居 580 余次,形成督查报告 40 余份并提交区疫情防控工作领导小组。区民政局担任地区工作组组长单位,构建“人人参与、守望相助”社区联防联控、群防群控工作机制,建立“3 人小组”(社区干部、社区警务、医务人员)模式、“1+2”(1 名社区楼组长＋2 名志愿者)分片包干制、居家隔离“三道防”制度等。贯彻落实“外防输入、内防反弹”疫情防控要求,承担机场入境人员集中接运工作,实现机场到集中隔离点(居家隔离住所)闭环管理;至年底,完成入境人员接运 1 094 余人。(蒋伟琼)

【慈善助力战疫】 2020 年抗击新冠肺炎疫情期间,金山区慈善代表机构借助“互联网＋慈善”,通过“金山民政”“i 金山”微信公众号,向社会各界发布金山慈善捐赠通道捐款二维码和捐赠账户信息,并通过公众号公示社会捐赠相关情况,确保捐赠信息公开透明。共募集抗疫捐款 430.1 万余元、防疫物资价值约 205 万元,其中 210.2 万元定向捐赠已全部按照捐赠方意愿拨付至武汉金银潭医院、市公共卫生临床中心、区疾控中心、慰问金山区援鄂医务工作者及家属;专项捐款 219.9 万元则根据区抗疫相关工作要求,整合社会资源,累计采购 60 万余件防疫物资交区疫情防控指挥部物资保障组、区卫健委和各街镇(工业区)等供统一调配使用。9 月 5 日,开展主题为“疫情中的公益慈善力量”2020 中华慈善日暨 2020 公益伙伴日活动,展示金山区社会组织在抗疫中的责任担当。(邵　韶)

【“1＋3”工作机制保障集中隔离点管理】 金山区防控办修订完善《金山区集中隔离点管理办法》(金肺炎防控办〔2020〕80 号),通过建立“1＋3”工作机制,确保集中隔离点的高效有序运营。“1”即隔离点总负责人,由属地政府派驻的专职干部担任,负责对隔离点相关事宜的统筹协调,“3”即医疗健康组负责人(疾控部门指派)、安全保障组负责人(公安部门指派)及服务保障组负责人(酒店负责人担任)。各工作小组按照职责分工,在点位总负责人的带领下,做好集中隔离点的各项工作。各集中隔离点坚持关口前移、闭环管理,深化细化转运、接收、隔离、排查、检测、治疗、解除、消毒等环节,严格落实晨会制度、告知制度、配餐制度、支付制度、值班值守制度、交接班制度、安保巡查制度、安全检查制度、应急救援制度等,做好工作记录,确保有据可查。通过实地演习让集中隔离点工作人员掌握必备技能,提升工作能力,多次组织医学观察集中隔离点突发事件处置桌面推演,对医学观察集中隔离点突发火灾事件、突发断水断电事件处置开展桌面推演,提升各隔离点位应对应急突发事件处置的能力。(贾梦宇)

【“人防＋技防”居家隔离管控防线】 金山区防控办制定出台《关于从严从紧落实重点国家入境人员防控措施的实施方案》(金肺炎防控办〔2020〕45 号),严格居家隔离标准、严控居家隔离条件,对老人、未成年人、孕产妇、行动不便的、有老人或小孩需要看护的、患有基础性疾病等原因不适宜集中隔离的人员,符合居家隔离条件且核酸检测为阴性的,由本人提出申请,街镇指挥部严格审批后实行“7＋7”或“1＋13”隔离管控模式,居村“三人小组”落实居家隔离各项措施。明确“三人小组”中公安民警承担主管责任,社区医生承担健康管理责任,居村干部落实专门责任,定人定岗定责,点对点联系隔离对象,做好其居家隔离管控和生活服务保障工作。落实“人防＋技防”双管齐下,最大限度阻断疫情传播链条,确保居家隔离人员不离开居所,对违反居家隔离规定的人员严格依法进行处罚。(贾梦宇)

【“鑫讲坛”助力疫情防控】 2020 年,金山区民政局举办“2020 年金山区社会建设创新项目表彰暨‘鑫讲坛’——疫情下的社区治理与创新”会议,共 70 人参加会议。会议表彰 2020 年度金山区社会建设创新项目。结合金山区疫情防控工作实际,开展战“疫”经验交流。区机场驻守组临时党支部、山阳镇海欣居民区、张堰镇百家村和嘉善县民政局、平湖市广陈镇山塘村 5 家单位进行疫情下社区治理与创新经验的交流分享,会议特邀嘉善县、平湖市两地代表进行交流,此外,会议邀请上海大学社会学系教授顾骏作专题演讲,为疫情防控时期社区治理提供启示和方法。(丁丽珍)

【社会救助精准靶向性】 金山区社会救助工作坚持“以人民为中心”,坚持增加社会救助服务有效供给,着力提升救助精准靶向性。建立健全区、街镇(金山工业区)、村居主动发现救助管理网络,实现“三级联动”,及时了解、掌握、核实辖区居民困难情况。充分利用各级社会救助服务窗口、公共服务大厅、微信公众号等,搭建多平台、高效率的服务渠道。各村居组成社会救助评估帮扶小组,定期对高风险家庭进行入户评估,及时摸清困难家庭分布情况和需要救助的困难群众。2020 年金山区民政局建立一支由 254 名顾问组成的“社区救助顾问”团队,从困难家庭和对象的需要出发,主动对接救助相关部门及其资源,发展“陪伴式救助”新模式,形成“一户一策”的救助方案和赋能方案。发挥社会力量作用引导各界人士参与社会救助工作,并逐步形成参与长效机制。(蔡　峰)

【救助管理站通过市标准化试点验收】 2020 年年初,金山区救助管理站申报并成功列入 2019—2020 年市民政标准化试点示范(实验)项目,10 月 19 日,顺利通过市民政局标准化试点验收组实地验收。在此期间,金山区民政局、救助站高度重视此项工作,组织保障有力。成立标准化领导小组及办公室,负责统筹协调、组织宣传、培训、标准制修订、标准实施、检查、改进等具体工作。明确时间节点和工作任务,规定站标准化工作职责、标准发布程序、监督和检查、纠正和改进、标准编号规则等要求。收集国家标准 23 项、行业标准 2

项、地方标准1项，根据GB/T24421-2009系列标准的要求，合理形成由服务通用基础标准、服务保障标准和服务提供标准体系三大部分构成的救助站服务标准体系框架。2020年2月至7月期间分五个批次发布站内标准44项。2020年1月至9月站救助服务满意率为100%，较2019年的97%提升3个百分点。通过此次标准化试点项目，培育一批救助管理服务标准化复合型人才，制定一套救助管理服务标准，探索出一条标准化救助管理服务之路。（程冠文）

【养老机构备案全程网上办】 金山区民政局推出“养老机构备案”事项全程网上办理，足不出户即可通过“一网通办”进行在线申报办理。金山区民政局把“一网通办”改革重点放在“精简程序”和“零跑动”上，科室之间相互协调、配合，主动与区政务服务办对接，打破不同部门间的数据壁垒。在养老机构备案过程中，申请人只需用“法人一证通”登录“一网通办”金山区频道“无人干预、自助办理”模块提交资料后即完成申报，经后台确认接收和审批完毕后，以短信方式将审批结果反馈到申请人，申请人自行下载打印“养老机构备案回执”。加强对养老机构日常监管，一旦发现问题，将通过综合监管机制，及时告知相关部门进行跟踪处理。（潘　凤）

【智慧养老新模式】 至2019年年底，金山区有65岁及以上老年人口17.33万人，占户籍总人口的33.02%。2020年，金山区民政局结合全国第二批居家和社区养老服务改革试点工作，通过建设金山区智慧养老服务平台，整合区内各类养老服务资源，构建既能托底保基本，又能覆盖全区每一位老人的普惠制养老服务体系。实现全面建成涵盖养老服务供给、服务保障、政策支撑、需求评估、行业监管“五位一体”的社会养老服务信息化平台，对接市级平台获取养老数据，更新维护区和街镇级数据，利用信息化技术将本区各类养老数据进行整合、分析、统计，探索并打造金山特色村居智慧养老新模式。（许　丹）

【“1234”消防工作法】 金山区福利院有金山大道3 528号以及梅州新村84号两个院区，共设有养老床位365张，作为区级消防安全重点单位，区福利院全面执行金山区民政局养老机构消防安全标准化工作要求。根据《中华人民共和国消防法》《社会福利机构消防安全管理十项规定》等法律法规和规范要求，结合日常工作中的实践和总结，创新制定消防安全“1234”工作法。“1”即消防工作一条线贯穿，组织结构从上至下清晰，设置消防安全责任人、消防安全管理人、消防安全员等，明确消防工作职能部门，保障消防工作有管理、有落实；“2”即组建以微型消防站为主的专业消防安全员队伍和以其他职工全员参与的志愿消防队两支消防力量，加强消防应急处置能力；“3”即每年定期开展职工消防安全培训、消防演练、消防技能竞赛三大活动，提升职工消防理论和技能水平；“4”即日常做好消防控制室值班、防火巡查、防火检查和隐患整改四项工作，不断夯实消防安全基础。（屠鸿达）

【社区治理新路径】 近年来，金山区民政局引导社会组织积极投身基层社区治理。2020年，共投入100万元扶持资金用于金山区第四届社区公益创投工作。通过“金山区社区公益创投”筛选有基础和发展潜力的社会组织，将其纳入项目全流程支持管理体系和多元复合型能力训练营，打造具有金山属地化特点的社会服务品牌和公益组织。第四届社区公益创投共有36家社会组织的40个项目参与角逐，15个项目获得公益创投资助，项目服务涵盖为老、助残、青少年、帮困救助、社区治理、社区营造等多个领域。（赵博方）

【“店小二”服务】 金山区民政局通过优化办事流程、指导登记材料填写、提供提前服务等措施提高社会组织登记效率，实现零跑动，方便群众办事。在核发法人登记证书前，实地上门查看注册场地的硬件设施是否符合要求，听取申请人意见，进行答疑解惑，扫除行政审批障碍。同时，给发三份材料供申请人学习：社会组织禁止事项告知书、社会组织诚信自律承诺书、社会组织评估指标。依托区级、街镇（金山工业区）级社会组织服务中心，为区域内的社会组织提供各类业务的指导和代办等服务，做好群众活动团队的备案工作和三级预警网络的建设工作。协同业务主管部门一起到上海湾区科创中心，主动接受申请单位的登记咨询，共同探讨人工智能协会成立的必要性和可行性，当好社会组织“店小二”。（赵博方）

【“三位一体”监管模式】 金山区民政局探索建立社会组织制度监管、行政监管、审计监管“三位一体”的监管模式。制定《金山区关于进一步规范社会团体会费管理的通知》（金社建联办〔2020〕1号），加强金山区社会团体会费收取和会费使用的管理，规范会费的开支范围。制作《金山区社会组织自律诚信承诺书》，落实法定代表人安全生产第一责任人，强化红线意识和国家安全意识。出台《关于加强金山区社会组织综合监管的实施意见》（金社建联办〔2020〕2号），协同相关职能部门共同建立综合监管机制。召开“2020年金山区社会组织联络员工作会议”，通报金山区社会组织上半年工作总结和下半年工作任务重点，厘清业务主管单位（行业管理部门）职责，落实各主管部门的监管责任。制定社会团体专项审计实施方案；重点针对年检“基本合格”或“不合格”的、资金量较大的、年度流水资金量较大的以及有领导干部担任主要负责人的社会组织开展抽查审计，审计结果及时与业务主管单位（行业管理部门）、区纪检部门共享。（赵博方）

【“心灵导航”婚姻疏导文化品牌】 金山区婚姻（收养）登记中心创建“心灵导航”婚姻疏导文化品牌。该品牌主要内容有：引入区妇联的“白玉兰开心家园”婚姻心理疏导公益服务项目，“老舅妈”根据自身经验，用经典“三步法”引导夫妻双方理性思考婚姻关系始末，至2020年年底，累计调解成功190对。通过政府采购形式与金一律师事务所合作，成为全市唯一一家有律师常驻的婚登机构，在每个离婚登记日由专职律师为当事人提供离婚法律咨询服务，引导当事人理性处理子女抚养、财产分割、债务处置等问题，保证离婚工作秩序的平稳进行。2019年，以打造婚姻文化殿堂为思路，对接手工丝毯织造技艺非遗项目传承人、中国工艺美术大师程美华，重新改造特约颁证大厅，展示其《九十九朵玫瑰》等画作的同时，让步入婚姻殿堂的新人理解婚姻背后的责任和对家庭的担当。该品牌荣获2020年度上海市民政系统第三届“优秀文化品牌入围奖”。（刘　晖）

【公益性埋葬地建设】 公益性埋葬地建设作为殡葬领域突出问题专项整治行动的重要抓手，是殡葬改革的重点难点和突破点。金山区民政局实施奖补政策鼓励依法依规入葬，清理整治散埋乱葬。按葬入公益性埋葬地的每具补贴500元、海葬每具补贴1 000元、遗体捐献每具补贴2 000元的标准进行补贴，至2020年上半年，全区依法入葬比例由原30%提高到76.5%。同时，以农村葬式管理为抓手，开展了两轮“三年行动计划”，从2013年至2020年上半年，全区已累计整治散埋乱葬约3.5万余穴，整治率为67.5%。各镇（金山工业区）充分考虑服务人口数量、年死亡率、设施服务年限、公益性埋葬地的存量和分布不均等因素后，通过新、改、扩建，共形成16个布局合理的镇级公益性埋葬地，并已全部纳入各镇（金山工业区）郊野单元（村庄）规划中，殡葬需求可满足至2040年。现有的82家村级公益性埋葬地将逐步消减或并入镇级公益性埋葬地。引进“专业化”管理队伍，提升管理规范化水平。鼓励各镇（金山工业区）通过政府购买服务、聘用等途径配备一定数量的第三方社会组织管理服务人员，对所辖墓区进行有效日常管理，以镇政府民政部门定期进行检查督导、区殡葬管理部门提供政策支持和业务指导的方式，对公益性埋葬地进行运行管理。（位福华）

【殡葬工作环境改善】 金山区殡仪馆作为金山区唯一从事遗体处置的专业单位，每年有4 000余具遗体需要职工直接接触处置，根据本地的风俗习惯，遗体需放置三天后再进馆火化，此时遗体内部细菌急剧增加，大量细菌随遗体进入馆内。同时区殡仪馆作为火化遗体和焚烧遗物的场所，燃烧时产生二噁英、PM2.5等有害物质，长此以往，不利于治丧群众及馆内职工的身体健康。2019年以炉化部为试点，对部分区域安装新风系统并配套集成吊顶，改善炉化场所环境。2020年，区殡仪馆在业务部、殡仪部、殡殓部等相关部门配置空气净化器、空气消毒机及紫外线消毒设备，达到一线工作区域全覆盖。由区殡仪馆提出的《改善火化炉车间空气质量方案》荣获“2019年度金山区优秀提案”称号。（王玉新）

松江区

【综述】 2020年，松江区下辖6个街道，11个镇，274个居委会，84个村委会，总人口为177.19万人。松江区民政局内设12个科室，下属事业单位8家，在编公务员28人，在编事业单位人员98人。

社会救助：2020年，松江区共实施各类救助26.12万人次，发放救助金1.54亿元，其中城乡低保5.55万人次5 993.7万元；重残无业补助2.56万人次3 961.55万元；支出型贫困救助114人次11.67万元；特困供养1 401人次133.06万元；发放粮油帮困卡4.11万张290万元；支内回沪人员困难补助3.28万人次3 596万元；综合帮扶2 826人次254.46万元；春节节日补助5 002人次390万元。共救助各类求助人员294人，其中老年人8人，未成年人7人，精神障碍患者96人，危重（传染）病人13人。上海市慈善基金会松江区代表处募集资金4 805.55万元，救助支出5 374.66万元。全年实施各类救助项目334个，资助金额5 374.66万元，受益59 452人次。经常性社会捐助接收中心共接收捐赠衣物10.76万件，汇交上海慈善物资管理中心1.36万件，通过各类公益活动本地帮困3.2万件。

社会福利：2020年，松江区共有养老机构27个、长者照护之家13个，总床位数9 468张，其中养老院床位9 137张，长者照护之家床位331张；综合为老服务中心19个、老年人日间照料中心45个、老年人助餐点83个、标准化老年活动室356个、社区睦邻点236个。共为2 129名服务补贴对象提供居家养老服务。由1 600名志愿者为8 000名高龄独居老人提供家庭互助关爱服务。全年共开展健康探访45.45万人次，社区活动1.3万人次。全年共发放津贴2.3亿元，发放57.34万人次。17个街镇居村养老顾问点覆盖率达到90%，养老顾问398人。发放养老护理员区级分级奖励补贴15.041万元。共有各类困境儿童1 309人，其中因家庭贫困陷入困境儿童909人，因自身残疾陷入困境儿童

368人，因监护缺失、监护不当陷入困境儿童65人；散居孤儿9人，农村留守儿童0人，广富林街道安置1名成年孤儿；共发放散居孤儿、困境儿童基本生活费149.07万元。有3 159名困难残疾人享受残疾人生活补贴，7 306名重度残疾人享受护理补贴，共发放补贴资金2 799.66万元。7个街镇申报成为松江区康复辅具器具社区租赁服务试点。

社区治理：2020年，松江区推进"社区云"信息化平台建设，358个居村完成数据初始化工作，数据完善度98%，推进"社区云—居社互动平台"实施推广，60 907户居民家庭完成上云，上云率10%。358个居(村)委会全部完成规范化建设示范创建工作，评选出"居(村)委会规范化建设3A级示范点"137家、"2A级"172家。试点推进"好邻居"社区服务中心的建设，建成车墩镇祥东社区、九里亭街道绿庭尚城社区和广富林街道银泽社区3家"好邻居"社区服务中心。全区17个社区事务受理服务中心和3个分中心，完成"好差评"系统对接及自助终端布设工作，办理事项总计191项，其中"全市通办"190项，"一网通办"189项，全年共受理各类事项116.68万余件。完成2020年度社区工作者公开招聘工作。设置社区工作者岗位170个，其中面向上海市高校应届毕业生67人，完成全区统一笔试工作，3 135人参加考试，经面试、体检、政审，录用157人，其中应届毕业生55人。动员全区近500名社区工作者报名参加社会工作者持证考前培训，推进2020年度大学生社会工作实践基地建设项目，开展2020年持证社工"线上+线下"继续教育培训工作，完成第一期社工高级人才培养班，全面推进居村社会工作室建设。推进志愿服务工作和公益基地发展，全区已建成公益基地626家、社区志愿服务队815个，累计开展社区志愿服务199 431小时。

社会组织：2020年，松江区共有登记注册的社会组织781家，其中社会团体147家，民办非企业单位634家，户籍人口万人拥有数约13个；共有272家社会组织获得评估等级，其中5A级9家、4A级16家、3A级131家、2A级40家、1A级76家；在社会组织年度检查工作中，参检单位552家，参检率为92.6%，合格率为89%。社会组织提供政府购买服务的收入为6 358.1万元。向147家次社会组织拨付共计403.4万元社会组织发展专项资金。

社会服务：2020年，松江区共办理结婚登记3 835对、离婚登记2 438对、补领婚姻证书1 627份；出具无婚姻登记记录证明30份；办理收养登记1例、撤销收养登记1例。协助区委组织部核查干部及居村两委成员人选婚姻状况信息1 092人次。开展主题结婚登记集体颁证仪式1次。清明期间共接待祭扫市民4.1万人，车辆1.2万辆，落葬335穴；冬至期间接待祭扫市民12.8万人，车辆2.5万辆，落葬1 667穴。共发放节地生态补贴145人14.5万元；发放惠民殡殓补贴22人1.1万元；审核23家企业共计104.7万元残疾人集中就业社保补贴。全年共火化遗体6 608具。（徐思史）

【疫情防控】 松江区民政局全力以赴做好民政领域的疫情防控工作。落实《本市居民区(村)疫情防控管理操作导则》，严格把控，持续做好社区防控工作。召开疫情防控常态化形势下社区治理工作的座谈会，下发《松江区新冠肺炎疫情社区常态化防控工作指南》。加强养老服务、儿童福利、殡葬管理、流浪乞讨救助、社区事务受理服务、婚姻登记及彩票站点等7类民政服务行业的疫情防控工作规范。动员社会力量共同参与。形成《关于动员松江区社会组织有序参与疫情防控工作的倡议书》，制定《关于动员社工专业力量参与新冠肺炎疫情防控工作的指导意见》，上海市慈善基金会松江分会在全市率先开启区级捐款通道，共接收捐款1 497.66万元。（徐思史）

【"三方联动"救助防疫机制】 2月20日，松江区救助管理站召集松江公安分局治安支队、松江区卫健委医政科等部门单位召开业务协调会。会上，各部门单位就疫情防控期间救助人员的救助流程、材料制作、人员收治等方面交换意见，建立"三方联动"救助防疫机制。根据会议精神，区救助管理站负责对公安部门护送求助的流浪人员进行救助甄别，对符合救助条件的人员开具《松江区流浪人员新冠核酸检测确认单》，并对特殊流浪人员开具《松江区流浪人员医疗就诊确认单》；区公安部门负责对流浪人员进行身份信息确认及送医(松江区中心医院、松江区精神卫生中心)诊疗检查；松江区卫健委医政科负责指导协调松江区中心医院、松江区精神卫生中心开辟"流浪人员就诊绿色通道"，对流浪人员进行24小时全天候核酸检测及医疗救治服务。（章　健）

【"桥计划"社会救助综合服务项目】 2020年"桥计划"项目在17个街镇全面铺开，依托"网格有员、居村有点、街镇有站、区有中心"的四级社区救助顾问工作网络，发挥社会工作在社会救助领域的有效介入成效，加大走访调查力度，主动及时掌握群众的困难状况和实际需求，健全完善对社区困难群体的精准识别、需求评估和精细服务机制，建立完善家庭服务和家庭风险预警网络。通过以问题导向和需求牵引，发挥政府主导、政策衔接、社会参与的整体合力，对困难群众予以分层分类帮扶，促进困难家庭自助自力，确保困难群众的需求有人问、有人管、有人办，实践个性化的服务救助，有效满足困难群体综合服务需求。（孙　强）

【生活困难农户综合帮扶提质扩面】 深入推进农村综

合帮扶工作，在7个农业镇启动“提质扩面”计划，依托“桥计划”社会工作综合服务项目，在走访调研、需求评估的基础上，进一步扩大困难农户综合帮扶工作覆盖面，重点聚焦困难农户中“一老一小”等特殊困难群体，以社会工作介入社会救助的有效途径，开展助老、助残、助学、扶弱、心理慰藉、社会融入等多层次多维度的救助服务，提升综合帮扶项目的科学性、实效性、长效性，增加困难农户的获得感和幸福感，确保改革发展成果能够惠及更多的生活困难农户。（孙　强）

【困境儿童社工导入】 2020年，松江区民政局持续开展困境儿童社工导入项目，项目周期内完成困境儿童调研工作306人次，开展儿童社工培训4次，制定“一人一方案”的关爱帮扶计划，开展困境儿童个案心理咨询265人次，社工结对活动260人次，家长互动510人次，寒假、暑假活动1 185学时，撰写并印制《儿童成长手册》200份。困境儿童社工导入项目不仅对服务对象提供“精准关爱、长效陪伴”，也在引导儿童社工从工作上、生活上、学习上关心、支持、帮助困境儿童，陪伴困境儿童一同健康成长。新一轮的困境儿童社工导入项目于2020年10月重新启动，在整合市“爱伴童行”关爱帮扶项目后，对松江区60名困境儿童提供更加专业、有效的个性化关爱陪伴服务。（黄晓琳）

【困境儿童三级安全保护机制】 2020年，松江区民政局完善“区—街道（镇）—居（村）”三级工作网络，全区17个街镇建立街镇级的困境儿童保障工作联席会议制度，实现全覆盖。小昆山镇、九亭镇申报成为松江区2020年的街镇困境儿童照护中心试点单位。建立健全松江区的困境儿童的安全保护工作，印发《松江区困境儿童安全保护机制》，建立落实包括强制报告、应急处置、评估帮扶、监护干预以及临时监护、照料终止后的后续保障等在内的困境儿童安全保护机制，整合部门合力，明确儿童保护工作的流程，建立部门会商制度。（黄晓琳）

【长三角一体化养老】 6月5日，松江、嘉兴、宣城三地民政局签订《长三角区域养老一体化服务协作备忘录》，松江区是全市第4组签订备忘录的区市。三方明确轮值主持工作机制，推进三地养老服务信息互通，建立市场合作机制。6月30日，三地进行首次交流互访，确定养老床位互相开放、品牌机构合作、老年人旅游等首批6个具体合作项目。10月23日，三地民政局召开长三角一体化养老信息发布交流会，联合发布38家异地养老机构、6家一体化养老实训基地、97家老年旅游推荐景区名单。签署《旅居养老合作备忘录》，确定建立旅居养老常态化协作机制、交流机制，形成旅居养老项目清单等6个合作项目。会同文旅部门和旅游协会，研究面向三地老年人的个性化旅游优惠政策，探索打造旅居养老示范基地。（庄浩杰）

【《松江区社区综合为老服务中心监管评估办法（试行）》】 松江区民政局出台《松江区社区综合为老服务中心监管评估办法（试行）》（沪松民〔2020〕89号），对松江区各综合为老服务中心的设施场所、一站式综合服务、一门式办事窗口、一网覆信息管理和一体化资源统筹等5个方面的建设和运营内容进行规范和统一，并规定综合为老服务中心的评估考核标准和激励办法。2020年年底，依据《办法》完成对松江区11家综合为老服务中心的督导和评估，其中优秀4家、良好7家，根据评估结果发放差别化运营补贴166.99万元。（庄浩杰）

【综合为老服务平台二期建设完成】 2020年，松江区民政局建设综合为老服务平台二期，在原有“养老地图查询”“养老数据整合”和“养老服务宣传”等功能的基础上，拓展公众用户的体验度，增加助餐管理系统，精准管理助餐商户、用餐人数、就餐地点等信息。推广敬老卡在老年助餐服务中应用，使用敬老卡支付结算系统，实现助餐补贴的线上结算。开发服务满意评价系统，面向养老机构和居家服务机构，拓宽评价渠道。提供辅具租赁服务，建立辅具租赁商城，提供产品目录和线下服务体验点等信息。建立养老服务数据中心，推动养老服务领域公共数据开放共享。（钟吉平）

【“跨界合作　公益同行”公益品牌】 以2020年松江区第八届“公益伙伴月”为契机，启动松江区“跨界合作　公益同行”品牌深化行动。以“叫得响、记得住、拉得出、推得开”为目标，打造多方跨界平台，致力促成政社、企社、社社等多元合作，凝聚社会公益力量。出台《松江区关于业务主管单位（行业管理部门）对社会组织进一步加强监管的通知》《松江区关于大力培育发展社区社会组织的实施意见》《松江区关于建立社会组织资金监管机制的通知》等文件，探索上海市政府购买社会组织服务供需对接平台的推广使用，加大政府购买社会组织服务力度。认真落实《松江区社会组织发展专项资金使用管理办法》，扶持社会组织开展社区民生项目，覆盖扶老助残、儿童青少年、妇女家庭、社区自治、环境与环保、文化体育等服务领域。联合区经委等部门发出“多元跨界谋合作，企业同行促公益”倡议书，举办公益论坛探讨企业如何赋能公益观点，对企业未来公益发展提出建设性路线规划。同时推出一批优秀的社会企业和公益人物，通过展示对接，为公益事业争取社会资金支持。参与疫情防控、脱贫攻坚、社会治理，与社区、基金会等开展合作，涌现一批优秀的公益项目。（林菁华）

【"好邻居"社区服务体系】 松江区聚焦"建机制、强功能、获得感"总体要求，自2018年以来，探索构建"好邻居"社区服务体系。2020年，着力打造"五位一体"社区服务体系，明确"好邻居"社会价值体系，构建"好邻居"服务空间体系，完善"好邻居"社区服务体系，激活"好邻居"多元参与体系，健全"好邻居"考核激励体系。积极构建"十五分钟"社区服务蓝图，街镇层面，优化提升居（村）委会"好邻居"社区服务站功能，不断推进"好邻居"社区睦邻点建设。提升"加减乘除"社区服务能级。完善错时工作、接待群众、日常走访等行之有效的制度；落实"三份清单""村干部下楼办公""社区云"等减负增能的举措；推动区域化党建平台、鼓励政府购买服务等多元力量的共治。（唐 伟）

【居村社会工作室全覆盖】 松江区民政局从2019年开始试点推进居村社会工作室建设，2020年在全区全面开展。居村社会工作室是设置在居村委会"五室一厅"中的"社区议事协商室"，根据社区发展特点和社区居民需求，运用社会工作理念，通过社会工作方法，开展传播社工理念、发现社区需求、加强队伍建设、推进项目落地和参与社区治理等五方面的工作。区民政局协调统筹，负责指导各街镇完善社会工作室方案，加强社工人才培养力度，调配全区专业社工机构和社工专家团队，开展项目督导等。成立街镇社会工作指导中心，统筹协调推进本辖区内居村社会工作室建设工作，形成区—街镇—居村的三级社会工作组织架构。联合高校专家共同研究居村社会工作室的工作职责、工作制度、服务内容等工作规范，出台《松江区关于推进居村社会工作室的实施方案》《关于成立街镇社会工作指导中心的工作指引》及《松江区居村社会工作室工作规范》。组织居村持证社工分批次开展能力建设提升项目，通过集中培训、个案辅导、情景演练、头脑风暴、项目工作坊等不同形式，提升社区社工人才专业素养和实践能力。（王静蕊）

【松江区社会组织联合会成立】 为贯彻落实《关于改革社会组织管理制度促进社会组织健康有序发展的意见》《关于本市改革社会组织管理制度促进社会组织健康有序发展的实施意见》等文件，松江区成立区社会组织联合会。区联合会加强对社会治理创新的研究，从地区实际出发，协调各方力量参与社会治理，推动社会组织和社会统筹发展。与区社会组织服务中心合作，发挥孵化器作用，培育、孵化一批专业能力强、群众认可的社会组织。整合职能部门、驻区单位、自治组织等各方面力量，采用政府主导、社会参与、项目运作的方式，依托社会组织，开展为民服务的项目。加强对松散社会组织的领导和管理，密切社会组织之间联系交流。统筹社会组织党建功能，引领社会组织在党的组织建设、理论学习、严肃党内政治生活、强化政治认同等方面发挥作用。（林菁华）

【"上海之根　山水婚典"婚姻服务品牌】 2020年，围绕"上海之根　山水婚典"婚姻服务品牌，在松江云间粮仓举办"勤俭为荣承家风　携手幸福伴一生"结婚登记集体颁证仪式和发起"寻找最美伉俪"活动，推动"好家风、好家训"理念的传承和发扬。活动仪式上，聘用向社会公开招募的10名特邀颁证师和10名婚姻公益调解员作为"幸福志愿者"，这些"幸福志愿者"将在传授美好婚姻经营秘诀、调解婚姻家庭纠纷和传递婚姻家庭生活正能量方面发挥作用。（王蓓芳）

【《松江区民政局关于规范管理公益性埋葬地的工作意见（试行）》】 松江区民政局根据国务院《殡葬管理条例》、民政部《公墓管理暂行办法》，以及《上海市殡葬管理条例》《上海市公墓管理办法》等有关政策法规，制定出台《松江区民政局关于规范管理公益性埋葬地的工作意见（试行）》（沪松民〔2020〕68号）。文件按照"政府主导、科学规划、因地制宜、节地生态、强化标准、规范建设"的原则，致力服务经济社会发展和新农村建设。主要从规划建设、服务规范和监督管理三个方面进一步加强行业督导，完善管理机制，规范内部管理，提升服务水平，积极倡导文明节俭治丧、生态节约安葬、文明祭扫新风，实现殡葬事业绿色、生态、可持续发展。（吴 仙）

【殡殓服务标准化】 松江区殡仪馆以标准化建设作为提升服务品质和加强内部管理的抓手，将推进标准化建设同馆"白事管家"品牌建设相融合，创新工作方式方法。先后成立标准化管理领导小组和工作小组，制定方案、计划，明确时间节点任务分工，统一思想、精心组织，通过策划体系、强化宣贯、持续改进。自标准化工作创建以来，共收到锦旗17面，"962200"和"12345"平台来电表扬30次，意见箱表扬信106封，获评为"上海市民政局标准化试点单位"。（崔 莺）

【《上海市松江区民政局重大行政执法决定法制审核目录》】 松江区民政局制定出台《松江区民政局重大行政执法决定法制审核目录》（以下简称《目录》），上海市民政局政策法规处以松江区的目录为指导范本，在全市范围推广。《目录》结合区级行政执法事项，细化符合听证条件的行政处罚决定。如违反社会救助管理规定，责令退回、追回非法获取的较大数额的款物，给予较大数额罚款的行政处罚决定，此事项的执法权不属于上海市民政局，而在区县级的民政部门，因此在市局法制审核目录清单基础上予以增加。《目录》依据《行政处罚法》的规定，细化减轻处罚的法律依据。《目录》

区分对待撤销行政许可和撤回行政许可的情形。根据《行政许可法》第八条的规定，为了公共利益需要，区民政局依法变更或者撤回已经生效的行政许可，由此给公民、法人或者其他组织造成财产损失的，应当依法给予补偿。对于行政机关工作人员超越法定职权、违反法定程序做出的行政许可决定，行政机关除依法撤销外，应当依法赔偿。区民政局针对两种赔偿情形，进一步明确在法制审核目录清单中需要提交的材料。

（何慧慧）

青浦区

【综述】 青浦区下辖8个镇、3个街道，142个居委会，184个村，常住人口120.5万人、户籍人口48.3万。青浦区民政局内设7个科室，下设8家事业单位。现有在编公务员22人，在编事业单位人员64人。

社会救助：2020年，元旦春节帮困送温暖活动多类民政困难对象，总计帮困约3 299人（户）次，共投入资金约1 223.48万元。2020年为全区城乡低保、重残无业等各类困难对象共发放救助资金1.16亿元，救助人数达14.73万人次。发放残疾人“两项补贴”14.67万人次，累计发放补贴资金3 508.29万元。同时，2020年通过专项治理和动态管理，全区共取消城乡低保178户338人。

社会福利：2020年，新增1 049张养老床位，新增2家社区综合为老服务中心、6家老年人日间服务中心、25家老年活动室、10家助餐场所，改建认知障碍照护床位142张。同时，积极探索养老机构公建民营发展的运作模式，截止2020年年底，全区已有夏阳街道、赵巷镇、华新镇、重固镇、白鹤镇、徐泾镇、练塘镇、区级福利院等9家公办养老机构委托社会力量运营管理，涉及床位4 401张。以“蓝天下的至爱”为契机，筹集的资金均在全市前列；推进慈善超市布点及标准化建设，打造“1+11”慈善超市建设体系，实行“市场+公益”的运行模式。

社区治理：2020年，新建423家客堂间（睦邻点），实现村级全覆盖，开展“客堂间”建设示范村居验收评审工作，目前已完成8个街镇的验收评审工作。推进“阳光村务工程”。建立“阳光村务工程”常态化工作机制，印发《青浦区“阳光村务工程”长效管理办法》。通过推进“阳光村务工程”规范化建设，打造集服务、参与、监督为一体的覆盖全区所有村委会的有线电视综合平台。从2020年8月开始全区各村居分两批有序推进“幸福云”建设项目，11月完成“社区治理平台”初始化工作，启用居社互动平台。

社会组织：至2020年年底，青浦区共有社会组织928家，其中社会团体174家，民办非企业单位754家。2020年新登记成立社会组织47家，其中社会团体1家，民办非企业单位46家；2020年注销的社会组织14家，其中社会团体5家，民办非企业单位9家。

社会服务：2020年，办理结婚登记2 884对，离婚登记1 734对；办理补领结婚证684对，补领离婚证173份；办结收养登记4例。继续优化提升“暖心阁”婚姻家庭辅导品牌，举办“情定淀山湖　爱在军旗下”集体颁证仪式。清明期间，全区8家经营性公墓共接待116 103人次，祭扫车辆26 759辆，落葬467穴，与去年同期比，人流量减少84.7%，车流量减少74.9%，落葬数减少64.3%。率先在全市提出“无烟墓园”创建计划，在全区8家经营性公墓全覆盖推行，以“扫黑除恶”专项斗争为契机，联合公安、市场监管等部门开展针对“黑殡葬”“黑中介”的专项整治行动，实现全区“黑殡葬”“黑中介”的清零，通过抓实“殡葬代理服务绿色通道”资格审定监督评审，规范殡葬代理机构和从业人员服务管理工作。同时，深化守灵堂文化品牌建设，构建孝情文化服务体系。

（李健飞）

【疫情防控】 新冠肺炎疫情防控期间，青浦区民政局全面落实联防联控措施，构筑群防群治的严密防线，开展“双守双共、联防联控”行动。一是落实管控措施。动员广大党员志愿者积极参与出入口管理、人口排查、社区接收、隔离管控等社区防疫工作，通过出入口设点测温、人员车辆出入登记、扫楼、扫房拉网排摸等扎实有效的工作手段，筑起社区防疫网。截至2020年12月31日，机场专班接收入境人员5 494人。二是关注特殊群体。为社区居家隔离、老、弱、病、残等特殊群体提供照料服务，加强心理干预和疏导，开展口罩预约购买，强化社区服务保障。其间社区累计开展六轮口罩电话预约登记工作，预约登记101.7万户次，供应平价口罩约500万只。三是做实常态包干。村居建立了50 650人的户长队伍，在社区全面实行联防联控分片包干制。以包楼、包组、包户为核心内容，合理划分社区网格，抓细抓落地社区防控外防输入、内防扩散两大环节，实现依靠群众力量持续用力、久久为功打赢疫情防控持久战目标。

（李健飞）

【“22137799”服务热线业务拓展】 “22137799”为老服务热线原是青浦区民政局为方便服务辖区内老年人而专门开设的一门热线电话，“空中养老顾问”为老年人提供常见法律咨询、心理问题疏导、老年人相关政策咨询等。2020年疫情期间，向社会公众征集，招募到50余名具备一定心理疏导、咨询等工作能力的志愿者，正式上线“青浦心理疏导服务热线”。8位坐席，50多天，近800个小时，开展个案活动30余次，为有需要的群体开展心理疏导等工作。平台自费开通智能语音播报，一个月内向全区老人拨打疫情宣传电话20 000余通。此外，社会组织在深入社区调研的基础上，紧贴老年人实际需求，设计一系列智能手机培训课程，内容包含与老年生活密切相关社交、出行、就医、消费、文娱、办事、网络安全等高频事项和服务场景，并于12月4日起开设试听课。（李健飞）

【专项救助保障进博会】 2020年第三届中国国际进口博览会主会场位于青浦区，青浦区救助管理站巡查护送组承担并完成进博会救助服务保障工作。前期保障阶段，组建微信工作群，强化每日信息报送；加强预警反应，特别是针对极端天气对桥洞、地道等重点区域开展巡查；加密巡查次数，在常规巡查频率的基础上增加夜间巡查。中期阶段，除日常巡查外，每周开展一次的集中专项行动，对进博会重点区域进行重点点位的街面巡查工作，确保进博会重点区域基本无流浪乞讨现象。实现“一个杜绝、二个基本”，即会展控制区域内杜绝流浪乞讨现象，其他街面重点区域内基本无流浪乞讨现象、流浪乞讨人员扰乱社会秩序的行为基本不发生。会展阶段，巡查护送组对国家会展中心5千米范围内的重点区域开展为期20天的连续集中救助行动，做到随见随救，确保“积极救助、精准救助”。区救助管理站共救助人员21人次，其中男性18人次、女性3人次；公安机关护送至区精神卫生中心病人11人次，其中男性6人次、女性5人次。街面救助1人次。

（李健飞）

【低保信息共享机制】 为杜绝和避免救助对象因刑事犯罪在监狱服刑或强制戒毒期间，同步享受低保救助金的情况，青浦区民政局联合检察机关、公安机关出台《关于建立最低生活保障工作相关信息共享机制的意见》（沪青检发〔2020〕48号），明确区民政局可以就申请和已享受社会救助待遇人员的逮捕、监狱服刑、强制戒毒等相关信息，向检察机关和公安机关进行查询，检察机关负责查询被依法判处刑罚和依法执行逮捕强制措施等情况，公安机关负责查询被依法采取强制戒毒措施等情况，解决沟通不畅、信息不对称等问题，避免国有资产的流失。机制建立初期，区民政局根据人民检察院制发的《检察建议书》《磋商告知函》，对于已发现的问题，指导相关街镇启动调查核实程序，依照低保政策相关规定，及时对5户已不符合低保救助条件的对象予以终止救助，追回低保金3.6万余元。（李健飞）

【慈善超市】 9月8日，由青浦区民政局搭台，第三方运作，具有款物募集、困难救助、公益活动、便民服务、慈善文化传播五大功能的区级慈善超市正式开业。为使慈善超市实现“建起来、转起来、活起来”，区民政局探索建立《青浦区慈善超市管理制度》《慈善超市运行工作制度》《慈善超市经营人员工作职责》《慈善超市物资管理制度》，对慈善超市的运行管理、工作人员职责、慈善超市的物资管理特别是捐赠物资的接收和发放作具体规定，确保慈善超市规范运行、有序操作。

（李健飞）

【长三角慈善一体化工作会议】 9月中旬，青浦区民政局牵头举行青浦、吴江、嘉善三地慈善代表机构、慈善总会会长联席会议，交流探讨长三角一体化发展示范区慈善工作情况，讨论通过《慈善共建协议框架》和《慈善共建方案》，并举行签约仪式。10月下旬，历时三天的三省一市长三角生态绿化一体化发展示范区慈善工作研讨会召开，首站在青浦举行，三省一市慈善基金会、慈善总会领导和有关方面的负责人聚集一堂，共商慈善合作。会上，青浦、吴江、嘉善慈善代表机构和慈善总会会长分别介绍三地慈善事业发展情况，会后参观青浦区级慈善超市，实地解青浦慈善事业发展情况。

（李健飞）

【“社区云”建设】 青浦区按照“1+2+X”的架构设想，积极推动“社区云”信息化平台建设。制定工作方案，建立区—街镇—村居三级工作架构，为各级管理员分级开通平台账号。建立问题反馈制度、定期通报制度、考核制度，要求及时处置工作问题，将平台建设与运用纳入重点工作任务考核。指导各街镇做好日常运营管理，加强运营机制和队伍建设，多措并举做好“社区云”的推广宣传工作。更新维护社区治理平台房屋、人员数据，推进居社互动平台功能运用、居民注册等各项工作的持续开展。加强对街镇、村居的指导力度，及时发现、协调和解决推进中的难点问题，优化“社区云”系统。及时对接“社区云”工作上级条线部门，了解最新工作要求，按照工作要求部署落实开展相关工作。深入推进市区两级平台融合，探索“社区云”应用场景功能开发同区级“幸福云”平台的整合路径，对接技术公司为“幸福云”平台上线提供技术支撑。（李健飞）

【“睦邻客堂间”品牌体系建设】 青浦区发挥客堂间宣传发动、组织协调、社区调解的作用，就地、就近、就事为社区群众提供更及时、更便捷、更贴心的服务。年内各街镇按照指标总额和每月分配指标，完成423家客堂间（睦邻点）新建，实现村级全覆盖。开展“客堂间”建设示范村居验收评审工作，通过系统评审工作，提升客堂间运作的规范性和专业性。经过三年的建设和探索，各街镇已经形成睦邻客堂间品牌体系，如金泽的“金乡邻”、赵巷的“巷心”、练塘的“连心”、朱家角的“话角里”、夏阳的“平心”、香花桥的“香里巷情”等。从各街镇已经有效运转的睦邻客堂间实践案例来看，部分睦邻客堂间已经形成“睦邻+自治+X”的功能菜单，在满足睦邻和自治两大功能的基础上，还叠加党建、妇联、残联、就业、文广等社区服务职能，挂牌“党建站”“妇女之家”“就业推广站”等，睦邻客堂间实现单一功能向多样化功能的转变。通过睦邻客堂间创建，缩小村级自治的治理范围，将“大单元”的村民自治延伸至“小范围”的村组，形成多层次、立体式的基层自治体系。

（李健飞）

【特色结婚登记颁证活动】 为贯彻落实《民政部关于开展婚俗改革试点工作的指导意见》，推进婚姻领域移风易俗，2020年青浦区民政局举办一系列特色结婚登记集体颁证活动。5月1日，开展“与法同行 守护幸福”——纪念新中国首部法律《中华人民共和国婚姻法》颁布70周年主题活动，弘扬新时代法治精神，宣传“注重家庭、家教、家风”的婚姻家庭建设理念。8月21日，青浦区民政局联合区退役军人事务局、区卫健委等部门举办2020年“情定淀山湖 爱在军旗下”大型退役军人结婚登记集体颁证活动，活动分为“青春奉献，军魂永驻”“信仰忠诚，相濡以沫”和“责任担当，爱国爱家”三个篇章，以情景剧、诗朗诵等表现形式展现出军人家庭的忠诚、奉献、使命与担当，他们将“小家小爱”升华为“家国大爱”，彰显中华文明薪火相传的“家国情怀”。8月25日，策划开展“汇聚‘家’力量·同创文明城”——2020年“我们的节日·七夕”结婚登记主题颁证活动，将中华传统文化与现代文明融合宣传，倡导以婚姻“小家庭”的文明之风来温润社会“大环境”。

（李健飞）

【殡葬代理从业人员规范管理】 2018年，青浦区率先在全市推行殡葬代理“绿色通道”服务模式，辅以制度规范、行风监督、道德约束等方式，引导从业人员走向法治化、规范化、专业化、诚信化。组织成立殡葬代理评审考核小组，发布殡葬代理机构及从业人员注册登记事宜告示，收集殡葬代理从业人员回访信息，召开殡葬代理评审考核小组会议，决定公示入围名单，接受社会评价和监督，签订《殡殓委托代理资格认定协议》，发放“绿色通道”服务卡、殡殓服务委托书，出台《殡葬代理从业人员会议制度》《殡葬代理从业人员培训制度》《殡葬代理从业人员约谈制度》《殡葬代理从业人员评审考核制度》。至2020年年底，青浦区殡仪馆已先后发展3批殡葬代理从业人员加入“绿色通道”服务模式，共计30人。殡葬代理机构及从业人员的公众满意度达到98%，殡葬代理服务受到丧户赠送的锦旗10余面。青浦区殡仪馆设立的“绿色通道”服务模式，推进社会殡葬业态良性循环。（李健飞）

【清明祭扫新举措】 青浦区清明期间全面实行“无烟祭扫”，倡导市民不前往公墓（骨灰堂）现场祭扫，各经营性公墓不提供“短驳车”服务。各经营性公墓全面上线微信平台，并在原有服务基础上新推出三项服务措施（集体祭扫、网络祭扫、代客祭扫）和两项预约（预约落葬和个别预约祭扫）。清明期间各公墓由工作人员为安葬在园内的逝者举办一场集体祭扫活动；各公墓在微信公众号或网站上提供可进行祭奠、寄语、献花等操作网上祭扫途径；各公墓以平价、低价位原则，提供代客祭扫服务。对确有落葬需求的市民，由公墓实行预约落葬，每户不超过10人。自3月26日8点起，对个别确有现场祭扫需求的市民，通过各公墓微信公众号预约清明期间的现场祭扫，采取“限量预约、约满为止、分时祭扫”的措施，每天四个时间段，预约成功者，可携4位亲属，凭电子凭证，依照预约确定的时间入园祭扫。4月4日，结合殡葬服务单位性质，各经营性公墓提前将业务厅和广场的电子屏播放哀悼图片内容，在园区组织志哀活动。

（李健飞）

奉贤区

【综述】 2020年，奉贤区下辖11个街镇，324个村（居），1个开发区和1个集团公司，总人口108.1万人。奉贤区民政局内设7个科室，下设事业单位8家，在编公务员22人，在编事业单位人员83人。

社会救助：全年落实低保、重残无业、支内回沪、特困供养、孤儿、困境儿童等困难群体30.1万人次，拨付资金1.52亿元。其中，农村低保救助11 017人次、1 039.24万元；城镇低保对象救助39 030人次、3 982.48万元；粮油帮困卡（券）6.41万张、447.59万元；农村重残无业救助27 583人次、3 620.76万元，城镇重残无业救助18 225人次、2 803.6万元；支内回沪对象4 463人、2 000.63万元；社会散居孤儿3人、7.2万元；困境儿童62人、93.65万元；特困供养对象199人、373万元；特殊救济对象13人、21.2万元；落政人员2人、7.97万元。临时救助1 776人、64.68万元；区级教育救助352人、85.8万元。此外，因疫情、物价等因素影响，上海市启动物价补贴机制，奉贤区全年1—5月、7—8月共计发放7个月的物价临时补贴和阶段性临时补贴11.83万人次、660.17万元。全年实施综合帮扶1 712人，帮扶资金1 842.394 5万元。1月21日，开展“东方美谷、风雨彩虹——圆梦行动在贤城”主题活动，对全区“孤、老、病、残、贫”困难家庭及困难人员开展“梦圆新春 温暖贤城”主题圆梦活动，征集梦想并圆梦600个。全年救助流浪乞讨人员144人次，其中未成年人6人次、60岁以上老年人6人次、精神障碍59人次、智力障碍2人次、肢体残疾1人次。实施医疗救助87人次，给付医疗费用、生活费、返乡费240余万元。处置网格化事件13件，出动工作人员50余人次，7人接受救助，现场劝离救助6人次。至2020年年末，全区有福利彩票代销站点151家,实现彩票销售2.3亿元,其中电脑票2.1亿元,即开票0.2亿元,完成全年销售目标任务,筹集区级彩票公益金约1 280万元。

社会福利:至年末,全区60周岁以上户籍老年人18.73万,占户籍总人口34.41%,比上年增长1.52%。90周岁及以上老年人3 943人,占户籍老年人口2.11%,其中百岁老人101人。全区共有养老机构(含长者照护之家)37家,核定床位6 979张,改建失智照护床位82张;新增社区综合为老服务中心1家,累计20家;新建老年人日间照护中心5家,累计46家;新建老年人助餐场所12家,累计50家;新增农村宅基睦邻"四堂间"78家,累计500家,全面完成"十三五"期间任务指标。落实市老年综合津贴制度,全年发放资金共计2.14亿元,53.35万人次享受津贴,其中65—69岁每人每月75元、70—79岁每人每月150元、80—89岁每人每月180元、90—99岁每人每月350元、100岁及以上每人每月600元。年内落实《关于规范奉贤区困难失智失能对象护理用品补助工作的通知》,区、镇两级补贴资金120.3万元,发放护理品共计7 651人次。全区有813名养老护理员为3 345名经济困难、有照护需求的老年人提供助洁、助餐、助浴、助医、助行、助急和精神慰藉等居家养老上门服务。通过奉贤区智慧居家养老项目,为4 200名老人配备腕表提供多层次、主动性、亲情化、全天候服务,全年紧急呼叫557次,主动电话关爱25 203次,越界报警38次,心率报警4 686次,咨询服务3 366次。推进"老伙伴"计划,1 600名低龄老年志愿者对13个街镇、开发区、集团公司的8 000名高龄独居老人开展心理慰藉、健康指导、聊家常等上门服务38.40万人次。"邻里守望,以老助老"项目获评2020年上海市"老伙伴"计划优秀案例。至2020年年末,全区有在册残疾人集中就业企业59家,残疾职工1 105人,实现销售收入34.5亿元,缴纳增值税1.03亿元。完成2019年市福利企业残疾人集中就业社会保险费补贴的审核发放,67家企业享受社保补贴资金1 038.221 4万元。全年发放困难残疾职工生活补贴和重度残疾人护理补贴15.723 3万人次,补贴资金3 937.021万元。年内,正式启动在金汇镇光辉村生活驿站、奉贤区第二福利院康复辅助器具社区租赁点,新申报南桥镇、奉城镇、海湾镇、奉浦街道、海湾旅游区5家康复辅助器具社区租赁点。2020年,上海慈善基金会奉贤区代表处募集善款5 902.03万元,救助支出5 086.03万元,惠及约8万人次。另由市慈善基金会资助项目救助资金74.89万元,受益人次459名;物资救助价值118.03万元,用于慰问抗疫一线医务人员、老年人、学生等特殊人群。

社区治理:全面推进"沉浸式"办公,实现全区175个村委会和149个居委会全覆盖。深入推进"阳光村务工程",优化创新村务公开工作。启动"社区云"平台,推动"智能化+社区治理"的融合。组织开展全区村(居)委会主任培训和社区工作者骨干实务培训,加强村(居)委会队伍建设。规范行政区划管理,新设立居委会13个:四团镇平乐居委会、天鹏居委会、平港居委会、欣悦居委会、海湾旅游区海尚居委会、金海街道金水和苑居委会、金水璟苑居委会、青村镇青华居委会、荣贤居委会、庄行镇牡丹里居委会、奉城镇浦兰居委会、洪韵居委会、三角洋居委会。南桥镇华严村、奉城镇盐行村、四团镇拾村村、柘林镇海湾村、庄行镇西校村、金汇镇白沙村、青村镇岳和村创建为"上海市农村社区建设试点示范村"。

社会组织:全区新增社会组织34家,累计827家,其中社会团体174家、民办非企业单位653家;新增生活服务类、公益慈善类、文体活动类、专业调处类"四类"社区社会组织21家,累计316家;处置24家名存实亡社会组织,其中注销9家、简化注销10家、撤销5家。2020年,奉贤区由街镇社会组织服务中心免费提供登记业务代办服务,全区代办率达到67%。对社会组织开展年检工作,应参检779家,实际参检723家,参检率92.8%,其中合格669家,基本合格52家,不合格2家,未参检不合格56家。42家社会组织接受规范化建设评估,获评27家,其中,3A等级18家,2A等级7家,1A等级2家。对20家社会组织进行财务审计抽查,其中19家民营养老机构和1家居家养老服务中心。各单位都能正常开展业务、收支基本平衡。9月,区、镇两级开展以"弘扬公益贤风、共建美丽贤城"为主题的第十届区公益伙伴日(月)举行,举办第十届奉贤公益伙伴日暨公益伙伴月活动,开展公益市集、公益论坛等88场各类公益伙伴日(月)主题活动。举办公益颁奖盛典,对2020年在抗疫、公益事业中作出贡献的60个单位、个人、项目予以表彰。

社会服务:2020年,办理结婚登记3 384对、离婚登记2 432对,结婚登记合格率100%。补发结婚证730件、补发离婚证218件、出具无婚姻证明25件。办理收养登记1件,建档率、入户走访率均为100%。结婚登记网上预约1 731对,占结婚登记总数的51.15%。5月20日为年内单日结婚高峰日,办理结婚登记157对。完成火化遗体5 240具,比上年增加236具。发放区内孤老、市劳动模范、残疾人、伤残抚恤对象、城乡低保、特困供养对象等特殊对象基本殡葬补贴10.83万元。完成整治农村散埋乱葬925穴,平整土地0.2公顷。清明期间,全区3家经营性公墓和18家镇级公益性公墓接待祭扫人流量23.7万人次、车流量6.1万辆,落葬917穴;冬至期间,全区祭扫人流量29.32万人次、车流量4.14万辆,落葬4 037穴。全年发放生态葬奖补金221.8万元、海葬奖补金2.7万元。　(王中晶)

【疫情防控】 奉贤区民政局研究制订《关于成立奉贤

区疫情防控社区工作指导组的实施意见》，建立三级联动、定期会议、信息报送等工作机制，确保社区疫情防控工作动员到位、排摸到位、措施到位。制订《奉贤区社区口罩预约登记购买工作方案》，采用居委会“预约登记+指定药店购买”和村委会统一代购代发的方式分类实施，共完成六轮预约登记工作，发放口罩604.4万只。制订《奉贤区关于重点国家入境人员隔离观察工作方案》，3月5日起牵头组建机场防疫专项工作小组，共组织11批353名志愿者队伍，驻守虹桥、浦东两大机场，实现对入境人员“机场—社区（集中隔离点）”的闭环式管理，共接收重点国家入境人员1 957名，均按相关工作要求落实居家或集中隔离。奉贤区救助管理站鲁华安同志获全国抗疫先进个人，奉贤区民政局陆欣慰同志获全国民政系统抗疫先进个人，奉贤区南桥镇许凯同志获全国抗疫优秀城乡社区工作者。　（王中晶）

【抗击新冠肺炎疫情先进】　9月8日上午10时，全国抗击新冠肺炎疫情表彰大会在北京人民大会堂举行。上海市奉贤区救助管理站站长鲁华安荣获“全国抗击新冠肺炎疫情先进个人”称号。从正月初三开始，鲁华安同志就一直驻守在奉贤区救助站靠前指挥，在全市18家救助站中最早实施最严格的进站标准，从源头把好救助管理的防疫关，实现救助人员零感染。3月5日，他承担起浦东机场T1组组长重任，24小时不间断值守，负责询问情况、信息登记、人员转运等无缝衔接工作，形成管理闭环。12月27日，民政部发布全国民政系统抗击新冠肺炎疫情先进个人，奉贤区民政局基层政权和社区建设科科长陆欣慰获此殊荣，陆欣慰同志和工作小组仅用1天时间完成对全区药店的筛选，确定68家药店和村居进行配对，根据全市配比计算各村居的每日配额，组织全区各村居有序开展社区口罩预约登记购买工作。从2月1日到4月19日，顺利完成了六轮口罩预约登记工作，累计预约登记120余万户，销售口罩600多万个。3月5日起全年共招募12批“贤锋队”助力机场疫情防控、顺利转运入境人员1 957名，对符合条件人员严格按照居家隔离转运流程送回社区，其间没有发生一次旅客滞留机场无法转送或不同类型人员被分流错误的情况。　（王中晶）

【救助管理服务综合标准化】　奉贤区救助管理站制定并完善各个服务环节的制式文件、表格、记录等，共制定出89项实施标准，覆盖到救助管理的各个环节，细化各个环节标准化的执行流程。建立健全监督检查机制，以服务对象为中心，积极探索、认真总结，及时对标准进行修订，及时督促工作人员改进，建立标准化持续改进的长效机制，提高工作人员水平，解决救助管理服务中出现的新问题、新矛盾，确保救助管理工作顺利开展。　（王中晶）

【养老机构服务质量监测】　奉贤区民政局成立养老机构服务质量日常监测指导小组，落实工作责任，对全区养老机构开展服务质量指导和监测，列出问题清单，制定“一院一策”的整改方案；建立院长工作例会制度，通报各机构的监督检查情况，部署阶段工作任务，确保管理渠道畅通。以上海市综合为老服务平台为依托，定期更新完善养老机构信息库，实时掌握养老机构动态数据变化；发挥物联网消防远程监控系统作用，通过物联网平台、手机App实时监控各机构的消防设施状态情况。邀请专家对养老从业人员进行现场培训和点评。完善全区养老机构从业人员多层次的培训，委托区内养老护理员培训机构定向开班，利用市行业协会的资源输送优秀的护理员参加报考中高级技能等级，护理员持证率较去年提升10.3%。完善事中、事后监管制度，民政、消防、市场监管部门定期进行联合监管、联合执法，全面对养老机构安全隐患进行排查，防控安全事故的发生。2020年在全市各区县养老机构服务质量监测中平均得分较往年提高14个百分点，并列排名第三。　（王中晶）

【社区救助顾问制】　奉贤区民政局研究制定《奉贤区实施“社区救助顾问”工作指导意见》，在西渡街道开展试点。充分发挥专业救助社工机构的作用，挖掘社区志愿者力量，组建由“专业救助社工+街镇救助专员+社区基层救助顾问”构成的社区救助顾问专业队伍，具体开展社区救助顾问服务项目。根据社会救助领域特点和困难群众实际需求，开展“社区救助顾问”政策引导、资源链接、心理疏导、能力提升和社会融入等服务，通过为救助对象提供多层次服务，建立预防型、发展型救助服务体系。逐步形成服务对象清单、服务顾问清单、服务需求清单、服务资源清单四项清单，鼓励社会组织和专业社会工作者广泛参与社会救助，通过建立贫困家庭社会服务体系，形成政府力量和社会力量的有机结合。　（王中晶）

【“青春里”养老社区】　根据《上海市深化养老服务实施方案（2019—2022年）》中“探索利用农民宅基地用房发展养老服务设施”要求，奉贤区通过流转农民闲置的宅基房屋或利用闲置的集体资产，建设“青春里”养老社区，由第三方养老专业团队统一管理，在养老社区中引入长护险、居家养老、长者照护等服务，建成集乡村旅游和乡村养老为一体的产业链，形成“走民宿规划建设之路，结度假式养老之果”的乡村发展模式，打造奉贤老年人“幸福生活正青春”品牌，实现老年人“住得近、住得起、住得惯”的家门口健康养老、快乐养老。2019年，试点建成青村镇吴房村“青春里”养老社区。2020年，继续推进庄行镇浦秀村、西渡街道五宅村“青春里”养老社区建设。分别采取利用闲置厂房进行改

造升级和通过农民流转上楼的方式，盘活农村宅基地，打造2.0版“青春里”养老社区。（王中晶）

【互联网＋“三社联动”】 奉贤区以公开招投标形式确定由采购方、落地方代表与上海市政府采购平台专家共同组成的专业评估/审计方，根据“专家评审、服务满意度、财务状况、档案查阅”四项指标，分批完成2019年72个民生服务项目中期、终期评估/审计工作，召开项目评估/审计反馈会议，根据评估/审计结果对存在问题的社会组织进行约谈。6月，通过上海政府采购平台完成2020年27个民生服务项目公开招投标工作，确定12家第三方运营社会组织，项目总金额536.47万元，并召开项目对接会，开展每月一次日常监测与指导，建立项目例会制度。12月，制定《民生服务项目资金使用方案》，并依方案启动2020年第二批16家规模型生活驿站运营项目公开招投标程序。对经各镇（街道、开发区）备案的且在社区治理中起积极作用的353个社区类社会组织（群众团队）给予经费补助35.3万元。审核并下拨2020年社会组织代理记账补贴、项目服务补贴、荣誉奖励、全职聘用补贴、枢纽型社会组织工作经费等共计约163.5万元。（王中晶）

【生活驿站】 奉贤区按照“公共＋公益、便民＋利民、共享＋共治”原则，以“15、30、60分钟社区生活圈”为目标，坚持“全域、全龄、全能、专业”，科学配置各类便民服务功能，着力打造生活驿站，建成规模型84家，小微型252家。年内，成立生活驿站验收小组，制定验收标准，于4月召开验收工作会议，对生活驿站存在问题进行汇总，商议各点位以奖代补金额，对2019年建设的54家规模型生活驿站开展验收工作。通过上海政府采购网对南桥镇南桥源等22家规模型生活驿站运营项目进行公开招投标，确定9家专业第三方社会组织运营管理，于6月1日起陆续开放运营。制定《生活驿站巡查制度》《奉贤区生活驿站运营情况日常监测指标》及《日常监测表》等，每月对统一运营生活驿站开展日常过程监测，发现问题及时指出并督促整改。9月召开2020年奉贤区生活驿站建管推进大会，为全区25家生活驿站进行“驿事堂”授牌。11月成功举办“奉贤区第一届东方美谷·生活驿站节”，通过开展全城“驿”动开放日、“我型我秀”大赛、“生活驿站微论坛”等活动，评选出青村镇青溪生活驿站等10家奉贤区最美生活驿站。至年底，奉贤各类生活驿站已经开展9 600余次服务活动，共有190万余人次“打卡”生活驿站。（王中晶）

【丧葬礼俗改革】 奉贤区出台《关于加强奉贤区丧葬礼俗改革工作的实施方案（试行）》，实施“六个禁止、三个引导”整治模式，即：禁止焚烧封建迷信用品；禁止在公共场所搭棚设宴、焚烧逝者生前物品等行为；禁止假借宗教名义开展丧事活动；禁止出殡途中撒黄纸、播放高分贝哀乐等扰民行为；禁止丧葬用品店制造、销售封建迷信用品；禁止殡葬代理从业人员违规开展代理服务。引导丧户通过贤殡热线、贤殡理事会咨询办理丧葬事宜；引导丧户从简办丧，不开展封建迷信活动；引导丧户播放哀乐替代吹打，用鲜花、黄丝带、千纸鹤、心愿卡等替代锡箔、纸钱、冥币、纸扎品等封建迷信用品。2020年，共开具《奉贤区民政局没收物品清单》及《奉贤区民政局封存（查封、暂扣、扣押）物品通知书》各66张，收缴封建迷信用品1 671件。9月1日起，开通24小时贤殡热线（60820000），及时免费为市民开展线上线下殡葬服务，线上提供业务咨询、向殡葬服务代理机构派单、告知相关贤殡理事会理事长，线下贤殡理事会成员和殡葬服务代理机构接单后1小时内到场上门指导服务。全区共306个村（居）均已成立贤殡理事会，开展事前宣传、事中指导、事后奖励评议等工作。对全区殡葬服务代理机构进行年检、考核，对不依法依规开展服务的殡葬服务代理机构一律取消其代理资格。开展“奉贤区殡葬改革示范村”创建，将殡葬工作纳入“五好党支部”考核体系。对文明办丧的村（居）民由镇财政统一给予1 000元奖励，有条件的村（居）还可适当予以补贴。（王中晶）

崇明区

【综述】 2020年，崇明区下辖16个镇，2个乡，87个居委会，268个村委会，总人口67.58万人。崇明区民政局内设8个科室，下设7家事业单位，在编公务员22名，在编事业单位人员67名。

社会救助：2020年，崇明区继续实施“生态惠民保险”，全年赔付2 033人次472.8万元。组织开展元旦、春节期间帮困送温暖活动，投入救助资金4 548.3万元，受益群众8.3万人次。落实社会救助政策，共对最低生活保障、特困供养、重残无业等各类民政保障对象实施生活救助、临时救助、综合帮扶等39.5万人次2.1亿元。启动社会救助保障标准与物价上涨挂钩联动机制，疫情期间标准提高100%，及时足额发放困难群众价格临时补助26.5万人次1 476.4万元。加强居民经济状况核对工作，出具核对报告64 009份。推进民政资金内控监管平台与民政业务审批系统对接，对救助对象进行全面数据核查比对，实现救助资金区级统发。加强严寒季节和“进博会”期间救助管理，强化街面巡查，妥善安置生活无着的流浪乞讨人员35人。组织“蓝天下的至爱”系列慈善活动，慈善基金会崇明代表机构全年共接收各类捐款1 835.8万元、物资16批193.8万元，销售福利彩票1.1亿元。强化疫情期间慈善捐赠规范管理，鼓励和引导社会捐赠，慈善基金会崇明代表机构募集抗疫爱心捐款272.8万元，价值3万元物资，老年基金会崇明区代表处募集抗疫爱心捐款21.1万元，价值23.4万元物资。

社会福利：2020年，崇明区保障基本养老公共服务，在长兴镇等乡镇新增800张养老床位，在新海镇、庙镇、建设镇新增3家社区综合为老服务中心，在陈家镇、竖新镇改建80张认知障碍照护床位。推动城乡养老服务设施均衡布局，有序推进新增10家社区老年助餐服务场所，新增5家老年人日间照护中心，新建20家、改建11家社区老年人活动室，建设65个示范睦邻点等实事项目。持续开展"老伙伴"计划，2 300名低龄老年志愿者为11 500名高龄老人提供59.5万人次家庭互助服务。落实老年人福利工作，慰问周百岁老人65人8.2万元，发放百岁老人助医补贴315人15.8万元，补贴居家养老服务对象11.98万人次5 867万元，统计发放老年综合津贴75.2万人次3.1亿元。全面推行社区"养老顾问"试点，建立343个村居养老顾问点，完成790名养老顾问注册，新海镇朱彩珍、港沿镇沈航天获评上海市"金牌养老顾问"。配合市民政局在东平镇推进市第五社会福利院建设项目，顺利实现开工。落实困境儿童基本生活保障制度，为64名符合条件的困境儿童和4名散居孤儿发放每月1 900元生活费。指导长兴镇、横沙乡妥善安置2名成年孤儿。至12月底，全区农村留守儿童减少至778人。审定发放困难残疾人生活补贴21万人次5 339万元，重度残疾人护理补贴13万人次2 512万元。对109家残疾人集中就业企业开展2019年度残疾职工社会保险费补贴审核，发放社保补贴1 796.2万元。在中兴镇等7个试点乡镇推进康复辅具租赁试点工作。

社区治理：崇明区开展全国农村社区治理实验区建设，创建2019年度横沙乡民生村、新村乡新乐村、庙镇永乐村、港西镇团结村、建设镇虹桥村、新河镇新民村、港沿镇园艺村等7个市级农村社区建设试点示范村，有序推进2020年度94个区级试点示范村建设工作。组织第三届"五美社区节"系列活动，在港沿镇举办开幕式及"社会建设十大创新项目"表彰仪式。推进村居委会规范化建设，梳理形成村居实际工作"台账清单"，改造优化电子台账信息系统2.0版。深化村居信息公开"阳光工程"，制定出台《关于进一步推进崇明区"阳光村居务工程"建设的指导意见》，公开信息62万余条。推进"社区云"平台建设，完成全区各村居人房信息初始化工作，实现乡镇全覆盖，挖掘注册用户2.5万户。加强社区工作者队伍职业化、专业化建设，2020年两轮次共招录86个岗位108人。优化社区事务受理服务，191项社区事务中190项实现"全市通办"，189项实现"一网通办"。推进受理中心满意度评价与"好差评"评价系统对接，全区整体评价率91.6%，满意率99.98%。加强自助服务建设，推进综合自助终端统一布设，共有66个事项(社区事项36个，非社区事项30个)实现自助办理。撤销长兴镇海星村村民委员会建制，设立陈家镇裕鸿佳苑第五社区居民委员会、裕鸿佳苑第六社区居民委员会、裕鸿佳苑第八社区居民委员会和长兴镇渔港佳苑社区居民委员会、临江景苑社区居民委员会、恒河新苑社区居民委员会。

社会组织：深化社会组织登记管理"一网通办"，疫情期间实施"不见面办理"，至12月底共受理"一网通办"业务454件。组织社会组织年检，加大财务审计力度和实地检查指导，社团年检率100%，民办非企业单位年检率98.1%，位列全市第一。规范社会组织运行，对年检结论为基本合格的28家社会组织和不合格的44家社会组织责令整改，并约谈32家社会组织。加强社会组织服务中心平台建设，推进2家行业协会商会与行政机关脱钩工作，会同区教育局对33家非营利性教育培训机构开展实地检查。引导社会组织参与社区治理，"花开新海　健康助老"综合为老服务等9个项目为农村地区困难老人、困难儿童、残障人士等对象提供价值186.49万元的服务，全区18个乡镇购买社会组织服务项目79项2亿余元。开展承接政府购买服务社会组织推荐目录编制，以"正面清单"方式促进供需精准对接。

社会服务：规范开展婚姻、收养登记服务，全年共办理结婚登记3 876对，离婚登记2 569对，收养登记1例，解除收养登记2例，登记合格率保持100%。以"白玉兰开心家园"为载体，深入开展婚姻当事人心理疏导服务和调解服务，劝和离婚当事人109对。在绿华镇举办结婚证集体颁证仪式，在区行政服务中心开展纪念《婚姻法》颁布70周年主题颁证活动，倡导婚事新办的社会文明新风。开展骨灰乱埋乱葬集中整治，全区累计整治乱埋乱葬点41 994个，整治率达99.99%。加强公益性埋葬地、骨灰堂建设管理，指导绿华镇、三星镇、竖新镇等7个乡镇的公益性埋葬地实施改造。落实困难群体基本殡葬服务补贴和节地生态安葬补贴，全年发放1 019人次86.6万元。实施区殡仪馆火化炉生态环保改造项目和新河殡仪服务站改造修缮工程，提升殡仪服务水平。全区火化尸体7 137具，出售墓穴3 595穴(格)。

(施云丹)

【疫情防控】 崇明区对重点地区来返沪人员、出租车驾驶员和"两无人员"等群体逐户开展"清单式、网格化、全覆盖"排查。做好居家隔离观察人员生活保障服务，对社区困难老人、困境儿童、残疾人、低保特困户等特殊群体实行"日排查日报送"。加强住宅小区和农村社区封闭式管理，进出仅限"一个口子"。优化社区口罩供给，实行乡镇村居"集中代购买"，实现登记发放"只排一次队"，完成预约登记29.5万户，发放6轮

511.5万只口罩，向重大疾病患者、孕产妇等重点群体免费发放4万只口罩，向村居发放350个“社区防疫箱”。做实、做细境外来崇、返崇人员闭环管理，组织12批359人次志愿者赴浦东、虹桥机场登记、排查、转运431名入境人员，组织民政系统289人次志愿者护送4 935名入境中转人员返程。加强疫情期间困难家庭生活保障，推行救助申请全流程网上办理和不见面办事服务，为1 013名散居特困供养人员发放23.3万元生活物资。倡导“丧事简办、婚事缓办、小事不办”，暂停殡仪服务站对外服务。清明期间，5家经营性公墓预约祭扫77 327人，现场祭扫67 945人，网上祭扫11 263次，代客祭扫262次。实施养老机构全封闭管理，关闭综合为老服务中心、睦邻点等集中活动场所，暂停居家养老服务和助餐服务场所集中就餐，加强对空巢独居、失能、留守、孤寡老年人等群体的探视和服务工作。

（施云丹）

【对口云南临沧扶贫帮困】 崇明区坚持“上海要求、临沧所需、崇明所能”原则，通过上海市慈善基金会崇明区代表处对接云南省临沧市开展扶贫帮困项目。2020年全区各结对帮扶单位向临沧提供帮扶资金1 251.5万元，落实每个县（区）至少1所学校、1家医院等结对要求，区政府相关部门、各镇村、企业与临沧市28个贫困乡镇、170个深度贫困村、54个贫困村、11个普通村落实结对帮扶关系，实现贫困乡镇、深度贫困村结对全覆盖。试点“旅游脱贫”项目，开设“昆明—临沧”疗休养路线。引导社会组织对口云南省临沧市开展乡村医生健康扶贫项目，助力脱贫攻坚。成功推介7个县（区）产品入围“百县百品”，专门安排闲置办公用房用于临沧市商务局在崇开设“源味临沧”销售体验中心，助力临沧优质农特产品打入上海市场。配合结对县完成贫困劳动力年度培训任务，并依托“两站”联动工作平台，完成5 506人就近就地就业和185人来沪就业。

（施云丹）

【民政资金内控监管平台建设】 崇明区加强民政资金内控体系建设，加大对乡镇民政业务审批和资金发放环节监管力度，全面启用民政资金内控监管平台。通过监管平台，资金发放改由区财政垫付乡镇资金后直接拨付给区民政局统一发放，避免资金多次划转。监管模式侧重加强乡镇和市、区跨部门协同监管，实现随时、随地、随手监督。全面实现线上一体化操作，无纸化办公。自5月起，全区特困供养、最低生活保障、重残无业等第一批六大类救助项目全部实现区级资金统发，覆盖民政救助对象2.05万人。8月，进一步扩展资金内控监管平台发放项目，特困医疗费、因病支出型生活救助、临时救助、实物补助的补助金、一次性物价补贴及元旦、春节一次性节日补助统一纳入监管平台发放。全年共发放各类救助资金39.5万人次2.1亿元。

（施云丹）

【“1+N”助餐服务】 崇明区大力推进老年助餐服务场所建设，建成92家老年助餐服务场所，助餐服务供给能力约1.3万客，达到全区65周岁以上户籍老年人口的7%，月供餐量约10万客。优化助餐场所“1+N”布局，各乡镇在辖区内至少建设一家社区长者食堂，以村居为单位设置N个老年助餐点，在地广人稀的农村地区构建“1+N”的助餐服务网络，提高助餐服务的可及性和便利性，让更多的老年人能够在“家门口”自由选择集中用餐或上门送餐。实施养老服务“三项”补贴，由区级财政按照每餐1元的标准给予运营补贴，下发老年助餐运营补贴123万元。同时，各乡镇给予不同类型的用餐老人每餐1～8元不等的补贴优惠。

（施云丹）

【社区特殊儿童关爱保护】 崇明区民政局加强对农村留守儿童、困境儿童、散居孤儿等1 350名社区特殊儿童的关心关爱工作，建立由民政、妇联、教育、残联、未保中心等多部门组成的崇明区社会救助工作联席会议制度，在乡镇设立儿童督导员，村居设立儿童主任，织密社区特殊儿童发现、走访、建档、关爱、救助网络。通过精准排摸定期走访，为社区特殊儿童建立电子台账，实时更新信息系统，确保准确掌握社区特殊儿童数量和生活状况。推进“爱伴童行”项目，为30名困境儿童量身定制“一人一方案”关爱帮扶计划，每人配备一位专业社工，有针对性地为其提供家庭监护指导、教育帮扶、日常照护和社会融入等个性化关爱陪伴服务。推动长三角儿童慈善工作一体化工作，积极对接江苏省南通市民政局，与海永、启隆两个乡镇结对开展农村留守儿童、困境儿童关爱工作。疫情期间，将社区特殊儿童纳入防控重点对象范围落实“日报”制度，实行一人一档、一日一问、一日一报管理。疫情停课期间，为全区400名在读困境儿童发放价值120万元的平板电脑、防蓝光眼睛、4G包流量网卡等网课学习用品，为843名留守儿童发放价值33.7万元的健康包。“六一”和“9·5”中华慈善日期间，向全区900余名留守儿童、困境儿童和启东、海门困境儿童赠送书包、文具、水杯等学习用品和生活用品1 600多份。（施云丹）

【“五美社区”建设】 崇明区坚持以生态立岛为引领，全面推进以“自然生态美、宜居环境美、绿色生产美、乡风文明美、生活幸福美”为主要内容的农村“五美社区”建设目标，至2020年年底，全区268个村实现“五美社区”全覆盖。开展全区水环境整治，深化河道长效管理实效，推进清洁空气行动计划、水污染防治行动计划、土壤污染防治行动计划等各项污染防治专项行动，落实固体废物规范化处置工作。推进垃圾分类质量提升，完善生活垃圾收运处置体系，深化再生资源回收服务体系建设，制定落实农村人居环境整治工作方案。推进绿色农药封闭式管控体系建设，优化“两无化”生产技术模式，加强生产基地土壤、水质等环境指标监管，探索订单农业发展模式。完善村规民约，弘扬崇明乡贤精神，倡导农村居民“传好家风好家训、扬生态美瀛洲风”，加强睦邻点建设。加强为老服务、医疗卫生、图书阅览、体育健身等公共服务设施建设和平安社区人防、物防、技防互联互通，法律援助实现“应援尽援”，农村社区矛盾纠纷调解成功率达95%以上。（施云丹）

【村居规范化建设】 崇明区全面推进村居委会规范化建设。发挥村党组织的领导核心作用，强化党建引领机制建设，健全和完善党组织领导下的群众自治机制、群团带动机制和社会参与机制等，深化乡镇社区党建服务中心—村党建服务站—块区党建服务点—党员家庭4D立体式党建服务体系平台建设。全面推行村委会“一站式服务”，实行集中式办公、敞开式办公，至2020年年底已实现355个村居全覆盖。深化“村居大讲堂”活动，通过专题培训、业务培训等形式不断提升村委会工作人员为民服务的能力和水平，实现“一专多能、全岗都通”，实行“全岗通”服务。明确村委会54项，居委会48项协助行政，法院、人民团体事务清单，村委会30项，居委会26项证明事项清单，建立村委会32项、居委会26项工作台账清单，实施村居办事“首问负责制”。加强对社区各类管理和服务人员的整合，严格控制村级公共事务各项收支，试点推行新型绿色账户制度。实行党政领导分片联系插村制度，完善定期走访农村居民制度，采取分片包块、上门走访、面对面交流等方式，开展农村居民走访，运用工作日志、民情日记等方法，全面记录社情民意，切实做好农村社区特殊人群的定期必访工作。建立健全村居委会会计核算分账管理和预算管理制度，充分发挥村务监督委员会民主监督作用，村居按月在“阳光村居务工程”平台公开财务信息、政务信息等。（施云丹）

【社会组织运行管理规范化】 崇明区通过政府购买服务形式，委托会计师事务所对90家教育、民生、体育、文化、经济、科技等各领域社会组织开展财务抽查审计，对包括会计制度执行错误等重大问题、收据代替发票等重点问题、现金管理不规范等一般问题分类限期整改。对审计发现问题较严重的社会组织，协同业务主管单位联合约谈法定代表人，全年共约谈39家社会组织，相关问题得到全面落实整改。推进行业协会商会与行政机关脱钩工作，区民政局督促社会组织开展法人更换、资产确认等工作，帮助协调解决办公场地、党组织建立等实际困难，全区34家行业协会商会全部实现与行政机关实现机构、职能、人员、资产、党建五分离。对年检中评定为不合格或基本合格的社会组织加强督促整改，对连续两年年检不合格等名存实亡的社会组织，通过联系、实地走访等形式，做好政策宣传、说服工作，引导、指导社会组织主动办理注销手续，对拒不改正也不办理注销手续的社会组织实施撤销登记。（施云丹）

【婚丧喜庆移风易俗专项行动】 崇明区有效推进移风易俗核心价值融入行动、婚丧礼俗整治行动、美丽乡村建设行动、深化村民自治行动、全民广泛参与行动等“五大行动”。结合“四史”学习教育活动的开展，组织各级、各类宣讲团巡回宣讲，加强新闻报道、言论评论、动态报道，加强科普宣传引导群众远离封建迷信。围绕“喜事新办、丧事简办、小事不办”，强化行业监管，开展综合整治，加强殡仪服务场所管理服务，加大对婚丧礼俗用品和餐饮“一条龙”服务企业的执法督查力度，教育引导群众破除低俗陋习。深化乡村振兴示范村和美丽乡村示范村建设，发挥文明单位在文明城区创建、文明风尚倡导方面的优势，引导结对双方以城带乡、文明共建。落实议事协商制度和自治项目形成机制，规范红白事办理流程、标准要求。建立公职人员喜事丧事报告制度、村居民移风易俗承诺制度，从严控制范围和规模。至2020年年底，全区移风易俗知晓率100%，签约率100%，婚事达到率98%，丧事达到率100%，累计整治41 994个乱埋乱葬点，整治率达到99.99%。（施云丹）

【殡葬服务水平提升】 崇明区整体修缮提升新河殡仪服务站，满足区内中、西部地区殡仪服务业务需求，改善群众治丧环境。实施区殡仪馆火化设备生态环保改造，增配后置处理系统，增容电力系统，防治殡葬污染，补齐殡葬公共服务设施短板。实施遗体统一接运，新增15辆专业遗体接运车辆，为丧家提供优质的殡葬服务。全区3家殡仪馆、5家公墓和5家殡仪服务站持续优化服务流程，全面位梳理业务和责任清单，将服务内容细分为商品服务、租赁服务、技术服务、专业服务和咨询服务，提供菜单式选择，根据丧家不同需求提供不同服务。区殡葬管理部门统一制定服务承诺书，要求全区殡葬服务单位做到首问负责、有问必答、专人陪同、全程引导、年中无休、24小时预约，统一公开殡葬服务单位具体收费项目，避免强制性消费与暗箱操作，统一设置政策公开栏，提高殡葬帮困济丧专项补贴制度等惠民殡葬政策知晓率。（施云丹）

第九篇　附　录

附录一:

大事记

1 月

1 日,新修订的《上海市志愿服务条例》正式施行。

5 日,上海市第九批援疆干部、上海市民政第二精神卫生中心院长黄红宝同志圆满完成为期三年的援疆任务,返回上海。局党组书记、局长朱勤皓同志到机场迎接。

9 日,市民政局公布"2017—2019 年社区事务受理服务中心标准化建设第三方评估"结果,全市社区事务受理服务中心平均 81.4 分。

11 日,市民政局离退休干部迎新春团拜会举行。

12 日,由中国健康促进基金会主办首届全球康复与辅助技术高峰论坛暨基层康复创新服务与能力建设公益项目启动仪式在上海举行。

16 日、19 日,市民政局党组书记、局长朱勤皓,副局长梅哲在两会现场处理人大代表、政协委员的建议提案,接受代表委员咨询。

21～22 日,市委书记李强,市委副书记、市长应勇,市人大常委会主任蒋卓庆,市政协主席董云虎等市领导,分赴全市 16 个区的街镇村居,实地察看帮困送温暖工作推进落实情况。

23 日,市民政局印发《关于切实做好救助管理机构新型冠状病毒感染的肺炎防控工作的通知》。

24 日,市民政局通过市慈善基金会平台开通新冠肺炎公开募捐通道,募捐方案通过慈善中国平台报备、联劝网公示,为全市 7 家具有公开募捐资质的慈善组织办理公开募捐备案。

26 日,市民政局向各区民政局及全市殡葬服务机构发出通知,要求全市殡葬服务机构切实做好针对新型冠状病毒感染肺炎疫情的防控工作。

26～28 日,市民政局组织不发通知、不打招呼、不听汇报的暗访,先后对四个区十多家养老服务机构进行实地检查。

27 日,市民政局成立以局党组书记、局长朱勤皓任组长的疫情防控工作领导小组,下设 12 个工作组,落实各项防控措施。

28 日,根据市委市政府统一安排,在市防疫工作指挥部 10 个工作组基础上,增设由市民政局牵头,卫健、应急、公安等部门参与的"社区工作指导组"(后更名为地区组)。

29 日,副市长彭沉雷召开市防疫工作指挥部社区工作指导组会议。

29 日,市民政局配合上海海关制定《上海抗击疫情慈善捐赠物资免税手续临时操作指引》,向社会公布本市具有慈善捐赠物资免征进口税收资质的 20 家基金会名单。

31 日,市民政局、市商务委召开市政府优化社区口罩供给专题会议,部署居村委会预约登记购买口罩各项工作。

31 日,市民政局指导上海市社会工作协会制定《新型肺炎疫情防控社会工作服务手册》。

1 月,市民政局领导分别带队走访慰问基层劳模和困难职工家庭。

1 月,市民政局引导上海各类社会组织向武汉捐赠防疫物资和资金。上海市大华公益基金会向武汉疫区捐款 1 000 万,捐赠给湖北省武汉市青山区民政局 20 万双医用手套,捐赠给恩施州巴东县 10 万双医用手套,荆州市公安县 10 万双医用手套。

2 月

1 日,市民政局副局长曾群参加市新型冠状病毒感染的肺炎疫情防控工作新闻发布会,回应"居村委会预约登记+指定药店购买口罩"相关热点问题,明确各村社区的口罩配比、预约登记机制,具体操作流程。

2～14 日,上海市启动首轮口罩预约登记工作。全市 16 个区 215 个街镇 6 077 个居村委会,设置 6 077 个预约点,共有 584.03 万户家庭到居村委会完成预约登记,约占全市常住人口户数的 64.68%;投放口罩 2 926.35 万只,销售 2 801.88 万只,购买户数 560.38 万户。

3 日,市民政局与市商务委(口岸办)、上海海关、市红十字会、市慈善基金会等部门,指导研发的中国(上海)国际贸易单一窗口"海外物资捐赠系统"正式上线运行，为境外捐赠物资开辟网上办理通道。

4日，市民政局制定《防控新冠肺炎疫情社工专业服务行动方案》，为全市新型肺炎确诊患者、疑似患者、留观人员以及其家属，与患者有接触的医护人员，全市社区工作者、社区居民等提供社工服务。

4日，市民政局印发《本市民政系统服务行业疫情防控工作规范》，规范养老服务、儿童福利、殡葬管理、流浪乞讨救助、社区事务受理服务、婚姻登记及彩票站点等7类民政服务行业疫情防控工作。

6日，全国民政系统深入学习贯彻习近平总书记重要讲话和指示精神进一步做好新型冠状病毒感染的肺炎疫情防控工作电视电话会议在京召开，市民政局设立市级分会场，市民政局党组书记、局长朱勤皓参加会议。

6日，市民政局印发《2020年上海民政工作要点》。

7日，市民政局召开优化居村口罩预约专题座谈会，分析研究村居口罩预约登记情况，优化口罩供应方式。

8日，市民政局印发《关于本市救助管理机构应对湖北籍人员求助的工作预案》的通知，要求对符合救助条件的湖北籍求助人员做到"应收尽收"。

10日，市民政局党组书记、局长朱勤皓出席市新冠肺炎疫情防控系列新闻发布会，通报近期全市社区疫情防控的有关情况。

11日，市民政局副局长蒋蕊参加市政府疫情防控新闻发布会，介绍上海市民政部门为老年群体和困境儿童群体疫情防控所作的工作。

13日，市民政局、市商务委召开区民政局局长会议，部署第二轮社区口罩预约登记购买工作。

14日，市民政局副局长李勇出席市新冠肺炎疫情防控系列新闻发布会，介绍疫情防控下全市困难群众和生活无着人员的帮扶与救助工作。

20日，民政部李纪恒部长来电了解上海疫情防控情况，并表示慰问。

20日，市民政局制定《上海市新冠肺炎疫情防控志愿者服务手册》，为全市行政区域内各机关、企事业单位、志愿服务组织等规范开展防疫志愿服务以及广大志愿者参与防疫工作提供指导。

24日，第二轮口罩预约登记工作结束，至24时，共预约登记638.73万户居民。

24日，市民政局、市审计局印发《本市新冠肺炎疫情防控慈善捐赠管理办法》，建立慈善捐赠统筹机制，根据全市疫情防控实际情况，动员慈善组织认领，统筹使用超过1亿元。

26日，副市长彭沉雷主持召开专题会议，研究疫情防控社会捐赠使用有关工作。会议决定由市民政局牵头设立慈善捐赠统筹工作小组，负责全市慈善捐赠款物的统筹协调、供需对接、有效分配管理使用和审计监督。

27日，市政府副秘书长赵祝平召开专题会议，研究疫情防控涉及残疾人服务工作，要求街镇、居村为居家隔离健康观察家庭提供必要的日常生活保障，尤其要做好"生活无法自理且无人照护""居家精神障碍患者""残疾儿童"等三类人群的服务保障工作。

29日，市民政局鼓励引导全市行业协会商会，通过发布行业倡议、宣传扶持政策、开展行业调研、创新工作方式、解决企业诉求，为会员单位提供切实有效的各项服务，推动会员企业有序复工复产。

3月

3～15日，全市完成第三轮口罩预约登记，约622.87万户家庭进行预约登记，投放3 143.21万只，销售2 863.57万只，购买户数572.71万户，销售预约比占91.95%。

5日，副市长彭沉雷主持召开电视电话会议，市民政局部署重点国家入境人员隔离观察相关工作，要求按照"人员标识、护照保管、指定区域集中、人员分流、人员护送、隔离观察"的工作流程做好入境人员入口管理和落地管理有序衔接。

6日，市民政局印发《落实新冠肺炎疫情期间本市养老服务机构扶持政策指引》，梳理有关全市养老服务机构可参照、可适用的国家及上海的多项扶持政策。

10日，国务院应对新冠肺炎联防联控机制第五工作指导组调研浦东机场入境旅客疫情防控工作，市民政局参加调研活动。

10日，副市长彭沉雷召开专题会议，研究市民政局起草的《关于贯彻〈中央应对新型冠状病毒感染肺炎疫情工作领导小组关于进一步做好疫情防控期间困难群众兜底保障工作的通知〉的实施方案》，明确要解决疫情防控期间部分群众面临的突发性、紧迫性、临时性生活困难，保障特殊困难人员基本照料服务需求，切实做好兜底保障工作。

12日，市民政局、中国银行股份有限公司上海市分行印发《中国银行支持本市养老服务行业复工复产持续发展的专属金融服务方案》，设立首期30亿元专项信贷资金，降低授信准入条件，推出系列专属服务举措，支持上海养老服务行业复工复产。

13日，市民政局、市委统战部、市工商联联合印发《关于积极发挥行业协会商会作用支持本市民营中小企业复工复产复市的通知》。

16～27日，全市启动第四轮社区口罩预约登记，约535.72万户居民进行预约登记，较上一轮预约登记总数降低16.27%；投放口罩2 380.80万只，销售投放比为90.83%；约432.51万户居民按通知购买口罩，销售预约比占80.74%。

18日，市清明节工作指挥部办公室发布《关于做好上海市2020年清明期间预约祭扫工作的通知》，规定各经营性公墓（骨灰堂）在清明期间（3月28日至4月12日）应按照限流、分时、定量原则做好祭扫预约和保障服务，确保疫情防控到位。

19日，市清明节工作指挥部召开上海市2020年清明祭扫工作电视电话会议，市民政局副局长曾群出席会议。

24日，市民政局党组书记、局长朱勤皓赴宝山区检查清明祭扫准备工作。

25日，市民政局发布《本市民政系统服务行业疫情防控工作规范（第二版）》，对全市民政系统七个服务行业疫情防控工作规范进行修订。

26日，上海市委统战部、上海市民政局、上海市工商联联合召开"发挥行业协会商会作用，建立'政会银企'四方金融合作机制"专题会。

4月

3日，市民政局举行局系统第一批疫情防控机场志愿者归来慰问仪式。第二批志愿者于月初入驻浦东机场。

4日，由市民政局与上海开放大学联合举办的民政学院社会工作（生命教育）专升本专业，通过网络教学的方式正式开学。

10日，市民政局领导赴浦东机场实地调研入境抵沪人员的分流安置情况并慰问抗疫一线的市民政系统工作人员与志愿者。

12日，为解决归国小留学生问题，市地区组制定《关于小留学生回国后集中隔离期间监护问题的建议》，重点围绕"先行签订承诺书、提前信息告知和对接、集中隔离点的管理、监护人缺失的处理、集中隔离期满后的交接"等五个方面。

12日，2020年清明祭扫高峰期结束，全市54家经营性公墓（骨灰堂）累计提供预约祭扫名额143.22万个，实际预约101.7万人，现场接待预约祭扫市民96.85万人（同比去年减少了85%），预约落葬4 673穴（同比去年减少了54%）。清明祭扫高峰期间，市民通过网络祭扫117.39万次，各经营性公墓、骨灰堂提供代客祭扫服务4.53万次。

22～27日，市民政局联合市总工会、残联、妇联等部门开展疫情防控期间社区特殊群体关爱关怀机制工作调研。

22日，市民政局出台《上海市婚姻登记场所疫情防控工作规范（第二版）》。

26日，市民政局召开"社区云"平台建设试点工作推进会。

27日，市民政局联合市经信委发布首批12个智慧养老应用场景需求。

28日，由市民政局、市人社局、市教委联合举办的"2020年上海社区工作者高校专项招聘"活动正式启动。

29日，市民政局和上海社会科学院首次联合向社会发布1950—2019年上海市婚姻登记大数据报告和报告问答。

4月底，市民政局领导分别带队对全市民政服务机构和局属单位进行安全生产工作检查。

5月

1日，市民政局领导分别赴静安、黄浦、浦东、徐汇、长宁、杨浦、虹口、崇明和松江区为新人颁发结婚证，慰问一线的婚姻登记员。

4日，市民政局研究起草《上海社区规范化建设指引》，总结疫情期间社区防控经验成效，查找问题短板和薄弱环节，形成社区治理常态长效机制。

9日，市民政局调整养老服务机构疫情防控措施，养老机构向所有入住老年人的家属开放探视服务，全面恢复居家照护服务，全面恢复社区老年助餐服务场所运营。

11日，《上海市志·社会团体分志（1978—2010）》审定会召开。

12日，市民政局制定《上海市殡葬服务机构疫情防控工作规范（第三版）》，逐步开放殡葬机构守灵、告别、祭祀祭奠、海葬等殡葬服务，采取预约、错峰、保持安全距离等必要防控措施，有序恢复殡葬服务秩序。

13日，上海市精神文明建设工作会议召开，市委书记、市文明委主任李强出席会议并讲话，市委副书记、代市长、市文明委第一副主任龚正主持会议。市民政局共有6名个人、3家集体、1个家庭分获殊荣。

17日，由市民政局残疾人福利处主办、市残疾人集中就业协会承办的"2020年全国助残日暨上海助残周慰问残疾人集中就业企业残疾人职工活动"在残疾人集中就业企业上海小林印务有限公司举行。

20日，市民政局召开"四史"学习教育动员部署会暨党组理论学习中心组（扩大）学习会。

21日，上海开放大学举行"上海市首届养老行业学历教育专科班毕业典礼暨上海市民政局、上海开放大学合作举办的2017秋老年服务与管理专业毕业式"，为来自15个分校的269名首届毕业生举办毕业典礼。

21日，市民政局印发《关于鼓励社会组织吸纳大学生就业的通知》。

22日，副市长彭沉雷、市政府副秘书长赵祝平一行赴民政信息科技园，专题调研"社区云"建设推进情况和民政信息化工作。

28日，上海市儿童福利基金会成立，基金会首个公益项目"爱伴童行"启动。副市长彭沉雷、市政府副秘书长赵祝平出席基金会揭牌和首个公益项目启动仪式。

29日，"上海市社会组织助力大学生就业招聘周活动”通过东方网在线直播的方式，在上海公益新天地园区启动。

5月，全市16区均通过“上海市民政资金内控监管平台”开展数据核查，累计比对62批次数据，共计核对272.78万条，其中杨浦、宝山、松江、虹口、长宁、普陀、崇明等7个区实现上线发放，安全发放资金67万人次，涉及资金4.96亿元。

6月

2日，“首届上海社会建设和基层社会治理创新项目征集与推广活动”网络视频推进会召开。

3日，《呼吸道传染病流行期间社会福利机构安全操作指南》上海市地方标准正式发布。

8日，市民政局党组书记、局长朱勤皓做客“2020上海民生访谈”，就市民关心的社区治理、社会救助、养老服务、儿童福利等问题一一作答。

9日，市民政局启动困境儿童和农村留守儿童关爱保护“政策宣讲进村(居)”活动。

12日，上海市2020年信访工作暨2018—2019年度先进表彰会议召开。

17日，市委市政府召开全市社区工作会议，总结固化社区疫情防控经验。市委书记李强，市委副书记、代市长龚正，市委副书记、政法委书记廖国勋，市委常委、市委秘书长诸葛宇杰，副市长彭沉雷出席会议。市民政局作交流发言，会议下发《关于进一步提升社区治理规范化精细化水平的若干意见》。

17日，市社会养老服务体系建设领导小组第16次会议召开，副市长彭沉雷出席会议并讲话，市政府副秘书长赵祝平主持会议。

18日，上海市老年志愿者总队召开十年工作总结会。

20日，市民政局党组书记、局长朱勤皓出席“爱在浦江　幸福今生”百名抗疫新人盛世婚典发表祝词并为新人颁发结婚证。

24日，市社会组织建设与管理工作联席会议召开第四次全体会议。市委副书记、政法委书记廖国勋出席会议并讲话，副市长彭沉雷主持会议。

7月

1日，7月起，上海市调整提高城乡居民最低生活保障等社会救助标准，其中城乡居民最低生活保障标准提高到每人每月1 240元，增加80元，增幅6.9%。

2日，市民政局党组书记、局长朱勤皓出席首届上海社会建设和基层社会治理创新项目征集与推广复选活动，活动最终选出首届上海10大社会建设和基层社会治理创新项目。

3日，市民政局、上海市市场监督管理局联合举办“提升团体标准工作能力，服务产业高质量发展——《上海市实施〈团体标准管理规定〉办法》”宣贯会。

14日下午，召开党组理论学习中心组(扩大)学习会专题学习《中华人民共和国民法典》。

15日，市社会组织评估委员会召开年度第一次会议。

16日，2020年上海市福利彩票年中推进会召开。

22日，市民政局召开“上海市民政局局管社会组织党委成立大会”，会议宣读《关于成立中共上海市民政局局管社会组织委员会和纪律检查委员会的决定》。

23日，上海市地方志办公室召开《上海市志・民政民生分志・民政卷(1978—2010)》审定会。

30日，上海市民政资金内控监管平台推进会在宝山区召开。

30日，市第四社会福利院“养老服务标准化试点”项目通过市市场监管局专家组的评审验收。

7月，市民政局领导持续走访慰问奋战高温的基层一线职工并开展安全生产检查。

8月

6日，2020年沪黔“银智红情”10名医生志愿者，启程赴贵州省遵义市，正式开启为期一个月的志愿服务。

6日，市民政局党组召开民政行业秋冬季疫情防控工作专题会，研究养老服务机构、儿童福利机构、未成年人救助保护机构、精神卫生福利机构、流浪乞讨救助机构、殡葬服务机构、社区事务受理机构等7类民政服务机构和地区组的疫情防控工作方案。

13日，上海市民政局、上海援疆前方指挥部与喀什地区民政局进行了抗疫捐赠物资交接，共捐赠成人口罩5箱3 000只，酒精棉球10箱800瓶，湿纸巾60箱2 160包，价值8万余元。

13～14日，市民政局举办全市儿童福利服务机构负责人暨儿童福利社工培训班，推进上海市困境儿童关爱帮扶项目“爱伴童行”。

14日，市民政局召开2020年新进人员座谈会。

18日，市民政局党组向局系统发出“坚决制止餐饮浪费行为倡议书”。

21日，市民政局党组赴浦东机场查看入境防疫和闭环转运情况，亲切看望慰问持续奋战在抗疫一线的各区驻机场工作人员、市民政局驻机场志愿者和浦东机场TIC工作人员代表。

26日，上海市居民经济状况核对中心牵头组织召开长三角区域核对机制建设一体化发展座谈会，江苏、浙江、安徽三省核对机构负责人及相关工作人员参会。

31日，市民政局印发《上海民政行业秋冬季新冠肺炎疫情防控工作要求》，要求全市民政系统各行业切实落实“四早”措施，聚焦7类民政服务行业，强化常态化防控举措。

8月，市民政局领导分别带队走访局属基层单位一线职工，并开展安全生产检查。

9月

1～3日，局领导带队走访慰问瞿俊等7名局机关抗战时期参加革命工作的离休干部。

4日，2020年沪黔“银智红情”的老年志愿者们从贵州省遵义市返沪。

5日，以“疫情中的公益慈善力量”为主题的第十届“中华慈善日”主题活动在公益新天地园区举行，副市长彭沉雷出席活动。

5日，以“温暖这座城”为主题的2020年度上海公益伙伴月在上海公益新天地园开幕。

6日，首届“上善论坛”在上海复星艺术中心举行，论坛以“人民城市建设中的社会力量参与”为主题，首度发布“上善共识”。

7日，市民政局召开党组理论学习中心组（扩大）学习会，听取中国浦东干部学院科研部副主任、上海市委习近平新时代中国特色社会主义思想宣讲团成员王友明作《习近平谈治国理政》第三卷专题辅导报告。

16日，2020长三角民政论坛在浙江湖州召开，会议主题为“和谐共治与精密智治的制度创新”。上海、江苏、浙江、安徽的民政部门共同签署“合作交流框架协议”。

17日，市民政局召开2020年全市养老机构专项执法行动工作部署暨培训会，标志着全市养老机构专项执法行动正式启动。

21～22日，市民政局举办2020年度民政系统法治培训班。

22日，上海市康复辅助器具创新产品体验馆在静安区胶州路207号正式揭牌，同时启动“上海市民365科普秀”。

24～25日，2020年上海市养老服务行业职业技能竞赛举行，来自全市16个区及市属养老机构的143名养老护理员参加竞赛。

25日，市民政局召开2020年上海市民政系统创建文明行业工作会议暨第三届中国国际进口博览会民政系统窗口服务保障工作动员会。

25日，市民政局召开“加强直属机关纪委建设”试点工作动员会。

25日，《2019上海市福利彩票社会责任报告》发布。2019年，全年销售各类福利彩票51.58亿元，同比增长0.66%，全年筹集福彩公益金16.09亿元，并代缴代扣个人所得税1.37亿元。共计筹集福利彩票公益金16.09亿元，中央福利彩票公益金和市本级福利彩票公益金共计投入5.81多亿元用于社会福利事业项目。

26日，2020“公益盛典”举行，市民政局党组书记、局长朱勤皓为“首届上海社会建设与基层社会治理十佳创新展示项目”颁奖，并启动“三捐合一”（捐款、捐物、捐服务）查询系统；市民政局副局长蒋蕊发布“2020年度上海公益数据”。

26日，“2020长三角养老护理职业技能大赛”之“百日护理技能提升计划”正式启动。

26日，2020年民政论坛在江苏省南京市举办。民政部党组书记、部长李纪恒出席论坛并讲话，民政部党组成员、副部长唐承沛主持开幕式。上海地区提交的《社区治理智能化的上海模式——上海市“社区云”研究》等4项研究获得一等奖，一等奖获奖数量居全国首位，另有9项研究获得二等奖，6项研究获得三等奖，上海地区共有19项研究获得奖项，为历年之最。

29日，上海市抗击新冠肺炎疫情表彰大会举行。市民政局2个集体、3名个人获得表彰。

29日，市民政局举办2020年上海市民政系统信访工作培训班。

29日，市民政局采集编制《上海公益数据（2020版）》。

30日，市民政局分别召开7个行业座谈会，研究部署7个行业秋冬季疫情防控工作。

10月

14日，市民政局直属机关党委赴浦东机场联络点看望慰问相关工作人员和志愿者，并指导地区组浦东机场联络点党员成立临时党支部。

16日，市民政局召开2020年市级社会服务机构等级评估动员培训暨现场观摩会，40余家市级社会服务机构负责人参加培训。

16日，菲律宾驻上海总领事馆总领事库玉甘慰问孤弃儿童。

20日，公墓管理员国家职业技能标准终审会在上海召开。

21日，市民政局在杨浦区召开社区治理与社区规划融合推进工作会议。

21日，遗体防腐整容师国家职业技能标准终审会在上海召开。22日，首批长三角异地养老机构名单发布，名单包括了来自江苏张家港、浙江嘉兴、安徽池州、宣城等20个城市的57家养老机构，核定床位共计25 698张。

23日，民政部政策研究中心、上海市政府发展研究中心、上海市民政局联合举行三方合作战略研究签约仪式。

26日，第八届中国老年福祉产品创意创新创业大赛结果揭晓，来自海内外的57件作品分获“创意设计、创新产品、创业孵化”三大赛组的金银铜奖。

27日，2020年养老护理员国赛储备师资培训正式开班。

27日，2020年第二批沪黔“银智红情”19名志愿者赴贵州省遵义市，正式开启为期一个月的志愿服务。

28日，中国福利彩票全新基诺型游戏“快乐8”在上海浦东试点上市销售。

28～30日，2020上海国际养老、辅具及康复医疗博览会在上海新国际博览中心举行。

28日，2020上海国际养老服务产业高峰论坛举行，民政部养老服务司副司长支红彬致辞，市民政局党组书记、局长朱勤皓作主旨发言。

29日，上海(闵行)养老服务能力建设基地在闵行江川落成，这是国内首个集"养老服务体验、专业人才培训、智能科技应用、康复辅具租赁"功能于一体的实景式养老服务能力建设基地。

30日，市民政局组织开展2020上海市辅具租赁试点街道及服务商对接会。

11月

1～3日，2020年上海市民政行业(公墓管理员)职业技能竞赛暨第十届全国民政行业职业技能竞赛选拔赛，选拔出4名代表上海参加全国民政行业职业技能竞赛的选手。

4日，市民政局召开2020年民政工作通报会。市民政局党组书记、局长朱勤皓代表局党组向局离退休干部代表通报民政工作。

9日，由上海市民政局、青浦区人民政府、东浩兰生(集团)有限公司联合主办的2020国际康复辅助器具产业创新论坛在国家会展中心举办。

19日，副市长彭沉雷到市民政局调研工作，并实地考察上海民政智慧养老服务平台。

19～21日，"2020年首届长三角养老护理职业技能大赛"在上海举行。

20日，全国精神文明建设表彰大会在北京举行，上海共有80家单位荣获第六届"全国文明单位"称号，市民政局所属的上海市儿童福利院、上海市第一社会福利院同获殊荣。

23日，据初步统计，上海市疫情防控社会捐赠收入为18.77亿元(含国外捐赠7 641.52万元)，捐赠支出为18.29亿元，累计结余0.48亿元，其中资金结余0.48亿元中，定向捐赠0.43亿元，非定向捐赠0.05亿元。

30日，市五福院工程项目在崇明区东平镇举行开工仪式，副市长彭沉雷出席仪式并宣布项目开工。

12月

1日，市民政局举行新录用公务员宪法宣誓仪式。

1日，市民政局召开本市民政部门贯彻落实《民法典》相关情况新闻通气会。

3日，市民政局发布2020年养老机构服务质量日常监测结果。

3日，市政协开展"本市养老服务高质量发展情况"专题年末视察，政协委员实地察看上海民政智慧养老服务平台，并进行座谈交流。

3日，2020年沪滇"云海银晖"17名老年志愿者顺利启程赴滇开启为期一个月的志愿服务工作。

4日至5日，市民政局召开2020年上海市民政工作学习讨论会，总结2020年民政工作情况，研究部署"十四五"规划开局工作和2021年重点工作。

5日，市民政局与东方社区信息苑在东方网举行"公益护照"开通仪式暨推进公益基地资源互通座谈会。

7日，市民政局召开行动部署暨培训会，正式启动2020年全市经营性公墓(骨灰堂)专项执法行动工作。

7日，市清明节工作指挥部召开上海市2020年度冬至工作联席会议，部署疫情形势下的冬至祭扫保障工作。

9～11日，市民政局举办2020年局属单位党政负责人培训班。

15日，上海市第四社会福利院新建项目竣工报告会在项目新址召开。

15日，市民政局、市政府合作交流办公室共同召开"上海市异地商会登记管理工作会议"。

16日，市民政局党组书记、局长朱勤皓赴市益善殡仪馆检查冬至祭扫准备工作。

16日，民政部一零一研究所与上海市殡葬服务中心战略合作协议签约暨民政部重点实验室试验基地揭牌仪式举行。

17日，上海市农村养老服务工作现场会召开，《上海市农村地区养老服务美好生活三年行动计划(2018—2020年)》圆满完成。

17日，民政部一零一研究所与上海市殡葬服务中心联合召开殡葬科创项目开题评审会。

21日，本市顺利完成2020年冬至祭扫保障工作。全市54家经营性公墓(骨灰堂)累计接待现场接待预约祭扫市民153.36万人，车辆28.47万辆，落葬25 752穴，开展网络祭扫2万余人次，代客祭扫服务3 228户。

21～25日，第十届全国民政行业职业技能竞赛公墓管理员竞赛在广西南宁举办。上海参赛队荣获团体一等奖、总决赛个人一等奖三名、个人二等奖一名。

24日，市政府召开会议，对上海市2021年元旦春节帮困送温暖活动进行部署。副市长彭沉雷出席会议并讲话，市政府副秘书长赵祝平主持会议。根据方案，2021年上海市元旦春节帮困送温暖活动预计覆盖对象约102.7万人，支出资金约6.38亿元。

28日，市民政局党组书记、局长朱勤皓，甘肃省民政厅党组书记、厅长张柯兵共同签署《深入推进沪甘两地社会工作发展战略合作备忘录》。

28日，市民政局、市财政局印发《关于2021年元旦春节期间对本市部分困难家庭发放节日临时补助的通知》，2020年12月至2021年2月期间，上海市最低生活保障家庭、享受生活救助的支出型贫困家庭节日临时补助标准为1人户600元/户，每户家庭人数每增加1人，增加100元。

29日，市民政局召开上海民政科研基地建设暨科研工作会议。

30日，市十五届人大常委会第二十八次会议表决通过《上海市养老服务条例》，《条例》将自2021年3月20日起施行。

31日，上海市召开2020年加快发展康复辅助器具产业部门联席会议。

31日，市地区组召开加强元旦春节期间疫情防控工作电视电话会议。

附录二：

上海民政法规与规范性文件目录

一、地方性法规

1. 上海市养老服务条例(2020年12月30日上海市第十五届人民代表大会常务委员会第二十八次会议通过　自2021年3月20日施行)

2. 上海市村民委员会选举办法(根据2020年9月25日上海市第十五届人民代表大会常务委员会第二十五次会议《关于修改〈上海市村民委员会选举办法〉的决定》修正)

3. 上海市实施《中华人民共和国村民委员会组织法》办法(根据2020年5月14日上海市第十五届人民代表大会常务委员会第二十一次会议《关于修改本市部分地方性法规的决定》修正)

4. 上海市居民委员会工作条例(根据2020年5月14日上海市第十五届人民代表大会常务委员会第二十一次会议《关于修改本市部分地方性法规的决定》修正)

二、规范性文件

1. 上海市民政局　上海市财政局　上海市粮食和物资储备局关于进一步做好本市粮油帮困工作的通知(沪民规〔2020〕1号)

2. 上海市民政局关于印发《上海市民政局关于统一规范本市弃婴(儿)寻亲公告的有关规定》的通知(沪民规〔2020〕2号)

3. 上海市民政局关于印发《上海市殡葬服务单位年度验审办法》的通知(沪民规〔2020〕3号)

4. 上海市民政局关于延长《上海市民政局关于开展收养登记调查评估工作的通知》等4件行政规范性文件有效期的通知(沪民规〔2020〕4号)

5. 上海市民政局关于办理社会服务机构(民办非企业单位)迁出迁入变更登记有关问题的通知(沪民规〔2020〕5号)

6. 上海市民政局关于贯彻民政部《关于现职国家工作人员不得兼任基金会负责人有关问题的通知》的通知(沪民规〔2020〕6号)

7. 上海市民政局关于进一步做好本市社区群众活动团队备案工作的意见(沪民规〔2020〕7号)

8. 上海市民政局等14部门关于进一步加强本市困境儿童保障和农村留守儿童关爱服务工作的通知(沪民规〔2020〕8号)

9. 上海市民政局　上海市高级人民法院　上海市人民检察院　上海市公安局关于印发《上海市儿童福利院抚养的未成年人送养和收养工作操作规程》的通知(沪民规〔2020〕9号)

10. 上海市民政局关于进一步规范社区志愿服务团队建设的意见(试行)(沪民规〔2020〕10号)

11. 上海市民政局关于印发《上海市社会服务机构(民办非企业单位)登记实施办法》的通知(沪民规〔2020〕11号)

12. 上海市民政局　上海市财政局关于调整本市最低生活保障标准及相关社会救助标准的通知(沪民规〔2020〕12号)

13. 上海市民政局　上海市人力资源与社会保障局　上海市财政局关于促进最低生活保障对象自助自立的实施意见(沪民规〔2020〕13号)

14. 上海市民政局关于印发《上海市养老机构等级评定管理办法》的通知(沪民规〔2020〕14号)

15. 上海市民政局　上海市财政局关于对生育三胞胎以上家庭给予生活补助的通知(沪民规〔2020〕15号)

16. 上海市民政局关于《上海市社会救助条例》实施中若干问题的意见(沪民规〔2020〕16号)

17. 上海市民政局关于调整本市生活无着的流浪乞讨人员基本生活标准的通知(沪民规〔2020〕17号)

18. 上海市民政局关于印发《关于推进本市社会组织参与社区治理的指导意见》的通知(沪民规〔2020〕18号)

19. 上海市民政局　上海市市场监督管理局关于本市婚姻介绍服务企业登记管理的实施意见(沪民规〔2020〕19号)

20. 上海市民政局关于印发修订后的《上海市公益基地创建与管理办法》的通知(沪民规〔2020〕20号)

21. 上海市民政局　上海市财政局　上海市残疾人联合会关于印发《本市困难残疾人生活补贴和重度残疾人护理补贴发放管理办法》的通知(沪民规〔2020〕21号)

22. 上海市民政局　上海市审计局关于印发《本市新冠肺炎疫情防控慈善捐赠管理办法》的通知（沪民社基〔2020〕1 号）

23. 上海市民政局　上海市财政局　上海市人社局关于将本市社会组织纳入受疫情影响企业职工线上职业培训补贴政策范围的通知（沪民社服发〔2020〕2 号）

上海市养老服务条例

（2020 年 12 月 30 日上海市第十五届人民代表大会常务委员会第二十八次会议通过）

第一章　总　则

第一条　为了规范养老服务工作，健全养老服务体系，满足老年人养老服务需求，促进养老服务发展，根据《中华人民共和国老年人权益保障法》以及相关法律、法规，结合本市实际，制定本条例。

第二条　本市行政区域内的养老服务以及相关扶持保障、监督管理等活动，适用本条例。

本条例所称的养老服务，是指在家庭成员承担赡养、扶养义务的基础上，由政府和社会为老年人提供的生活照料、康复护理、健康管理、精神慰藉、紧急救援等服务，主要包括居家养老服务、社区养老服务和机构养老服务。

本条例所称的养老服务机构，包括为老年人提供全日集中住宿和照料护理服务的养老机构，以及为老年人提供居家和社区养老服务的居家社区养老服务机构。

第三条　本市养老服务坚持以人民为中心的发展思想，按照“人民城市建设”的要求，遵循政府主导、社会参与、市场运作、统筹发展、保障基本、普惠多样的原则，与本市经济社会发展相协调，实现高质量发展。

第四条　本市积极应对人口老龄化，健全符合超大城市特点的居家为基础，社区为依托，机构充分发展，居家社区机构相协调、医养康养相结合的养老服务体系，完善基本养老服务，发展公益性养老服务，促进市场化养老服务，培育养老新兴业态，推动养老事业和养老产业协调发展，满足多层次、多样化的养老服务需求，实现老有颐养。

第五条　各级人民政府应当将养老服务纳入本级国民经济和社会发展规划，将养老服务事业经费纳入同级财政预算，将养老服务工作纳入年度工作计划和绩效考核范围。

市人民政府应当加强对养老服务工作的领导，统筹协调养老服务体系建设，保障基本养老服务，促进养老服务健康发展，建立健全养老服务设施建设、运营及相关补贴政策的市级统筹协调机制。

区人民政府承担本行政区域养老服务工作的第一责任，应当根据本行政区域内老年人口数量、结构、分布等因素，推进养老服务设施建设，完善扶持保障措施，加强养老服务工作力量和综合监管，增加养老服务供给，提高养老服务质量。

市、区人民政府应当建立健全养老服务体系建设协调机制，统筹、协调、整合各类养老服务资源，研究解决养老服务重大问题。

乡镇人民政府、街道办事处负责组织实施本辖区内的养老服务工作，通过配备相应的社区工作者或者政府购买服务等方式，加强养老服务工作力量。

第六条　市、区民政部门是本行政区域内养老服务工作的行政主管部门，牵头推进养老服务体系建设，完善相应政策措施，制定基本养老服务标准，负责养老服务的监督管理。

卫生健康部门负责拟订医养结合政策措施，以及对老年人疾病防治、医疗护理、健康促进等老年健康工作的监督管理。

医疗保障部门负责组织实施长期护理保险制度，完善医养结合相关医疗保险政策。

发展改革、财政、人力资源社会保障、规划资源、住房城乡建设管理、房屋管理、市场监管、应急管理、消防救援、经济信息化、商务、教育、科技、公安、交通、生态环境、农业农村、文化旅游、金融管理、体育、统计、审计等部门和机构按照各自职责，共同做好养老服务相关工作。

第七条　本市健全基本养老服务体系。市人民政府应当制定并公布本市基本养老服务清单，明确基本养老服务的项目和具体内容，并根据经济社会发展水平、财政状况、养老服务需求变化等情况，适时进行调整。

基本养老服务应当优先保障符合条件的孤寡、失能、重度残疾、高龄老年人，以及计划生育家庭特别扶助对象、重点优抚对象等人员的基本养老服务需求。

第八条　本市鼓励和支持社会力量提供养老服务，激发市场主体活力，健全开放、竞争、公平、有序的养老服务市场，发挥社会力量在养老服务中的主体作用。

第九条　老年人的子女及其他负有赡养、扶养义务的人员，应当履行对老年人经济供养、生活照料、精神慰藉等义务。

本市支持家庭承担养老功能。

第十条　工会、共产主义青年团、妇女联合会、残疾人联合会、红十字会以及养老服务行业组织、老年人组织、慈善组织、志愿服务组织等社会组织，根据职责或者章程，发挥各自优势，协同做好养老服务工作。

居民委员会、村民委员会应当发挥自治功能和优势，协助做好养老服务工作。

鼓励自然人、法人和其他组织以各种形式参与或者支持养老服务。

第十一条　全社会应当弘扬中华民族养老、孝老、敬老的传统美德，积极践行社会主义核心价值观，树立尊重、关心、帮助老年人的社会风尚。

广播、电视、报刊、网络等媒体应当广泛开展养老、孝老、敬老的宣传教育活动。

第十二条　本市基于长江三角洲区域一体化发展战略，按照资源互补、信息互通、市场共享、协同发展的原则，推进区域养老服务一体化发展。

第十三条　本市支持开展养老服务基础理论、实务应用、制度保障、产业促进、行业管理等方向和领域的科学研究活动。

本市加强养老服务相关技术标准、服务模式、发展经验等方面的国内与国际交流合作。

第十四条　本市定期开展养老服务需求和供给状况调查，建立养老服务统计监测和信息发布制度。

第二章　设施规划与建设

第十五条　市民政部门会同市规划资源部门根据本市人口、公共服务资源、养老服务需求状况等因素，制定养老服务设施布局专项规划，合理布局各类养老服务设施，合理确定容积率，经市人民政府批准后，纳入相应的国土空间规划。区人民政府负责养老设施布局专项规划在本行政区域的推进落实。

规划资源部门应当按照有关规定，通过优化规划执行及建筑面积奖励等方式鼓励增加养老服务设施。

第十六条　本市按照区域内常住老年人口和需求配置社区养老服务设施。全市社区养老服务设施建筑面积应当不低于常住人口每千人四十平方米，并根据经济社会发展及时优化调整。

新建居住区应当按照规划要求和建设标准，配套建设相应的养老服务设施。配套建设的养老服务设施应当与住宅同步规划、建设，并由民政部门按照相关规定参与评审验收。

本市将社区养老服务设施建设作为城市更新的重要内容，已建成居住区的养老服务设施未达到规划要求或者建设标准的，所在地的区人民政府应当通过新建、改建、购置、置换、租赁等方式予以补充和完善。

鼓励企业事业单位和社会组织通过整合或者改造存量企业厂房、办公用房、商业设施和其他社会资源，建设符合标准的养老服务设施。相关部门应当根据国家和本市有关规定，在土地规划、消防审验、建筑安全等方面给予指导。

第十七条　各级人民政府应当将养老服务设施建设用地纳入国土空间规划和土地利用年度计划，按照国家和本市关于养老服务设施人均用地标准，合理安排用地需求。在符合规划、环保等要求的前提下，可以将闲置的公益性用地优先调整为养老服务设施用地。

新建非营利性养老服务设施建设用地，可以依法使用国有划拨土地或者农民集体所有的土地；新建营利性养老服务设施建设用地，以租赁、先租后让、出让等方式供应，拓展养老服务用地空间，降低养老服务用地成本。

第十八条　未经法定程序，任何组织和个人不得擅自改变养老服务设施建设用地用途或者养老服务设施使用性质，不得侵占、损坏或者拆除养老服务设施。

经法定程序批准改变养老服务设施建设用地用途、养老服务设施使用性质或者拆除养老服务设施的，应当按照不低于原有养老服务设施规模和标准建设或者置换；建设期间，应当安排过渡用房，满足老年人的养老服务需求。

第十九条　市、区人民政府应当加快推进与老年人日常生活密切相关的交通、文化等公共设施无障碍改造，支持已建成的多层住宅及养老服务设施加装电梯，在公共活动空间增设适合老年人活动、休息的设施。

本市为老年人交通出行、就医、办事等提供便利。各级行政管理部门、提供公共服务的机构和企业，在为老年人提供公共信息服务时，应当符合无障碍环境建设标准，满足无障碍信息传播与交流的需求，推广应用符合老年人需求特点的智能信息服务；为老年人提供公共服务时，应当充分尊重老年人的习惯，保留并完善传统服务方式。

第三章　居家养老服务

第二十条　居家养老服务，主要是通过上门、远程支持等方式，为老年人在其住所内提供的生活照料、常用临床护理等照护服务及其他支持性服务。

第二十一条　开展居家养老服务的机构根据老年人的需求，上门提供生活起居、卫生护理、康复辅助、环境清洁、助餐、助浴、助行等生活照料服务。

第二十二条　护理站等医疗机构可以为有医疗护理需要的居家老年人，提供常见病、慢性病治疗护理等基本临床护理服务。

第二十三条 本市支持运用互联网、物联网等技术手段，为老年人提供紧急救援服务，即时接收和处理老年人的紧急呼叫，协助联系救援。

对经济困难的高龄、独居老年人，可以通过政府购买服务等方式，为其提供紧急救援服务。

第二十四条 乡镇人民政府、街道办事处应当委托居民委员会、村民委员会，或者通过政府购买服务、组织志愿服务等方式，对高龄、独居等老年人定期进行巡访，提供精神慰藉等关爱服务，防范和化解意外风险。

第二十五条 本市支持为老年人提供家庭适老化改造、适老性产品安装、康复辅助器具配备和使用指导、智慧养老相关硬件和软件安装使用等服务。

符合条件的经济困难老年人进行家庭适老化改造的，由市、区人民政府给予适当补贴。

第四章　社区养老服务

第二十六条 社区养老服务，主要是依托社区养老服务设施或者场所，为老年人提供的日间照护、短期托养、助餐等服务以及其他支持性服务。

第二十七条 本市支持养老服务机构开展社区日间照护服务，为有需要的老年人提供照料护理、康复辅助、精神慰藉、文化娱乐、交通接送等服务。

第二十八条 本市支持养老服务机构开展社区短期托养服务，为失能、认知障碍、术后康复等老年人，提供阶段性的全日集中住宿和照料护理、精神慰藉、文化娱乐等服务。

第二十九条 乡镇人民政府、街道办事处应当开设社区食堂、老年助餐点等社区助餐服务场所，为有需求的老年人提供膳食加工配制、外送及集中用餐等服务，并保证膳食质量。

本市通过政府购买服务、合作共建等方式，支持社会餐饮企业、商业零售企业和网络订餐平台等，为老年人提供社区助餐服务。鼓励符合条件的养老机构或者机关、企业事业单位的食堂，为老年人提供社区助餐服务。

第三十条 本市支持在社区养老服务设施或者其他公共服务设施开辟专区，为老年人提供康复辅助器具的演示、体验等服务；支持企业开展康复辅助器具社区租赁服务。

符合条件的老年人租赁康复辅助器具，由市、区人民政府给予相应补贴。

第五章　机构养老服务

第三十一条 养老机构为入住老年人提供下列机构养老服务：

（一）满足日常生活需求的集中住宿、膳食营养、生活起居照料、洗涤与清洁卫生、室内外活动等生活照护服务；

（二）建立健康档案，宣传日常保健知识，并按照服务协议提供疾病预防、药物管理、医疗康复等日常健康服务；

（三）运用专业社会工作方法，提供情绪疏导、心理支持等精神慰藉服务；

（四）提供适合老年人的文化、教育、体育、娱乐等服务。

养老机构应当合理设置服务区域和床位数量，不得超出实际服务能力开展养老服务。

第三十二条 养老机构应当建立入院评估制度，对入住老年人的身心状况进行测评，制订分级照护服务计划，并根据老年人的身心变化动态调整。分级照护服务计划应当经老年人或者其代理人确认，并作为服务及收费的依据，在服务合同中予以载明。

认知障碍老年人的分级照护服务计划，应当符合认知障碍照护服务的标准与要求。

第三十三条 养老机构在提供服务的过程中，应当按照国家有关标准，对老年人进行服务安全风险评估，并通过制定应急预案、定期评价与改进、安全教育等方式，建立服务安全风险防范机制。

第三十四条 养老机构应当定期对老年人的生活、活动场所和使用的物品进行清洗消毒。

养老机构提供的饮食应当符合食品安全要求和民族风俗习惯，适宜老年人食用，有利于老年人营养平衡。

第三十五条 养老机构应当为入住老年人的家庭成员看望或者问候老年人提供便利，为老年人联系家庭成员提供帮助。

入住养老机构的老年人及其代理人应当遵守养老机构的规章制度，维护养老机构正常服务秩序。

第三十六条 老年人突发危重疾病的，养老机构应当及时通知其配偶、子女或者其他代理人，并按照服务合同约定转送医疗机构救治。

老年人疑似患有精神障碍的，养老机构应当按照精神卫生等有关法律、法规的规定处理。

第三十七条 养老机构应当建立老年人信息档案，收集和妥善保管服务协议等相关资料。档案的保管期限不少于服务协议期满后五年。

第三十八条 养老机构因停业整顿、变更或者终止等原因暂停、终止服务的，应当在合理期限内提前书面通知老年人及其代理人，并向原备案的民政部门报告。需要安置老年人的，养老机构应当根据服务合同约定与老年人或者其代理人协商确定安置事宜，制定安置方案。

民政部门应当督促养老机构落实安置方案，并为其妥善安置老年人提供帮助。

第六章　服务协调发展

第三十九条 本市促进居家、社区、机构养老服务融合发展，发挥养老服务机构的专业支撑作用，推动居家社区养老服务机构为家庭提供专业服务，鼓励养老机构开展居家和社区养老服务，提高养老服务资源利用效率。

支持符合条件的养老服务机构在老年人住所设立家庭照护床位，提供连续、稳定、专业的养老服务。

民政、卫生健康、医疗保障、财政等部门应当完善相关服务、管理等技术规范和支持政策。

第四十条　本市在中心城区和城镇化地区重点发展社区嵌入式养老服务，在社区内根据实际嵌入不同规模和功能的养老服务和设施，为老年人提供便利可及的养老服务。

街道办事处、乡镇人民政府应当至少建设一家社区综合为老服务中心，发挥平台作用，整合日间照料、短期托养、社区助餐、医养康养结合、养老顾问等养老服务资源，提供综合性养老服务支持。

第四十一条　本市将农村养老服务设施和服务纳入乡村振兴规划，相关区和乡镇人民政府应当按照城乡协调发展的要求，推动农村养老服务设施均衡布局，提升服务水平。

支持利用农民房屋和农村集体所有的土地、房屋等资源，尊重农民生活习惯和方式，发展符合农村特点的养老服务。

第四十二条　本市鼓励和支持老年人开展社区邻里服务、低龄健康老年人与高龄老年人结对关爱等互助性养老服务，探索建立互助性养老服务时间储蓄、兑换等激励、保障机制。

第四十三条　本市支持养老服务机构和其他社会专业机构为失能老年人的家庭照顾者提供下列支持服务：

（一）临时或者短期的托养照顾；

（二）家庭关爱服务；

（三）照护知识与技能培训；

（四）其他有助于提升家庭照顾能力或者改善其生活质量的相关服务。

第四十四条　本市依托养老服务机构和居民委员会、村民委员会的工作人员、社会工作者等，经培训后担任养老顾问，为老年人及其家庭提供养老服务清单，给予咨询、指导等服务。

鼓励和支持养老服务机构和其他组织发挥专业优势，开展社会化的养老顾问服务。

第四十五条　本市推进长江三角洲区域养老服务合作与发展，建立健全政府间合作机制，落实异地就医结算，推动本市老年人异地享受本市长期护理保险、养老服务补贴等待遇，方便老年人异地养老。

第四十六条　本市建立健全老年教育网络，将老年教育延伸到社区，为老年人提供线上线下相结合的教育服务。支持各类教育机构及其他社会主体通过多种形式举办或者参与老年教育，为养老服务机构提供教学资源等支持，推动养教结合。

本市探索建立市区联动的发挥老年人作用的信息化平台，开发老龄人力资源，支持老年人参与社会发展，促进积极养老。

第七章　医养康养结合

第四十七条　市、区人民政府及其民政、卫生健康、医疗保障、体育、教育等部门应当在政策体系、设施布局、人才培养、合作机制等方面推动医养康养相结合，建立健全老年健康服务体系，保障老年人的基本健康养老服务需求。

第四十八条　市、区人民政府在编制和完善区域卫生规划、养老服务设施规划时，应当统筹考虑养老服务设施与医疗卫生设施的布局，将两者同址或者邻近设置。

鼓励养老服务机构为医疗机构入驻提供场地和设施，方便老年人获取医疗服务。

本市按照国家有关规定，支持养老机构设立医疗机构，支持医疗机构设立养老机构。

第四十九条　卫生健康、医疗保障等部门应当为养老机构内设置医疗机构以及符合条件的养老机构设置老年护理床位提供支持、指导。在养老机构内设置的医疗机构和老年护理床位，按照规定纳入基本医疗保险支付范围。

支持各类医疗机构与养老服务机构通过签约等形式开展合作，开设绿色通道，为老年人接受医疗服务提供便利。

支持医师、护士到养老机构内设置的医疗机构开展多机构执业。

第五十条　区人民政府应当以社区卫生服务机构为平台，整合各类医疗卫生和社会资源，推动医疗机构与养老服务机构开展合作，为居家、社区与机构养老的老年人提供基本医疗和护理服务。

社区卫生服务机构应当按照国家和本市有关规定，开展老年人健康管理和常见病预防工作，为符合条件的居家、社区与机构养老的老年人提供下列服务：

（一）建立健康档案、定期免费体检等基本公共卫生服务；

（二）健康指导、保健咨询、慢性病管理等家庭医生签约服务；

（三）为符合相关医疗指征等条件的老年人提供上门诊视、设立家庭病床、居家护理等服务。

第五十一条　有条件的综合医疗机构应当开设老年病科；鼓励中医、专科医疗机构开设老年病专科。

本市按照老年人口的一定比例设置老年护理床位，加强医疗机构老年护理床位建设，支持综合医疗机构强化护理功能。

社区卫生服务机构、有条件的综合医疗机构应当根据需要，设置安宁疗护病区或者床位。

第五十二条 本市推广应用适用于老年人的中医药技术、方法和中医特色医养结合服务；支持医疗机构为老年人提供中医健康咨询评估、干预调理、随访管理等治未病服务，并与养老机构开展合作，提供中医药服务。

第五十三条 本市依托养老服务机构以及其他社会专业机构，推广老年人健康生活理念和方式，开展老年疾病防治、认知障碍干预、意外伤害预防、心理健康与关怀等健康促进活动，提供健身辅导、身体机能训练、运动干预等体养结合服务。

第八章 长期照护保障

第五十四条 本市建立相关保险、福利及救助相衔接的长期照护保障体系，完善长期护理保险、养老服务补贴等制度，发展长期照护商业保险，为长期失能老年人持续接受居家、社区、机构养老服务提供保障。

第五十五条 本市建立健全老年照护需求评估制度。对具有照料护理需求且符合条件的老年人，按照全市统一的标准对其失能程度、疾病状况、照护情况等进行评估，确定照护等级，作为其享受相应基本养老服务的依据。

全市统一的老年照护需求评估标准以及评估机构的管理办法，由市卫生健康、民政、医疗保障等部门制定。

评估机构与人员应当按照统一需求评估标准和操作规范，客观公正、独立规范开展评估工作。

第五十六条 本市按照国家有关规定，推进实施长期护理保险制度，建立健全互助共济、责任共担等多渠道筹资机制，对经老年照护需求评估达到一定照护等级的长期失能老年人，为其基本生活照料和与基本生活密切相关的医疗护理提供服务或者资金保障。

第五十七条 依法开展长期照护服务的养老服务机构，以及护理站等医疗机构，可以向医疗保障部门提出申请，经评估后，按照有关规定签订服务协议，成为长期护理保险定点护理服务机构。

第五十八条 本市建立和完善长期护理服务项目清单、标准、规范，并根据基金规模和服务需求、供给能力等因素进行调整，合理确定长期护理保险支付范围。

参保人员接受定点护理服务机构服务所发生的费用，属于长期护理保险基金支付范围的，由长期护理保险基金按照规定支付，其余部分由个人自负。

第五十九条 本市健全养老服务补贴制度，对经老年照护需求评估后符合条件的下列长期失能老年人，根据其照护等级、困难状况等因素给予相应的补贴，用于购买居家、社区、机构等养老服务：

（一）最低生活保障家庭成员；

（二）低收入家庭成员；

（三）分散供养的特困人员；

（四）市和区人民政府规定的其他经济困难或者特殊困难人员。

符合前款规定条件的老年人或者其代理人，可以通过网上或者向就近的社区事务受理服务机构提出申请，由老年人户籍所在地的乡镇人民政府、街道办事处初步审核后，报区民政部门审核决定。

享受养老服务补贴的老年人，可以选择相应的养老服务机构为其提供长期照护服务。

第六十条 区人民政府按照本市有关规定，保障达到一定照护等级的老年人依申请轮候入住提供基本养老服务的养老机构。

市发展改革、民政、财政等部门以及区人民政府应当加强资源统筹配置，完善相关制度，促进基本养老服务均衡发展、公平享受。

第六十一条 本市根据认知障碍老年人的长期照护需求，发展专门服务机构或者在养老服务机构内设置专区，制定认知障碍照护服务标准，为认知障碍老年人提供专业照护服务。

本市推进老年认知障碍友好社区建设，培育专业服务组织和专业人员队伍，加强认知障碍的早期预防和干预。

第九章 养老服务机构

第六十二条 设立养老服务机构，应当依法办理相关登记手续：

（一）设立非营利性养老服务机构，经批准设置为事业单位的，向事业单位登记管理机关办理登记手续；符合社会服务机构登记条件的，向民政部门办理登记手续。

（二）设立营利性养老服务机构，向市场监管部门办理登记手续。

养老服务机构登记后即可开展服务活动。

第六十三条 养老服务机构应当按照国家和本市有关规定，在提供服务或者收住老年人后十个工作日以内向所在地的区民政部门办理备案；备案信息发生变化的，应当及时办理变更手续。

民政部门应当将养老服务机构的备案信息向社会公开。

第六十四条 养老服务机构的场地、建筑物、设施设备，应当符合国家和本市的有关规范、标准和要求。政府投资举办的养老服务机构的设施设备应当做到经济实用。

禁止在养老服务机构内建造威胁老年人安全的建筑物和构筑物。

禁止利用养老服务机构的场地、建筑物和设施，开展与养老服务宗旨无关的活动。

第六十五条 养老服务机构应当配备与其运营服务相适应的管理人员、专业技术人员，并按照本市有关规定，根据服务类型、照护要求、服务对象数量等因素，配备相应比例的护理员。

养老服务机构中从事医疗、社会工作等服务的专业技术人员，应当具有相应的专业技术资格。

第六十六条 养老服务机构应当尊重老年人的人格尊严，依法保护老年人的个人信息。

养老服务机构为老年人提供的生活照料、康复护理、健康管理、精神慰藉、紧急救援等服务，应当符合有关国家、行业及地方标准和规范的要求。

养老服务机构的护理员以及餐饮服务人员应当持有有效健康证明；患有影响老年人身体健康疾病的，在治愈前养老服务机构不得安排其从事照护、餐饮等相关服务。

养老服务机构应当定期向老年人或者其代理人通报机构服务和运营管理的有关情况，听取意见和建议。

第六十七条 养老服务机构应当与接受服务的老年人或者其代理人签订服务合同，明确各方的权利义务，并按照服务合同约定的内容为老年人提供相应的服务，保证服务质量。

市民政部门会同市市场监管部门、有关行业协会制定服务合同示范文本，供养老服务机构与接受服务的老年人或者其代理人参照使用。

第六十八条 养老服务机构应当按照国家和本市有关规定，建立健全消防、安全值守、设施设备、食品药品、康复辅助器具等安全管理制度，确定专人负责，开展安全风险评估和定期安全检查，及时消除安全隐患。

第六十九条 养老服务机构应当指定专人负责日常卫生管理工作，建立健全传染病预防控制管理和疫情报告制度，制定传染病应急预案，组织开展健康巡查、清洁消毒、健康宣传等工作。

发现传染病病人或者疑似传染病病人的，养老服务机构应当及时向所在地的疾病预防控制机构或者社区卫生服务机构报告，按要求采取卫生处理等控制措施，并配合做好流行病学调查等工作。

卫生健康部门应当指导、督促疾病预防控制机构对养老服务机构的传染病防控工作进行技术指导和业务培训。

第七十条 养老服务机构应当制定突发事件应急预案，定期组织开展应急演练，并根据应急演练情况和实际情况的变化，对应急预案进行修订。

突发事件发生时，养老服务机构应当根据应急预案和有关部门的要求，立即开展应急处置；需要封闭管理时，可以采取人员出入管控、内部防控等必要措施。

养老服务机构可以根据实际需要，储备必要的应急物资。负责应急物资储备和供应的部门，应当为养老服务机构获取应急物资提供必要保障。

第七十一条 养老服务收费应当按照国家和本市价格管理的有关规定执行，收费标准根据养老服务机构的经营性质、设施设备条件、服务质量、照料护理等级、服务成本等因素确定。

养老服务机构应当在醒目位置公示服务项目收费标准和收费依据。

第七十二条 养老服务机构对依法登记、备案承诺、履约服务、质量安全、应急管理、消防安全等承担主体责任，其主要负责人是第一责任人。

第十章 养老服务人员

第七十三条 养老服务从业人员应当恪守职业精神，遵守行业规范，努力提高专业水平和服务质量。

养老服务从业人员应当向养老服务机构如实告知本人的从业经历、服务技能、健康状况等情况。

养老服务机构不得招录有歧视、侮辱、虐待、遗弃老年人等违法行为的人员从事养老服务工作。

市民政、人力资源社会保障部门会同市卫生健康、医疗保障等部门，加强养老服务从业人员管理，建立从业人员信息管理系统，完善从业人员信用管理，并依法为养老服务机构提供查询服务。

第七十四条 支持养老服务从业人员参加职业技能培训、继续教育和学历教育，提高专业素质和工作技能。

养老服务机构应当加强对养老服务从业人员的职业道德教育和职业技能培训，提高其职业道德素养和业务能力。

第七十五条 本市按照国家有关规定，实施养老护理员职业技能等级认定，建立统一的养老护理员技能等级序列。

本市综合考虑工作年限、技能等级等因素，合理制定养老护理员薪酬等级体系，设立养老护理员基本工资分级指导标准，引导养老服务机构予以落实。支持相关行业组织开展养老护理员市场工资水平监测，并定期发布监测结果，引导养老服务机构合理确定养老护理员的薪酬水平。

第七十六条 在养老机构内设置的医疗机构从业的医师、护士、医技人员等卫生专业技术人员，享有与其他医疗机构专业技术人员同等的进修轮训、继续教育等待遇，并在职称评定等方面同等条件下予以优先考虑。

本市支持老年社会工作者发挥专业优势，维持和改善老年人的社会功能，提高老年人生活质量。

第七十七条 养老服务机构应当与从业人员依法建立劳动关系、聘用关系等，改善工作条件，加强劳动保护和职业防护。

养老服务机构聘用从业人员符合条件的，由市、区民政部门给予相应补贴。

第七十八条　养老服务从业人员不得有下列行为：

（一）谩骂、侮辱、虐待、殴打老年人；

（二）偷盗、骗取、强行索要或者故意损毁老年人的财物；

（三）泄露在服务活动中知悉的老年人的隐私；

（四）其他违反法律、法规、公序良俗和职业道德的行为。

第十一章　养老产业促进

第七十九条　本市发挥市场主体作用，扩大多层次、多样化、个性化养老服务和产品供给，重点推动养老照护服务、康复辅助器具、智慧养老、老年宜居、养老金融等领域的养老产业发展。

第八十条　本市鼓励各类社会资本投资养老照护服务产业，兴办满足不同需求的养老服务机构。支持外商投资设立养老服务机构。鼓励物业服务企业探索开展物业服务和养老服务相结合的居家社区养老服务。

鼓励养老服务机构专业化、连锁化、品牌化发展，依法加强养老服务商标和品牌保护。

第八十一条　本市将康复辅助器具产业纳入重点发展的新兴产业，支持建设相关产业园区，鼓励科技园区布局发展智能康复辅助器具产业；支持企业加大研发设计和智能制造力度，开发更多适合老年人需求的康复辅助器具产品；支持符合条件的康复辅助器具产品申请医疗器械注册。

第八十二条　本市推动人工智能、物联网、云计算、大数据等新一代信息技术在养老服务领域的应用，定期发布智慧养老服务需求应用场景，制订完善智慧养老相关产品和服务标准，重点扶持安全防护、照料护理、健康促进、情感关爱等领域的智能产品、服务及支持平台，提升老年人生活品质。

第八十三条　本市支持社会资本设计开发适合老年人居住的商业房地产项目，建设或者运营集合居住、生活照料、医疗照护等功能的养老社区。鼓励利用自有土地、房屋建设或者运营养老社区。

区人民政府应当加强对辖区内各类养老社区建设、运营等的规范管理。发展改革、民政、住房城乡建设管理、规划资源、金融管理、房屋管理、市场监管等部门按照各自职责，做好规范指导工作。

第八十四条　本市促进养老普惠金融发展，支持金融机构开发满足老年人需求的多样化养老金融产品，增加社会养老财富储备，提升养老服务支付能力。

鼓励保险机构开发适合居家、社区、机构等多样化护理需求的商业长期护理保险产品。

第八十五条　本市依托长江三角洲区域合作机制，加强养老产业规划协同和项目协调，促进产业链上下游对接和功能互补；推动区域养老产业支持政策、标准规范、数据信息等方面的衔接共享，促进更大范围内要素自由流动，鼓励养老服务企业跨区域发展。

第十二章　扶持与保障

第八十六条　符合条件的养老服务机构，可以享受相应的税收优惠、行政事业性收费减免和建设补助、运营补贴等优惠政策。

符合条件的养老服务机构使用水、电、燃气、电话，按照居民生活类价格标准收费；使用有线电视，按照本市有关规定，享受付费优惠；需要缴纳的供电配套工程收费、燃气配套工程收费、有线电视配套工程收费，按照本市有关规定享受优惠。

鼓励养老服务机构投保责任保险。养老服务机构投保责任保险的，可以获得相应的补贴。

第八十七条　营利性养老服务机构与非营利性养老服务机构提供同等基本养老服务的，在建设补助、运营补贴等方面享受同等待遇；政府投资建设的养老服务设施交由企业运营，与交由社会服务机构运营享受同等待遇。

第八十八条　市人民政府应当制定政府购买养老服务的标准和指导性目录。各级人民政府应当按照标准和目录要求，落实资金保障，重点购买生活照料、康复护理、机构运营、社会工作和人员培养等服务，并加强绩效评价。

第八十九条　市、区人民政府应当将本级用于社会福利事业的福利彩票公益金中不低于百分之六十的资金用于支持养老服务。

鼓励自然人、法人和其他组织通过慈善捐赠等方式支持养老服务。

本市支持专业性的社会组织依法为有需要的老年人担任监护人或者提供相关服务。

第九十条　鼓励金融机构通过银行贷款、融资租赁、信托计划等方式，多渠道、多元化加大对养老服务机构及相关企业的融资支持。

鼓励保险机构开发面向养老服务机构的责任保险、财产保险等保险产品。

第九十一条　支持高等院校和中等职业学校开设养老服务、康复护理等专业，扩大养老服务专业招生规模。

鼓励职业培训机构对接养老服务机构培训需求，开展上岗、转岗、技能提升等各类培训。

鼓励养老服务机构与相关职业院校开展合作，培养具有专业理论知识和实践技能的养老服务人才。

第九十二条　市民政部门应当建立健全养老服务信息系统，与政务服务“一网通办”平台对接，提供养老服务信息查询、政策咨询、网上办事等服务，接受投诉举报。

民政、市场监管等部门应当加强信息共享，公开办事指南，简化和规范办事流程，为养老服务机构设立、备案等提供指导和便利服务。

第十三章　监督管理

第九十三条　本市健全养老服务综合监管制度。市人民政府应当制定养老服务监管责任清单，明确各相关职能部门的职责分工。市、区人民政府应当统筹协调相关职能部门和乡镇人民政府、街道办事处，加强对养老服务机构的综合监督管理。

民政、住房城乡建设管理、房屋管理、消防救援、卫生健康、市场监管、医疗保障等部门和机构应当依法加强对养老服务机构的服务运营、建筑安全、消防安全、医疗卫生安全、食品安全、服务价格、长期护理保险基金使用等环节的监督检查，并依托城市运行“一网统管”平台，完善养老服务机构组织信息、养老从业人员信息等基本数据集，加强监管信息共享和执法协作。

第九十四条　对已备案的养老服务机构，民政部门应当自备案之日起二十个工作日内进行现场检查，并核实备案信息；对未备案的养老服务机构，民政部门应当自发现其提供服务或者收住老年人之日起二十个工作日内进行现场检查，并督促其及时备案。

民政部门应当每年对养老服务机构的服务安全和质量进行不少于一次的现场检查。

第九十五条　民政、市场监管、住房城乡建设管理、房屋管理等部门应当制定养老服务设施、服务、管理、技术、安全等地方标准，并依照标准实施监管。

鼓励社会团体、养老服务机构制定高于国家、行业和地方标准的团体标准或者企业标准。

第九十六条　市民政部门应当建立健全养老服务机构等级评定制度，定期对养老服务机构的设施设备、人员配备、管理水平、服务质量等进行综合评定。

市民政部门应当根据国家和本市相关标准和要求，组织开展养老服务机构服务质量日常监测工作。

养老服务机构的等级评定和日常监测结果应当向社会公布，并作为其享受相关奖励、补贴政策的依据。

第九十七条　财政、审计等部门应当按照各自职责和有关规定，对政府投资举办或者接受政府补贴、补助的养老服务机构的财务状况、政府补贴资金使用情况进行监督。

第九十八条　公安、金融管理、市场监管、民政等部门应当对养老服务领域非法集资、诈骗等违法行为进行监测、分析和风险提示，依法予以查处。

第九十九条　民政部门应当建立养老服务机构信用档案，记录其设立与备案、日常监督检查、违法行为查处、等级评定结果等信息，并依法向市公共信用信息服务平台归集。

民政部门应当建立信用分级制度，确定养老服务机构信用等级，采取差异化监管措施。对严重失信的养老服务机构，由相关部门依法实施联合惩戒。

第一百条　养老服务行业组织应当健全行业自律规范，推动行业诚信体系建设，制定实施行业服务规范和职业道德准则，推动养老服务标准实施，提升养老服务质量，协调解决养老服务纠纷。

第一百零一条　民政、卫生健康、医疗保障、市场监管等部门应当及时受理与养老服务相关的投诉、举报；对接到的投诉、举报应当及时核实处理。

第一百零二条　市、区人民代表大会常务委员会通过听取和审议专项工作报告、开展执法检查等方式，加强对本行政区域内养老服务发展情况的监督。

市、区人民代表大会常务委员会充分发挥人大代表作用，组织人大代表围绕养老服务开展专题调研和视察等活动，汇集、反映人民群众的意见和建议，督促有关方面落实养老服务的各项工作。

第十四章　法律责任

第一百零三条　违反本条例规定的行为，法律、行政法规已有处理规定的，从其规定。

第一百零四条　违反本条例规定，养老服务机构未依法办理相关登记手续开展服务活动的，由民政、市场监管等部门依法查处。

违反本条例规定，养老服务机构有下列行为之一的，由民政部门责令改正，给予警告，并可处以二千元以上二万元以下罚款；情节严重的，处以二万元以上二十万元以下罚款：

（一）养老机构未建立入院评估制度或者未按照规定开展评估活动的；

（二）在养老服务机构内建造威胁老年人安全的建筑物和构筑物的；

（三）利用养老服务机构的场地、建筑物、设施，开展与养老服务宗旨无关活动的；

（四）配备人员的资格不符合规定的；

（五）安排未取得有效健康证明的护理员、餐饮服务人员上岗工作，或者未及时将患有影响老年人身体健康的疾病的护理员、餐饮服务人员调离岗位的；

（六）未按照有关强制性国家标准要求开展服务的；

（七）未依照规定预防和处置突发事件的；

（八）向负责监督检查的民政部门隐瞒有关情况、提供虚假材料或者拒绝提供反映其活动情况真实材料的。

对有前款所列行为之一的养老服务机构，有关部门可以中止、取消有关扶持、优惠措施；情节严重的，追回已经减免的费用和发放的补助、补贴。养老服务机构经整改消除前款所列行为的，可以重新申请相关扶持、优惠措施。

第一百零五条　养老服务机构或者其他组织、个人骗取补贴、补助、奖励的，由民政部门责令退回，可处以骗取补贴、补助、奖励金额一倍以上三倍以下罚款；

构成犯罪的，依法追究刑事责任。

第一百零六条 违反本条例规定，养老机构擅自暂停或者终止服务，未妥善安置入住老年人的，由实施备案的民政部门责令改正，并处以一万元以上十万元以下罚款；情节严重的，处以十万元以上二十万元以下罚款。

第一百零七条 违反本条例规定，未按照核准的规划要求配套建设社区养老服务设施，或者未经法定程序擅自改变养老服务设施建设用地用途的，由规划资源部门依法查处。

违反本条例规定，未经法定程序擅自改变养老服务设施使用性质的，由民政部门责令限期改正，有违法所得的，没收违法所得；逾期不改正的，责令退回补贴资金和有关费用，处以一万元以上十万元以下罚款。

违反本条例规定，侵占、损坏、擅自拆除养老服务设施的，由民政部门责令限期改正；逾期不改正的，责令退回补贴资金和有关费用，处以十万元以上五十万元以下罚款；情节严重的，处以五十万元以上一百万元以下罚款。

第一百零八条 养老服务从业人员违反本条例有关禁止行为规定，构成违反治安管理行为的，由公安机关依法处罚；构成犯罪的，依法追究刑事责任。

第一百零九条 违反本条例规定，各级人民政府及其有关部门有下列行为之一的，对直接负责的主管人员和其他直接责任人员依法给予处分；构成犯罪的，依法追究刑事责任：

（一）未按照规定标准规划配置养老服务设施、安排养老服务设施年度用地计划的；

（二）未经法定程序，擅自改变养老服务设施建设用地用途或者养老服务设施使用性质的；

（三）未按照规定履行监督管理职责，造成不良后果的；

（四）未按照规定落实养老服务扶持、优惠政策的；

（五）对接到的投诉、举报，未及时核实处理的；

（六）其他滥用职权、玩忽职守、徇私舞弊的行为。

第十五章 附 则

第一百一十条 本条例自2021年3月20日起施行。2014年2月25日上海市第十四届人民代表大会常务委员会第十一次会议通过，2016年2月23日上海市第十四届人民代表大会常务委员会第二十七次会议修正的《上海市养老机构条例》同时废止。

上海市村民委员会选举办法

（1999年6月1日上海市第十一届人民代表大会常务委员会第十次会议通过，根据2004年8月19日上海市第十二届人民代表大会常务委员会第十四次会议《关于修改〈上海市村民委员会选举办法〉的决定》第一次修正，根据2010年9月17日上海市第十三届人民代表大会常务委员会第二十一次会议《关于修改本市部分地方性法规的决定》第二次修正，2014年6月19日上海市第十四届人民代表大会常务委员会第十三次会议修订，根据2020年9月25日上海市第十五届人民代表大会常务委员会第二十五次会议《关于修改〈上海市村民委员会选举办法〉的决定》第三次修正）

第一条 为了规范村民委员会选举工作，保障村民依法行使民主权利，根据《中华人民共和国村民委员会组织法》，结合本市实际情况，制定本办法。

第二条 村民委员会由主任、副主任、委员三至七人组成，其成员的具体职数由村民会议或者村民代表会议决定。

村民委员会主任、副主任和委员，由本村登记参加选举的村民直接选举产生。任何组织或者个人不得指定、委派或者撤换村民委员会成员。

村民委员会成员中，应当有妇女成员。村民委员会成员之间不得有夫妻关系或者直系亲属关系。

第三条 年满十八周岁的村民，不分民族、种族、性别、职业、家庭出身、宗教信仰、教育程度、财产状况、居住期限，都有选举权和被选举权；但是，依照法律被剥夺政治权利的人除外。

第四条 中国共产党在农村的基层组织在村民委

员会选举中发挥领导核心作用，依法支持和保障村民委员会换届选举工作。

第五条　村民委员会每届任期五年，届满应当及时举行换届选举。村民委员会成员可以连选连任。

不能按时举行换届选举的，由村民委员会提出延期理由及延长期限，经村民会议或者村民代表会议同意，乡、镇人民政府审查，区人民政府批准，可以延期选举。延期选举的，由区民政部门报市民政部门备案。

村民委员会的换届选举工作由市人民政府统一部署。区人民政府成立选举工作领导小组，领导本行政区域内的村民委员会换届选举工作。

市和区民政部门负责指导村民委员会换届选举工作。

第六条　村民委员会换届选举期间，乡、镇人民政府成立选举工作指导小组，具体指导、帮助村民选举委员会工作，履行下列职责：

（一）制定本乡、镇村民委员会的换届选举工作计划，确定选举日程；

（二）宣传村民委员会选举的有关法律、法规；

（三）组织培训选举工作人员；

（四）受理有关选举工作的举报和来信来访；

（五）承办换届选举工作的其他事项。

第七条　村民委员会的选举，由村民选举委员会主持。村民选举委员会由主任、委员七至九人组成，其成员应当有一定的代表性。村民选举委员会成员由村民会议、村民代表会议或者各村民小组会议推选产生。

村民选举委员会成员被确定为村民委员会成员候选人的，应当退出村民选举委员会。

村民选举委员会成员退出村民选举委员会或者其他原因出缺的，按照原推选结果依次递补，也可以另行推选。

第八条　村民选举委员会履行下列职责：

（一）依法拟订选举工作方案，提请村民会议或者村民代表会议讨论通过；

（二）开展选举的宣传、发动工作；

（三）拟定和培训选举工作人员；

（四）公布选举日、投票地点和时间；

（五）组织村民登记，审查村民的选举资格，并公布登记参加选举的村民名单；

（六）组织登记参加选举的村民提名村民委员会成员候选人并公布候选人名单，或者组织登记参加选举的村民直接投票选举村民委员会成员；

（七）主持投票选举，公布选举结果，并报乡、镇人民政府备案；

（八）受理有关选举工作的群众来信来访；

（九）总结选举工作，整理、建立选举工作档案；

（十）主持村民委员会工作移交；

（十一）办理选举工作中的其他事项。

村民选举委员会履行职责的期限，自组成之日起至上一届村民委员会与新一届村民委员会完成工作移交之日止。

第九条　有选举权和被选举权的村民的年龄以户籍登记的出生日期为依据。村民年满十八周岁的计算以本村的选举日为准。

村民委员会选举前，应当对下列人员进行登记，列入参加选举的村民名单：

（一）户籍在本村并且在本村居住的村民；

（二）户籍在本村，不在本村居住，本人表示参加选举的村民；

（三）户籍不在本村，在本村合法稳定居住一年以上，本人申请参加选举，并且经村民会议或者村民代表会议同意参加选举的公民。

结婚后居住在配偶户籍所在村，本人户籍未迁入，申请在配偶户籍所在村参加选举的；或者对本村集体经济依法享有权益的原村民，本人申请参加选举的，经村民选举委员会确认，可以予以登记。

已登记参加选举的村民，不得再参加其他地方村民委员会的选举。

第十条　登记参加选举的村民名单，应当在选举日的二十日前由村民选举委员会公布。

对登记参加选举的村民名单有异议的，应当自名单公布之日起五日内向村民选举委员会申诉，村民选举委员会应当自收到申诉之日起三日内作出处理决定，并公布处理结果。

第十一条　村民委员会由本村登记参加选举的村民按照《中华人民共和国村民委员会组织法》的规定直接选举产生，具体方式由村民会议或者村民代表会议决定。

第十二条　登记参加选举的村民通过投票直接提名村民委员会主任、副主任和委员候选人，均以得票多的为正式候选人。

村民委员会成员正式候选人名单应当在选举日的五日以前，按照得票多少的顺序张榜公布。村民委员会主任、副主任的正式候选人应当分别比应选名额多一人。村民委员会委员的正式候选人应当比应选名额多一至三人，具体差额数由村民选举委员会在拟订选举工作方案时规定。

第十三条　村民选举委员会应当按照公开、公平、公正的原则帮助村民了解村民委员会成员候选人，应当组织候选人与村民见面，由候选人介绍履行职责的设想，回答村民提出的问题，但是在选举日应当停止对候选人的介绍。

第十四条　村民选举委员会在选举日以前，应当做好以下准备工作：

（一）拟定监票人和发票、唱票、计票、代书工作人员；

（二）公布投票时间，印制选票；

（三）设立选举会场、投票站；

（四）核实登记参加选举的村民委托的投票人；

（五）其他选举事务工作。

村民委员会成员候选人及其配偶或者直系亲属不得担任监票人和发票、唱票、计票、代书工作人员。

第十五条 选举村民委员会，采取无记名投票方法。可以由登记参加选举的村民一次投票选举主任、副主任和委员；也可以分次投票选举主任、副主任和委员。主任、副主任不得由当选的委员推选产生。

登记参加选举的村民应当从全体村民利益出发，选举奉公守法、品行良好、公道正派、热心公益、乐于奉献、身体健康、具有一定文化水平和工作能力的村民委员会成员。

第十六条 登记参加选举的村民，选举期间因外出或者特殊原因不能参加投票的，可以书面委托本村有选举权的近亲属代为投票。每一登记参加选举的村民接受的委托投票不得超过三人。接受委托投票的村民不得再委托其他村民投票。

委托人或者受委托人应当在选举日五日前到村民选举委员会办理委托投票手续，村民选举委员会审核后发放委托投票证，并在选举日二日前在村民委员会和各村民小组所在地公布委托人和受委托人的名单。禁止投票现场临时委托的行为。

第十七条 选举会场和投票站应当设立秘密写票处和公共代写处，文盲或者因残疾不能写选票的，可以委托其信任的人代写。

登记参加选举的村民对村民委员会成员候选人可以投赞成票，可以投反对票，可以另选他人，也可以弃权。

第十八条 投票结束后，投票站的选举工作人员应当立即将投票箱集中到选举会场统一启封、公开唱票、计票。选举结果由村民选举委员会当场向村民公布。

第十九条 选举村民委员会，有登记参加选举的村民过半数投票，选举有效。收回的票数，等于或者少于投票人数的有效，多于投票人数的无效。

每一选票所选的人数，等于或者少于应选名额的为有效票，多于应选名额的为废票。

第二十条 获得参加投票的村民过半数赞成票的，始得当选村民委员会成员。

获得参加投票的村民过半数赞成票的人数超过应选名额时，以得票多的当选。如遇票数相等，不能确定当选人时，应当就票数相等的人员再次投票，以得票多的当选。

第二十一条 当选村民委员会成员的人数少于应选名额时，当选人数达到三人的，不足的名额是否暂缺，由村民会议或者村民代表会议决定；当选人数未达到三人的，不足的名额，应当在三十日内另行选举。另行选举村民委员会时，根据第一次投票时得赞成票多少的顺序，按照差额确定候选人名单，候选人以得赞成票多的当选，但是得赞成票数不得少于选票的三分之一。

村民委员会主任暂缺的，由得票多的副主任临时主持村民委员会工作；村民委员会主任、副主任都暂缺的，由得票多的委员临时主持村民委员会工作；得票相等的，由村民会议或者村民代表会议确定临时主持村民委员会工作的成员。

第二十二条 村民选举委员会应当将选举结果报乡、镇人民政府，并向当选的村民委员会主任、副主任和委员颁发证书。

第二十三条 选举村民委员会成员的所有选票应当在选举工作结束当天及时封存，交由乡、镇人民政府保管，至少保存至下一届村民委员会选举工作结束为止。

第二十四条 在新一届村民委员会产生当日，上一届村民委员会应当向新一届村民委员会移交公章，并在十日内将村民委员会的公共财物、财务账目、债权债务凭证、档案资料等移交完毕。工作移交由村民选举委员会主持，由乡、镇人民政府监督。逾期不移交的，乡、镇人民政府应当督促移交。不移交造成村集体或者村民财产损失的，由相关责任人依法承担赔偿责任。

第二十五条 村民委员会及其成员应当遵守宪法、法律、法规和国家的政策，办事公道，廉洁奉公，热心为村民服务。

村民委员会及其成员应当接受村民和村务监督机构监督。

第二十六条 村民委员会成员有下列情形之一的，其职务自行终止：

（一）死亡；

（二）丧失行为能力；

（三）被判处刑罚；

（四）经民主评议连续两次不称职。

村民委员会成员职务自行终止的，由村民委员会召集村民会议或者村民代表会议宣布，并报乡、镇人民政府备案。村民委员会不召集村民会议或者村民代表会议宣布的，由村务监督机构召集村民会议或者村民代表会议宣布，并报乡、镇人民政府备案。

第二十七条 本村五分之一以上有选举权的村民或者三分之一以上的村民代表，可以联名要求罢免村民委员会成员。

乡、镇人民政府对具有下列情形的村民委员会成员，可以向村民委员会提出罢免建议：

（一）连续三个月以上不履行职责的；

（二）违反法律、法规造成人员重大伤亡或者集体经济重大损失的；

（三）滥用职权、谋取私利，损害集体经济利益，引起村民严重不满的。

罢免要求和罢免建议应当提出罢免理由。被提出罢免的村民委员会成员有权提出申辩意见。村民委员会应当在接到罢免要求或者罢免建议后三十日内召集村民会议投票表决。罢免村民委员会成员，须有登记参加选举的村民过半数投票，并须经投票的村民过半数通过。

村民委员会逾期不召集村民会议表决罢免要求或者罢免建议，由乡、镇人民政府责令改正，逾期不改正的，乡、镇人民政府可以召集村民会议投票表决罢免要求或者罢免建议。

第二十八条　村民委员会成员要求辞去职务的，应当以书面形式向村民会议或者村民代表会议提出，由村民会议或者村民代表会议讨论决定。

第二十九条　村民委员会成员因故出缺，其成员满三人的，经村民代表会议同意可以不补选；其成员不满三人的，应当在三个月内由村民会议或者村民代表会议进行补选。

补选村民委员会成员，村民委员会应当事先向乡、镇人民政府报告，补选程序参照本办法规定办理。补选的村民委员会成员的任期，到本届村民委员会任期届满为止。

第三十条　对有下列行为之一的，村民有权向乡、镇人民代表大会和人民政府或者区人民代表大会常务委员会和人民政府及其有关主管部门举报，有关机关应当负责调查并依法处理，对直接责任人员给予处分；违反《中华人民共和国治安管理处罚法》的，由公安机关依法给予处罚；构成犯罪的，依法追究刑事责任：

（一）以暴力、威胁、欺骗、贿赂、伪造选票、虚报选举票数等不正当手段，妨害村民行使选举权、被选举权，破坏村民委员会选举的；

（二）指定、委派、撤换村民委员会成员的；

（三）对检举村民委员会选举中违法行为的村民或者提出要求罢免村民委员会成员的村民进行压制、报复的；

（四）其他破坏村民委员会选举的行为。

第三十一条　村民对选举程序或者选举结果有异议的，可以向区或者乡、镇人民政府提出申诉，区和乡、镇人民政府应当及时调查处理。

第三十二条　村民委员会的选举经费确有困难的，乡、镇人民政府应当给予适当补助。

市和区民政部门指导村民委员会选举工作的经费，由同级财政安排。

第三十三条　区人民代表大会及其常务委员会和乡、镇人民代表大会对村民委员会选举进行监督、检查，在本行政区域内保证本办法的实施，保障村民依法行使自治权利。

第三十四条　本办法自2014年10月1日起施行。

上海市实施《中华人民共和国村民委员会组织法》办法

（2000年9月22日上海市第十一届人民代表大会常务委员会第二十二次会议通过，2017年2月22日上海市第十四届人民代表大会常务委员会第三十五次会议修订，根据2020年5月14日上海市第十五届人民代表大会常务委员会第二十一次会议《关于修改本市部分地方性法规的决定》第一次修正）

第一章　总　则

第一条　根据《中华人民共和国村民委员会组织法》，结合本市实际，制定本办法。

第二条　村民委员会是村民自我管理、自我教育、自我服务、自我监督的基层群众性自治组织，实行民主选举、民主决策、民主管理、民主监督。

村民委员会向村民会议、村民代表会议负责并报告工作。

第三条　中国共产党在农村的基层组织，按照中国共产党章程进行工作，发挥领导核心作用，领导和支持村民委员会行使职权；依照宪法和法律，支持和保障村民开展自治活动、直接行使民主权利。

第四条　本市建立健全以村党组织为核心，村民委员会为主导，村民为主体，村务监督委员会、村集体经济组织、驻村企业事业单位、群众团体、社会组织等共同参与的村级治理体系。

第五条 乡、镇人民政府指导、支持、帮助村民委员会依法开展自治活动，但是不得干预依法属于村民自治范围内的事项，不得侵占或者违规处置村、村民小组集体财产。

村民委员会协助乡、镇人民政府开展工作。

第六条 村民委员会的设立、撤销、范围调整、更名，由乡、镇人民政府提出，经村民会议讨论通过，报区人民政府批准后实施。

村民委员会可以根据村民居住状况、集体土地所有权关系等分设若干村民小组。村民小组的撤销、范围调整、更名，由村民委员会提出，经村民小组会议讨论通过，报乡、镇人民政府审核同意后实施，其中涉及村民委员会范围调整的，适用前款规定。

村民委员会、村民小组撤销或者范围调整的，应当按照规定的程序先行对村、村民小组集体资产清产核资、明晰产权，并制定集体资产处置方案。集体资产处置方案应当符合市、区有关规定，并经村民会议、村民小组会议分别讨论通过，报乡、镇人民政府审核同意后实施。

第七条 村民委员会应当尊重和支持本村集体经济组织依法独立开展经济活动，做好本村生产经营的服务和协调等工作。

村集体经济组织根据法律、法规和本组织章程的规定，可以将本组织的收益按一定比例用于本村公共事务和公益事业。

村民委员会与本村集体经济组织实行分账管理。

第二章　村民委员会的组成和职责

第八条 村民委员会由主任、副主任和委员共三至七人组成，按照《上海市村民委员会选举办法》选举产生。

第九条 村民委员会根据人民调解、综合治理、公共卫生与计划生育、文化体育、老年人和妇女儿童权益保障等工作需要设立若干委员会。村民委员会成员可以兼任下属委员会的成员。人口少的村的村民委员会可以不设下属委员会，由村民委员会成员分工负责有关工作。

第十条 村民委员会应当履行下列职责：

（一）宣传和贯彻宪法、法律、法规和国家政策，建立健全村民开展自治活动的各项制度，教育和督促村民履行法律、法规规定的义务、遵守村民自治章程和村规民约，维护村民的合法权益；

（二）召集村民会议、村民代表会议，执行村民会议、村民代表会议的决定；

（三）编制并实施本村发展规划和年度计划，发展文化教育，普及科技知识，促进男女平等，做好计划生育工作，调解矛盾纠纷；

（四）办理本村的公共事务和公益事业，动员和组织村民、驻村企业事业单位、非本村户籍居民等参与农村社区建设，支持服务性、公益性、互助性社会组织依法开展活动；

（五）教育引导村民、非本村户籍居民增进团结、互相尊重、互相帮助，开展多种形式的社会主义精神文明建设活动；

（六）做好本村财务管理工作，建立预算、决算制度，实现收支平衡；

（七）协助人民政府做好本村社区公共服务、公共管理、公共安全等有关工作；

（八）向人民政府反映村民的意见、要求和提出建议；

（九）法律、法规规定应当由村民委员会履行的其他职责。

突发事件发生时，村民委员会应当按照所在地人民政府的决定和要求，组织、动员村民，开展自救和互救，配合人民政府开展突发事件应对工作。

区人民政府应当建立行政事务委托村民委员会的准入、退出制度，编制村民委员会依法协助行政事务清单。

第十一条 村民小组设组长一名，由村民小组会议在本组有选举权和被选举权的村民中推选或者投票选举产生，任期与村民委员会的任期相同，可以连选连任。

本组三分之一以上有选举权的村民或者户的代表联名，可以提出罢免村民小组组长的要求，并说明罢免理由。罢免村民小组组长，应当有本组三分之二以上有选举权的村民或者户的代表投票，并应当经投票的村民或者户的代表过半数通过。被提出罢免的村民小组组长有权提出申辩。

推选、选举或者罢免村民小组组长的村民小组会议由村民委员会召集。

第十二条 村民小组组长主持召开村民小组会议，执行村民小组会议的决定，办理本组相关事项，向村民委员会反映本组村民的意见、要求和提出建议，向本组村民传达村民委员会的有关决定，协助村民委员会办理本村的公共事务和公益事业，完成村民委员会布置的任务。

第三章　村民会议和村民代表会议

第十三条 村民会议由本村十八周岁以上的村民组成。

村民会议由村民委员会召集。有十分之一以上的村民或者三分之一以上的村民代表提议，应当召集村民会议。召集村民会议，应当提前十日通知村民并公布会议议题和议程。

第十四条 召开村民会议，应当有本村十八周岁以上村民的过半数，或者本村三分之二以上的户的代表参加。村民会议所作决定应当经到会人员的过半数通过。法律对召开村民会议及作出决定另有规定的，依照其规定。

召开村民会议，根据需要可以邀请乡、镇人民政府职能机构、驻村企业事业单位、群众团体、社会组织和非本村户籍居民等派代表列席。

第十五条 村民会议审议村民委员会的年度工作报告，评议村民委员会成员的工作；有权撤销或者变更村民委员会、村民代表会议不适当的决定。

涉及村民利益的下列事项，应当经村民会议讨论决定：

（一）制定、修改村民自治章程、村规民约；

（二）推选村务监督委员会成员；

（三）村民委员会成员和其他参与村务工作人员的报酬、补贴方案；

（四）本村发展规划和年度计划；

（五）本村财务预算、决算和收支情况报告；

（六）法律、法规规定或者村民会议认为应当由村民会议讨论决定的其他事项。

法律、法规对讨论决定村集体经济组织财产和成员权益的事项另有规定的，依照其规定。

第十六条 村民会议可以授权村民代表会议审议村民委员会的年度工作报告，评议村民委员会成员的工作，撤销或者变更村民委员会不适当的决定，讨论决定除制定、修改村民自治章程、村规民约以外的事项。

村民会议向村民代表会议授权，应当通过召开村民会议或者书面征求村民意见的形式进行，或者在村民自治章程中予以明确。采用书面征求意见形式的，应当由村民委员会向本村全体十八周岁以上村民或者全体户的代表征求，过半数的十八周岁以上村民或者三分之二以上户的代表实名向村民委员会反馈意见的，征求意见程序有效。村民或者户的代表的同意意见超过反馈意见的半数的，方可进行授权。

第十七条 人数较多或者居住分散的村，可以设立村民代表会议。村民代表由村民按每五至十五户推选一人，或者由各村民小组推选若干人产生。村民代表的人数不得少于三十五人。

村民代表的任期与村民委员会的任期相同，可以连选连任；推选村民代表的户或者村民小组认为村民代表不称职或者不能履职的，可以按原推选方式予以更换。任何组织和个人不得指定、委派或者随意更换村民代表。

村民代表应当向其推选户或者村民小组负责，接受村民监督，与村民保持密切联系，及时向村民传达村民代表会议的决定，动员村民遵守、执行；及时向村民委员会或者村民代表会议反映村民的意见、要求和提出建议。

第十八条 村民代表会议由村民委员会成员和村民代表组成，村民代表应当占村民代表会议组成人员的五分之四以上，妇女村民代表应当占村民代表会议组成人员的三分之一以上。

村民代表会议由村民委员会召集，一般每季度召开一次，必要时可以随时召开。有五分之一以上的村民代表提议，应当召集村民代表会议。村民代表会议有三分之二以上的组成人员参加方可召开，所作决定应当经到会的村民代表会议组成人员的过半数通过。

召开村民代表会议，根据需要可以邀请驻村企业事业单位、群众团体、社会组织和非本村户籍居民等派代表列席。

村民委员会应当在村民代表会议召开十日以前通知村民代表并公布会议议题和议程。村民代表应当在会前征求村民的意见和建议，并在村民代表会议上如实反映。

第十九条 村民小组会议由村民小组组长召集，讨论决定涉及本组村民利益的事项。本组三分之一以上年满十八周岁的村民或者户的代表提议的，应当召集村民小组会议。

召开村民小组会议，应当有本组三分之二以上年满十八周岁的村民或者户的代表参加，所作决定应当经到会人员的过半数通过。

第二十条 制定和修改村民自治章程、村规民约，应当广泛征求村民的意见，经村民会议讨论通过后报乡、镇人民政府备案。

村民自治章程一般包括制定章程的目的和依据，村民会议和村民代表会议的会议制度，村民委员会的成员分工、工作制度和下设工作机构，村民小组的划分，村民的权利和义务，村干部和村民的行为规范等内容。

村规民约一般针对村民福利、房屋管理、租赁管理、环境卫生、社会治安、精神文明建设、奖惩措施等事项逐一约定。

第二十一条 村民自治章程、村规民约以及村民会议或者村民代表会议的决定不得与宪法、法律、法规和国家的政策相抵触，不得有侵犯村民的人身权利、民主权利和合法财产权利的内容。

村民自治章程、村规民约以及村民会议或者村民代表会议的决定违反前款规定的，由乡、镇人民政府责令改正。

村民应当遵守法律、法规和国家的政策，遵守村民自治章程、村规民约，执行村民会议、村民代表会议的决定，履行村民应尽的义务。

第四章 民主管理和民主监督

第二十二条 村民委员会应当实行少数服从多数的民主决策机制和公开透明的工作原则，建立健全各项工作制度。

第二十三条 村民委员会实行村务公开制度。村务公开应当及时，内容应当真实、完整、清楚。

村民委员会应当在便于村民阅览的地点设置固定

的村务公开栏，并可以采用会议、广播、视频和互联网等村务公开形式。

下列村务事项应当公布：

（一）村民委员会成员的分工；

（二）村务监督委员会的组成及村务监督情况；

（三）村民委员会的年度工作目标；

（四）本村贯彻落实国家有关政策情况；

（五）村民委员会财务收支、预算、决算及其管理的资产、资金、资源等情况；

（六）村民委员会成员和其他参与村务工作人员的报酬和补贴情况；

（七）政府拨付和接受社会捐赠的救灾救助、补贴补助等资金、物资的管理使用情况；

（八）村民委员会、村务监督委员会的工作报告；

（九）村民委员会协助人民政府开展工作情况；

（十）经村民会议、村民代表会议讨论决定的其他事项及其实施情况；

（十一）涉及本村村民利益、村民普遍关心的或者法律、法规规定应当公布的其他事项。

前款规定事项中，一般事项至少每季度公布一次；集体财务往来较多的，财务收支情况应当每月公布一次；涉及村民利益的重大事项应当随时公布。

村民小组可以在便于本组村民阅览的地点设立组务公开栏，及时公布本组村民普遍关心的事项。

第二十四条 村民对村务公开内容有疑义的，可以直接向村民委员会查询或者提出意见，也可以通过村务监督委员会向村民委员会查询。村民委员会不能当场答复的，应当在十五日内作出答复。

经村务监督委员会同意，村民可以在专业人员的指导下查阅有关账目。

第二十五条 村应当设立村务监督委员会。村务监督委员会由村民会议或者村民代表会议推选三至七名村民组成。村务监督委员会决定事项，实行少数服从多数的原则。

村务监督委员会成员中应当有具备财会、管理专业知识的人员。村民委员会成员和村集体经济组织管理人员及其近亲属、村财务人员，不得担任村务监督委员会成员。

村务监督委员会的任期与村民委员会的任期相同，其成员可以连选连任。村务监督委员会应当每年定期向村民会议或者村民代表会议报告工作，接受村民会议或者村民代表会议对其履行职责情况的民主评议和监督。

本村五分之一以上有选举权的村民或者三分之一以上的村民代表认为村务监督委员会成员不称职或者不能履行职责的，可以按原推选方式予以罢免。

村务监督委员会成员出缺的，经村民会议或者村民代表会议决定，可以按照原推选得票多少的顺序依次递补或者按原推选方式补选。

第二十六条 村务监督委员会应当履行下列职责：

（一）监督村级重大事项的决策程序和落实情况；

（二）监督村务公开制度的落实情况；

（三）监督村民自治章程、村规民约的执行情况；

（四）监督村民委员会成员履行职责及廉洁自律情况；

（五）监督、检查、审核村民委员会的相关资产、资金、资源的管理使用情况；

（六）参与制定村民委员会各项财务管理制度并监督制度的落实情况；

（七）村民会议或者村民代表会议赋予的其他监督职责。

村务监督委员会成员列席村民委员会会议、村民代表会议等有关会议，有权查阅与监督事项有关的资料，有权对村务事项和村民委员会成员履行职责情况进行询问。

村民委员会的决定与村民会议、村民代表会议的决定相违背或者有重大错误的，村务监督委员会应当提出改正意见。经指出后不改正的，村务监督委员会可以建议召开村民会议或者村民代表会议，村民委员会应当自收到建议之日起十五日内召集村民会议或者村民代表会议就有关事项进行审议。村民委员会逾期不召集村民会议或者村民代表会议的，由村务监督委员会召集村民会议或者村民代表会议审议有关事项，并报乡、镇人民政府备案。

第二十七条 村民委员会应当自觉接受村民的监督，支持村务监督委员会依法履行职责，对村民和村务监督委员会提出的意见、建议，应当及时作出答复。

第二十八条 村民委员会及其成员有下列行为之一的，村民和村务监督委员会有权向乡、镇人民政府或者区人民政府及其有关部门反映：

（一）不及时公布应当公布的事项或者公布的事项不真实的；

（二）无正当理由不执行村民会议或者村民代表会议的决定的；

（三）对应当由村民会议或者村民代表会议决定的事项擅自作出决定或者处理的；

（四）对村民、村务监督委员会成员打击报复的。

乡、镇人民政府或者区人民政府及其有关部门对村民和村务监督委员会反映的前款所列行为，应当负责调查核实。查证属实的，应当责令公布或者改正；发现违法行为的，应当依法追究有关人员的责任。

第二十九条 村民委员会成员以及由村民委员会承担工作报酬的聘用人员，应当接受村民会议或者村民代表会议对其履行职责情况的民主评议。民主评议每年至少进行一次，由村务监督委员会主持，民主评议结果应当及时向村民公布。

民主评议结果与评议对象的使用和工作报酬等直接挂钩。村民委员会成员连续两次被评议为不称职的，其职务自行终止；由村民委员会承担工作报酬的聘用人员连续两次被评议为不称职的，由村民委员会依法予以解聘。

第三十条 村民委员会和村务监督委员会应当建立村务档案，依法按照归档范围进行收集、整理、立卷、管理。村务档案应当真实、准确、完整、规范，并有专人负责。

第三十一条 村民委员会成员实行任期和离任经济责任审计，审计包括下列事项：

（一）本村财务收支情况；

（二）本村债权债务情况；

（三）政府拨付和接受社会捐赠的资金、物资管理使用情况；

（四）本村建设项目的发包管理以及公益事业建设项目招标投标情况；

（五）本村资金管理使用以及本村资源的承包、租赁、担保、出让情况，征地补偿费的使用、分配情况；

（六）法律、法规规定或者本村五分之一以上年满十八周岁的村民要求审计的其他事项。

村民委员会成员的任期和离任经济责任审计，由区人民政府农业、财政部门或者乡、镇人民政府负责组织，可以委托社会审计机构进行。审计结果应当公布，其中离任经济责任审计结果应当在下一届村民委员会选举之前公布。

第五章 农村社区建设

第三十二条 村民委员会协助乡、镇人民政府加强农村基础设施、基本公共服务设施、服务管理信息化平台建设，引导社会各方参与农村社区建设，建立村民自我服务与政府公共服务、社会公益服务相结合的农村社区服务体系。

第三十三条 村民委员会应当围绕本村的公共事务和公益事业等事项，组织村民、村集体经济组织、驻村企业事业单位、群众团体、社会组织、非本村户籍居民和其他利益相关方，邀请相关政府部门，开展形式多样的农村社区民主协商。

第三十四条 村民委员会应当加强农村文化设施建设，传承乡贤文化，弘扬公序良俗，保护非物质文化遗产，培育发展群众文化，丰富农村文化生活。

第三十五条 村民委员会应当加强农村人居环境建设，倡导和培育节约意识、环保意识和生态意识，发动村民和驻村企业事业单位等开展公共空间、公共设施、公共绿化的管理维护行动，推动村民形成爱护环境、节约资源的生活习惯、生产方式和良好风气。

第三十六条 村民委员会纳入乡、镇网格化综合管理体系，加强与乡、镇网格化管理的协同联动，协助乡、镇人民政府对影响农村秩序和妨碍公共管理、公共安全的违法行为实施综合治理。

第三十七条 村民委员会应当协助有关部门推进农村公共法律服务体系建设，加强农村社区法治宣传教育。引导村民自觉尊法、学法、守法、用法，依法反映诉求和解决矛盾纠纷。

区人民政府应当加强民主法治示范村建设，推进建立村民委员会法律顾问制度。

第六章 村民自治的保障

第三十八条 本市建立村级自我积累与公共财政补助相结合的村级组织基本运转经费保障制度，保障村民委员会承担的人员工作报酬、村办公经费、基本公共服务和管理经费。村集体经济收入保障村级组织基本运转经费的不足部分，由区和乡、镇财政予以保障，并由区人民政府建立保障标准动态调整机制。

第三十九条 本市各级人民政府对村民委员会协助政府开展公共服务、公共管理、公共安全等工作，应当提供必要的工作条件和经费支持，给予工作指导；政府有关部门委托村民委员会开展工作所需经费由委托部门承担。

第四十条 市和区民政部门以及乡、镇人民政府应当加强对村民委员会成员、村务监督委员会成员、村民小组组长、村民代表的教育培训，提高其履职能力。

乡、镇人民政府应当根据本地区经济社会发展水平和农村人均可支配收入情况，结合工作岗位、工作绩效等，提出村民委员会成员工作报酬方案的指导意见。

第四十一条 市人民代表大会常务委员会、区人民代表大会及其常务委员会和乡、镇人民代表大会在本行政区域内保证《中华人民共和国村民委员会组织法》和本办法的实施，保障村民依法行使自治权利。

第四十二条 市和区民政、农业等部门，应当在同级人民政府的领导下做好《中华人民共和国村民委员会组织法》和本办法实施的有关工作。

第四十三条 村民委员会及其成员违反本办法规定，经村务监督委员会指出后拒不改正或者村务监督委员会无法发挥监督作用的，由乡、镇人民政府责令改正，通报批评；构成犯罪的，依法追究刑事责任。村民委员会成员被判处刑罚的，其职务自行终止。

第四十四条 政府职能部门及其工作人员违反本办法规定，由本级人民政府或者上级主管部门予以批评教育，责令改正；情节较重的，依法予以处分；构成犯罪的，依法追究刑事责任。

第七章 附 则

第四十五条 本办法有关乡、镇人民政府职责的规定，适用于辖区内设村的街道办事处。

第四十六条 本办法自2017年5月1日起施行。

上海市居民委员会工作条例

（2017年4月20日上海市第十四届人民代表大会常务委员会第三十七次会议通过，根据2020年5月14日上海市第十五届人民代表大会常务委员会第二十一次会议《关于修改本市部分地方性法规的决定》第一次修正）

第一条 为了加强居民委员会建设，服务居民群众，提高居民自治能力和自治水平，促进社区和谐，根据《中华人民共和国城市居民委员会组织法》和有关法律、行政法规的规定，结合本市实际，制定本条例。

第二条 本市行政区域内居民委员会组织运行、履行自治职能、协助相关工作及保障机制等，适用本条例。

第三条 居民委员会是居民自我管理、自我教育、自我服务、自我监督的基层群众性自治组织，依法组织居民开展自治活动，依法协助政府及其派出机关开展工作。

第四条 居民委员会工作应当坚持党的领导、政府指导、依法自治、社会参与，服务居民群众，形成居民区治理合力。

第五条 中国共产党在居民区的基层组织，按照中国共产党章程进行工作，发挥领导核心作用，领导和支持居民委员会行使职权；依照宪法和法律，支持和保障居民开展自治活动，建立健全居民区治理体系。

第六条 市和区人民政府对居民委员会的工作给予指导，其职能部门应当对居民委员会的工作给予支持和帮助。

街道办事处、乡镇人民政府应当对居民委员会的组织建设、制度建设、队伍建设、设施建设等给予具体指导、支持和帮助。

第七条 国家机关、社会组织、企业事业单位应当支持所在地的居民委员会的工作，通过多种形式共同参与居民区建设和治理。

第八条 鼓励居民委员会根据本居民区实际和居民需求，创新服务形式，拓展自治内容，不断提高居民自治能力和水平。

第九条 居民委员会根据居民居住状况、人口规模、公共服务资源配置等因素，按照便于居民自治和服务、管理的原则设置。

居民委员会的设置、撤销、规模调整，由街道办事处或者乡镇人民政府提出，报区人民政府批准。

第十条 居民委员会成员包括主任、副主任和委员，由本居民区有选举权的居民依法选举产生。

居民委员会成员应当遵守宪法、法律、法规和国家的政策，办事公道，廉洁奉公，热心为居民服务，接受居民监督。

居民委员会根据人民调解、综合治理、公共卫生与计划生育、社会保障、文化体育、环境和物业管理等工作需要设立若干委员会，依法开展自治活动，依法协助政府及其派出机关做好有关工作。

居民委员会可以分设若干居民小组，开展楼组、弄堂等组织形式的居民自治活动。

第十一条 居民委员会对居民会议负责并报告工作。

居民会议由全体十八周岁以上的居民或者每户派代表参加，也可以由每个居民小组选举代表二至三人参加。居民会议每年至少召开一次。召集居民会议，应当提前通知居民，并公布会议议题和议程。

居民会议由居民委员会依法召集和主持，讨论决定下列事项：

（一）制定居民自治章程和居民公约；

（二）审议居民委员会年度工作计划和报告；

（三）评议居民委员会及其成员的工作；

（四）涉及全体居民利益的其他重要事项。

居民会议有权依法撤换和补选居民委员会成员，撤销或者变更居民委员会不适当的决定。

居民委员会及其成员、居民应当遵守居民会议作出的决议。

第十二条 居民委员会以服务居民为宗旨，承担下列主要任务：

（一）组织居民制定并遵守自治章程和居民公约，召集居民会议，执行居民会议决定，开展自我管理、自我教育、自我服务、自我监督；

（二）调解民间纠纷；

（三）指导和监督业主委员会开展工作，维护居民和业主的合法权益；

（四）支持和引导居民区内的社会组织、企业事业单位、志愿者等社会力量参与居民区治理，开展社区协商；

（五）依法协助政府及其派出机关做好与居民利益相关的公共服务、公共管理、公共安全等工作；

（六）组织居民对街道办事处、乡镇人民政府和区人民政府职能部门派出机构及居民区相关公共服务单位进行工作评价；

（七）向街道办事处、乡镇人民政府反映居民的意见、要求和提出建议；

（八）法律、法规规定的其他任务。

突发事件发生时，居民委员会应当按照所在地人民政府的决定和要求，组织、动员居民，开展自救和互救，配合人民政府及其派出机关开展突发事件应对工作。

第十三条　居民委员会应当根据本居民区实际，组织居民制定居民自治章程和居民公约，经居民会议讨论通过后实施。居民自治章程和居民公约应当报街道办事处或者乡镇人民政府备案。

居民自治章程对居民委员会组织建设、居民自治制度和行为规范、监督评议等基本自治事项作出规定。居民公约对本居民区的自我管理、自我教育、自我服务、自我监督的具体事项进行规范。

居民自治章程和居民公约的内容，不得与宪法、法律、法规和国家的政策相抵触。

居民委员会及其成员、居民应当遵守居民自治章程和居民公约。

第十四条　居民委员会应当宣传宪法、法律、法规和国家的政策，开展多种形式的社会主义精神文明建设活动，弘扬社会主义核心价值观，教育居民遵守公序良俗、居民自治章程和居民公约、履行依法应尽的义务，促进社区和谐。

第十五条　居民委员会应当开展便民利民的社区服务活动，推动居民互助服务和志愿服务活动。

第十六条　居民委员会应当通过听证会、协调会、评议会等形式，对涉及居民切身利益的居民区公共事务，听取居民的意见和建议，组织、引导居民有序参与自治事务。

居民委员会应当建立健全自治议题和自治项目形成机制，广泛征集自治议题和自治项目，充分反映居民或者居民小组、群众活动团队的意见和建议。

第十七条　居民委员会应当及时、真实公布下列事项，接受居民查询和监督：

（一）居民会议讨论决定的事项及其实施情况；

（二）听证会、协调会、评议会的有关情况；

（三）社区协商成果的落实情况；

（四）居民委员会工作经费使用情况；

（五）政府拨付和接受社会捐赠的救灾救助、补贴补助等资金、物资的管理使用情况；

（六）涉及全体居民利益、居民普遍关心的其他事项。

居民委员会应当在便于居民阅览的地点设置固定的居务公开栏，并可以采取会议、社区信息平台等居务公开形式。

第十八条　街道办事处、乡镇人民政府应当建立健全居民委员会工作评价机制，提高居民评价的权重，以居民知晓度、参与度、满意度为重点，评价居民委员会及其成员的工作。

居民委员会及其成员应当接受居民会议对其履职情况的民主评议，听取居民意见，每年不得少于一次。

第十九条　居民委员会依法设立的人民调解委员会以法律、法规、国家的政策和社会公德规范为依据，通过说服、疏导等方法，在自愿、平等的基础上，及时化解与居民有关的矛盾、纠纷，促进居民区的和谐、稳定。

第二十条　居民委员会应当协助街道办事处或者乡镇人民政府、房屋行政管理部门做好业主委员会组建和换届选举的组织工作，指导业主委员会建立健全日常运作的工作制度。

因客观原因未能选举产生业主委员会的，居民委员会应当在街道办事处或者乡镇人民政府的指导和监督下，组织业主讨论决策住宅小区公共管理事务，经业主大会委托也可以暂时代行业主委员会的相关职责。房屋行政管理部门应当加强对居民委员会代行业主委员会相关职责的业务指导和服务工作。

居民委员会应当加强对业主委员会的指导和监督，引导其以自治方式规范运作。对涉及大多数居民利益的物业管理事项，居民委员会有权督促业主委员会依法召开业主大会，广泛征求业主意见并形成决议。

业主委员会应当配合居民委员会依法履行自治管理职能，支持居民委员会开展工作，接受其指导和监督；业主委员会作出的决定，应当告知相关的居民委员会。

符合条件的居民委员会成员可以经合法程序担任业主委员会成员。

第二十一条　居民委员会应当指导和监督业主委员会督促物业服务企业履行物业服务合同；对物业服务企业不履行物业服务合同或者物业管理方面存在的问题，可以报告街道办事处或者乡镇人民政府、房屋行政管理部门。街道办事处或者乡镇人民政府、房屋行政管理部门接到报告后，应当及时依法调查处理。

在尚未选聘物业服务企业且未组建业主委员会的住宅小区，居民委员会应当组织居民做好公共区域的物业管理工作。

居民委员会可以依法调解业主、业主委员会、物业服务企业之间的物业管理纠纷。

第二十二条　居民委员会应当支持和引导居民区生活服务、公益慈善、文体活动、纠纷调解等社会组织和群众活动团队、志愿者参与居民区服务和管理，动员居民区内的企业事业单位向居民开放资源、履行社会责任，共同参与居民区建设和治理。

第二十三条 居民委员会可以采取居民区联席会议等形式，组织居民代表、业主委员会、物业服务企业、社区民警、志愿者以及居民区内企业事业单位、社会组织、群众活动团队等的代表，就社区公共事务开展民主协商，并可以根据需要邀请街道办事处、乡镇人民政府或者区人民政府相关职能部门参加。

对协商确定需要居民委员会落实的事项，居民委员会应当及时组织实施，并将落实情况在规定期限内向居民公开，接受监督。受政府或者有关部门委托的协商事项，协商结果应当及时向政府或者有关部门报告；政府和有关部门无正当理由的，应当采纳协商结果，并以适当方式反馈。

第二十四条 居民委员会应当依法协助政府及其派出机关做好与居民利益相关的社会保障、劳动就业、社会救助、优待抚恤、公共卫生、计划生育、社区教育、文化体育、消费维权和老年人、残疾人、妇女、未成年人权益保障等公共服务工作。

第二十五条 居民委员会应当依法协助政府及其派出机关做好人口管理、住宅小区综合治理、社区矫正等公共管理工作。

居民委员会应当组织其成员、居民、志愿者等协助做好城市网格化综合管理工作，对在本居民区内发现的城市管理、市场监管、社区安全等问题及时予以劝阻，并报街道或者乡镇的城市网格化综合管理平台，支持、协助城市管理行政执法、市场监管、公安等执法和管理机构依法予以处置。

第二十六条 居民委员会应当组织居民参与社会治安综合治理，开展群防群治，协助政府及其派出机关做好居民区的消防安全、生产安全、食品药品安全、减灾救灾等公共安全领域的安全宣传等工作，对发现的安全隐患应当及时报告。

第二十七条 市和区人民政府应当建立居民委员会协助行政事项的准入管理机制，制定居民委员会依法协助行政事项清单；对清单以外的协助行政事项，居民委员会有权拒绝办理。市和区人民政府职能部门不得将职责范围内的事项转交给居民委员会承担或者直接给居民委员会安排工作任务。

对居民委员会依法协助的行政事项，有关政府职能部门应当为居民委员会提供必要的经费、工作条件和信息支持，并进行业务指导。

第二十八条 市和区人民政府应当建立居民委员会出具证明事项的准入管理机制，制定居民委员会出具证明事项范围清单，将法律、法规明确规定以及经审核批准的政府职能部门、企业事业单位、社会组织需要居民委员会出具的证明事项，纳入清单范围。

对清单以内的事项，居民委员会应当依法出具证明；对清单以外的事项，居民委员会有权拒绝出具证明。

第二十九条 对街道办事处、乡镇人民政府、区人民政府职能部门派出机构及其相关工作人员工作情况的考核，应当听取居民委员会的意见。居民委员会可以组织居民进行评议，评议意见应当作为考核的重要依据。

居民委员会可以组织居民对供水、供电、供气、环境卫生、园林绿化等公共服务单位的服务情况进行评议，并将评议意见反馈给相关行政主管部门，作为其对相关单位进行管理或者考核的依据。

第三十条 居民委员会应当通过多种形式收集居民的意见和建议，对居民反映的问题，及时协调处理；无法协调处理的，应当及时向街道办事处、乡镇人民政府或者相关政府职能部门报告。

第三十一条 居民委员会成员应当认真学习法律、法规和国家的政策，学习社会工作知识，掌握做好群众工作的方法，不断提高服务居民和依法办事的能力。

市和区民政部门、街道办事处、乡镇人民政府应当根据居民区治理实际，通过加强分类指导、总结推广经验、开展专业培训等方式，帮助居民委员会及其成员提高组织和引导居民自治的能力。

第三十二条 居民委员会应当建立健全接待、联系、服务居民的工作制度，根据实际需要，通过错时上下班、节假日轮休等方式，保障工作运转，方便群众办事。

第三十三条 居民委员会的办公经费、社区服务经费和自治项目经费以及办公用房、居民区公共服务设施，由区或者乡镇人民政府按照国家和本市有关规定予以保障。

市财政、民政等部门应当按照规范管理、勤俭节约、高效便捷、公开透明的原则，制定和完善居民委员会经费使用、管理规定，方便居民委员会开展工作。

第三十四条 对符合条件的居民委员会成员，可以按照本市有关规定聘任为社区工作者，享受相应的待遇保障。

街道办事处、乡镇人民政府可以根据居民区服务和管理需要，安排一定数量的社区工作者协助居民委员会开展工作。

第三十五条 街道办事处、乡镇人民政府应当通过政府购买服务等方式，鼓励和支持居民区引入专业社会组织，在居民委员会的组织安排和监督下，提供法律援助、文化体育、社会工作等专业服务，满足居民多样化需求。

第三十六条 市和区人民政府应当建立和完善居民区综合管理和服务信息平台，收集、整合居民区基础数据，实现信息资源共享，为提高居民区服务和管理效率提供支撑。

鼓励居民委员会运用信息化方式，拓展自治渠道和平台。

公安、房屋管理、规划资源、民政、人力资源社会保障等部门应当依法向居民委员会提供人口、房屋等基础信息和有关政务服务信息，支持居民委员会开展工作。

第三十七条　居民委员会未按照本条例规定履行义务的，由居民会议予以纠正；必要时，由街道办事处或者乡镇人民政府责令改正。

第三十八条　市和区人民政府职能部门违反本条例规定，将职责范围内的事项转交给居民委员会承担或者直接给居民委员会安排工作任务的，由本级人民政府予以纠正、通报批评；情节较重的，对负有直接责任的主管人员和其他直接责任人员给予警告或者记过处分。

第三十九条　本条例自2017年7月1日起施行。

关于进一步做好本市粮油帮困工作的通知

（沪民规〔2020〕1号）

各区民政局、财政局、粮食和物资储备局：

为更好贯彻落实《上海市社会救助条例》，保障困难群众基本生活，进一步完善本市实物配发工作，规范帮困粮油卡、券发放，现将有关事项通知如下：

一、发放范围

（一）帮困粮油卡的发放范围为：

1. 本市分散供养的特困人员；

2. 本市享受定期定量生活补助的民政救济对象（包括重残无业人员）；

3. 本市最低生活保障家庭中的以下人员：70周岁（含70周岁）以上老人；学龄前儿童及中小学生；大病重病患者。

（二）帮困粮油券的发放范围为：

本市最低生活保障家庭中60—69周岁（含60周岁、69周岁）的老人。

二、实物供应量

帮困粮油指定供应范围为粮、油、糖等生活必需品。

帮困粮油卡实物供应量为10公斤大米、900 ml食用油、0.5公斤食糖，折算价格为每月72元。帮困粮油券实物供应量为4公斤大米，折算价格为每月22元。

帮困人员凭借帮困粮油卡、券在指定供应点可以足额领取等值的粮油制品或其他生活必需品。折算价格根据本市经济社会发展情况适时适度调整。

三、资金渠道

粮油帮困所需资金，由市、区财政各承担50%。

四、帮困粮油指定供应点

帮困粮油指定供应点由区民政、区粮食和物资储备部门、所在街道（乡镇）三方会商，按照基本标准共同确认。区民政部门主要把握“方便、就近、优选”的原则，指导街道（乡镇）合理选点；区粮食和物资储备部门主要把握《帮困粮油指定供应点基本标准》（附件1），建立严格的准入机制。

五、工作职责

（一）区民政部门要指导街道（乡镇）做好帮困粮油卡、券发放对象的审核及卡、券的发放工作。

（二）区财政部门要落实帮困粮油卡、券所需资金，及时做好帮困粮油资金结算工作，并会同民政部门加强对帮困粮油供应资金使用的监督检查。

（三）区粮食和物资储备部门要按帮困粮油供应点基本标准，建立严格的准入机制，并及时更新帮困粮油指定供应点信息，填制《帮困粮油指定供应点信息变更确认表》（附件2），做好网点备案工作。

（四）街道（乡镇）要做好帮困粮油供应点的选定，帮困粮油卡、券发放对象的审核及卡、券的发放工作。

六、本通知自2020年3月1日实施，有效期至2025年2月28日。《上海市民政局、上海市财政局关于完善本市粮油帮困工作的通知》（沪民救发〔1999〕第38号　沪财企二〔1999〕91号）《上海市民政局　上海市财政局　上海市粮食局〈关于进一步完善本市帮困粮油工作的通知〉》（沪民救发〔2016〕20号）同步废止。

附件：

1. 帮困粮油指定供应点基本标准
2. 帮困粮油指定供应点信息变更确认表

上海市民政局
上海市财政局
上海市粮食和物资储备局
2020年1月14日

关于印发《上海市民政局关于统一规范本市弃婴（儿）寻亲公告的有关规定》的通知

（沪民规〔2020〕2 号）

各区民政局，市社会福利中心：

现将《上海市民政局关于统一规范本市弃婴（儿）寻亲公告的有关规定》印发给你们，请认真按照执行。

2020 年 4 月 23 日

上海市民政局关于统一规范本市弃婴（儿）寻亲公告的有关规定

根据国家有关收养的法律规定，为依法规范收养程序，切实维护被收养儿童和收养当事人的合法权益，保障本市收养登记工作健康、有序发展，制订统一规范本市弃婴（儿）寻亲公告的规定：

一、弃婴（儿）寻亲公告应由市、区民政局统一发布。

二、弃婴（儿）寻亲公告应包含以下内容：弃婴（儿）的姓名、出生年月、性别、身体特征、被捡拾的时间、地点、随身携带物品、身穿服装、公告期限、认领方式，并附弃婴（儿）被捡拾时的一寸正面免冠照片一张，弃婴（儿）在捡拾前姓名不详，出生年月是估算的要特别注明。

三、上海市儿童福利院抚养的弃婴（儿）寻亲公告，由上海市民政局统一办理，除按本规定第二条的要求内容外还须增加弃婴（儿）入院时间。

四、收养社会弃婴（儿）的当事人，在申请收养登记之前，应先到弃婴（儿）捡拾地的区民政局，按本规定第二条的要求，拟好公告内容，提出刊登弃婴（儿）寻亲公告申请。区民政局对符合收养条件的当事人，出具《弃婴（儿）寻亲公告介绍信》，由收养当事人持介绍信和公告样式到符合规定的报刊办理查找弃婴（儿）生父母公告的手续。

五、本规定自 2020 年 5 月 1 日起施行，有效期至 2025 年 4 月 30 日。

关于印发《上海市殡葬服务单位年度验审办法》的通知

（沪民规〔2020〕3 号）

各区民政局，各有关单位：

为加强对本市殡葬服务单位的规范管理，促进殡葬服务单位健康发展，现印发《上海市殡葬服务单位年度验审办法》，请遵照执行。

2020 年 4 月 26 日

上海市殡葬服务单位年度验审办法

第一条（目的依据）

为加强对本市殡葬服务单位的规范管理，促进殡葬服务单位健康发展，根据《上海市殡葬管理条例》和《上海市公墓管理办法》，制定本办法。

第二条（适用范围）

本办法适用于对本市殡葬服务单位开展年度验审工作。

本办法所称的殡葬服务单位，包括殡仪馆、经营性公墓和经营性骨灰堂。

第三条（管理部门）

市民政局负责本市殡葬服务单位的年度验审工作。各区民政局根据职责做好本辖区内殡葬服务单位的年度验审相关工作。

第四条（验审时间）

本办法的验审年度是指上一年度的 1 月 1 日至 12 月 31 日。开展年度验审时间是每年的 3 月 1 日至 6 月 30 日。

第五条(验审内容)

对殡葬服务单位的年度验审内容主要包括:

(一) 遵守殡葬管理等法律法规和政策规定情况;

(二) 执行国家、行业和本市相关标准情况;

(三) 设备设施配备、建设和业务操作规范执行情况;

(四) 安全生产工作开展情况;

(五) 经营性公墓(骨灰堂)维护费等使用管理情况;

(六) 其他根据国家和本市规定需要验审的情况。

第六条(验审程序)

年度验审按照下列程序进行:

(一) 殡葬服务单位应当就上一年度本单位工作情况,如实填报年度验审报告书,于每年4月1日前向市民政局提交年度验审报告书。

市民政局可以通过委托区民政局和市殡葬服务中心代收验审材料、采取网上办理等方式简化手续,方便殡葬服务单位就近参加年度验审。

(二) 市民政局于4月30日前,向相关区民政局和市殡葬服务中心征求年度验审意见。区民政局和市殡葬服务中心应当配合做好年度验审相关工作,可以结合现场检查情况,对所辖殡葬服务单位提交的年度验审报告书提出意见。

(三) 市民政局应当结合相关区民政局和市殡葬服务中心的意见,自5月起对全市各殡葬服务单位进行验审,并开展现场抽查。

(四) 市民政局在6月底前完成年度验审工作,并作出年度验审结论。年度验审结论应当告知验审对象,于20个工作日内公示。

第七条(验审结论)

年度验审结论分为“验审合格”、“验审基本合格”、“验审不合格”三种。验审结束后,市民政局应当在《殡葬服务证》(副本)上加盖年度验审结论戳记。

殡葬服务单位不按规定接受市、区民政部门监督检查或年度验审,以及年度验审中隐瞒真实情况、弄虚作假的,确定为“验审不合格”。

有下列情形之一,情节轻微的,确定为“验审基本合格”;情节严重的,确定为“验审不合格”:

(一) 违反殡葬管理等法律法规和政策规定的;

(二) 未严格执行业务操作规范,发生业务差错和事故的;

(三) 存在安全隐患,发生安全生产责任事故的。

第八条(整改处理)

“验审基本合格”和“验审不合格”的殡葬服务单位,应当按照年度验审指出的问题,在规定的期限内完成整改,整改期限为3个月。整改结束后,由市民政局对整改结果进行评定并出具意见。拒不接受整改的,由市民政局依法予以处理。

第九条(施行日期)

本规定自2020年5月1日起施行,有效期至2025年4月30日。

关于延长《上海市民政局关于开展收养登记调查评估工作的通知》等4件行政规范性文件有效期的通知

(沪民规〔2020〕4号)

各区民政局,各相关单位:

经研究并经相关部门同意,市民政局决定延长下列4件行政规范性文件有效期,统一至2025年4月30日:

一、《上海市民政局关于开展收养登记调查评估工作的通知》(沪民婚发〔2006〕14号);

二、《上海市民政局关于修订〈《上海市婚姻介绍机构管理办法》中行政处罚的实施规定〉的通知》(沪民婚发〔2009〕4号);

三、《上海市民政局关于本市经营性公墓向特殊对象出售寿穴有关问题的通知》(沪民殡发〔1999〕6号);

四、《上海市民政局、上海市档案局关于印发〈上海市殡葬服务单位档案管理办法〉的通知》(沪民殡发〔2007〕4号)。

特此通知。

2020年4月26日

关于办理社会服务机构（民办非企业单位）迁出迁入变更登记有关问题的通知

（沪民规〔2020〕5号）

各区民政局：

为进一步规范社会服务机构（民办非企业单位）跨区域跨层级变更，完善社会服务机构（民办非企业单位）变更登记事项，更加便民利民，根据《民办非企业单位登记管理暂行条例》等有关规定，结合本市实际，现就办理社会服务机构（民办非企业单位）迁出迁入变更登记的有关问题通知如下：

一、迁出变更登记

社会服务机构（民办非企业单位）申请迁出变更登记的，由社会服务机构（民办非企业单位）向迁出地登记管理机关提出申请，同时提交：

（一）《社会服务机构（民办非企业单位）迁出变更登记申请表》（一式二份）；

（二）决策机构的决议；

（三）业务主管单位变更的，需提交原业务主管单位出具的不再担任业务主管单位的文件。

二、迁入变更登记

社会服务机构（民办非企业单位）申请迁入变更登记的，由社会服务机构（民办非企业单位）向迁入地登记管理机关提出申请，同时提交：

（一）《社会服务机构（民办非企业单位）迁入变更登记申请表》（一式二份）；

（二）决策机构的决议；

（三）《章程核准表》（一式二份）；

（四）章程（一式三份）；

（五）业务主管单位变更的，需提交变更后的业务主管单位出具的同意担任业务主管单位的文件；

（六）需要取得执业许可的，需提交执业许可证书复印件；

（七）住所变更的，需提交场所使用权证明；

（八）其他相关材料。

三、办理期限

迁出地登记管理机关自收到全部有效材料之日起15个工作日内，作出准予或不予变更登记的决定。准予变更登记的发给《准予社会服务机构（民办非企业单位）迁出决定书》，收回社会服务机构（民办非企业单位）登记证书，同时抄送迁出、迁入地业务主管单位，迁入地登记管理机关。不予变更登记的，按原规定执行。

社会服务机构（民办非企业单位）接到《准予社会服务机构（民办非企业单位）迁出决定书》后，应及时向迁入地登记管理机关提出迁入登记的申请。迁入地登记管理机关收到社会服务机构（民办非企业单位）迁入申请后，经审核，符合要求的，15个工作日内作出准予迁入的决定，颁发《社会服务机构（民办非企业单位）迁入决定书》和社会服务机构（民办非企业单位）登记证书。

社会服务机构（民办非企业单位）向迁入地登记管理机关申请登记时涉及名称变更的，应先办理核名手续。

四、档案

迁出地登记管理机关在作出准予变更登记决定后7个工作日内，通过机要形式将社会服务机构（民办非企业单位）档案材料移交迁入地登记管理机关。

五、公告

办理社会服务机构（民办非企业单位）迁出迁入变更登记，由迁入地登记管理机关负责公告。

六、施行时间

此规定自2020年5月1日起施行，有效期至2025年4月30日。

附件：

1.《社会服务机构（民办非企业单位）迁出变更登记申请表》

2.《社会服务机构（民办非企业单位）迁入变更登记申请表》

2020年4月27日

关于贯彻民政部《关于现职国家工作人员不得兼任基金会负责人有关问题的通知》的通知

（沪民规〔2020〕6 号）

各市级业务主管单位、行业主管部门：

为推进政社分开，加强党风廉政建设，保持基金会的民间性，经商国家有关部门同意，民政部下发了《关于现职国家工作人员不得兼任基金会负责人有关问题的通知》（民函〔2004〕270 号），对现职国家工作人员的范围作了明确界定。为贯彻民政部的通知精神，现对本市基金会负责人的有关问题通知如下：

一、基金会的负责人是指基金会的理事长、副理事长、秘书长，不包括基金会的名誉职务以及监事长和监事。

二、"现职国家工作人员"是指组织人事和工资关系都在党的机关、人大机关、政府机关、政协机关、监察机关、审判机关、和检察机关中的现职工作人员，以及法律、法规授权行使行政管理职能的其他机构的工作人员。

三、"现职国家工作人员"不包括在党的机关、人大机关、政府机关、政协机关、监察机关、审判机关和检察机关中已从领导岗位退下来尚未办理离退休手续的工作人员；不包括上述机关和机构中离开行政工作岗位专门从事基金会工作的工作人员；不包括在其他单位有实际职务，且在人大机关、政协机关的职务仅是兼任的工作人员；也不包括工、青、妇等人民团体的工作人员。

四、本通知第三条中的不包括在"现职国家工作人员"范围内的干部兼任基金会负责人的，应当按照干部管理权限办理兼职审批手续。

本通知自 2020 年 5 月 1 日起施行，有效期至 2025 年 4 月 30 日。

2020 年 4 月 27 日

关于进一步做好本市社区群众活动团队备案工作的意见

（沪民规〔2020〕7 号）

各区民政局：

本市社区群众活动团队在推进社区基层治理、参与社区事务管理、开展社区公共服务、丰富社区文化生活等方面发挥着日益重要的作用。为了进一步做好社区群众活动团队备案工作，鼓励、扶持社区群众活动团队健康有序发展，充分发挥他们在社区治理中的积极作用，根据民政部《关于大力培育发展社区社会组织的意见》（民发〔2017〕191 号）等规定，制定本意见。

一、指导思想

为加强社区治理体系建设、推动社会治理重心向基层下移、打造共建共治共享的社会治理格局，通过开展社区群众活动团队备案工作，进一步健全社区群众自我服务体系、完善社区社会组织管理体系，以满足群众需求为导向，以鼓励扶持为重点，以能力提升为基础，引导社区群众活动团队健康有序发展。

二、基本原则

一是引导。积极引导社区群众活动团队到所在辖区备案，推动符合条件的社区群众活动团队"应备尽备"；

二是扶持。通过激励、资助等方式给予社区群众活动团队扶持、促进措施，推动社区群众活动团队健康发展；

三是规范。加强社区群众活动团队自律机制建设，促进其自我管理、自我教育、自我约束和自我发展。

三、备案工作

（一）备案对象

社区群众活动团队是指以社区群众为主体，以社区地域为活动范围，以满足社区居民多元化需求为目的，由社区成员自主成立、自愿参与，尚不具备法定登

记条件,但具有下列特征的团队:

1. 有10人或以上相对固定的成员;

2. 有1名或以上相对固定的召集人或联系人;

3. 主要开展符合宪法和法律规定、体现社会主义核心价值观的体育健身、志愿服务、文化艺术和休闲爱好等活动;

4. 有相对固定的活动时间和活动地点;

5. 有相对规范的名称。

(二) 备案机构

社区群众活动团队备案工作由街道办事处和乡、镇人民政府负责,具体备案事宜可委托社会组织服务中心承担。

(三) 备案内容

社区群众活动团队备案内容包括:团队名称、召集人或联系人、活动内容、活动地点、活动人数、党建联络员等。鼓励条件成熟的社区群众活动团队制订活动守则,一并备案。

(四) 备案程序

1. 社区群众活动团队申请、变更、撤回备案,采用线上线下办理的方式,一般由召集人或联系人到备案机构办理,也可以通过"上海社会组织公共服务平台"办理。

2. 申请备案时,纸质填写或网上填报《上海市××区社区群众活动团队备案表》(附件)。

3. 备案机构办理备案前,可以听取社区群众活动团队所在居(村)委会意见,符合备案要求的,由备案机构给予备案并告知其召集人或联系人。

4. 社区群众活动团队变更备案信息、停止开展活动或解散,应办理变更、撤回备案。

5. 社区群众活动团队违反法律法规开展活动的,可由其所在居(村)委会劝散,备案机构办理撤销备案。

6. 对已经备案、撤回备案、变更备案、撤销备案的社区群众活动团队有关信息,备案机构应当采取有效方式在社区公告。

7. 备案过程中,备案机构不得收取任何费用。

(五) 备案管理

市民政局负责社区群众活动团队备案工作的指导和监督,按照市、区、街道(乡镇)三级构架,对备案的社区群众活动团队信息实行分层分级管理,并与社会组织及民政其他相关业务数据共享。

区民政局(社会组织管理局)负责社区群众活动团队备案工作的统筹、协调、汇总等工作,加强指导、检查和服务。

街道办事处和乡、镇人民政府可通过购买服务等方式,发挥好社会组织服务中心的作用,委托其加强对辖区内社区群众活动团队的业务指导和管理。

居(村)委会加强社区群众活动团队备案工作的填报辅导,并核实备案信息。

(六) 鼓励和扶持

鼓励各区民政局(社会组织管理局),街道办事处和乡、镇人民政府扶持已经备案的社区群众活动团队,优先为他们提供场地、设备等方面的资助、优惠和便利,提高社区群众活动团队活动的质量。鼓励街道办事处和乡、镇人民政府依托社区基金会,引导社会力量,为社区群众活动团队提供资金资助,加强对扶持资金使用的监督管理,提升社区社会治理的能力和水平。鼓励各区民政局(社会组织管理局),街道办事处和乡、镇人民政府利用各类资源为社区群众活动团队搭建展示、推荐等平台。鼓励各区民政局(社会组织管理局),街道办事处和乡、镇人民政府出台激励措施,培育一批有影响力的社区群众活动团队。

四、工作要求

(一) 加强领导,切实履行职责

各区民政局(社会组织管理局)要将此项工作作为社会治理和加强社会组织管理的重要延伸和抓手,高度重视、认真组织,加强对街道办事处和乡、镇人民政府的政策指导,强化服务意识,通过全市联网的社区群众活动团队备案数据模块,及时汇总、分析街道办事处和乡、镇人民政府上报的备案数据;加强社区群众活动团队规律性的研究,了解和掌握发展趋势。市民政局将把社区群众活动团队备案工作作为考核内容。

(二) 加强协作,整合社区资源

各区民政局(社会组织管理局)要充分发挥街道办事处和乡、镇人民政府、居(村)委会、社会组织服务中心和各类社会组织的作用,建立有效的协作机制;要主动争取各政府职能部门向专业对口的社区群众活动团队提供业务指导和政策支持。

(三) 加强指导,实现长效管理

各区民政局(社会组织管理局)要积极探索社区群众活动团队的长效管理机制,指导街道办事处和乡、镇人民政府制定完善日常管理制度,加强动态管理,并通过激励奖惩制度等,不断创新管理方法,提高管理水平,促进社区群众活动团队健康发展。

五、实施日期

本意见自2020年5月1日起实施,有效期至2025年4月30日。

附件:上海市××区社区群众活动团队备案表

2020年4月30日

关于进一步加强本市困境儿童保障和农村留守儿童关爱服务工作的通知

（沪民规〔2020〕8 号）

各区民政局、法院、检察院、发展改革委、教育局、公安局、司法局、财政局、卫生健康委、医保局、妇儿工委办、团委、妇联、残联：

困境儿童和农村留守儿童是社会上最弱小、最困难、最需要关怀的群体之一。保障困境儿童和农村留守儿童等特殊儿童的合法权益，发展儿童福利事业，是关注和改善民生的重要举措，也是各级政府和各部门义不容辞的职责。为深入落实《关于进一步健全农村留守儿童和困境儿童关爱服务体系的意见》（民发〔2019〕34 号）、《关于进一步加强事实无人抚养儿童保障工作的意见》（民发〔2019〕62 号）和《上海市人民政府关于加强本市农村留守儿童关爱保护工作的实施意见》（沪府发〔2016〕87 号）、《上海市人民政府关于加强本市困境儿童保障工作的实施意见》（沪府发〔2017〕32 号）文件精神，进一步聚焦特殊对象，加强分类保障，完善工作机制，现就进一步加强本市困境儿童保障和农村留守儿童关爱服务工作通知如下：

一、完善本市困境儿童基本生活保障制度

本市困境儿童基本生活保障对象是指：父母双方均符合重残、重病、服刑在押、强制隔离戒毒、被执行其他限制人身自由的措施、失联情形之一的未成年人；或者父母一方死亡或失踪，另一方符合重残、重病、服刑在押、强制隔离戒毒、被执行其他限制人身自由的措施、失联情形之一的未成年人；或者因遭受监护人虐待、遗弃、意外伤害、不法侵害等监护不当导致人身安全受到威胁或侵害情形的未成年人。根据我国加强事实无人抚养儿童保障工作的总体要求，事实无人抚养儿童全部纳入本市困境儿童基本生活保障对象范围。对上述基本生活保障对象，要以保障基本生活为基础，进一步健全医疗康复和教育保障制度。

（一）落实基本生活保障。各区民政部门要根据本市困境儿童基本生活费发放工作相关文件要求，认真抓好各项工作落实，及时发放困境儿童基本生活费，确保困境儿童基本生活。

（二）加强医疗和康复保障。进一步做好将本市困境儿童基本生活保障对象纳入城乡居民基本医疗保险、城乡居民大病保险、少儿住院医疗互助基金、城乡医疗救助等制度覆盖范围的衔接工作，实施综合保障。本市困境儿童基本生活保障对象参加城乡居民医保的个人缴费和门急诊起付线费用、参加少儿住院医疗互助基金费用、住院自负医疗费用等，参照本市低保家庭成员给予医疗救助，所需资金由医疗救助资金承担。符合条件的困境儿童基本生活保障对象可同时享受重度残疾人护理补贴及康复救助等相关政策。

（三）完善教育资助和救助。对本市困境儿童基本生活保障对象参照孤儿实施教育资助，享受相应的学生资助政策。对残疾的困境儿童和农村留守儿童，通过特殊教育学校就读、普通学校就读、儿童福利机构特教班就读、送教上门等多种方式，做好教育安置。对就读高中阶段（含普通高中及中职学校）的困境儿童和农村留守儿童，根据家庭困难情况开展结对帮扶和慈善救助。

二、加强困境儿童和农村留守儿童关爱服务工作

针对全市各类困境儿童和农村留守儿童，不断完善工作机制，持续加强安全保护和日常关爱服务工作。

（一）督促落实监护责任。各区相关部门（单位）要加强家庭教育工作，把家庭监护主体责任具体化，进一步加大对失职监护人的批评教育、告诫、处罚和警示案例的宣传力度，必要时开展亲职教育工作。人民法院、人民检察院和公安机关等部门应当依法打击监护侵害、故意或者恶意不履行监护职责以及其他各类侵害儿童权益的违法犯罪行为，根据情节轻重依法追究其法律责任。对符合《民法总则》第 36 条和《最高人民法院最高人民检察院公安部民政部关于依法处理监护人侵害未成年人权益行为若干问题的意见》（法发〔2014〕24 号）规定情形的，依法撤销监护人监护资格。对有能力履行抚养义务而拒不抚养的父母，民政部门可依法追索抚养费，因此起诉到人民法院的，人民法院应当支持。加大流浪儿童救助保护力度，及时帮助流浪儿童寻亲返家，教育、督促其父母及其他监护人履行抚养义务，并将其纳入重点关爱对象。

（二）强化安全保护机制落实。根据本市困境儿童安全保护工作操作规程的要求，进一步健全完善发现报告、应急处置、评估帮扶、监护干预安全保护体系，加大对学校、幼儿园、医疗机构、村(居)委会、儿童福利机构等强制报告主体的指导和培训力度,依法严厉打击教唆、诱骗、组织、胁迫、利用儿童从事违法犯罪活动等各类违法犯罪行为,推进完善闭环运行、严密有效的安全保护机制。开通热线受理平台,建立“一口受理、协同处置”安全保护工作模式,相关部门联动为困境儿童和农村留守儿童提供线上线下服务。各区民政部门要依托民政部相关信息管理系统,建立困境儿童和农村留守儿童详细档案,做到一人一档、动态更新、精准帮扶。

(三) 加强日常关爱服务。对遭遇突发性、紧迫性、临时性基本生活困难家庭的困境儿童和农村留守儿童实施临时救助,提供关爱服务。完善义务教育控辍保学工作机制,做好对困境儿童和农村留守儿童的常态监控,因地、因家、因人精准施策,确保困境儿童和农村留守儿童依法完成义务教育。对有困难的学生,要落实相关教师开展助学。困境儿童和农村留守儿童成年后仍在校就读的,按国家和本市有关规定享受相应政策。完善法律援助机制,加强对权益受到侵害的困境儿童和农村留守儿童的法律援助工作。维护残疾儿童权益,大力推进残疾困境儿童和农村留守儿童康复、教育服务,提高保障水平和服务能力。充分发挥儿童福利机构、未成年人救助保护机构、康复和特教服务机构等服务平台作用,提供政策咨询、康复、特教、养护和临时照料等关爱服务支持。加强家庭探访,协助提供监护指导、返校复学、落实户籍等关爱服务。发挥共青团、妇联等群团组织的优势,对困境儿童和农村留守儿童给予重点关爱。引入专业社会组织和社会工作者,开展提前预防和主动干预。关注困境儿童和农村留守儿童的心理健康,注重为其提供心理咨询、心理疏导、情感抚慰等专业服务,培养健康心理和健全人格。

三、健全关爱保障工作的设施载体

本市困境儿童和农村留守儿童关爱保障工作的设施载体主要有两大类,即:未成年人救助保护机构和儿童福利机构。

未成年人救助保护机构是指市、区政府及其民政部门根据需要设立,对生活无着的流浪乞讨、遭受监护侵害、暂时无人监护等未成年人实施救助保护,承担临时监护责任,协助民政部门推进困境儿童和农村留守儿童关爱服务等工作的专门机构,包括按照事业单位法人登记的儿童临时看护中心、未成年人救助保护中心、设有未成年人救助保护科(室)或困境儿童临时照料场所的救助管理站。各区已成立未成年人救助保护机构的,要健全服务功能,规范工作流程,提升关爱保障能力。各区尚未成立未成年人救助保护机构的,要结合本区设施载体实际,充分整合资源,成立相关载体作为困境儿童和农村留守儿童关爱保障的枢纽平台,可采取委托社会力量运营等方式,承担困境儿童和农村留守儿童关爱保障具体工作(具体职责见附件 1)。

儿童福利机构是指民政部门设立的,主要收留抚养由民政部门担任监护人的未满 18 周岁儿童的机构,包括按照事业单位法人登记的儿童福利院、设有儿童部的社会福利院等。同时,当未成年人救助保护机构抚养照料儿童能力不足时,儿童福利机构可接受其委托代为养育,并签订委托协议。各区民政部门要根据本区儿童福利事业发展需要,在“十四五”时期建设儿童福利机构或在新改建的区社会福利院设置儿童部,在满足政府监护儿童养育需求的同时,适度向社会开放床位,惠及特殊困难家庭。

四、加强基层工作队伍建设

(一) 加强工作力量。坚持选优配强,确保有能力、有爱心、有责任心的人员从事困境儿童和农村留守儿童关爱保障工作。乡镇人民政府(街道办事处)要明确工作人员负责儿童关爱保障工作,工作中一般称为“儿童督导员”。村(居)民委员会要明确由村(居)民委员会委员、大学生村官或者专业社会工作者等人员负责儿童关爱保障工作,工作中一般称为“儿童主任”。同时,积极培育儿童福利社会工作者队伍,鼓励支持儿童督导员和儿童主任通过培训等方式掌握儿童福利社会工作专业能力,成为专业的儿童福利社会工作者,推动高校加强儿童福利专业、儿童法律保护专业、儿童社会工作专业的学科建设。

(二) 加强业务培训。各区民政部门要组织开展儿童福利工作业务骨干以及师资培训。儿童督导员和儿童主任每年至少轮训一次,初任儿童督导员和儿童主任经培训考核合格后方可开展工作。培训内容要突出儿童督导员职责(见附件 2)、儿童主任职责(见附件 3),突出家庭走访、信息更新、强制报告、政策链接、儿童福利社会工作专业能力、强化家庭监护主体责任及家庭教育等重点。

(三) 加强工作跟踪。各区民政部门要建立和完善儿童督导员、儿童主任工作跟踪机制,对认真履职、工作落实到位、工作成绩突出的予以奖励和表扬,并纳入有关评先评优表彰奖励推荐范围;对工作责任心不强、工作不力的及时作出调整。要依托民政部相关信息管理系统,对儿童督导员、儿童主任实行实名制管理,并及时录入、更新人员信息。

五、鼓励和引导社会力量广泛参与

(一) 培育孵化社会组织。各区相关部门(单位)要通过政府委托、项目合作、重点推介、孵化扶持等多种方式,积极培育特殊儿童服务类的社会服务机构、公益慈善组织和志愿服务组织,要在场地提供、水电优惠、开通未成年人保护专线电话等方面提供优惠便利条件,降低其运营成本。要支持相关社会组织加强专业化、精细化、精准化服务能力建设,提高困境儿童和农村留守儿童关爱保障服务水平。

（二）推进政府购买服务。各区相关部门（单位）要将困境儿童和农村留守儿童关爱保障工作纳入政府购买服务指导性目录，并结合实际需要做好资金保障，重点购买热线运行、走访核查、监护评估、精准帮扶、政策宣传、业务培训、家庭探访、督导检查等关爱服务。要加大政府购买未成年人社会工作类社会组织和心理服务类社会组织服务力度，有针对性地为精神关怀缺失、遭受家庭创伤等儿童提供人际调适、精神慰藉、心理疏导等专业性关爱服务，促进身心健康。

（三）发动社会各方参与。推动成立儿童福利基金会，汇聚更多的公益慈善资源，推进本市儿童福利事业发展。支持儿童福利社会工作者、法律工作者、心理咨询工作者等专业人员，针对困境儿童和农村留守儿童不同特点，提供心理疏导、亲情关爱、权益维护等服务。积极倡导企业履行社会责任，通过一对一帮扶、慈善捐赠、实施公益项目等多种方式，重点加强贫困农村留守儿童和困境儿童及其家庭救助帮扶，引导企业督促员工依法履行对未成年子女的监护责任。

六、强化工作保障措施

（一）加强组织领导。各区各单位要积极推进困境儿童和农村留守儿童关爱保障体系建设，推动其纳入市、区重要议事日程和经济社会发展等规划，纳入全面建设小康社会大局，明确建设目标，压实工作责任。要调整健全困境儿童和农村留守儿童关爱保障工作领导协调机制，加强统筹协调，做好与相关社会福利、社会救助、社会保险等制度有效衔接，推动解决工作中的重点难点问题，尽快补齐短板，提升服务水平。

（二）密切部门协作。民政部门要充分发挥牵头职能，会同有关部门推进困境儿童和农村留守儿童关爱保障体系建设，做好困境儿童身份确认、生活补贴发放、综合协调和监督管理等工作。建立一口受理的热线平台。对认定过程中处境危急的儿童，应当实施临时救助和监护照料。进一步加大对特殊儿童服务类社会组织的促进和规范管理。人民法院要对申请宣告儿童父母失踪、死亡及撤销父母监护权等案件依法尽快处理，会同民政部门建立信息保密和共享机制，及时将困境儿童相关信息告知儿童户籍地民政部门、乡镇人民政府（街道办事处）。人民检察院对涉及未成年人权益的诉讼活动、行政履职活动等进行法律监督，依法维护未成年人合法权益，对有关部门怠于履职、履职不当的，应及时提出检察建议督促纠正。在办理监护人侵害未成年人的案件中，履行告知和建议职责，督促相关人员、部门或机构向法院申请撤销监护资格，必要时可以支持起诉。发展改革部门要支持配合民政部门加强信用管理，建立健全失信联合惩戒机制，将存在恶意弃养情形或者采取虚报、隐瞒、伪造等手段骗取保障资金的父母及其他监护人失信行为记入信用记录，纳入市公共信用信息服务平台，并按照规定实施联合惩戒。公安部门要及时受理有关报警、求助，第一时间出警，依法迅速处警，会同、配合有关方面有针对性地采取应急处置措施，依法追究失职父母或侵害人的法律责任，严厉惩处各类侵害困境儿童和农村留守儿童的犯罪行为，按政策为无户籍儿童办理入户手续。应加大对失联父母的查寻力度，对登记受理超过 6 个月仍下落不明的，通过信息共享、书面函复等途径，向民政部门或相关当事人提供信息查询服务。财政部门要加强资金保障，统筹使用困难群众救助补助等资金，支持做好困境儿童基本生活保障等相关工作，加强资金使用管理，在福利彩票公益金中逐步提高儿童关爱服务使用比例。教育部门要强化适龄儿童控辍保学、教育资助、送教上门、心理教育等工作措施，为机构内的困境儿童就近入学提供支持。司法行政部门要依法为困境儿童和农村留守儿童提供法律援助。对未成年人监护人为服刑人员等限制人身自由人员的，配合公安部门、民政部门等相关部门做好限制人身自由人员的信息采集工作。推动落实“谁执法谁普法”责任制，加强困境儿童和农村留守儿童关爱服务相关法律法规宣传。卫生健康部门要指导医疗机构及时发现、报告滞留或被遗弃的儿童，做好困境儿童在定点医院的体检和救治工作，为针对困境儿童和农村留守儿童提供临时监护、照料的机构开展医疗保健工作。医保部门要对困境儿童基本生活保障对象及时给予医疗救助，做好相关的资助和报销减免。妇儿工委办公室要督促各级地方人民政府落实儿童发展纲要（规划）要求，切实维护儿童权益，做好困境儿童保障和农村留守儿童关爱保护工作。共青团组织要充分动员青年社会组织和青少年事务社工，指导少先队组织，依托基层青少年服务阵地，配合提供各类关爱和志愿服务。妇联组织要发挥妇女在社会生活和家庭生活中的独特作用，倡导家庭文明，加强家庭教育，强化家庭监护主体责任，引导家长特别是新生代父母依法履责。要充分发挥村（居）妇联组织作用，加强对困境儿童和农村留守儿童的关爱帮扶服务。残联组织要积极维护残疾儿童权益，大力推进残疾儿童康复救助、教育支持服务，优化服务供给，提高保障水平。各部门要加强工作衔接和信息共享，切实让数据多跑路、让群众少跑腿。

（三）严格工作落实。各区民政部门要将困境儿童和农村留守儿童关爱保障工作纳入年度重点工作考核评估的重要内容强化落实。对工作成效明显的，要按照有关规定予以表扬和奖励；对工作不力的，要督促整改落实。要确保困境儿童基本生活费发放至儿童本人银行账户，由监护人或实际照料人（机构）管理和使用，并明确其对儿童的抚养义务。

（四）加强政策宣传。充分利用报纸、电台、电视、网络等新闻媒体，大力开展困境儿童和农村留守儿童关爱保障政策宣传，使社会各界广泛了解党和政府的爱民之心、惠民之举，帮助困境儿童及其监护人准确知晓保障对象范围、补助标准和申请程序。动员引导社会力量关心、支持困境儿童和农村留守儿童保障关爱工作，营造良好社会氛围。

本通知自2020年6月1日起施行，有效期至2025年5月31日。

附件：

1. 未成年人救助保护机构工作职责
2. 儿童督导员工作职责
3. 儿童主任工作职责

上海市民政局　上海市高级人民法院
上海市人民检察院　上海市发展和改革委员会
上海市教育委员会　上海市公安局
上海市司法局　上海市财政局
上海市卫生健康委员会　上海市医疗保障局
上海市妇女儿童工作委员会办公室　共青团上海市委员会
上海市妇女联合会　上海市残疾人联合会
2020年4月30日

关于印发《上海市儿童福利院抚养的未成年人送养和收养工作操作规程》的通知

（沪民规〔2020〕9号）

各区民政局、法院、检察院、公安局，市婚姻（收养）登记中心、市儿童福利院：

为进一步做好上海市儿童福利院抚养的未成年人送养和收养工作，根据《民法总则》《中华人民共和国收养法》《中国公民收养子女登记办法》《外国人在中华人民共和国收养子女登记办法》等相关规定，市民政局、市高级人民法院、市人民检察院、市公安局联合制定了《上海市儿童福利院抚养的未成年人送养和收养工作操作规程》。现印发给你们，请遵照执行。

上海市民政局　上海市高级人民法院
上海市人民检察院　上海市公安局
2020年5月18日

上海市儿童福利院抚养的未成年人送养和收养工作操作规程

为规范上海市儿童福利院抚养的未成年人送养和收养工作，依据《民法总则》《中华人民共和国未成年人保护法》《中华人民共和国收养法》《中国公民收养子女登记办法》《外国人在中华人民共和国收养子女登记办法》等相关规定，制定本操作规程。

一、送养对象与有关要求

（一）送养对象范围

本规程规定的上海市儿童福利院（以下简称“市儿福院”）抚养的未成年人，包括丧失父母的孤儿或者查找不到生父母，被公安部门确认为弃婴（儿）身份、由民政部门监护、市儿福院收留抚养的未成年人，以及经人民法院指定民政部门监护、市儿福院收留抚养或者人民法院指定市儿福院代表民政部门担任监护人的未成年人。

（二）对查找不到生父母的弃婴（儿）的送养要求

送养查找不到生父母，被公安部门确认为弃婴（儿）身份、由民政部门监护、市儿福院收留抚养的未成年人，先要对被送养人的DNA采样与公安部门被拐卖/失踪儿童DNA数据库进行比对，未比中的可以送养。

（三）对法院指定监护未成年人的送养要求

送养经人民法院指定民政部门监护、市儿福院收留抚养或者人民法院指定市儿福院代表民政部门担任监护人的未成年人，还应当符合《民法总则》《关于依法处理监护人侵害未成年人权益行为若干问题的意见》（法发〔2014〕24号）的有关规定：

1. 被撤销监护人资格的侵害人，自监护人资格被撤销之日起一年内未书面向人民法院申请恢复监护人资格的；或者虽在一年内提出书面申请，但经人民法院审理后驳回申请的，承担抚养职责的儿童福利机构可以送养。

2. 送养未成年人应当在人民法院做出撤销监护人资格判决一年后进行，被撤销监护人资格的侵害人对被监护人实施故意犯罪的，不受一年后送养的限制。

二、送养工作

市儿福院按照以下流程开展送养工作：

1. 送养前评估。市儿福院结合儿童日常体检报告和生长发育等情况，对其进行综合评估，提出是否适合送养、国内或涉外送养的评估意见。

2. 送养前体检。经评估，初步筛选拟送养儿童，并安排至符合规定的医疗机构进行送养前体检，填写《被送养儿童体格检查表》。

3. 准备送养材料。经体检，各项指标符合送养条件的，列入拟送养儿童名单，由市儿福院准备相关送养材料，包括：被送养儿童进入社会福利机构的原始记录和其它相关材料（主要是被送养儿童成长状况表、被送养儿童成长情况报告、被送养儿童体格检查表、被送养儿童生活照等），年满八周岁以上的被送养儿童还应征得其本人同意。

其中，送养民政部门监护、市儿福院收留抚养的丧失父母的孤儿，需提供孤儿的生父母死亡或者宣告死亡的证明；

送养民政部门监护、市儿福院收留抚养的弃婴（儿），需提供公安机关出具的捡拾弃婴（儿）报案的证明和在报刊办理的查找弃婴（儿）生父母的公告；

送养经人民法院指定民政部门监护、市儿福院收留抚养的未成年人或者人民法院指定市儿福院代表民政部门担任监护人的未成年人，需提供经法院审判后，法定监护人监护资格撤销的未成年人进入上海市儿童福利院的基本情况、《法定监护人监护资格撤销儿童入院登记表》、监护人监护资格撤销判决书，人民法院指定民政部门或市儿福院担任监护人的相关材料等。

4. 报送送养材料。送养材料完成后，由市儿福院报送到上海市婚姻（收养）登记中心（以下简称“市收养中心”），由市收养中心开展后续收养相关工作，市儿福院继续做好该儿童的日常照料、教育康复等工作。

三、收养工作

市收养中心根据规定和职责，按照以下流程开展收养工作：

1. 收养需求备案。在本市申请收养由市儿福院抚养的未成年人的中国公民（以下简称“收养申请人”），可以向市收养中心咨询有关收养法律法规政策，填写收养意愿。市收养中心审核收养申请人基本情况，符合要求的，进行收养需求备案记录。

2. 收养前培训。市收养中心根据收养申请人申请时间先后顺序，定期委托第三方评估机构对收养申请人进行培训。培训内容包括：收养法律法规基本知识、收养人的权利义务、收养登记办理程序及注意事项、弃（婴）儿的特点和心理需要、育儿知识等。

3. 收养能力评估。市收养中心根据收养申请人收养需求比对被送养儿童情况，按申请时间先后顺序以1个被送养儿童对应3个家庭的比例进行筛选和初步配对，委托第三方评估机构对收养申请人抚养教育能力进行评估，并向市收养中心提交收养能力评估报告。

4. 试养融合跟踪。市收养中心审核收养能力评估报告后，对收养申请人和被送养儿童进行配对，并向收养申请人签发《试养通知书》，收养申请人与市儿福院签订《试养协议书》，接被送养儿童回家试养1个月。试养期间，第三方评估机构对收养申请人和被送养儿童的融合情况进行跟踪反馈，并向市收养中心提交试养融合情况反馈报告。

5. 办理收养登记。试养期满且融合成功的，收养申请人填写《收养登记申请书》，并与市儿福院签订《国内收养协议书》；市收养中心通知收养申请人办理相关收养登记手续。

6. 收养后回访。在完成收养登记手续后3个月内，由第三方评估机构对收养家庭开展跟踪回访服务工作，对被送养儿童融入家庭生活和成长情况进行了解，必要时可提供专业帮助。

四、其他规定

涉外送养和收养的流程及相关要求，《外国人在中华人民共和国收养子女登记办法》《民政部关于社会福利机构涉外送养工作的若干规定》（民发〔2003〕112号）等另有规定的，从其规定。

查找不到生父母的打拐解救儿童的送养和收养，按照《民政部、公安部关于开展查找不到生父母的打拐解救儿童收养工作的通知》（民发〔2015〕159号）规定执行。

本规程自2020年6月1日起实施，有效期至2025年5月31日。

关于进一步规范社区志愿服务团队建设的意见（试行）

（沪民规〔2020〕10号）

各区民政局，各有关单位：

为深入学习贯彻习近平总书记关于志愿服务工作的重要指示精神，贯彻落实《上海市志愿服务条例》，现就进一步规范社区志愿服务团队建设，更好地发挥志愿服务在社区治理中的积极作用，提出以下意见：

一、总体要求

（一）指导思想

深入贯彻落实党的十九大关于“加强和创新社会

治理”的精神，以习近平新时代中国特色社会主义思想为指导，引导社区志愿服务团队健康有序发展，推动志愿服务在城乡社区治理中发挥积极作用。

（二）主要目标

1. 增强社区志愿服务供给能力。以社区居民、驻区单位员工为主体，建设平时服务、急时应急的社区志愿服务团队，满足社区多元需求。

2. 提升社区志愿服务参与能力。发挥社会工作的专业优势和引领作用，完善社会工作者与社区志愿者协同服务机制，带动社区志愿服务团队能力提升。

3. 推进社区志愿服务依法开展。以社区志愿服务团队为载体，完善社区志愿者依法招募机制和活动机制，规范社区志愿服务行为。

二、社区志愿服务团队建设

（一）社区志愿服务团队

社区志愿服务团队是指，经居民委员会、村民委员会同意成立的内部志愿服务团体。

社区志愿服务团队，一般由3名以上社区居民、驻区单位员工等自主成立、自愿参与，成员相对固定、活动较为稳定，在本社区范围内开展志愿服务活动。

拟成立社区志愿服务团队的，可以登录“上海社区志愿服务网”进行注册，由所在居民委员会、村民委员会同意后在社区内部进行公告。符合本市社区群众活动团队备案条件的社区志愿服务团队，按照相关规定进行备案。

（二）社区志愿服务团队的活动

社区志愿服务团队在居民委员会、村民委员会的指导下，开展以下活动：

1. 依据所属社区自治机制或自治章程组织开展便民服务、爱心帮扶、助老助残、未成年人保护、治安防范、环境保护、科普教育等各类社区公益活动；

2. 根据志愿服务活动需要招募志愿者，并开展相应的培训、管理和信息统计工作；

3. 依法筹集、使用本团队开展志愿服务活动的资金、物资；

4. 为志愿者参与社区志愿服务提供必要的帮助，维护志愿者、志愿服务对象合法权益。

（三）社区志愿服务团队运作机制

1. 招募。社区志愿服务团队可通过“上海社区志愿服务网”，面向本社区发布志愿服务岗位，招募志愿者。志愿者实行实名认证注册，申领公益护照，获取志愿服务保障。招募未成年人作为志愿者参与志愿服务的，应当征得其监护人同意。

2. 培训。社区志愿服务团队应当根据志愿服务活动的需求和志愿者报名情况，组织开展志愿服务基本理念和服务知识、技能等方面的培训。

3. 服务。社区志愿服务活动内容和志愿服务岗位任务的设置，应依法依规、符合需求、确保安全。社区志愿服务团队组织志愿者有序开展服务。

4. 记录。社区志愿服务团队可通过“上海社区志愿服务网”，如实记录志愿者的服务时长、服务内容、培训经历等，为有需要的志愿者无偿、如实出具志愿服务记录证明，同时做好志愿服务活动的归档工作。

鼓励相关社工机构在社区实施专业社工服务项目的过程中，与社区志愿服务团队合作，帮助社区志愿服务团队提升服务能力。

（四）社区志愿服务团队活动经费

1. 经费支持。社区志愿服务团队可以接受有关部门、街道、乡镇、居民委员会、村民委员会、社区基金会等提供的活动经费。

2. 使用原则。社区志愿服务团队的经费，应当专项用于志愿服务活动。其中，使用财政资金的，应当遵守财政规定。鼓励委托社区基金会对相关活动经费进行管理。

3. 接受监督。社区志愿服务团队经费的筹集、使用情况应当在一定范围内公开，并依法接受居民委员会、村民委员会、捐赠者、志愿者等的监督。

（五）社区志愿服务团队的退出

社区志愿服务团队连续12个月未开展志愿服务活动的，应自行解散。

社区志愿服务团队出现下列情形之一的，由所在居民委员会、村民委员会劝其解散；涉及违法违规的，由民政部门等依照有关规定处理：

1. 开展社区志愿服务活动明显违背社区自治机制或自治章程的；

2. 未如实记录社区志愿服务时长，情节严重的；

3. 违规使用社区志愿服务团队活动经费的；

4. 泄露志愿者、志愿服务对象个人信息、侵犯个人隐私，情节严重的；

5. 以社区志愿服务为名开展营利性活动的；

6. 向志愿服务对象收取或变相收取报酬的。

社区志愿服务团队解散后，由居民委员会、村民委员会在所属社区进行公告。“上海社区志愿服务网”根据公告将该团队信息予以删除。

三、社区志愿服务团队管理

（一）市民政局负责组织协调、统筹推进社区志愿服务工作。

（二）区民政局要认真履行志愿服务行政管理职能，做好本行政区域内社区志愿者队伍建设，会同乡、镇人民政府和街道办事处指导居民委员会、村民委员会加强社区志愿服务团队日常管理，为社区志愿服务团队开展活动提供支持和便利，对表现突出的社区志愿服务团队和志愿者进行褒奖。

（三）居民委员会、村民委员会根据社区实际需求，推动和鼓励社区居民、驻区单位员工等成立社区志愿服务团队服务社区，依法对社区志愿服务团队在本社区开展的志愿服务活动进行指导和日常管理。

四、实施日期

本《意见》自 2020 年 7 月 18 日起实施，有效期至 2022 年 7 月 17 日。

2020 年 6 月 17 日

关于印发《上海市社会服务机构（民办非企业单位）登记实施办法》的通知

（沪民规〔2020〕11 号）

各区民政局，各有关单位：

现将修订后的《上海市社会服务机构（民办非企业单位）登记实施办法》印发给你们，请遵照执行。

2020 年 6 月 29 日

上海市社会服务机构（民办非企业单位）登记实施办法

第一条　根据国务院《民办非企业单位登记管理暂行条例》（以下简称《条例》）、《上海市社会组织直接登记管理若干规定》（以下简称《规定》），结合本市社会服务机构（民办非企业单位）的实际情况，制定本实施办法。

第二条　社会服务机构（民办非企业单位）是指企业事业单位、社会团体和其他社会力量以及公民个人利用非国有资产举办的，从事非营利性社会服务活动的社会组织。

社会服务机构（民办非企业单位）应依法实行登记，申请办理社会服务机构（民办非企业单位）登记证书。

社会服务机构（民办非企业单位）登记成立后，如开展需要许可或者批准的业务活动，应向有关部门申请，在取得许可证或者批准文件后，开展相关业务活动。

第三条　市、区民政部门是本级人民政府的社会服务机构（民办非企业单位）登记管理机关（以下简称登记管理机关）。

登记管理机关负责同级业务主管单位审查同意的社会服务机构（民办非企业单位）的登记管理。

科技类、公益慈善类、城乡社区服务类社会服务机构（民办非企业单位）可依照规定直接向相应的登记管理机关申请登记。

第四条　登记管理机关审核社会服务机构（民办非企业单位）登记的程序是受理、审查、决定、发证、公告。

（一）受理。申请登记的举办者所提交的文件、证件和填报的登记申请表全部有效、齐全后，方可受理。

（二）审查。审查提交的文件、证件和填报的登记申请表的真实性、合法性、有效性，并核实有关登记事项和条件。

（三）决定。经审查和核实后，作出准予登记或者不予登记的决定，并及时通知申请登记的举办者。

（四）发证。对准予登记的社会服务机构（民办非企业单位），颁发有关证书，并办理领证手续。

（五）公告。对准予登记的社会服务机构（民办非企业单位），由登记管理机关在公开发行的报刊或者登记管理机关网站上发布公告。

第五条　举办社会服务机构（民办非企业单位），应按照下列所属行（事）业申请登记：

（一）教育事业，如民办托幼机构，民办小学、中学、学校、学院、大学，民办专修（进修）学校或学院，教育培训（补习）学校或中心等；

（二）卫生事业，如民办医疗机构，民办健康、保健、卫生、疗养院（所、中心）等；

（三）文化事业，如民办艺术表演团体、非遗保护机构、文化馆（活动中心）、图书馆（室）、博物馆（院）、美术馆、画院、纪念馆、收藏馆、艺术研究院（所、中心）等；

（四）科技事业，如民办科学研究院（所、中心）、民办科技传播或普及中心、民办科技服务中心、民办技术评估所（中心）等；

（五）体育事业，如民办体育俱乐部、中心、院、社、学校等；

（六）劳动事业，如民办职业培训学校或中心，民办职业介绍所等；

（七）民政事业，如民办养老服务机构，民办儿童照护服务机构，民办婚介机构，民办社区服务中心（站）等；

（八）社会中介服务业，如民办评估咨询服务中心（所），民办信息咨询调查中心（所），民办人才交流中心等；

（九）法律服务业，如民办法律咨询事务所或中心等；

（十）其他。

第六条 申请登记社会服务机构（民办非企业单位），应当具备《条例》第八条规定的条件。

实行直接登记的社会服务机构（民办非企业单位）不需要业务主管单位审查同意。

社会服务机构（民办非企业单位）的名称，必须符合国务院民政部门制订的《民办非企业单位名称管理暂行规定》。

社会服务机构（民办非企业单位）的从业人员数量应与其规模、业务范围和业务量相一致。

社会服务机构（民办非企业单位）必须拥有与其业务活动相适应的合法财产，其合法财产中的非国有资产份额不得低于总财产的三分之二。开办资金必须达到本行（事）业所规定的最低限额，没有最低限额规定的，在市级登记管理机关登记的社会服务机构（民办非企业单位）的开办资金数额一般不得低于十万元；在区级登记管理机关登记的社会服务机构（民办非企业单位）的开办资金数额由各区登记管理机关自行确定。

第七条 申请社会服务机构（民办非企业单位）成立登记，举办者应当提交下列文件：

（一）登记申请书。登记申请书应当包括：举办者单位名称或申请人姓名；拟任法定代表人或单位负责人的基本情况；住所情况；开办资金情况；申请登记理由等。

（二）场所使用权证明。社会服务机构（民办非企业单位）的住所须有产权证明或一年期以上的使用权证明。

（三）验资报告。验资报告应由会计师事务所或其他有验资资格的机构出具。

（四）拟任负责人的基本情况、身份证明。拟任法定代表人或单位负责人的基本情况应当包括姓名、性别、民族、年龄、目前人事关系所在单位、有否受到剥夺政治权利的刑事处罚、个人简历等。拟任法定代表人或单位负责人的身份证明为身份证的复印件，登记管理机关认为必要时可验证身份证原件。

（五）章程草案。章程草案应当符合《条例》第十条的规定。合伙制的社会服务机构（民办非企业单位）的章程可为其合伙协议，合伙协议应当包括《条例》第十条第一、二、三、五、六、七、八项的内容。社会服务机构（民办非企业单位）须在其章程草案或合伙协议中载明该单位的增值部分不得分配，解体时财产不得私分。

（六）实行双重管理的社会服务机构（民办非企业单位），还须提交业务主管单位审查同意文件。业务主管单位的审查同意文件，应当包括对举办者章程草案、资金情况、拟任法定代表人或单位负责人基本情况、从业人员资格、场所设备、组织机构及有关主管部门出具的执业许可证明文件等内容的审查结论。

第八条 社会服务机构（民办非企业单位）的登记事项为：名称、住所、宗旨和业务范围、法定代表人或者单位负责人、开办资金、相关业务主管单位或者行业主管部门。

住所是指社会服务机构（民办非企业单位）的办公场所，须按所在市、区、乡（镇）及街道门牌号码的详细地址登记。

宗旨和业务范围必须符合法律法规及政策规定。

开办资金应当与实有资金相一致。

业务主管单位或行业主管部门应登记其全称。

第九条 登记管理机关应当自收到成立登记申请的全部有效文件、并发出登记受理通知书之日起30个工作日内，作出准予登记或者不予登记的决定。

第十条 对准予登记的，登记管理机关应当书面通知社会服务机构（民办非企业单位），发给社会服务机构（民办非企业单位）登记证书。对不予登记的，登记管理机关应当书面通知申请登记的举办者。

社会服务机构（民办非企业单位）可凭据登记证书依照有关规定办理税务登记、刻制印章、开立银行账户，在核准的业务范围内开展活动。

第十一条 社会服务机构（民办非企业单位）申请变更登记事项时，应向登记管理机关提交下列文件：

（一）法定代表人或单位负责人签署并加盖公章的变更登记申请书。申请书应载明变更的理由，并附决定变更时依照章程履行程序的原始纪要，法定代表人或单位负责人因故不能签署变更登记申请书的，申请单位还应提交不能签署的理由的文件；

（二）登记管理机关要求提交的其他文件；

实行双重管理的社会服务机构（民办非企业单位），申请变更登记事项时，还须提交业务主管单位对变更登记事项的审查同意文件。

第十二条 社会服务机构（民办非企业单位）的住所、业务范围、法定代表人或单位负责人、开办资金发生变更的，除向登记管理机关提交第十一条规定的文件外，还须分别提交下列材料：变更后新住所的产权或使用权证明；变更后的业务范围；变更后法定代表人或单位负责人的身份证明，及第七条第六项涉及的其他材料；变更后的验资报告。

实行双重管理的社会服务机构（民办非企业单位），业务主管单位发生变更的，须提交原业务主管单位不再承担业务主管的文件。

第十三条 登记管理机关核准变更登记的，社会服务机构（民办非企业单位）应交回登记证书正副本，由登记管理机关换发新的登记证书。

第十四条 社会服务机构（民办非企业单位）修改章程或合伙协议的，应当报登记管理机关核准。报请核准时，应提交下列文件：

（一）法定代表人或单位负责人签署并加盖公章的核准申请书；

（二）章程或合伙协议的修改说明及修改后的章程或合伙协议；

实行双重管理的社会服务机构(民办非企业单位)修改章程或合伙协议的,还须提交业务主管单位审查同意的文件。

第十五条　实行直接登记的社会服务机构(民办非企业单位),登记事项需要变更或者修改章程的,应当自变更发生或者章程修改之日起30日内,向登记管理机关申请变更登记或者章程核准。登记管理机关应当自收到全部有效文件之日起5个工作日内,作出准予变更(核准)或不准予变更(核准)的决定,并书面通知社会服务机构(民办非企业单位)。

实行双重管理的社会服务机构(民办非企业单位),登记事项需要变更或者修改章程的,应当自业务主管单位审查同意之日起30日内,向登记管理机关申请变更登记或者章程核准。登记管理机关应当自收到全部有效文件之日起5个工作日内,作出准予变更(核准)或不准予变更(核准)的决定,并书面通知社会服务机构(民办非企业单位)。

第十六条　社会服务机构(民办非企业单位)有下列情况之一的,应当申请注销登记:

(一) 章程规定的解散事由出现;

(二) 不再具备《条例》第八条规定条件的;

(三) 宗旨发生根本变化的;

(四) 由于其他变更原因,出现与原登记管理机关管辖范围不一致的;

(五) 作为分立母体的社会服务机构(民办非企业单位)因分立而解散的;

(六) 作为合并源的社会服务机构(民办非企业单位)因合并而解散的;

(七) 有关行政管理机关根据法律、行政法规规定认为需要注销的;

(八) 其他原因需要解散的。

第十七条　社会服务机构(民办非企业单位)申请注销登记时,应向登记管理机关提交下列文件:

(一) 法定代表人或单位负责人签署并加盖单位公章的注销登记申请书,法定代表人或单位负责人因故不能签署的,还应提交不能签署理由的文件;

(二) 清算组织提出的清算报告;

(三) 社会服务机构(民办非企业单位)登记证书(正、副本);

(四) 社会服务机构(民办非企业单位)的印章和财务凭证;

(五) 登记管理机关认为需要提交的其他文件。

实行双重管理的社会服务机构(民办非企业单位),还须提交业务主管单位审查同意的文件。

第十八条　实行直接登记的社会服务机构(民办非企业单位)申请注销登记的,登记管理机关应当自收到全部有效文件之日起10个工作日内,作出准予注销或不准予注销的决定,并书面通知社会服务机构(民办非企业单位)。

实行双重管理的社会服务机构(民办非企业单位)申请注销登记的,应当自业务主管单位审查同意之日起30日内,向登记管理机关申请注销登记。登记管理机关应当自收到全部有效文件之日起10个工作日内,作出准予注销或不准予注销的决定,并书面通知社会服务机构(民办非企业单位)。

第十九条　社会服务机构(民办非企业单位)登记公告分为成立登记公告、注销登记公告和变更登记公告。

登记管理机关发布的公告须刊登在公开发行的报刊上或者在登记管理机关网站上发布。

第二十条　成立登记公告的内容包括:名称、住所、法定代表人或单位负责人、开办资金、业务范围、相关行业主管部门或业务主管单位、登记时间、登记证号。

第二十一条　变更登记公告的内容除变更事项外,还应包括名称、登记证号、变更时间。

第二十二条　注销登记公告的内容包括名称、住所、法定代表人或单位负责人、登记证号、相关行业主管部门或业务主管单位、注销时间。

第二十三条　社会服务机构(民办非企业单位)登记证书分为正本和副本,正本和副本具有同等法律效力。

社会服务机构(民办非企业单位)登记证书的正本应当悬挂于社会服务机构(民办非企业单位)住所的醒目位置。

社会服务机构(民办非企业单位)登记证书副本的有效期最长为4年。社会服务机构(民办非企业单位)的业务活动需前置许可或者批准的,登记证书副本有效期从其许可证或批准文件有效期,但最长不超过4年。

第二十四条　社会服务机构(民办非企业单位)登记证书遗失的,应当及时在公开发行的报刊上声明作废,并到登记管理机关申请办理补发证书手续。

第二十五条　社会服务机构(民办非企业单位)申请补发登记证书,应当向登记管理机关提交下列文件。

(一) 补发登记证书申请书;

(二) 在报刊上刊登的原登记证书作废的声明。

第二十六条　经核准登记的社会服务机构(民办非企业单位)开立银行账户,应按照民政部、中国人民银行联合发布的《关于民办非企业单位开立银行账户有关问题的通知》的有关规定办理。

第二十七条　经核准登记的社会服务机构(民办非企业单位)刻制印章,应按照民政部、公安部联合发布的《民办非企业单位印章管理规定》的有关规定办理。

第二十八条　本实施办法自2020年7月1日起施行,有效期至2025年6月30日。

关于调整本市最低生活保障标准及相关社会救助标准的通知

（沪民规〔2020〕12号）

各区民政局、财政局：

为进一步加大民生保障力度，让困难群众共享经济社会发展成果，经市政府同意，本市将从2020年7月1日起调整最低生活保障及相关社会救助标准。

一、最低生活保障标准，由每人每月1 160元，调整为每人每月1 240元。其中，对最低生活保障家庭中的16周岁（含16周岁）以下未成年人，救助标准由每人每月1 510元调整为每人每月1 615元。

二、特困人员供养标准，由每人每月1 510元调整为每人每月1 615元（散居和集中供养为统一标准）。主要用于特困人员在食品、衣着、居住（即水电煤等）方面的支出，医疗、丧葬、教育及生活照料等方面的支出不纳入上述标准范围内。

三、民政定期定量补助对象救助标准，在原各类标准基础上，按照最低生活保障标准增长幅度，分别作适当调整（详见附件）。

四、低收入困难家庭申请专项救助的收入认定标准调整为：居民家庭月人均可支配收入低于2 480元。家庭财产等其他标准仍按现行有关规定执行。

五、申请社会救助家庭中，有实际就业行为、月劳动收入（包括计时制劳动收入等）达到本市企业职工月最低工资标准的人员，其本人的收入豁免标准为每人每月870元。

所需资金按原渠道列支。

特此通知。

附件：民政定期定量补助对象救助标准调整对照表

上海市民政局　上海市财政局

2020年6月28日

附件

民政定期定量补助对象救助标准调整对照表

（单位：元/月）

对象类别	原标准	增加额	调整后标准
重残无业人员	1 510	105	1 615
三胞胎			
司法老残			
散居归侨	1 930	135	2 065
宽释人员			
因公致残知青			
纠错人员			
历史老案纠错平反人员			
起义投诚人员	3 570	250	3 820
特赦人员	4 720	330	5 050

关于促进最低生活保障对象自助自立的实施意见

（沪民规〔2020〕13号）

各区民政局、人力资源和社会保障局、财政局：

为贯彻落实《上海市社会救助条例》，加强基本生活兜底保障与提供就业支持的联动，进一步鼓励有劳动能力的最低生活保障对象树立自尊自立理念，以辛勤劳动为荣，积极求职就业，通过劳动就业改变现状，现就促进最低生活保障对象自助自立提出如下意见：

一、关于收入豁免

对本市申请最低生活保障的家庭中，有实际就业行为，月劳动收入（包括计时制劳动收入等）达到本市企业职工月最低工资标准的人员，在计算家庭可支配收入时实行收入豁免。

（一）对实施收入豁免的对象，在计算其家庭可支配收入时，先从其本人的实际收入中按照收入豁免标准予以免除，其余部分计入家庭可支配收入。

（二）本市收入豁免标准由市民政局拟定，经市政府同意后另行公布。

（三）申请最低生活保障的家庭中，领取社会保险费补贴的就业困难人员，月劳动收入达到或超过本市职工最低工资标准的，可以享受收入豁免待遇。

（四）申请最低生活保障的家庭中，协保人员和大龄失业人员自谋职业者领取人力资源社会保障部门就业（岗位）补贴的，不享受收入豁免待遇。

（五）申请最低生活保障的家庭中，申请人同时领取就业（岗位）补贴和社会保险费补贴的，不享受收入豁免待遇。

二、关于救助渐退

对本市最低生活保障家庭中，就业年龄段且有劳动能力的人员就业上岗后，给予一定的照顾，实行“救助渐退”，在一定期限内继续享受相应的社会救助待遇。

（一）本市最低生活保障家庭中，就业年龄段且有劳动能力的家庭成员就业上岗后，主动、及时、如实向审核确认单位申报收入变化情况的，乡镇人民政府、街道办事处对其家庭救助金进行重新核算，按照核算的结果，在办理停发救助金或确定新的救助金额手续以后，实施“救助渐退”。

（二）救助渐退金的计算标准。对重新核算后应予扣除的救助金部分，按下列不同情况，采取逐步扣除、逐月退出的办法。具体如下：

1. 救助金扣除部分在100元/月（含）以下的，在办理手续的次月起，每月扣除救助金扣除部分的二分之一，直至扣除完毕；

2. 救助金扣除部分在100元/月以上，200元/月（含）以下的，在办理手续的次月起，每月扣除救助金扣除部分的四分之一，直至扣除完毕；

3. 救助金扣除部分在200元/月以上的，在办理手续的次月起，每月扣除救助金扣除部分的六分之一，直至扣除完毕。

（三）对家庭成员就业后退出最低生活保障的家庭，在办理退出最低生活保障停止救助手续后，按救助渐退办法的计算标准，重新核算后将应予扣除的救助金累计总额，一次性发放。其中，自谋职业的，按应予扣除的救助金累计总额的2倍一次性发放。

（四）停发救助金的，在享受救助渐退期间，仍享受最低生活保障家庭有关待遇，但不纳入最低生活保障对象统计范围。

（五）享受救助渐退政策的人员，因各种原因重新失业的按照不同情形进行处理：属于减少救助金的，进行动态管理，当月停止发放救助渐退金，并按照复审核定的金额发放救助金；属于停止最低生活保障的，重新申请，但其领取的一次性救助渐退金按实际家庭人口和当年度最低生活保障标准折算为基本生活费，折算期内一般不予受理。

三、关于就业服务

对最低生活保障家庭，加强就业服务和就业激励，促进救助对象自立脱贫。

（一）对最低生活保障家庭中有劳动能力并处于失业状态的成员，通过创业担保贷款及贴息、社会保险补贴、岗位补贴、职业培训补贴、职业技能鉴定补贴、费用减免、公益性岗位安置等方式，给予就业救助。公共就业服务机构对申请就业救助的对象，核实后予以登记，并免费提供就业岗位信息、职业介绍、职业指导等服务。

（二）最低生活保障家庭中有劳动能力的成员均处于失业状态的，乡镇人民政府、街道办事处和公共就业服务机构应当采取有针对性的措施，确保该家庭至少有一人就业。

（三）最低生活保障家庭中有劳动能力但未就业的成员，应当接受公共就业服务机构介绍的工作。无正当理由，连续三次拒绝接受公共就业服务机构介绍的与其健康状况、劳动能力等相适应的工作，经查证属实的，乡镇人民政府、街道办事处依法停止其个人的救助。

四、其他

1. 支持鼓励社会力量参与社会救助，发挥社会组织、专业社会工作者、志愿者等作用，为有劳动能力的最低生活保障对象等困难群体提供社会融入、能力提升、心理疏导、就业指导、岗位推荐等服务。

2. 申请低收入困难家庭、支出型贫困家庭的，适用收入豁免政策，参照本意见有关规定执行。

3. 本意见自2020年5月1日正式实施，有效期至2025年4月30日。《上海市民政局关于试行低保家庭成员就业后“救助渐退”办法的通知》（沪民救发〔2002〕59号）、《上海市民政局、上海市财政局关于适当调整低保家庭成员就业后“救助渐退”照顾时间有关事项的通知》（沪民救发〔2003〕29号）、《上海市民政局、上海市财政局关于对低保家庭成员就业后实施“救助渐退”有关事项的通知》（沪民救发〔2003〕101号）有效期届满，自动失效。

附件：救助渐退照顾时间调整后救助金扣除部分核发标准计算表

上海市民政局　上海市人力资源和社会保障局
上海市财政局
2020年6月24日

关于印发《上海市养老机构等级评定管理办法》的通知

（沪民规〔2020〕14 号）

各区民政局，各有关单位：

现将《上海市养老机构等级评定管理办法》印发给你们，请认真贯彻执行。

2020 年 7 月 16 日

上海市养老机构等级评定管理办法

第一章　总　则

第一条（目的依据）　为规范养老机构等级评定工作，提升养老机构服务质量，根据《关于加快建立全国统一养老机构等级评定体系的指导意见》（民发〔2019〕137 号）《上海市人民政府关于印发〈上海市深化养老服务实施方案（2019—2022 年）〉的通知》（沪府规〔2019〕26 号），结合本市实际，制定本办法。

第二条（适用范围）　本市行政区域内养老机构等级评定活动，适用本办法。

第三条（基本原则）　养老机构等级评定工作坚持自愿申报、统一评定、公开透明、动态管理的原则。

第四条（部门职责）　市民政局是养老机构等级评定工作的行政主管部门，负责养老机构等级评定的组织推进、标准制定和监督管理。具体评定工作委托相关单位或者第三方机构作为评定机构组织实施。

区民政局负责动员和指导本行政区域内养老机构等级评定工作，协助开展等级评定工作相关事项，推动区内养老机构等级水平提升。

第二章　评定对象范围

第五条（评定对象）　依法办理登记并且开办运营一年以上的养老机构，可以对照养老机构等级评定基本要求，申请等级评定。

第六条（申报等级要求）　养老机构应当合理申报评定等级。首次参评的养老机构，最高申报评定三级。

第七条（不予评定的情形）　养老机构有下列情形之一的，评定机构不予评定：

（一）未进行备案或者行政许可到期未备案的；

（二）近两年受到有关部门行政处罚、行政强制、刑事处罚，或者有关处罚、行政强制尚未执行的；

（三）列入养老服务市场失信联合惩戒对象名单的；

（四）拒不退回（换）原养老机构等级评定牌匾的；

（五）存在本办法第二十七条规定情形，被终止评定或者取消评定等级，不满两年的；

（六）国家和本市规定的其他情形。

第三章　等级评定组织与职责

第八条（评定委员会）　市民政局负责组建由业务主管部门、研究机构、相关行业组织、专家等组成的养老机构等级评定委员会（以下简称“评定委员会”），统筹实施养老机构等级评定工作。

评定委员会委员由评定委员会聘任，聘任期三年。

评定委员会可以委托第三方评定机构负责日常工作。

第九条（评定委员会的职责）　评定委员会负责组织开展养老机构等级评定和复核、对已获评定等级养老机构的抽查复评等工作。

第十条（委员资格条件）　评定委员会委员应当具备下列资格和条件：

（一）熟悉养老机构管理工作的相关法律法规、政策和标准规范，讲政治、守诚信、信用良好；

（二）在养老机构服务领域具有较突出业绩和较高声誉；

（三）具有客观公正、廉洁自律的职业道德。

第十一条（评定委员会议事规则）　评定委员会召开评定会议，应当有 2/3 以上委员出席。评定委员会表决采取无记名投票方式进行，评定结论应当经全体出席委员半数以上通过。

第十二条（评定人员库）　市民政局建立评定人员库，向社会公开发布评定人员的招遴选信息，行业主管部门、行业协会、养老机构可以推荐符合条件的人选报名。市民政局对评定人员进行资格审核确定，并纳入养老机构等级评定人员库。

开展等级评定时，应当从评定人员库中随机抽取相应的评定人员，并对评定人员信息保密。

第十三条（评定人员要求）　评定人员应当符合下列条件：

（一）熟悉养老服务行业的法律法规和政策，了解养老服务行业管理制度和服务规范；

（二）身体健康，能胜任评定工作，年龄在70周岁以下；

（三）具有大专以上学历、从事养老服务行业工作6年以上，或者具有中专以上学历、从事养老服务行业工作10年以上；

（四）具有养老护理、护士、医生、社工等相关专业背景，中级及以上职业资格（职称）或相同的技能水平评价；

（五）担任过养老机构院长、副院长岗位或者中层以上管理岗位；

（六）能够认真、公正、诚实、廉洁地履行职责。

第四章　等级评定的程序和要求

第十四条（申请）　养老机构结合自评情况向评定机构提出等级评定申请，并提交下列申请材料：

（一）养老机构评定申请书；

（二）养老机构自评报告；

（三）前三年接受有关部门抽查、检查、评估的结果及整改情况。

养老机构应当对提交材料的真实性、有效性负责。

第十五条（审查）　评定机构收到申报材料后进行审查，并公布符合参评条件的养老机构名单。

第十六条（组织评审）　评定机构组织评定人员开展等级评定，包括现场评价、书面评价和社会评价。评定机构经评定提出初步意见，书面报评定委员会。

对申请评定为一级养老机构的，评定机构可以不进行现场评价。

第十七条（等级评定和公示）　评定委员会审核初步评定意见，确定评定等级，并向社会公示评定结果。公示期为5个工作日，公示期间，评定委员会受理复核申请。

第十八条（等级确认、公告和发证）　市民政局确认养老机构评定等级、发布公告，向通过等级评定的养老机构送达评定结果通知书，并颁发等级证书和牌匾。

一级以上养老机构发放等级证书，三级以上养老机构发放等级证书和等级牌匾。对获得等级评定五级的养老机构，由市民政局报送民政部备案。

第十九条（养老机构的配合义务）　评定期间，评定机构有权要求养老机构提供必要的材料。养老机构应当予以配合。

第二十条（评定档案的管理）　评定机构应当建立健全评定工作档案管理制度，对评定过程中的材料妥善保管、留档备查，不得用作等级评定工作以外的其他用途。

第五章　回避、复核与复评

第二十一条（回避）　评定委员会委员、评定人员有下列情形之一的，应当提前主动申请回避：

（一）与参加评定的养老机构有利害关系的；

（二）曾在参加评定的养老机构任职，离职不满两年的；

（三）与参加评定的养老机构有其他可能影响评定结果公正关系的。

申请评定的养老机构向评定委员会提出回避申请，评定委员会应当及时作出是否回避的决定。

第二十二条（复核）　申请评定的养老机构对评定结果有异议的，可以在公示期内向评定机构提出书面复核申请。

评定机构对复核申请和原始材料审核认定后，形成意见报评定委员会进行复核。

评定委员会在复核中应当充分听取养老机构的陈述，必要时可以重新进行评价。评定委员会的复核决定，应当于作出决定之日起10个工作日内，以书面形式通知申请复核的养老机构。

第二十三条（复评）　在评定等级有效期内，评定委员会每年对各等级养老机构按照不低于5%的比例进行抽查复评。

对复评结果达不到相应等级的养老机构，取消或者降低等级评定结果，并予以公布。

第六章　评定等级管理

第二十四条（评定等级）　养老机构评定等级从高到低依次为五级（★★★★★）、四级（★★★★）、三级（★★★）、二级（★★）、一级（★）。

按照养老机构等级评定标准，评定满分为1 000分。得分为901分以上的，评定为五级；得分为801分—900分的，评定为四级；得分为701分—800分的，评定为三级；得分为651分—700分的，评定为二级；得分为600分—650分的，评定为一级。低于600分的，不予评定等级。

第二十五条（牌匾悬挂要求）　获得评定等级的养老机构应当将评定等级牌匾悬挂在服务场所或者办公场所的明显位置，自觉接受社会监督。

第二十六条（期满后的评定与升级评定）　养老机构评定等级有效期3年。

评定等级有效期满前3个月，可以申请重新评定；前一次等级评定两年后，可以申请升级评定。上述两项申请的评定程序与首次评定相同。

评定等级有效期满后未再申请参加评定的养老机构，原评定等级自动失效，养老机构应当交回牌匾和证书。

第二十七条（终止评定和取消等级）　养老机构在评定过程中存在下列情形之一的，由市民政局作出终止评定的处理；已经取得评定等级且仍在有效期内的，由市民政局作出取消评定等级的处理。

（一）等级评定中提供虚假情况和资料，有伪造、涂改有关档案资料等弄虚作假行为，致使评定情况失实的；

（二）违反评定纪律，采取不规范行为，影响评定人员的公正公平性，干扰评定工作的；

（三）发生重大安全责任事故或者存在可能危及人身健康和生命财产安全重大风险隐患被责令停业整顿的；

（四）存在欺老虐老行为造成严重社会影响的；

（五）存在非法集资等损害老年人合法权益的行为的；

（六）存在严重失信行为，被实施联合惩戒或者被列入养老服务市场失信联合惩戒对象名单管理的；

（七）其他违反法律法规规定情形的。

被终止评定或者取消评定等级的养老机构在2年内不得提出等级评定申请。

第二十八条（牌匾退回）　被取消评定等级的养老机构应当在收到通知书之日起15日内将原评定等级证书、牌匾退回市民政局；被降低评定等级的养老机构应当在收到通知书之日起15日内将评定等级证书、牌匾退回市民政局，换发相应的评定等级证书、牌匾。拒不退回（换）的，由市民政局公告作废。

第七章　监督管理

第二十九条（监管要求）　市民政局应当加强对养老机构等级评定工作的监督管理，加强对评定机构、评定人员、回避制度、评定程序、评定等级、纪律执行等方面情况的审查和监督，畅通监督渠道，确保评定工作的公信力和权威性。

第三十条（禁止性规定）　评定人员不得以评定名义和身份开展与评定无关的活动，不得以评定为名插手养老机构运营牟取非法利益。

第三十一条（工作人员责任）　评定人员在评定工作中未履行职责、不具备履职能力或者弄虚作假、徇私舞弊的，取消其委员或评定人员资格。

对评定人员违反规定，干预正常评定工作，影响评定结论公信力的，应当及时纠正；涉嫌违纪违法的，移交相关部门依纪依法处理。

第八章　附　则

第三十二条（特别规定）　已经参加本市2015年至2018年首轮等级评定工作的养老机构，不属于本办法第六条规定的首次参评的养老机构，原取得的等级在本轮评定中不进行同级或升级过渡。

第三十三条（经费保障）　等级评定所需经费由上海市民政局相关工作预算经费中列支，不得向评定机构收取。

第三十四条（其他规定）　养老机构等级评定标准和内容、等级评定证书牌匾式样由市民政局统一制定。

第三十五条（实施日期）　本办法自2020年8月20日施行，有效期至2025年8月19日。

关于对生育三胞胎以上家庭给予生活补助的通知

（沪民规〔2020〕15号）

各区民政局、财政局：

为帮助生育三胞胎以上家庭解决生活困难，现就有关生活补助事宜通知如下：

一、申请条件

本市户籍家庭同时符合以下条件的，可以申请生活补助：

（一）生育三胞胎以上（包括三胞胎）子女，子女均系本市户籍，且在本市共同生活；

（二）子女年龄不满十六周岁或年满十六周岁但均在校接受全日制本科及以下学历教育；

（三）家庭年人均可支配收入低于上年度本市居民人均可支配收入。

二、补助标准

生育三胞胎的家庭，在三胞胎中确定一个补助对象，每月按标准给予一份生活补助，三胞胎以上按每增加一个子女，增加一个补助对象，每月增加一份生活补助。

生育三胞胎以上家庭的生活补助标准每年经市政府同意后由市民政局另行公布。

三、办理程序

（一）申请。符合条件的家庭，由三胞胎以上子女的监护人作为申请人向户籍所在地街道办事处、乡镇人民政府的社区事务受理服务中心提交书面申请及相关材料，并在三胞胎以上子女中确定补助对象。申请人也可以通过网上或者向就近的社区事务受理服务中心提交申请材料。

申请人申请生活补助时，应当如实填写《上海市生育三胞胎以上家庭生活补助申请表》，并提交下列材料：

1. 申请人的身份证明；

2. 家庭户口簿；

3. 三胞胎以上子女出生医学证明或者出生时的出院小结；

4. 申请家庭成员的收入证明；

5. 年满16周岁、仍在校接受本科及以下学历教育的三胞胎以上子女，还需提供学生证等在籍在读证明。

上述材料中，凡是可以通过电子证照库等信息共享交换途径获取的，不再要求申请人提供。

（二）审查报送。申请人提交的材料齐备的，街道办事处、乡镇人民政府的社区事务受理服务中心在三个工作日内将信息录入上海市民政局救助信息管理系统，并将相关材料及时报送区民政局。

（三）审核确认。区民政局在收到申请材料的五个工作日内予以审核确认。对确认给予生活补助的，发放《上海市准予生育三胞胎以上家庭生活补助通知书》；不予确认的，发放《上海市不予生育三胞胎以上家庭生活补助通知书》，书面告知申请人不予确认的理由和依据。

（四）资金发放。生育三胞胎以上家庭生活补助自审核确认之月起按月定期发放，区民政局依托上海市民政资金内控监管平台通过银行等代理金融机构实行社会化发放，直接支付到申请家庭指定成员的银行卡账户。

四、停止补助的情形

补助家庭中有下列情形之一的，应及时停止：

（一）采取虚报、隐瞒、伪造等手段，骗取生活补助的；

（二）拒绝配合对其家庭人口、收入等情况进行核查的；

（三）因各种原因已不符合三胞胎条件的；

（四）其他不再符合申请条件规定情形的。

五、动态管理

区民政局对补助家庭的人口、收入等状况开展定期复核，原则上每年复核一次，并根据需要进行抽查。对不再符合条件经查证属实的，及时停止补助，发放《上海市停止生育三胞胎以上家庭生活补助通知书》。

六、其他

1. 补助对象纳入本市民政定期定量补助对象管理，同时享受临时价格补贴、粮油帮困、帮困送温暖等政策措施。

2. 本通知自2020年5月1日起实施，有效期至2025年4月30日。

上海市民政局　上海市财政局

2020年7月28日

关于《上海市社会救助条例》实施中若干问题的意见

（沪民规〔2020〕16号）

各区民政局：

为贯彻落实《上海市社会救助条例》，切实维护困难群众权益，进一步提升本市社会救助工作规范化水平，现就《上海市社会救助条例》实施中若干问题提出如下意见：

一、关于家庭责任履行的问题

（一）社会救助制度坚持与法定赡养、抚养、扶养相结合的原则，非共同生活的家庭成员对申请家庭成员有法定赡养、抚养、扶养义务的，应当履行赡养、抚养、扶养义务。赡养、抚养、扶养义务人具备履行义务能力但不履行的，申请家庭可以通过调解或者诉讼途径要求义务人履行义务。依法调解或者诉讼过程中，申请家庭生活确实存在困难的，可以申请临时救助。

（二）申请救助家庭总收入的构成应包括非共同生活的家庭成员应承担的赡养、抚养、扶养费。申请救助家庭在提交社会救助申请时，其具有法定义务的非共同生活的家庭成员要配合提供收入等相关信息和材料。

（三）赡养、抚养、扶养费的认定与核算。赡养、抚养、扶养费按调解书、判决书或者协议书确定的金额认定。无上述文书或者协议金额明显偏低的，按赡养、抚养、扶养人收入状况核算。实际支付的赡养、抚养、扶养费高于核算金额的，按实际支付的数额计算。赡养、抚养、扶养义务人是最低生活保障对象、特困供养人员、重残无业人员的，视为无赡养、抚养、扶养能力，不计算赡养、抚养、扶养费。

赡养费的核算。赡养人（夫妻双方）的收入，先按照本市最低工资标准扣除赡养人（夫妻双方）的生活费，再按照本市最低生活保障标准扣除抚养费后，一般将余下金额的20%作为赡养费。赡养费按照实际赡养人数均摊后即为付给每个被赡养人的赡养费。

抚养费的核算。抚养人有固定收入的，按月总收入的20%计算；负担两个以上子女抚养费的，比例可适当提高，但一般不得超过抚养人月总收入的50%；无固定收入的,抚养费的数额可依据当年总收入或同行业平均收入,参照上述比例确定;有特殊情况的,可适当提高或者降低上述比例。

扶养费的核算可参照赡养费的核算方法执行。

二、关于申请救助家庭收入认定的问题

(一)申请救助家庭成员的可支配收入,一般按照调查、核实后的实际收入认定。下列人员的可支配收入,按照以下规定认定:

1. 协保人员和大龄失业人员自谋职业者领取人力资源社会保障部门就业(岗位)补贴的,应当不低于最低生活保障标准;

2. 领取社会保险费补贴的或者同时领取社会保险费补贴和人力资源社会保障部门就业(岗位)补贴的,应当不低于最低工资标准;

3. 在市场监管部门登记为个体工商户的,一般不低于最低工资标准;

4. 可以领取失业金或者养老金而不领取的,按照可领取的失业金或者养老金计入收入;

5. 参加职工基本养老保险的,应当不低于本市最低工资标准。但是,符合下列情形之一的,可以按照低于本市最低工资标准的实际收入认定:

(1) 残疾人阳光职业康复援助基地的援助及服务对象、重残推保对象以及扶残涉农经济组织的扶持对象、重残推保对象;

(2) 因患大重病或者丧失劳动能力等原因实际未就业,经查证属实的;

(3) 男年满60周岁、女年满55周岁,缴纳职工基本养老保险费年限不足,根据有关规定继续缴费的。

(二)除国家及本市其他政策明确规定免于计入申请家庭可支配收入的内容外,申请救助家庭成员获得的以下收入,免于计入家庭可支配收入:

1. 一户多残困难家庭获得的一户多残生活补助金;

2. 重残无业人员等本市民政定期定量补助对象获得的定期定量生活补助;

3. 劳动者按照国家和本市有关规定获得的具有劳动保护性质的津贴,如高温补贴等;

4. 在校学生实习或者勤工俭学获得的收入;

5. 优抚对象按照国家规定享受的一次性抚恤金、烈士褒扬金、伤残抚恤金、伤残护理费、定期抚恤金、定期定量补助、烈属抚慰金、差额补助、生活补助、优待金、临时补助、医疗补助和丧葬补助费以及军队发放的转业费,军队复员干部和退役士兵按照国家和本市有关规定享受的复员费、路费、伙食费及津贴、易地安置的安家费、一次性退役金、自主就业(灵活就业)一次性经济补助及其他补助费;

6. 按照本市有关规定享受的老年综合津贴、困难残疾人生活补贴、重度残疾人护理补贴、残疾人交通补贴;

7. 在残疾人阳光职业康复援助基地的援助及服务对象、扶残涉农经济组织的扶持对象,其获得的交通、伙食、劳动补贴及津贴;

8. 就业困难人员领取的社会保险费补贴;

9. 本市社会散居孤儿、困境儿童和艾滋病病毒感染儿童基本生活费;

10. 国家和本市有关规定明确的工伤保险待遇中的伙食补助费、生活护理费、一次性补助金、供养亲属抚恤金;

11. 中央确定的城乡居民基本养老保险基础养老金。

(三)廉租住房申请家庭的收入认定,按照本市有关规定执行。

三、关于救助家庭财产认定的问题

申请救助家庭的财产按照下列规定认定:

(一)申请救助家庭中,重残无业人员等本市民政定期定量补助对象名下的财产,计入申请家庭的财产。

(二)申请救助家庭中,优抚对象按照国家和本市规定享受的一次性抚恤金、烈士褒扬金、义务兵及其家属优待金(义务兵家庭优待金),退役士兵自主就业(灵活就业)一次性经济补助等,免于计入家庭财产。

(三)申请救助家庭成员与非家庭成员的共有住房,该住房被非家庭成员的共有产权人居住的,不计入申请救助家庭的住房套数;共有产权保障住房(经济适用房)不计入申请救助家庭的住房套数和面积。

(四)申请救助家庭(2人及2人以上户)因征收(拆迁)而拥有两套住房,人均建筑面积超过本市统计部门公布的上年度本市人均住房建筑面积,视作住房面积未超过认定标准。

(五)申请救助家庭原住房被征收(拆迁),且家庭成员名下无住房的,其获得的原住房征收(拆迁)货币安置补偿款不计入家庭财产,购买住房后的余款计入家庭财产。

(六)廉租住房申请家庭的财产认定,按照本市有关规定执行。

四、关于非本市户籍家庭成员的问题

(一)非本市户籍的配偶、子女范围

《上海市社会救助条例》所称的在本市共同生活的家庭成员,包括在本市共同生活的本市户籍家庭成员,以及与本市户籍居民在本市共同生活的非本市户籍的配偶、子女。其中,非本市户籍的子女是指与本市户籍居民在本市共同生活的非本市户籍的未满18周岁或者已满18周岁但仍在校接受全日制本科及以下学历教育的子女。

(二)特殊情形处理

非本市户籍的配偶、子女所在的本市户籍家庭出现特殊变故的,按以下规定处理:

1. 本市户籍居民死亡,其非本市户籍的配偶或者子女在本市生活，符合最低生活保障、支出型贫困家庭生活救助条件的，该家庭可以按上海户籍家庭申请相应的救助，但配偶再婚的除外。

2. 本市户籍居民因在监狱内服刑、被强制戒毒、宣告失踪等情形不能与家庭成员共同生活，其非本市户籍的配偶或者子女在本市生活，符合最低生活保障、支出型贫困家庭生活救助条件的，该家庭可以按上海户籍家庭申请相应的救助。

五、关于拒绝配合核查的问题

具有以下情形的，申请或者享受社会救助的家庭一般应在收到通知后10个工作日内提供相应材料，逾期不提供且无正当理由的，可以认定为拒绝配合对其家庭人口、收入、财产、支出等状况进行核查：

1. 申请受理后，为进一步认定家庭成员基本情况及家庭经济状况，救助管理部门通知申请人提供符合规定要求的相关材料的。

2. 定期或不定期复核时，救助管理部门通知享受社会救助的家庭如实报送家庭状况变化情况，并提交家庭情况变化相关材料的。

3. 发现存在与收入水平不相符的高消费行为，救助管理部门通知享受社会救助的家庭说明理由并提供相关材料的。

因享受社会救助的家庭自身原因，导致救助管理部门超过30日仍无法联系到该家庭开展定期复核等工作，且无正当理由的，视为拒绝配合对其家庭人口、收入、财产、支出等状况进行核查。

六、关于最低生活保障对象违法违规查处问题

最低生活保障对象涉嫌存在《上海市社会救助条例》第五十四条第一款规定行为的，区民政局应当及时立案，按照下列程序进行：

（一）调查。参与调查的执法人员应持有效的《上海市行政执法证》，且不少于两人，对最低生活保障对象的违法行为全面、客观、公正调查，依法收集有关证据。

（二）事先告知当事人权利。调查终结后，执法人员应当书面告知当事人拟作出行政处罚决定的事实、理由及依据，并告知当事人依法享有陈述权和申辩权。执法人员充分听取当事人的意见，对当事人提出的事实、理由和证据，应当进行复核；当事人提出的事实、理由或者证据成立的，应当采纳。对家庭或者个人作出5 000元以上较大数额罚款的行政处罚决定前，执法人员应当书面告知当事人有要求举行听证的权利。当事人要求听证的，应当组织听证。

（三）重大执法决定法制审核。在作出处罚决定之前，执法人员应当将案卷和处理意见送交区民政局法制工作机构或者法制审核人员进行审核。

（四）处罚决定。执法人员将案卷、处理意见及法制审核意见报区民政局负责人审批。区民政局负责人应当根据处理意见和审核意见作出是否处罚的决定。对情节复杂或者重大违法行为给予较重的行政处罚，区民政局应当集体讨论决定。

（五）决定的制作、送达。依法制作《行政处罚决定书》，处罚决定应当在七日内依法送达当事人。

七、关于支出型贫困家庭生活救助有关规定

（一）与本市其他相关救助制度的衔接

享受本市最低生活保障待遇的家庭，不纳入支出型贫困家庭生活救助范围。

申请支出型贫困生活救助的家庭，符合医疗救助条件的，先行申请医疗救助。

申请支出型贫困生活救助的家庭中的重残无业人员等本市民政定期定量补助对象，其医疗费用可以计入家庭医疗费用支出，其本人不同时享受支出型贫困家庭生活救助。

（二）关于医疗费用支出的核定

在计算申请救助家庭的医疗费用支出时，须扣除已经获得的各类报销、补助的金额，包括城镇基本医疗保险及减负、总工会医疗互助保障、新型农村合作医疗保险补偿、少儿住院医疗互助基金报销、居民大病保险理赔、商业医疗保险理赔、医疗救助等金额。

（三）关于经济状况的认定

对申请救助家庭的可支配收入、财产等经济状况的认定，依照本市低收入困难家庭经济状况认定办法有关规定执行。但在计算申请之月前12个月家庭人均可支配收入时，不适用各项不计入家庭可支配收入的规定。

（四）关于支出型贫困家庭生活救助办理、动态管理及档案管理

支出型贫困家庭生活救助的办理、定期复核及档案管理等参照最低生活保障相关规定执行，但是以下情形除外：

1. 资金发放。对经批准享受支出型贫困生活救助的家庭，乡镇人民政府、街道办事处自受理申请之月的次月起开始救助，救助金按月发放。

2. 定期复核时间。支出型贫困家庭生活救助每3个月复核一次。

八、其他

本意见自2020年10月1日实施，有效期至2025年9月30日。《上海市民政局关于印发修订后的〈关于本市社会救助工作若干问题的规定〉的通知》（沪民规〔2017〕3号）同时废止。

2020年8月14日

关于调整本市生活无着的流浪乞讨人员基本生活标准的通知

（沪民规〔2020〕17号）

各区民政局、财政局，市救助管理站、市救助管理二站：

为保障生活无着的流浪乞讨人员基本生活，根据中共中央办公厅、国务院办公厅，市委办公厅、市政府办公厅有关文件精神，结合本市实际，统一规范本市生活无着的流浪乞讨人员基本生活标准。经研究决定，自2020年7月1日起，参照本市低保标准调整本市生活无着的流浪乞讨人员基本生活标准，市救助管理站和各区救助管理站、市救助管理二站和和川东、上农安置所生活无着的流浪乞讨人员基本生活标准统一调整为每人每月1 240元。生活无着的流浪乞讨人员基本生活标准包括伙食费、被服费、文教费、杂支费，实行统筹使用。所需资金按原渠道列支。

今后每年本市城乡居民最低生活保障标准调整时，本市生活无着的流浪乞讨人员基本生活救助标准参照本市城乡居民最低生活保障标准同步调整。

特此通知。

上海市民政局　上海市财政局

2020年9月18日

关于印发《关于推进本市社会组织参与社区治理的指导意见》的通知

（沪民规〔2020〕18号）

各区人民政府，市政府相关委、办、局：

经市政府同意，现将《关于推进本市社会组织参与社区治理的指导意见》印发给你们，请按照执行。

2020年12月8日

关于推进本市社会组织参与社区治理的指导意见

为贯彻落实习近平总书记考察上海重要讲话精神和十一届市委九次全会精神，认真践行“人民城市人民建，人民城市为人民”的重要理念，按照《关于进一步提升社区治理规范化精细化水平的若干意见》（沪委办发〔2020〕24号）要求，在认真总结本市创新社会治理加强基层建设经验的基础上，现就深入推进社会组织参与社区治理提出以下意见。

一、总体目标

紧紧围绕国家治理体系和治理能力现代化的总目标，充分发挥社会组织在共建共治共享的社会治理格局中的独特作用，着力提升社会组织参与社区治理的系统性、专业性和针对性，助力提升社区治理规范化、精细化水平。到“十四五”末，本市深耕社区提供各类专业服务的社会组织得到充分发展，作用发挥更加明显，成为基层社会治理创新的有力支撑。

二、基本原则

（一）坚持加强党的领导。加强社会组织党建，强化政治引领，确保社会组织正确的发展方向。引导社会组织主动融入党组织领导下的社区治理体系，积极配合和协助基层群众性自治组织，有序参与社区治理。

（二）坚持转变政府职能。着力优化社区治理方式，将适合由社会组织提供和社会组织具有专业优势的社区事务和公共服务，通过政府购买服务等方式交由社会组织承担，政府发挥好统筹、协调、指导和监督等作用。

（三）坚持因地制宜。社会组织应当根据社区发展实际和居民需求，发展富有实效的服务项目，助力解决社区治理的瓶颈和难点。鼓励社会组织立足本地社区，深耕服务领域，做强属地化精品；鼓励社会组织探索社区治理共性规律，跨区域输出专业能力和品牌，复制推广社区治理优秀项目。

（四）坚持发挥社会组织系统功能。注重发挥社会团体、社会服务机构、基金会三类社会组织的各自优势，整合枢纽型、资源型、支持型、专业服务型等社会组织的各自资源，协同社区各类主体和力量，形成社区治理的资源链、服务链和创意链。

三、重点领域

（一）社区服务供给领域。支持社会组织在养老服务、助残服务、托育服务、家庭服务、健康服务、法律服务等领域积极承接项目，提供专业服务。鼓励社会组织为社区特殊困难群体提供生活照料、综合帮扶、权益维护以及关怀关爱等服务。支持社会组织协助开展社区健康教育和健康促进，宣传健康生活方式，普及公共卫生知识。支持社会组织参与社区服务综合体和家门口服务体系建设。引导农村社区社会组织开展生产互助、邻里互助活动，增强农村社区服务能力。

（二）社区精细化管理领域。鼓励社会组织协助开展社区矛盾调处，在物业纠纷、家庭纠纷、邻里纠纷调解和信访矛盾化解等工作中积极发挥专业作用。鼓励社会组织积极参与社区物业治理，在业委会组建和换届、老旧公房加装电梯、文明养宠、停车管理等工作中发挥独特优势。支持社会组织参与改善社区人居环境，协助做好垃圾分类、制止餐饮浪费、社区美化绿化净化等环保活动。

（三）社区公共安全领域。支持社会组织参与社区群防群治、联防联控，协助做好社区矫正、社区戒毒、刑满释放人员帮扶、社区防灾减灾、精神障碍患者社区康复等工作，积极参与、协力建设平安社区。支持社会组织参与社区应急体系建设、应急预案编制和应急志愿者团队培育，协助开展社区防灾减灾科普宣传、突发事件应急演练，帮助社区提高应对自然灾害、事故灾难、社会安全事件的预防和处置能力。

（四）社区自治共治领域。鼓励社会组织协助基层党组织和群众性自治组织围绕社区公共议题，开展协商和讨论，广泛联系和动员社区居民参与社区公共事务和公益事业，促进现代社区共同体建设。鼓励社会组织协助制定社区自治章程、居民公约、村规民约、住户守则，拓展流动人口有序参与居住地社区治理，促进流动人口社区融入。

（五）社区精神文明领域。发挥社会组织在丰富群众性文化活动、提升社区居民文明素养方面的作用。引导社会组织在开展文化、教育、体育、科普、慈善等活动中积极培育和践行社会主义核心价值观，弘扬时代新风。鼓励社会组织参与社区文明创建活动，弘扬优秀传统文化，维护公序良俗，形成向上向善、孝亲敬老、与邻为善、守望互助的良好社区氛围。

四、主要举措

（一）为社会组织参与社区治理提供机会。积极搭建各类平台，畅通社会组织进入社区的渠道。鼓励将符合条件的社会组织负责人吸纳为社区代表大会、社区管委会成员。街道办事处、乡镇人民政府制订社区发展规划、年度工作规划、社区实事项目时，主动听取相关社会组织的意见。重视发挥社区群众活动团队作用。鼓励街道办事处、乡镇人民政府积极承担业务主管单位职责，为立足社区、服务社区的社会组织依法登记创造条件。（责任单位：各区人民政府）

（二）抓好"两会一中心"平台建设。按照实体化、标准化、专业化的要求，做实做强社区社会组织联合会、社会组织服务中心和社区基金会，发挥党建引领、综合服务和资源集聚功能，为社会组织有序参与社区治理发挥"龙头"牵引作用。促进"两会一中心"协同健康发展，对于不具备条件独立运营的，可合署办公、交叉任职，精干人员、提升素质、形成合力。（责任单位：市民政局、各区人民政府）

（三）优化政府购买社会组织服务。完善政府购买服务目录管理制度，落实在同等条件下优先向社会组织购买。用好"上海市政府购买社会组织服务供需对接平台"，推动项目信息应上尽上。尊重社会组织的运作规律和人才价值，合理确定政府购买服务项目价格，为社会组织发展和人员待遇提升留下空间。加强政府购买服务的合同管理，对符合条件适合长期持续购买的服务性项目，预算单位可采取一次采购三年享用、分年签订合同的方式实施。政府部门加强对购买服务项目的全程指导，完善从需求调研、项目立项、组织实施和绩效评价的全程管理，合力提升项目水平。（责任单位：市民政局、市财政局、其他相关部门和单位，各区人民政府）

（四）大力提升社会组织的社会工作能力。鼓励社会工作专业人才发起举办社区社会组织，支持在社区治理中引入专业社会工作理念和方法。支持社会工作服务机构综合运用社会工作专业知识、方法和技能，开展困难救助、人文关怀、心理疏导、行为矫治、关系调适等服务。重视发掘和激励具有一技之长的社区"达人"参与社区治理，通过创新社会组织载体，为其提供相关服务、支持和保障。（责任单位：市民政局、各区人民政府）

（五）加大对重点领域社会组织的扶持。有条件的区和街镇要继续设立社会组织发展专项资金，用于重点扶持和表彰奖励。继续深化社会组织孵化基地建设，可单独设立或依托社区综合服务设施设立，为初创期、成长期的社会组织提供综合支持。鼓励街镇将闲置的办公用房、公共设施等存量资源，通过无偿使用等优惠方式提供给社会组织开展公益活动。公益性社会组织开展日常服务活动发生的由城市管网供应的水、电、气按现有价格优惠政策执行。（责任单位：各区人民政府）

五、工作要求

各级政府要把推进社会组织参与社区治理列入重要议事日程，加强领导，细化工作措施，加大扶持力度。要督促、指导街道办事处、乡镇人民政府建立健全工作机制，落实工作经费，积极扶持社会组织发展，并将推进社会组织参与社区治理成效纳入对街镇党政领导班子和领导干部绩效考核。各级民政部门要积极发挥牵头作用，多方争取政策支持，加强系统谋划，形成整体合力。

各区可按照本意见精神，结合实际制定落实方案，切实予以推进。

本意见自2021年1月1日起施行，有效期至2025年12月31日。

关于本市婚姻介绍服务企业登记管理的实施意见

（沪民规〔2020〕19号）

各区民政局、市场监督管理局：

为贯彻国务院“放管服”工作精神，依据国家法律法规及《上海市婚姻介绍机构管理办法》等规定，进一步优化婚姻介绍服务企业登记，加强事中事后监管，现提出如下实施意见：

一、基本原则

（一）放开市场。充分发挥市场在资源配置中的决定性作用，鼓励符合条件的投资主体参与婚姻介绍服务业发展，形成充满活力、公平竞争的市场环境。

（二）规范管理。明确部门职责，规范登记管理要求，推动本市婚姻介绍服务企业依法经营，促进婚姻介绍服务业持续健康发展。

（三）优化服务。以企业为本，推进婚姻介绍服务企业登记注册便利化，构建市场化、法治化、国际化的营商环境。

二、登记范围及要求

境内自然人、法人和其他组织设立从事为征婚当事人提供婚姻介绍服务的营利性婚姻介绍服务企业（简称“婚姻介绍服务企业”），可以依法向所在地市场监督管理部门申请办理登记。境外投资者设立婚姻介绍服务企业的，应当按照国家相关规定办理。婚姻介绍服务企业登记条件、程序和期限要求按照相应登记法律法规规定执行。

三、登记规范

（一）主体登记。婚姻介绍服务企业可以采用公司制企业（有限责任公司、股份有限公司）、非公司制企业、合伙企业、个人独资企业等组织形式。

（二）名称登记。婚姻介绍服务企业名称应当符合国家和本市有关规定，依次由行政区划、字号、行业、组织形式组成。其中，行业应当表述为婚姻介绍服务。

（三）经营范围登记。婚姻介绍服务企业在申请办理经营范围登记时，应当遵守国家和本市法律法规的规定。婚姻介绍服务企业经营范围应当参照国民经济行业分类表述为婚姻介绍服务。婚姻介绍服务企业可以跨行业经营。

四、职责分工

（一）部门职责。民政部门是本市婚姻介绍服务企业的行业主管部门，依照《上海市婚姻介绍机构管理办法》，履行相关工作职责，并实施行业事中事后监管。市场监督管理部门依照国家企业登记法规，履行相关工作职责。

（二）信息共享。建立健全民政和市场监督管理部门信息共享机制。各级民政部门和市场监督管理部门按照《上海市公共数据与一网通办管理办法》，共享登记信息，并依法履行数据管理职责。

本实施意见自2021年1月1日起实施，有效期至2025年12月31日。

上海市民政局　上海市市场监督管理局

2020年12月9日

关于印发修订后的《上海市公益基地创建与管理办法》的通知

（沪民规〔2020〕20 号）

各区民政局，各有关单位：

新修订的《上海市公益基地创建与管理办法》已经 2020 年 10 月 26 日上海市民政局局长办公会议审议通过，现印发给你们，请遵照执行。

2020 年 12 月 9 日

上海市公益基地创建与管理办法

第一章 总 则

第一条（目的和依据）

为贯彻实施《中华人民共和国慈善法》《志愿服务条例》和《上海市志愿服务条例》，为志愿服务搭建更多平台，推动以公益基地为基本载体的志愿者、志愿服务提供和管理体系建设，促进公益服务发展和公益之城建设，制定本办法。

第二条（公益基地界定）

本办法所称的公益基地，是指经过创建，长期提供志愿服务等公益项目或岗位，弘扬公益精神、开展公益文化宣传，为志愿者记录志愿服务信息、出具志愿服务证明、提供志愿服务记录查询等日常管理服务的组织或者机构。

第三条（管理部门职责）

市民政局负责本市公益基地的统筹规划、创建指导与命名，推进公益基地的建设与发展。

各区民政局负责指导推进辖区内的公益基地创建指导和监督管理。

街道办事处、乡镇人民政府依照相关规定，推动辖区内公益基地的发展。

第二章 公益基地创建

第四条（创建条件）

凡有意愿开展志愿服务等公益活动的企事业单位、社会组织、基层群众性自治组织等，符合下列条件的，可以创建并申报公益基地：

（一）依法登记或者成立；

（二）具有组织开展志愿服务项目和管理的能力；

（三）具有组织提供志愿者培训、保障的能力。

第五条（申报材料）

申报创建上海公益基地应当填写《上海市公益基地创建申报表》，内容包括：

（一）创建主体的证照信息；

（二）创建主体负责人、管理人员等个人基本信息和联系方式；

（三）创建主体服务、管理、保障等能力建设情况及发展规划；

（四）其他需要说明的事项。

第六条（申报命名程序）

符合本办法第四条规定的创建主体，按以下规定程序申报公益基地：

（一）申报。向所在地的区民政局提交申报材料。

（二）审核。区民政局对申报材料进行审核，对符合申报条件的报市民政局。对不符合条件的，向申报人说明。

（三）命名。经市民政局审查，对符合条件的，核准命名为“上海公益基地”并进行公示。不予命名的，向申报人说明。

市、区民政局可以委托第三方机构承担能力评估、服务指导等相关事务性工作。

第三章 管理要求

第七条（管理制度建设）

公益基地应当按照《志愿服务条例》《上海市志愿服务条例》的规定，建立健全志愿服务管理制度。

第八条（标识管理）

公益基地实行统一标识，被命名的公益基地应当在显著位置放置公益基地标识，标识由市民政局统一规定。

第九条（信息管理）

公益基地安排志愿者参与志愿服务活动，应当如实记录志愿者个人基本信息、志愿服务情况、培训情况、表彰奖励情况、评价情况等信息，使用本市志愿服务信息管理平台（“公益上海”）做好相关信息管理工作；使用自有系统的，按照统一的信息数据标准接入“公益上海”，实现数据互联互通。

志愿者可以自行通过“公益上海”办理国家民政部

统一格式的志愿服务记录证明。志愿服务记录应当无偿、如实出具。

第十条（公益护照）

公益基地应当根据志愿者时间、能力等条件合理设置志愿服务岗位，引导和帮助志愿者注册信息、申领“公益护照”、获取保障。

前款规定的“公益护照”是指由市民政局统一制发，采用实体或电子形式，作为志愿者身份证明、公益行为记录、保险保障和嘉许等服务保障功能载体的证照。

第十一条（运行管理）

公益基地应当明确相应管理人员，其相关信息变更的，应当及时进行更新。

公益基地应当主动策划和组织开展志愿服务活动，每年具有一定量的志愿服务项目和志愿服务活动，做到志愿服务活动经常化。

公益基地组织志愿者参加志愿服务活动，应当鼓励志愿者佩戴公益基地统一的志愿服务标识。

第四章　评价与奖惩

第十二条（评价和等级评定）

区民政局负责对辖区内公益基地的运行绩效进行年度评价，并将评价结果报市民政局。市民政局根据评价结果，对公益基地运行绩效进行综合评价。

根据运行绩效评价结果，市、区民政局对公益基地按星级进行等级评定。具体办法和标准另行制定。

市、区民政局可以委托第三方机构，对公益基地运行绩效进行评价。

第十三条（鼓励措施）

对在志愿服务项目策划、组织服务、宣传展示等方面成效显著、社会反响良好的公益基地，由市、区民政局按照有关规定予以奖励或通过以奖代补等方式予以项目资助。

第五章　变更与退出

第十四条（变更）

公益基地及其创建主体发生名称、地址、负责人等主要信息变更的，应当在变更后十个工作日内，通过“公益上海”向所在地的区民政局提交变更信息，由区民政局报市民政局备案。

第十五条（取消命名）

公益基地因不再具备相应条件等原因，可以由创建主体提出注销命名，也可以由区民政局报市民政局取消命名。

公益基地发生损害公众利益或者有其他违法情形的，由市民政局取消命名。

第六章　附　则

第十六条（参照适用）

为开展志愿服务等公益活动提供经常性的场地等支持的企事业单位、社会组织、基层群众性自治组织等，可以参照本办法创建并申报公益基地。

第十七条（有效期）

本办法自2021年1月1日起实施，有效期至2025年12月31日。

关于印发《本市困难残疾人生活补贴和重度残疾人护理补贴发放管理办法》的通知

（沪民规〔2020〕21号）

各区民政局、财政局、残联：

为进一步规范本市困难残疾人生活补贴和重度残疾人护理补贴发放工作，市民政局、市财政局、市残联联合修订了《本市困难残疾人生活补贴和重度残疾人护理补贴发放管理办法》。现印发给你们，请认真遵照执行。

上海市民政局　上海市财政局
上海市残疾人联合会
2020年12月21日

本市困难残疾人生活补贴和重度残疾人护理补贴发放管理办法

根据上海市人民政府《关于完善困难残疾人生活补贴和重度残疾人护理补贴制度的实施意见》（沪府规〔2020〕28号），现就本市困难残疾人生活补贴和重度残疾人护理补贴（以下简称“两项补贴”）发放管理工作制定本办法。

一、补贴对象的条件和标准

（一）困难残疾人生活补贴。具有本市户籍、持本市核发的《中华人民共和国残疾人证》（以下简称"残疾人证"）的残疾人，符合以下条件的，可以申请困难残疾人生活补贴：

1. 本市重残无业人员、低保家庭中的残疾人，补贴标准统一为每人每月410元。

2. 本市低收入家庭中的残疾人，补贴标准为每人每月290元。

困难残疾人生活补贴含本市低收入残疾人家庭生活用电、水、气、暖等费用补贴。

残疾人申请困难残疾人生活补贴，应当符合本市社会救助有关认定标准。

同时符合上述各项补贴条件的残疾人，可择高申领其中一类补贴。

（二）重度残疾人护理补贴。具有本市户籍、持本市核发的残疾人证的残疾人，符合以下条件的，可以申请重度残疾人护理补贴：

1. 残疾等级被评定为一级的残疾人，补贴标准为每人每月300元。

2. 残疾等级被评定为二级的残疾人和三级智力、三级精神残疾人，补贴标准为每人每月150元。

享受护理补贴的残疾人符合申请机构养护、居家养护等条件的，可以申请机构养护、居家养护等服务。

（三）同时符合上述"两项补贴"申领条件的残疾人，可同时申领困难残疾人生活补贴和重度残疾人护理补贴。

二、申请发放流程

（一）申请。残疾人两项补贴以自愿申请为原则。残疾人本人可以通过街道（乡镇）社区事务受理服务中心或"一网通办"政务服务平台、移动端、自助终端等渠道提出申请，填写《上海市困难残疾人生活补贴申请审核表》（附件1）、《上海市重度残疾人护理补贴申请审核表》（附件2），并提供身份证、户口簿和残疾人证原件和复印件，三类证件能通过调用电子证照等信息共享交换途径获取的，免于提交实体证件。

残疾人两项补贴由监护人或代理人办理申请手续的，一般应通过社区事务受理服务中心办理，还需提供监护人或代理人身份证原件和复印件，代理人还应当提交委托书（附件3）。

需要进行经济状况核对的，应当按照本市低保、低收入有关办法进行认定。

（二）受理。社区事务受理服务中心负责接收申请材料，对申请材料齐全、符合规定形式的，应当及时受理并出具《受理告知单》（附件4）；材料不齐全或不符合规定形式的，应当通知申请人补正；补正后仍不符合要求的，应当出具《不予受理决定书》（附件5），并说明理由。残疾人通过"一网通办"政务服务平台、移动端、自助终端等渠道提出申请的，受理结果通过对应的线上渠道进行反馈。

社区事务受理服务中心自受理申请之日起的3个工作日内完成对申请人信息的核对，在《上海市困难残疾人生活补贴申请审核表》或《上海市重度残疾人护理补贴申请审核表》（以下简称"审核表"）上提出意见，并通过上海市残疾人两项补贴发放业务管理系统（以下简称"业务系统"）形成《上海市困难残疾人生活补贴审核汇总表》（附件6，一式四份）或《上海市重度残疾人护理补贴审核汇总表》（附件7，一式四份）（以下简称"汇总表"）。

（三）初审。社区事务受理服务中心将审核表和汇总表递交所在街道办事处（乡镇人民政府）［以下简称"街道（乡镇）"］进行初审，街道（乡镇）在5个工作日内提出初审意见，报所在区残联进行审核。

（四）审核。区残联自收到街道（乡镇）提交的审核表和汇总表后，在3个工作日内作出审核意见，并送区民政部门审定。

（五）审定。区民政部门自收到审核材料起3个工作日内作出审定意见。

审定结束后，区民政部门和区残联各留存一份汇总表，并在3个工作日内将一份汇总表联报区财政部门，其余材料返还至街道（乡镇）。

（六）审定结果告知。补贴资格审定合格的，街道（乡镇）应出具《准予补贴通知书》（附件8），并通知申请人提供金融机构账户；审定未通过的，街道（乡镇）应出具《不予补贴通知书》（附件9）。

（七）发放。区财政部门根据审定材料，于5个工作日内将所需资金拨付至街道（乡镇）账户；街道（乡镇）于每月10日前将补贴资金通过金融机构存入残疾人账户。对补贴资格审定合格的残疾人自递交申请当月计发补贴。

三、复核

民政部门建立残疾人两项补贴定期复核制度。由区民政部门指导辖区内各街道（乡镇）每半年通过业务系统对照补贴条件对补贴对象进行复核。

四、变更与终止

（一）已享受补贴的残疾人残疾等级或家庭经济状况发生变化并导致补贴标准调整的，应提出补贴变更申请，残疾人未主动提出变更申请的，街道（乡镇）应通知其办理，业务流程参照上述申请发放流程，业务办结后街道（乡镇）应出具《补贴变更通知书》（附件10）；未导致补贴标准调整的，由工作人员对残疾人基本信息进行变更。

（二）残疾人不再符合补贴条件、死亡或注销本市户籍的，街道（乡镇）核实后出具《补贴停止发放通知书》（附件11），并于次月停止发放补贴。

五、档案管理

(一)归档范围

1. 人员申请审核档案包括残疾人身份证、户口簿、残疾人证等证件复印件或电子证照;残疾人两项补贴申请审核表;残疾人金融机构账户复印件(扫描件或照片);由监护人或代理人办理申请手续的,需保存监护人或代理人身份证复印件(扫描件或照片)、代理人委托书原件;其他需要另行补充说明的材料等。

2. 资金发放档案包括残疾人两项补贴审核汇总表;其他在补贴发放过程中需要补充的材料等。

(二)归档部门

1. 人员申请审核档案由业务办理所在地街道(乡镇)负责收集、整理和归档工作。

2. 资金发放档案由区民政部门、区残联、街道(乡镇)根据各自分管职责负责收集、整理和归档工作。

(三)归档方式

1. 人员申请审核材料以电子或纸质形式收集,残疾人相关证件主要通过调用电子证照方式直接存入业务系统的电子档案管理模块,其余纸质材料经审核结束后通过扫描或拍照方式上传至业务系统的电子档案管理模块。

2. 资金发放材料需线下盖章,主要以纸质形式归档。

六、发放关系转移

残疾人户籍变更的,默认为异地申请发放,由原办理地街道(乡镇)保留残疾人两项补贴申请档案;残疾人要求办理发放关系转移的,由原办理地街道(乡镇)与新接收地街道(乡镇)对接,原办理地街道(乡镇)向新接收地街道(乡镇)出具《两项补贴发放关系转移单》(附件12),并通过业务系统完成残疾人电子档案转移,电子档案不齐全的,则通过机要方式完成档案转移。

七、资金保障

残疾人两项补贴所需资金列入残疾人就业保障金支出范围,自2022年起纳入区民政年度部门预算,资金发放流程由市民政局另行通知。

跨区发放资金结算参照本市残疾人两项补贴资金规范管理有关文件执行。

实施残疾人两项补贴制度所需工作经费,由区财政统筹安排,纳入各街道(乡镇)预算。

八、信息公开

民政部门建立残疾人两项补贴信息公开制度。各级民政、残联要通过多种形式,主动宣传残疾人两项补贴制度,便于符合条件的残疾人及时了解相关政策。补贴资金发放使用情况应每年向社会公开,主动接受社会监督。

本通知自2021年1月1日起执行,有效期至2025年12月31日。

附件:

1.《上海市困难残疾人生活补贴申请审核表》
2.《上海市重度残疾人护理补贴申请审核表》
3. 委托书
4.《受理告知单》
5.《不予受理决定书》
6.《上海市困难残疾人生活补贴审核汇总表》
7.《上海市重度残疾人护理补贴审核汇总表》
8.《准予补贴通知书》
9.《不予补贴通知书》
10.《补贴变更通知书》
11.《补贴停止发放通知书》
12.《两项补贴发放关系转移单》

关于印发《本市新冠肺炎疫情防控慈善捐赠管理办法》的通知

(沪民社基〔2020〕1号)

各慈善组织,市红十字会:

为深入贯彻落实党中央、国务院和市委、市政府关于新冠肺炎疫情防控工作部署,切实加强慈善捐赠款物的分配、管理使用和监督,上海市民政局、上海市审计局联合制订《本市新冠肺炎疫情防控慈善捐赠管理办法》。现印发给你们,请遵照执行。

上海市民政局　上海市审计局
2020年2月24日

本市新冠肺炎疫情防控慈善捐赠管理办法

为深入贯彻落实党中央、国务院和市委、市政府关于新冠肺炎疫情防控工作部署,依据《中华人民共和国慈善法》、《中华人民共和国红十字会法》、《中华人民共和国公益事业捐赠法》、《中华人民共和国突发事件应对法》、《中华人民共和国审计法》、《慈善组织公开募捐管理办法》、《慈善组织信息公开办法》等法律法规，以及审计署《关于做好新型冠状病毒肺炎疫情防控财政资金和捐赠款物审计监督工作的通知》精神，就本市疫情防控期间慈善组织、红十字会等开展募捐活动，加强慈善捐赠款物的分配、管理使用和监督，制订本办法。

一、建立慈善捐赠统筹机制。根据本市疫情防控工作实际，在市疫情防控领导小组内建立专门的慈善捐赠统筹机制（以下简称市统筹机制），设在地区组，由市民政局、市审计局以及有关慈善组织、红十字会等参加。

二、规范公开募捐。慈善组织、市红十字会面向社会开展募捐活动必须具备公开募捐资格，应当在开展公开募捐活动的十日前将募捐方案报送民政部门备案；通过互联网开展公开募捐活动的，还应当在民政部指定的互联网公开募捐信息平台发布公开募捐信息。募捐活动应坚持自愿原则，不得摊派或变相摊派。

三、规范使用捐赠款物。慈善组织、红十字会要严格内部理事会和监事会决策程序，根据疫情防控工作的实际需要，充分尊重和体现捐赠人的意愿，并由专业部门、专人管理，建立专项账册，做到及时登账，及时分类，及时拨付，确保账实相符，捐赠人意愿实现。捐赠款物分配应合法合规，防止侵占、挪用、滞留。除定向捐赠外，非定向捐赠款物可由市统筹机制根据实际需求合理制定方案，以项目化方式由接受捐赠的有关慈善组织、红十字会执行。项目应聚焦采购防控物资、支持一线防控工作、慰问一线防控人员，原则上不得用于机关公职人员。不允许捐赠人以定向捐赠的名义指定其利害关系人作为受益人。慈善组织、红十字会要加快工作节奏，与疫情防控定点诊疗医院等接收单位有效对接，做到“快进快出、物走账清”，第一时间将捐赠款物送到疫情防控工作一线，防止捐赠款物积压。统筹机制要主动发布需求，引导慈善组织、红十字会按照疫情防控的需要使用捐赠款物。

民政部门应加大对违法违规开展募捐活动的查处力度，并向社会公布执法举报电话：962200。

四、强化信息公开。慈善组织、红十字会要做好捐赠款物收支情况的统计信息公开工作，按时向市民政局上报日报表和周报表，及时向社会公布捐赠款物的接收分配情况，特别是重点疫情防控物资的接收分配明细，主动接受社会监督。市民政局要及时汇总捐赠数据，及时向社会公开。

五、加强审计监督。审计机关要依法加强对捐赠款物分配和管理使用情况的审计监督，确保捐赠款物规范管理，及时、有效用于疫情防控工作。各慈善组织、红十字会和款物使用相关单位应主动接受审计机关的监督检查。

附件：《本市新冠肺炎疫情防控慈善捐赠统筹机制操作方案》

附件

本市新冠肺炎疫情防控慈善捐赠统筹机制操作方案

为贯彻落实习近平总书记“要依法规范捐赠、受赠行为，确保受赠财物全部及时用于疫情防控”重要指示，根据市委、市政府关于进一步加强慈善捐赠款物的分配、管理使用和监督的工作要求，结合细化落实《本市新冠肺炎疫情防控慈善捐赠管理办法》，制定本实施方案。

一、工作框架

在市疫情防控领导小组内建立专门的慈善捐赠统筹机制，设在地区组，设立慈善捐赠统筹工作小组，由市民政局朱勤皓局长牵头，市民政局副局长蒋蕊和市审计局副局长徐伟具体负责，成员由市民政局、市审计局以及有关慈善组织、市红十字会等组成。统筹工作小组办公室设在市民政局基金会管理处，成员由市民政局基金会管理处处长马国平、市审计局社会保障审计处处长黄蕾、市慈善基金会副秘书长赵小丹、市红十字会二级巡视员滕桂香等参加。

二、工作职责

统筹工作小组在市疫情防控领导小组的领导下，负责全市慈善捐赠款物的统筹协调、供需对接、有效分配管理使用和审计监督，确保慈善捐赠款物及时到位，发挥最大的防控效用。

工作小组办公室具体负责落实全市捐赠款物的供需对接（主要是对非定向）、数据汇总、信息公示、政策解答和疑难问题的协调处理，以及审计工作推进。

各慈善组织、市红十字会作为慈善捐赠接收、使用和管理的责任主体，应及时上报供需信息，积极认领统筹工作小组引导的项目并组织实施，同时做好捐赠款物接收、捐赠票据开具、收支账务处理、统计上报、信息公开等基础工作，并主动接受审计监督。

三、工作流程

1. 工作小组根据本市疫情防控实际情况，摸排防控需求，设计项目方案，按一定程序审定后发布项目，并组织慈善组织对接。

2. 慈善组织认领后，按项目方案组织实施，加快工作节奏，做到“快进快出、物走账清”。

3. 慈善组织和款物使用相关单位作为责任主体，负责项目的财务核算、具体款物使用情况信息公开。

4. 工作小组负责各项捐赠款物使用信息汇总和公开，并适时组织开展审计监督。

四、工作流程图

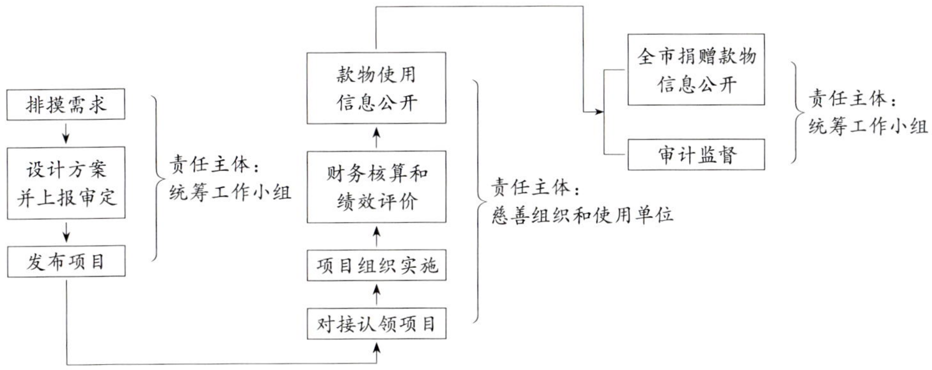

关于将本市社会组织纳入受疫情影响企业职工线上职业培训补贴政策范围的通知

（沪民社服发〔2020〕2号）

各区民政局、人力资源社会保障局、财政局，各有关单位：

经研究决定，将本市经民政部门登记的社会组织（持在有效期内的社会组织登记证书，以及上年度年检合格的）在受疫情影响停工期间对本单位职工（含与社会组织建立劳动关系人员和在社会组织全日制工作的劳务派遣人员）开展的各类线上职业培训，纳入《关于做好本市受疫情影响企业职工线上职业培训补贴工作的通知》（沪人社职〔2020〕49号）政策范围。社会组织应按规定先报备方案、后实施培训、再享受补贴。

市民政局会同市人力资源社会保障局、市财政局共同做好宣传解释、政策跟踪、协调落实等工作。市民政局主要负责指导各区民政局做好纳入政策范围的社会组织主体资格的确认，市人力资源社会保障局主要负责指导各区人力资源社会保障局做好对社会组织培训方案申报备案和补贴经费审核工作，市财政局主要负责指导各区财政局做好对补贴经费的核准拨付和资金使用监督工作。

特此通知。

上海市民政局　上海市人力资源和社会保障局
上海市财政局
2020年4月24日

附录三：

2020年先进典型名录

一、先进集体

（一）全国先进集体

【第六届全国文明单位】

上海市儿童福利院

上海市第一社会福利院

上海市徐汇区社会福利院

上海市杨浦区社会福利院

上海市安亭社会福利院

【继续保留荣誉称号的全国文明单位】

上海市龙华殡仪馆

【全国民政系统抗击新冠肺炎疫情先进集体】

上海市救助管理站

长宁区民政局

静安区婚姻(收养)登记中心

虹口区民政局

闵行区民政局

嘉定区殡仪馆

青浦区民政局

【2020年全国“敬老文明号”】

松江叶榭社区堰泾长者照护之家

【2020年度全国青年文明号】

上海市长宁区新泾镇社区事务受理服务中心“新泾彩虹桥”综合窗口服务队

【全国农村养老服务案例】

打造“家门口”养老的北管模式——上海市嘉定区

【农业农村部“农村公共服务优秀典型案例”】

松江区“好邻居”社区服务体系建设

【2019—2020年全国节约型公共机构示范单位】

上海市第一社会福利院

（二）上海市先进集体

【上海市先进基层党组织】

上海市杨浦区救助管理站支部委员会

【上海市抗击新冠肺炎疫情先进集体】

上海市杨浦区救助管理站支部委员会

上海市第三社会福利院

上海市民政局基层政权和社区建设处

【2019—2020年度上海市文明单位】

上海市浦东新区老龄事业发展中心(老年大学)

上海市浦东新区救助管理站

上海市浦东新区浦东殡仪馆

上海市浦东新区南汇殡仪馆

上海市浦东新区重度残疾人寄养院

上海市黄浦区第一社会福利院

上海市黄浦区第二社会福利院

上海市黄浦区社区服务中心

上海市黄浦区千鹤老年公寓

陈娟英敬老院

上海市黄浦区老年公寓

上海市黄浦区老龄事业发展中心

上海市黄浦区救助管理站

上海市黄浦区婚姻(收养)登记中心

上海市静安区婚姻(收养)登记中心

上海市徐汇区社会福利院

上海市徐汇区救助管理站

上海市徐汇区第二社会福利院

上海市长宁区婚姻(收养)登记中心

上海市长宁区救助管理站

上海市长宁区社会福利院

上海市金福第三养老院

上海市长宁区老龄事业发展中心

上海市普陀区社会福利院

上海市虹口区社会福利院

上海市杨浦区社会福利院

上海市宝山区殡仪馆

上海市宝山区社区服务中心

上海市宝山区婚姻登记管理所

上海市宝山区救助管理站

上海市宝山区希爱康复俱乐部

上海闵行区老年福利院
上海市嘉定区第一社会福利院
上海市嘉定区殡仪馆
上海市金山区殡仪馆
上海市金山区社会福利院
上海市松江社会福利院
上海市松江区救助管理站
上海市松江区婚姻登记管理所
上海市松江区殡仪馆
上海市青浦区婚姻登记管理中心
上海市青浦区殡仪馆
上海市奉贤区养老机构管理中心（上海市奉贤区福利院）
上海市奉贤区殡仪馆
上海市奉贤区养老服务发展中心（上海市奉贤区老年大学）
上海市奉贤区婚姻（收养）登记管理所
上海市崇明区殡仪馆
上海市龙华殡仪馆
上海市儿童福利院
上海市第一社会福利院
上海市第二社会福利院
上海市第三社会福利院
上海市第四社会福利院
上海市民政第一精神卫生中心
上海市民政第二精神卫生中心
上海市民政第三精神卫生中心
上海市宝兴殡仪馆
上海市益善殡仪馆
上海市社区服务中心
上海市癌症康复俱乐部
上海市社会工作培训中心
上海市慈善基金会
上海慈善物资管理中心
上海市众仁慈善服务中心
上海市救助管理二站
上海市居民经济状况核对中心

【2019—2020年度上海市市级机关系统文明单位】

上海市福利彩票发行中心
上海市儿童临时看护中心
上海市婚姻（收养）登记中心
上海市黄山老年颐养中心
上海市养老服务发展中心（上海市民政科学研究和国际交流中心）
上海市老年基金会
上海市救助管理站
上海飞思殡葬代理中心

【上海社会建设和基层社会治理创新项目征集与推广活动“十佳创新展示项目”】

宝山“社区通”助力社区打好疫情防控战——宝山区民政局

党建引领下的“家门口”服务体系建设——浦东新区地区工作党委

乡村人才公寓解白领难题保农民权益——浦东新区地区工作党委

家庭救助顾问——长宁区民政局

打造长宁特色的老年认知障碍分级照护体系——长宁区民政局

心系悬空老人助力加装电梯——静安区临汾路街道

市民驿站让群众更有获得感——虹口区民政局

黄浦区社区分类治理“工作七法”——黄浦区民政局

大学路街区自我管理委员会——杨浦区五角场街道

“三治融合”打造村规民约升级版——奉贤区“美丽乡村·美丽约定”行动——奉贤区地区工作办公室

【上海市服务质量金奖】

杨浦区社会福利院

【上海市青年五四奖章】

杨浦区社会福利院护理部青年团队
松江社会福利院社工科（儿童部）青年团队
上海社区事务受理“全市通办”青年团队

【2020年上海市巾帼文明岗】

上海市宝兴殡仪馆　服务组
上海市儿童福利院　教育科
浦东新区婚姻管理所　离婚登记窗口

【上海市重点工程实事立功竞赛优秀团队】

松江区民政局养老服务科
青浦区民政局

【2020年上海市优秀社会工作项目】

守护童年——涉未成年子女的青年夫妻家事案件干预计划　上海市阳光社区青少年事务中心

“帮侬一把”综合帮扶项目　上海市帮困互助基金会

莘庄镇“关爱功臣”项目　上海闵行区莘庄益心社会工作发展中心

“忆路有爱”——社工介入认知症老人服务项目　上海市第三社会福利院

“拯救向日葵”涉毒家庭困境儿童关护计划　上海市自强社会服务总社

“儿童无伤害”倡导行动项目　复旦大学附属儿科医院社工部

温暖心　爱无痕——医务社工介入烧伤救助与心理社会康复的四维公益服务项目　上海交通大学医学

院附属瑞金医院社工部

"天使心能量"医护人员援助计划(EAP)压力管理项目 复旦大学附属浦东医院

"关爱使者"医疗人文服务项目 上海长征医院

社会工作介入临时救助的服务模式与路径探索——以"方舟计划"困难家庭应急介入救助服务为例 上海延泽社会工作发展中心

【2020年上海市优秀社会工作案例】

重述生命故事,续写人生篇章——戒毒康复人员社区融入案例 上海东方社会工作事务所

"爱的直通车"单亲家庭平行小组在驻校社会工作中的探析 上海市阳光社区青少年事务中心

"夏与莲"老年园艺治疗小组 上海市第一社会福利院

卒中有你 医路陪伴——对卒中康复患者照护者压力舒缓的个案服务 上海市徐汇区中心医院/复旦大学附属中山医院徐汇医院社工部

爱与微笑相伴 上海市第三社会福利院

"扔出手的水杯,父与子的纠葛"精障患者家庭关系修复案例 上海乐爱社工师事务所

危机干预帮助老年社区矫正对象应对困境 上海市新航社区服务总站

携手融入社会,共绘多彩人生——社工对出院困难的精神分裂症患者的个案介入 上海市杨浦区精神卫生中心

"为自己作战——药物滥用人员戒毒康复"小组 上海市自强社会服务总社

"相知相伴 美丽人生"乳腺癌病友支持小组 上海市东方医院社工部

【上海市应对新冠疫情防控社会工作优秀案例】

投身疫情防控一线,守护归国未成年人——归国小留学生隔离安置社工介入案例 上海市社会福利中心

社工专业服务 战"疫"暖心——小留学生家长(监护人)和隔离点居民社会工作服务案例 上海社工应急服务团

疫情下工会社工在促进企业快速复工复产中的作用 上海浦东公惠社会工作服务中心

"疫"起相遇中和社工 上海中和社区矫正事务所

关注老人心理 发挥社工专长 传递温暖力量 上海市徐汇区第三老年福利院

"凡人疫战"涉罪未成年人线上支持小组 上海市阳光社区青少年事务中心

"疫心毅意,与你同行"——后疫情时代青少年抗疫力培养 华东师范大学社会工作系

"相伴相行"心理社会支持计划 上海交通大学医学院附属第九人民医院

"在一起"联合行动 上海市浦东新区社会工作协会

守望相助 聚力防疫 静安寺街道华山居民区

【上海市民政系统第三届"优秀文化品牌"风采】

点亮童心——上海市儿童福利院

孝情驿站——青浦区殡仪馆

大爱龙华——上海市龙华殡仪馆

大爱你我——浦东新区重度残疾人寄养院

礼乐嘉定·让爱丰盈——上海嘉定区婚姻登记管理所

艺润童心——长宁区民政社会救助科

时节润年华——上海市第四福利院

小橘灯——上海市儿童临时看护中心

驿家圆梦——上海市救助管理二站

松江"好邻居"——松江区民政局

【上海市"金牌"效能领跑者】

上海市民政第三精神卫生中心

【2020年度上海市文明工地】

杨浦区街坊配套养老院新建工程

【"老伙伴"计划 优秀案例】

服务社区、奉献自我、情暖老人——上海市浦东新区潍坊新村街道老年协会

志愿无境、无私奉献、为老服务、为爱永恒——记芷江新村社区盛瑞兰工作室——上海市静安区芷江西路街道老年协会

丁香结缘,情系老伙伴——上海徐汇区康健街道老年协会

独居老人险遭"劫",志愿者每天来关爱 越洋电话一线牵,不是亲人胜亲人——上海市普陀区居家养老服务管理中心

"老伙伴"计划 老年人的幸福港湾·控四(1)阳光乐园——上海创佳社区服务中心

以老助老,共享晚年幸福生活——宝山区吴淞街道老龄工作委员会办公室

群策群力 暖心大家——上海嘉定菊园嘉富社区幸福街坊助老服务社

金来苑邻里守望点——上海金山区心起航惠民服务社

邻里守望,以老助老——上海市奉贤区海湾旅游区老龄工作委员会

志愿服务,关爱老人——崇明区港西镇双津村村民委员会

【2020年上海市节水型单位】

上海市杨浦区民政局

上海市静安区民政局

上海市宝山区民政局

上海市崇明区民政局

上海市第四社会福利院

上海市静安区老年事业发展中心

上海市社会福利中心

二、先进个人

（一）全国先进个人

【2020全国抗击新冠肺炎疫情先进个人】

鲁华安　奉贤区救助管理站党支部书记、站长

【全国五一劳动奖章】

何培新　上海梦想成真公益基金会理事长

【2020年“全国民政系统抗击新冠肺炎疫情先进个人”】

崔巍峥　上海市民政局基层政权和社区建设处二级主任科员

淳　钰　普陀区老龄事业发展中心权益保障科科长

任正国　杨浦区民政局基层政权和社区建设科科长

俞　峰　宝山区民政局基层政权建设科科长

贾梦宇　金山区民政局办公室主任

陆欣慰　奉贤区民政局基层政权和社区建设科科长

宋　杰　崇明区社会救助事务管理中心联合党支部书记、主任

【2020年全国“敬老爱老助老模范人物”】

傅　颖　普陀区社区事务发展中心副主任

郭志娟　上海市第三社会福利院

乔毅皓　杨浦区社会福利院

周忠长　上海市曲阳路街道综合为老服务中心

徐　兵　上海金福养老院

丁彩红　徐汇区第三老年福利院

顾国芳　浦东新区康桥镇居家养老服务中心

张天宇　浦东新区洋泾街道综合为老服务中心

范玉英　奉贤区养老服务发展中心

张生英　金山区社会福利院

卢国秀　金山区众仁老年护理医院

季兰英　松江区九亭镇福利院

倪联东　崇明区建设敬老院

【全国优秀共青团员】

沈丹宇（女）　上海市阳光社区青少年事务中心社工

（二）上海市先进个人

【上海市优秀共产党员】

耿　彧　上海市虹口区民政局局长

杨　金　上海市金山区民政局党群办公室主任

唐敏之　上海市救助管理站

【2020年上海工匠】

上海市益善殡仪馆　查庆国

【上海市抗击新冠肺炎疫情先进个人】

李韵皎　上海市普陀区民政局副局长

耿　彧　上海市虹口区民政局局长

杨　金　上海市金山区民政局党群办公室主任

唐敏之　上海市救助管理站

金　毅　上海市宝山区社区服务中心科员

查庆国　上海市益善殡仪馆化妆间技术主管

姚　威　上海市徐汇区第二社会福利院院长

汤正齐　上海市长宁区社区服务中心副主任

【上海市青年五四奖章】

秦　雯　上海市儿童福利院社工部主任

【首届长三角养老护理职业技能大赛】

上海市第一社会福利院　赵琼琼　一等奖

上海市第二社会福利院　徐长花　三等奖

上海市第四社会福利院　马　莉　三等奖

【2020年上海市优秀社会工作者】

薛莉莉　上海市精神卫生中心

乐玉柱　上海东方社会工作事务所

陈奇春　上海市社会福利中心

孙振军　上海交通大学医学院附属第九人民医院

卢嘉麒　上海市儿童福利院

蒋琳娜　上海市民政第一精神卫生中心

张灵慧　复旦大学附属儿科医院

吴　琼　上海益心社会工作发展中心

左桂娟　上海金山区乐心公益发展中心

傅鹂鸣　上海市自强社会服务总社

【上海市重点工程实事立功竞赛优秀建设者】

章　伟　杨浦区民政局养老服务科科长

【上海民政系统2020年度双十佳好人好事】

守护老人的安康就是我们的使命——浦东新区养老机构服务管理中心

疫情隔人不隔爱　救助关爱有温情——闵行区救助管理站

温度　特殊时刻撒向特殊人群的那抹阳光——杨浦区救助管理站

多措并举　砥砺实干　为虹口养老服务抗疫工作发挥积极作用——虹口区养老服务发展中心

一支勇于创新和担当的队伍——徐汇区婚姻收养登记中心

没有仪式的仪式感——上海市龙华殡仪馆礼厅服务组

疫情当前　有一种担当叫“巾帼文明岗”——上海市宝兴殡仪馆“梦天使”礼厅服务团队

大爱无疆担当——上海民政第一精神卫生中心“精卫使者”志愿服务队

战“疫”罐头显担当——上海市第四社会福利院团支部

多方协力救助外籍孕妇　异国他乡感受家般的温暖——上海市救助管理站社会工作科三组

关键时刻　请缨一线抗疫——浦东新区重度残疾

人寄养院李兰珍

勇挑重担 善于作为——闵行区民政局蔡怿晖

在站24小时 就要做到24小时待命——杨浦区救助管理站胡求军

舍小家 为大家 坚守防疫第一线——虹口区婚姻(收养)登记中心张丹

微光战疫 “医”不容辞——上海市第一社会福利院高山

城市守“沪”者——上海市民政第一精神卫生中心顾信峰

为老守护 用心战“疫”——上海市民政局养老服务处袁楠

只争朝夕 不负韶华 为疫情防控贡献青春力量——上海市儿童福利院王佳敏

勇于担当使命在肩 严防严控守土尽责——上海市救助管理二站李长兵

党员冲在前 站“疫”化先锋——上海飞思海葬服务部王燕

【“老伙伴”计划 十佳志愿者】

赵雪毅 上海市浦东新区塘桥街道老年协会

王爱真 上海市静安区彭浦新村街道社区服务办公室

颜翠英 上海市徐汇区康健街道老年协会

贺国萍 上海夕悦公益事业发展中心

王玉玲 上海杨浦区江浦社区老人家服务中心

平水美 上海松江区居家养老服务指导中心

陈林招 上海市黄浦区豫园街道老龄工作者协会

陶德芳 上海宝山区淞南镇为老服务中心

龚爱华 上海青浦区银辉为老服务中心

莫秀仁 上海市奉贤区金海社区老年协会

【上海市房屋管理实事立功竞赛“建设功臣”】

刘晓燕 上海市居民经济状况核对中心

【上海市“最美退役军人”】

王贯三 龙华殡仪馆

附录四：

上海民政优秀论文

入围一等奖(5 篇)

序号	部门/单位	论 文 题 目	合作单位
1	养老服务处	《"十四五"智慧养老应用场景研究》	复旦大学
2	新闻宣传处(研究室)	《建立解决相对贫困长效机制研究》	华东师范大学
3	市养老服务发展中心	《构建养老护理员综合评价体系研究》	上海财经大学
4	婚姻管理处	《上海市婚姻数据分析及发布研究》	上海社会科学院
5	儿童福利处	《家庭监护状况和监护能力评估指标体系研究》	华东理工大学

入围二等奖(10 篇)

序号	部门/单位	论 文 题 目	合作单位
1	社会组织登记处	《加强上海社会组织非营利性综合监管研究》	上海复恩社会组织法律研究与服务中心
2	市居民经济状况核对中心	《非本市户籍人员经济状况核对理论与实务研究》	自主研究
3	慈善事业处	《慈善事业数据统计研究》	上海交通大学中国公益发展研究院
4	殡葬管理处	《上海市殡葬管理条例》(修订)深化研究	上海理工大学
5	松江区民政局	《阿尔茨海默症老人的护理标准设计研究》	上海工程技术大学
6	职业社会工作和志愿服务处	《公益基地能力建设及评价指标研究》	上海市公益服务促进中心
7	杨浦区民政局	《疫情防控经验总结下的新时期社区治理法治化研究》	自主研究
8	基层政权和社区建设处	《上海街道自治办功能定位与运行机制研究》	上海市委党校
9	市养老服务发展中心	《上海社区社会组织发展研究》	华东政法大学
10	残疾人福利处	《康复辅助器具支付体系研究》	上海交通大学

入围三等奖(20篇)

序号	部门/单位	论　文　题　目	合作单位
1	区划地名处	《行政区划设置与空间治理研究》	上海商学院
2	社会救助处	《社会救助需求综合评估体系研究》	华东政法大学
3	新闻宣传处(研究室)	《健全普惠性、基础性、兜底性民政服务体系研究》	上海工程技术大学
4	市居民经济状况核对中心	《新个税法对居民经济状况核对工作的影响》	上海海关学院
5	儿童福利处	《上海市困境儿童家庭干预机制研究——基于〈困境儿童安全保护工作操作规程〉修订的视角》	上海社会科学院法学研究所
6	殡葬管理处	《开展本市公墓中华优秀文化传承平台和公益基地的建设研究》	上海理工大学
7	政策法规处	《民政标准体系研究》	上海市质量和标准化研究院
8	养老服务处	《家庭居室适老化改造机制研究》	上海爱照护养老服务有限公司
9	市社会福利中心	《精神分裂症患者服药依从性原因分析及社工介入策略》	市民政第二精神卫生中心
10	养老服务处	《上海养老服务立法研究》	中共上海市委党校
11	区划地名处	《基本管理单元成效研究》	上海交通大学
12	市社会福利中心	《轻中度认知障碍老人怀旧疗法干预效果研究》	市第三社会福利院
13	政策法规处	《关于建立上海民政综合执法体制机制相关问题的研究》	组织人事处、执法总队
14	职业社会工作和志愿服务处	《社会工作参与脱贫攻坚模式研究》	上海市社会工作者协会
15	基层政权和社区建设处	《国外社区建设幸福指数比较研究——上海社区治理发展指数研究》	上海工程技术大学现代城市管理研究中心
16	残疾人福利处	《城市康复辅具产业创新指数研究》	上海交通大学
17	局信息研究中心	《基于民政业务数据海的民政精准服务的应用研究》	讯飞智元信息科技有限公司
18	黄浦区民政局	《黄浦分类治理工作七法:精细化导向下的社区分类治理实践》	华东理工大学
19	直属机关党委	《新时代基层党组织规范化建设研究》	中共上海市委党校
20	金山区民政局	《"十四五"规划前期金山区提升养老社会公共服务水平的研究报告》	上海工程技术大学管理学院

"2018—2020年度民政部政策理论研究"获奖论文

1.《新时代基本民生保障研究——以上海社区事务受理"全市通办"模式为例》(2018年度一等奖)
基层政权和社区建设处　上海市发展改革研究院
2.《社区治理智能化的上海模式——上海市"社区云"研究》 (2020年度一等奖)
基层政权和社区建设处
3.《上海民政基本公共服务均等化的路径及建议》(2019年度二等奖)
市养老服务发展中心　上海工程技术大学

4.**《社区治理发展指数与评估机制研究》（2020 年度二等奖）**
基层政权和社区建设处　上海大学
5.**《康复辅助器具租赁研究》（2020 年度二等奖）**
残疾人福利处　上海理工大学　上海市康复器具协会
6.**《〈慈善法〉背景下上海市慈善事业促进工作职能定位研究》（2020 年度二等奖）**
慈善事业处　上海交通大学
7.**《上海市儿童福利体系建设研究》（2020 年度二等奖）**
市养老服务发展中心　华东政法大学
8.**《政府购买社会组织服务定价研究》（2019 年度三等奖）**
社会组织服务处　中共上海市委党校
9.**《上海社会工作薄弱环节梳理及对策研究》（2019 年度三等奖）**
职业社会工作和志愿服务处　华东理工大学
10.**《民生视角下的民政统计研究》（2019 年度三等奖）**
计划财务处　上海财经大学
11.**《社会组织登记网上办事和线下服务关系研究》（2020 年度三等奖）**
社会组织登记处　上海社科院　上海控江路街道工作委员会
上海鹏越惊虹科技咨询有限公司
12.**《社会救助对象违规处罚路径研究》（2020 年度三等奖）**
社会救助处　华东政法大学　市人大法工委
13.**《养老机构事中事后监管研究》（2020 年度三等奖）**
养老服务处　上海市行政法治研究所

“2020 年度民政优秀调研报告”获奖论文

《上海社区治理智能化调查》
市养老服务发展中心

图书在版编目(CIP)数据

上海民政年鉴.2021/上海市民政局编.—上海：
上海人民出版社，2021
ISBN 978-7-208-17556-3

Ⅰ.①上… Ⅱ.①上… Ⅲ.①民政工作-上海-
2021-年鉴 Ⅳ.①D632-54

中国版本图书馆CIP数据核字(2021)第277989号

责任编辑 张晓玲 史尚华
封面设计 陆 弦

上海民政年鉴(2021)
上海市民政局 编

出 版 上海人民出版社
(201101 上海市闵行区号景路159弄C座)
发 行 上海人民出版社发行中心
印 刷 常熟市新骅印刷有限公司
开 本 889×1194 1/16
印 张 21
插 页 4
字 数 586,000
版 次 2021年12月第1版
印 次 2021年12月第1次印刷
ISBN 978-7-208-17556-3/D·3902
定 价 178.00元